陈昌曙文集
科学技术与社会卷

陈昌曙/编著

科学出版社
北京

内 容 简 介

本书是《陈昌曙文集》中的"科学技术与社会卷"（STS），陈昌曙教授一直十分重视 STS 的研究。陈昌曙先生认为 STS 问题有它的普遍性，在不同时代、不同国度又有它的特殊性。中国的 STS 研究应当重视这两个方面，尤其要注意结合当今中国的国情。这不仅是指把 STS 发展的一般原则运用于我国的具体实践，而且还要从我国的国情引出需要探讨的新课题，获取有实践意义的新见解。

本书可作为全国高校技术哲学必修课教材和科学技术哲学研究生参考用书，同时，对所有从事技术相关的工作者具有参考价值。

图书在版编目（CIP）数据

陈昌曙文集·科学技术与社会卷/陈昌曙编著．—北京：科学出版社，2015

ISBN 978-7-03-045813-1

Ⅰ．①陈⋯　Ⅱ．①陈⋯　Ⅲ．①陈昌曙（1932～2011）-文集 ②科学社会学-文集　Ⅳ．①B-53 ②G301-53

中国版本图书馆 CIP 数据核字（2015）第 227162 号

责任编辑：樊　飞　郭勇斌/责任校对：胡小洁
责任印制：李　彤/封面设计：铭轩堂

科学出版社 出版
北京东黄城根北街 16 号
邮政编码：100717
http://www.sciencep.com

北京厚诚则铭印刷科技有限公司 印刷
科学出版社发行　各地新华书店经销

*

2015 年 12 月第 一 版　　开本：720×1000 1/16
2022 年 1 月第四次印刷　　印张：22 3/4
字数：600 000

定价：169.00 元
（如有印装质量问题，我社负责调换）

《陈昌曙文集》

编委会

顾　问　罗　荐　远德玉
主　编　陈　凡
委　员　陈红兵（陈昌曙文集·技术哲学卷）
　　　　罗玲玲（陈昌曙文集·科学认识论与方法论卷）
　　　　朱春艳（陈昌曙文集·马克思主义哲学卷）
　　　　王　健（陈昌曙文集·科学技术与社会卷）
　　　　郑文范（陈昌曙文集·可持续发展卷）

总　　序

陈昌曙教授是中国技术哲学的开创者和奠基人，是我国科技哲学领域的一代名师。他在哲学道路上近半个世纪的耕耘，始终跋涉于马克思主义哲学和科学技术哲学领域，为我国当代哲学的发展和技术哲学学科的创立做出了重要贡献，在国内外享有较高的学术声誉，影响深远。

陈昌曙教授 1932 年 7 月 7 日生于上海，1950 年毕业于江苏苏州中学，同年考入东北工学院（现东北大学前身），1954 年被选派到中国人民大学马列主义研究班学习，开始了他的哲学学术生涯，两年多的研修历程，也使他的哲学才华逐渐展露。1956 年回到母校任教，从事哲学教学和研究工作。1961～1965 年，他开始将哲学认识论的研究与自然科学相结合，研究自然科学方法论问题，这为他日后的技术哲学探索累积了丰厚的学养。1978 年"文化大革命"结束了，他和千千万万个中国知识分子一样，满怀热情地迎接科学的春天，开始探索我国技术哲学这一新的学术领域。

20 世纪 80 年代初，陈昌曙教授对我国技术哲学独立地位的思考日渐成熟。1982 年，他发表了《科学与技术的统一和差异》一文，明确提出了科学与技术划界的思想，阐述了技术与科学之间存在着本质性的差异，从而奠定了技术哲学学科在中国的独立地位。1986 年以后，他广泛深入地了解了采矿、电子、化工、自控等专业的特点，仔细考察了工程技术人员的研究过程和成果，认真探究了工程技术人员思维方式和研究方法，进一步深化了对工程技术学科的认识，这些独创性的研究都为我国技术哲学学科的奠定了坚实的基础。

1992 年，陈昌曙教授带领的学术团队在技术哲学领域斩获颇丰。在理论研究方面：提出了人工自然理论、科学与技术的差异、技术的本质和技术体系的结构等新观点和新理论，形成了技术哲学理论的研究重点；在应用研究方面：重点关注了东北老工业基地技术改造中的哲学问题和社会学问题，以及技术创新、可持续发展中的技术等应用问题。正是沿着理论和应用两个方向，陈昌曙教授带领的学术团队为技术哲学学科构建了坚实的支柱，并逐渐形成了技术哲学研究的"东北学派"。

1980～2001 年，陈昌曙教授发表了 60 余篇文章探讨技术哲学问题，内容涉及技术哲学得以成立的基本前提、技术哲学的研究对象、历史演进、学科性质、学科体系、基本内容、技术的本质与要素、技术与生产、技术与工程的关系、技术与社会的关系、产业与产业技术，以及可持续发展等问题。经过 20 余年的努力，他开创了具有工程传统的中国技术哲学研究方向，高屋建瓴地绘制了我国技术哲学发展的图谱和路线图，在国内外学术界产生了深远的影响。

在学科创建之初，陈昌曙教授遇到的第一个问题就是要建立什么样的中国技术哲学。由于多年以来深受马克思主义哲学思想的浸染，他将中国的技术哲学定位于以马克思主义为指导，以中国工程技术实践为土壤的哲学学科。当然，这种定位无论就中国的学术环境，还是从他学术成长道路而言，都是必然的。陈昌曙教授的哲学道路就是从马克思主义哲学开始的。1955～1957 年，他以辩证唯物主义为基础，深入细致地研究了唯物辩证法和认识论，在《哲学研究》上发表了《关于唯物辩证法的两对范畴》、《唯物辩证法的范畴——本质与现象》、《唯物辩证法的范畴——形式与内容》等系列文章，出版了《唯物辩证法的主要范畴》（人民出版社，1957 年）和《唯物辩证法的范畴——必然性和偶然性》（湖北人民出版社，1957 年）两部著作。在之后的研究中，他又以历史唯物主义为基础，阐述了对社会主义的认识，对劳动价值、知识价值和劳动分配关系的理解，以及领导干部与马克思主义哲学的关系等问题。

自哲学研究以来，陈昌曙教授对认识论问题极为关注，并将认识论与自然科学相结合，试图打开科学认识论和方法论的"黑箱"。除"文化大革命"期间被迫停止所有研究工作以外，他从未间断过对这些问题的思考，其思想的火花可见其学术生涯的各个时期。因此，科学认识论和方法论的研究成果，是陈昌曙教授技术哲学思想的理论基础，也是其技术哲学思想的重要组成部分。

对于国际技术哲学的理论成果，陈昌曙教授认为应该用辩证的态度去认识。他指出："我们不赞成把国外的技术哲学或技术论原原本本地搬到中国来，把它抬高到不适当的高度。西方技术哲学和日本的技术论当然是值得借鉴的，其中也包括有益的资料和合理的思想，有的还试图用历史唯物主义的观点探讨问题，但同时也要注意到，无论是德国或是美国的技术哲学，或者是日本的技术论，都处在形成的过程中，对工程技术界和学术理论界的影响都不甚大，而且，国外的技术哲学终究不是针对我们所面临的问题，在提出问题和解决问题的观点方法上也有可分析批评之处。"他和远德玉教授合著《技术选择论》的目的之一就是要在批判西方的"技术自主论"思想的基础上，明确人与技术之间的选择关系。在这部论著中，两位先生一致认为：人虽然不能完全自由地选择技术，但是在一定程度上，人对技术有着广阔的选择天地，在技术选择上也有自己的用武之地。当然，他们也并没有完全否定"技术自主论"，也认为其中"包括着合理的东西"。

两位先生对待西方学术思想的态度也正是我们今后应该效仿的。

中国的技术哲学要直面中国工程技术实践中的现实问题，使之成为工程师能够听懂并可以实践的哲学，从而实现人文学者和工程技术人员的对话，这是陈昌曙教授对中国技术哲学的基本要求。他从科学与技术的关系，技术的先进性标准与适用性标准的区别与联系，技术发展的内部关系，技术研究的体系，技术发展的条件，技术科学与工程技术研究的方法论，技术、自然与人的协调等8个方面，对中国技术哲学要回答的实际问题给予明示。从这一点上看，中国技术哲学从一开始就是工程传统的。尽管陈昌曙教授十分喜欢技术，但他本人并不是一位职业工程师，相反，他是一位有着卓越哲学思维的哲学家，其深厚的哲学底蕴使他能够突破工程师的职业视角，以一个哲学家的角度反思工程技术，这使得他的技术哲学尽管具有浓重的工程传统色彩，但还是体现了其人文主义的反思倾向，这在他撰写的《技术哲学引论》中关于"人工自然"和"可持续发展"问题的讨论里表现得尤为突出。

陈昌曙教授自开垦中国技术哲学这块处女地伊始，就在思考中国技术哲学发展的基本问题，因为凝练的基本问题具有研究纲领的意义和价值。20世纪80年代，他在《技术是哲学的研究对象》一文中就初步构建了技术哲学的研究框架，在宏观上对技术哲学的研究方向做了初步探索。20世纪90年代末，他认为提出中国特色技术哲学基本问题的时机已经成熟了。2000年10月14日，在清华大学召开的"第八届全国技术哲学研讨会"上，陈昌曙教授和陈红兵博士提交了《技术哲学基础研究的35个问题》这篇带有研究纲领性的论文。文中就技术哲学的学科定位和性质、技术哲学研究的理论意义、技术哲学的本质、科学与技术的关系、技术的价值、技术发展的规律性等6个方面提出了35个至关重要的问题。就如同20世纪德国数学家希尔伯特提出的23个数学问题一直指导着整个20世纪世界数学研究一样，陈昌曙教授关于技术哲学基础研究的35个问题，以其深远的立意、丰富的内涵和深邃的思想，不仅深刻地影响着当代中国技术哲学的研究范畴，也必将对我国未来技术哲学的发展产生历史性的影响。

当然，陈昌曙教授的学术视野并没有局限于理论层面的探讨，先生以其独特的视角，关注着现实问题。1978年以后，关于科学技术如何成为生产力的问题，他从当时我国科学技术发展的实践出发，提出"技术是科学转化为生产力的中介"这一重要思想，为我国科学技术尽快长入经济，实现科学技术的生产力功能提供了理论基础；为注重基础科学研究同时大力加强应用研究的科技政策的制定提供了科学依据，促进了当代中国科学与技术的协调发展。

自此以后，从哲学层面关注现实问题成为陈昌曙教授重要的研究方向，论题涉及STS问题、技术社会化问题、技术创新问题、高技术问题、企业技术改造问题、东北老工业基地转型问题、可持续发展问题等诸多方面，先生为此撰写了大量论文，充分体现了科学技术哲学的应用价值。

陈昌曙教授一生致力于中国的技术哲学研究，开创了中国特色的技术哲学研究传统，为中国技术哲学的发展指明了方向，"没有特色就没有地位，没有基础就没有水平，没有应用就没有前途"。这是先生的至理名言，它鼓舞着我们后辈学者朝着此方向不断探索着理论与实践的未来世界。

陈昌曙教授的学术成果，之前主要以论文和专著的形式单独发表，先生去世之后在遗稿中又发现了很多没有发表的文字资料。这些已发表和未发表的论著，从不同角度多方面地反映着先生的学识、学养、学术、学风。现今我们将这些成果整理成《陈昌曙文集》，在科学出版社出版。

先生虽已驾鹤西去，却为我们留下了大量而宝贵的精神财富。《陈昌曙文集》的出版，必将对具有中国特色技术哲学的发展产生重要影响，也必将使我们在国际技术哲学领域里，不断推进具有中国气派和中国风格的技术哲学思想，使我国的技术哲学在国际技术哲学领域占有一席之地，产生重要影响。

陈　凡

2014年6月7日于沈阳南湖

目 录

总序（陈凡）/ i

上篇 技术选择论

前言 / 3
第一章 技术是可以选择的吗？/ 4
  第一节 人们不能自由地选择技术 / 4
  第二节 技术的可选择性 / 11
第二章 技术在选择中发展 / 23
  第一节 技术起源与顺应选择 / 23
  第二节 古代技艺与超经济选择 / 26
  第三节 技术进步与竞争选择 / 33
第三章 发明创造选择 / 42
  第一节 发明及其特点 / 42
  第二节 现实需求与潜在需求 / 47
  第三节 课题选择 / 53
  第四节 方案选择 / 59
  第五节 技法选择 / 63
第四章 企业在技术选择中生存和发展 / 69
  第一节 提高企业的现实技术水平 / 69
  第二节 扩大再生产方式的选择与技术改造 / 78
  第三节 企业新技术的来源与选择 / 89
  第四节 企业技术选择的根据和条件 / 97
第五章 技术发展战略的选择 / 105
  第一节 技术战略的特点和意义 / 105
  第二节 首要的是战略思想的选择 / 115

第三节　技术战略的方向、目标和模式 / 123
第六章　技术选择的原则和方法 / 137
　　第一节　技术价值观 / 137
　　第二节　技术系统观 / 145
　　第三节　技术演化观 / 153
主要参考文献 / 161

下篇　科技与社会

应该用马克思主义观点撰写科学家传记——评阎宗临著《巴斯加尔传略》/ 165
科学技术的发展要求我们做些什么？——谈自然辩证法工作中的几个关系 / 174
谈科学劳动的特点 / 178
技术科学的发展 / 183
科学必须经过技术才能转化为生产力 / 186
技术与生产的联系和区别 / 191
关于中日技术发展比较研究的几个问题 / 195
论科学精神 / 207
技术更新与企业技术改造——中日企业技术发展战略思想比较 / 214
知识分子是工人阶级中有自己特点的部分 / 218
对资本主义制度下科学技术发展的一点认识 / 223
关于振兴辽宁的几个认识问题 / 227
老工业基地的发展与辽宁的振兴 / 233
对老企业技术改造的分析及相应对策 / 237
"高技术与社会"若干问题引论 / 239
高技术及其社会化问题分析 / 247
STS研究与中国国情问题 / 256
促进科技成果向现实生产力转化 / 265
企业技术创新的呼唤 / 271
立足矿业特点加强矿山开发 / 274
知识分子是先进生产力的开拓者 / 281
关于技术社会化过程的分析——兼论我国技术社会化的若干问题 / 287
试论社会的制约机制 / 297
产业研究论纲 / 301
从哲学观点看科学向技术的转化 / 312

人文科学与自然科学的差异与结合 / 320
面向中国现代化的信息产业 / 327
实现信息化需要有观念的更新 / 333
弘扬崇尚真实的科学精神 / 341
新技术革命与传统工业的发展 / 346

上 篇

技术选择论

前　言

在我们着手写本书的时候，就面临着多种选择，其中主要是写或不写，这样写还是那样写，都是颇费思索的选择。

一方面，在技术活动充满着选择，技术选择问题在一些著述中已有论及，有人还把技术定义为一种选择或抉择。我们在研究"科技进步与社会发展"的课题（国家社会科学"七五"重点研究项目）时，其重点之一是考察技术选择的意义、内容及其与社会条件的关系，把已有的看法写出来，或许是能够办到的。另一方面，我们在技术选择问题上所掌握的材料还很不够，观点也肤浅，加之缺乏参照系，难以对照和系统化，写一本书，力不从心，至少还不成熟。

写或不写，或待深入研究之后再写，难以选择。考虑到技术选择时发明创造、企业发展和技术战略的确定都有重要意义，应当引起关注，抛砖引玉犹可自慰，还是作了勉力为之的抉择。

要写，还有一个怎样写的问题。大体考虑过两种方式：一种是从发明家、工程技术人员、企业家，产业（或行业）管理者、地区和国家如何对待技术选择，如何做好技术选择工作的角度去写。另一种是从技术选择的一般原理的角度击写，较系统地论述技术选择的对象、历史、内容、性质、意义、原则、方法等。前一种写法有较强的针对性，可能更有实际价值，后一种写法有较强的系统性，或许更有学术价值。

但这两种写法对我们都有困难。我们在技术选择上没有实践经验，对技术选择的实际状况了解也很少，难以作具体总结。我们对技术选择没有长期研究，按一般原理展开，更易陷入抽象议论。为此，只好采取现有的折中选择方案。像是有个系统，又不够严谨。像是有针对性，又颇不具体。

本书是我们的集体创作，尽管各章有分工执笔（第一、二、三、六章为陈昌曙执笔，第四、五章为远德玉执笔），但很难说哪一章是哪一个人所写。全书和各章的基本观点都经过共同讨论，表达了我们共同的看法。谬误和疏漏也是我们的共同责任，均请读者批评指正。

陈昌曙　远德玉
1990年4月14日

第一章 技术是可以选择的吗?

技术可以选择,在历史上和现实生活中有大量事例为证,也是本书立论的基点。我们不能同意所谓"技术自主论"的观点——主张只有技术选择人,人不能选择技术,认为这是一种否定人类能动性的偏颇之见。但是,技术毕竟不是人们自由选择的产物,技术选择是有条件的、相对的,为了使技术选择的讨论不致超出应有的界限,有必要先对技术的不可选择性作一番考察。

第一节 人们不能自由地选择技术

广义地说,或者不很严格地说,人类的一切活动都是选择或包含着选择,甚至可以认为,高等动物的活动也有选择性。但选择是多种多样的。在发生地震、火山爆发、洪水泛滥、风灾、虫灾、疾病流行或意外事故时,人和高等动物并不像植物或无机物那样无可奈何,而会作规避,乃至以防治的行为选择来求生或减少伤害。但这类受盲目自然力支配或意外事故发生时所做的选择,是完全被动的,这种受迫的、被动的选择几乎不能称之为选择。如果有人说当洪水到来而有没顶之灾时,他作出了往高处走或上船的选择,我们大概不会认为这种选择表现出多高的能动性,也不会认为这种选择有多么大的研究价值。

技术是人类为了满足自己的需要,创造、控制、改进和利用人工自然系统的过程,是有目的进行的实现物质变换、能量变换和信息变换的活动及其手段。人们在技术活动中表现出自己的主观能动性、目的、意志和努力,在这个意义上,技术活动都有选择性。在人们采用某种工具或设备,采取某种工艺或方法,采纳某种方案或设计时,采用、采取或采纳均可看作是一种选择。但是,采用、采取和采纳同严格意义上的选择又是有所不同的。在有多种对象、多种方法或多种方案均可能达到目的的情况下,从中取其一,是名副其实的选择。在只有一种方案能达到目的场合,尽管仍有主动采取的成分,不只是被迫应付,这种别无他法的选择实质上也几乎不是选择,至少不是较自由的选择——选择应当是以有自由度为前提的。这种别无选择的"选择"也就是无可选择,这种"唯一性选择"与其说是选择,莫如称之为自觉或不自觉地接受,仍未表现出很高的主观能动性。为了做到一小时内从沈阳到达北京,如果有人说他选择了坐飞机的办法,我们大概不会认为这是什么选择。

在人们的技术活动中,由于历史发展和各方面条件的限制,在技术基础、技术手段和技术效益上都有不能选择,无可选择(即只能做唯一选择)或难以充分选择的事情,都表现了人不能自由地选择技术。

一、技 术 基 础

人们空手降临世间,但并不是降临于一片空白的世界。每一个时代的人们来到世上,都面临着已经形成的生产力和相应的技术状况,他们可以也应当在既成的生产力基础和技术基础上选择所要实现的技术目的和要采用的技术手段,而对于这个"既成的技术基础",却只能当作历史铸成物即已有的东西接受下来,无法作出别的选择。在孔夫子的时代,可以选择用铸造法或锻造法生产铁器,谁也无法选择使用蒸汽机或内燃机作动力。在爱因斯坦的时代,能够选择直流输电或交流输电,谈不到对电子计算机的语言和存储器的选择。

马克思曾说过:"人们不能自由选择自己的生产力——这是他们的全部历史的基础,因为任何生产力都是一种既得的力量,以往活动的产物"[1]。作为社会的既成技术基础也可以这样说,这种基础是人们在长期的实践中创立的,后一代人必然要接受技术的"获得性遗传",由此出发去作出新的技术创造和选择。从先辈那里继承下来的技术上的获得性遗传,正像人们从祖先那里延续下来的机体和生理上的获得性遗传那样,是这一代人无法自由选择的。

技术上的不可选择或只能接受既成的技术基础,并不是坏事。人们本来就不应该放弃已经获得的东西,不该使已取得的技术成果丧失掉。否则,每一代人都要经历铸造、锻造铁器的选择,畜力、水力、蒸汽力的选择,这样技术就无法进步,也不会有人类的历史发展。但这并不是从来就能做到的。在古代社会中,由于交往条件的限制(包括语言特别是文字记载的不发达),曾多次发生已有技术发明失传的事情,正如马克思和恩格斯所指出:"在历史发展的最初阶段,每天都在重新发明,而且每个地方都是单独进行的。……只有在交往具有世界性质,并以大工业为基础的时候,只有在一切民族都卷入竞争的时候,保存住已创造出来的生产力才有了保障。"[2] 人们不能自由选择自己的生产力和技术基础,这个观点也有现实。我们这一代中国人,对于既成的生产力和技术基础同样不能自由选择,也不能抛开这个基础去想问题,办事情。解放初期我国的生产力和技术基

---

[1] 《马克思恩格斯选集》第4卷,第321页。
[2] 《马克思恩格斯选集》第1卷,第61页。

础的水平相当低，钢铁、原煤、原油和发电量等很少，按人均产量与美、英等国相比差距相当大（见表1）。从技术上看，我国在1949年不能或几乎不能生产自行车、缝纫机、手表、电风扇、照相机，更何谈汽车、拖拉机、铁路机车和飞机，我们只能在这样的基础上起步。

表1

1950年人均产量	粮食（公斤/人）	钢（公斤/人）	煤（公斤/人）	发电量（公斤/人）
美国	958	581	3362	2570
英国	210	329	4368	1261
联邦德国	361	253	3900	929
法国	422	207	1258	791
日本	218	58	478	540
中国（内地）	239	11	78	8

经过新中国成立后40年的努力，我们在生产力和技术发展上都有了长足的进步。至1986年，钢产量已增至人均49公斤，煤人均839公斤，发电量人均422千瓦时。我们不仅能制造汽车、飞机，还制造了原子弹、氢弹、导弹，发射了人造卫星。但我们的生产力的技术基础与世界发达国家比，仍然还是落后的，农业生产以手工劳动为主，至1989年全国重点钢铁企业的平炉钢与转钢的比例仍达1：2（一些发达国家已全部淘汰了平炉法），我国车床的实用切削速度一般为80～120米/分（国外可达250～500米/分），在电子技术，计算机技术领域差距更大。我们仍然只能在这个基础上想问题和办事情，放松努力是错误的，设想在很短时间里就完全消灭平炉，使切削速度翻一番，或把航天飞机搞出来，也不现实。无论在传统产业的技术选择上，还是在高技术的选择上，我们都受到已有条件的限制，没有也不可能有充分的自由。

二、技 术 手 段

每个时代的人们只能在既定基础上生活和起步，这个基础不能选择，好像人们不可能选择自己的家庭出身那样。那么，人们在已有的生产力和技术基础上的活动，包括选用这种或那种技术的活动，是否就属于发挥主观能动性的范围，就相当自由了呢？也是，又不全是。从原则上说，人们除了对过去了的事情无法再作选择，可以选择未来，即在既成的技术上，人们可以充分发挥其主观能动性、预见性和创造性。否认这点，把未来的一切过程、一切技术都只归结为客观必然性，会导致宿命论。然而，人们的技术活动并不是抽象的。技术选择总与某种特定任务、特定条件有关。抽象地说，要实现一种技术目的，可以利用多种手段，或有多种技术可能性。例如，要使金属变形，可以用热加工，也可以用冷加工，冷加工又可以用击打、压延、轧制、切削、磨削等方法，有相当大的选择余地。从具体实践上说，能实现特定技术目的的手段和可能性，通常很有限。要使金属变成线材，或变成精密产品，其技术可能性往往就没有许多种，而只有两三种，甚至只有一种。这不仅是因为特定技术手段有它的功能限制，还因为技术活动还受到经济的、资源的、安全的、生理的，以及社会因素的制约，受制约也就是技术选择不那么自由。我们今天还不能选择磁悬浮列车的试验研究（日本在1979年的该项技术试验已做到时速517公里/时），至少是因为没有那么多钱。在西欧、美国、日本等发达国家和地区，不允许把人或猴的生殖细胞作为宿主来做基因工程试验，因为它会产生新的病原微生物，或造成畸形人，为法律和道德所不容。

并不是每一种技术手段都能满足特定的技术要求。从历史上看，还经常发生技术手段滞后于技术目的的现象，即虽有了实现某种技术目的的社会需要，却暂时还缺乏能满足需要和达到目的的有效技术手段。在今天，即使医生已确诊某人患了艾滋病，也很想把它治好，但在药物选择上也几乎是无从下手，更谈不上自由选择了。我们现在在开采石油或煤时，还要把相当一部分石油或煤留在井下（无法全部采出），对开采出来的含铁不足40%的岩石只能当作废物处理，在这类问题上没有可供采择的实用技术。

只有一种可供采用的技术手段，或没有可供采用的技术，都属于无可选择的范畴，至少是暂时无可选择。在有一种以上的技术措施、技术方案的时候，当然是可选择的，但技术选择又常常不决定于技术，而取决于技术的开发和应用条件，而这种条件却往往难以选择。条件的不可选择又影响到技术选择，使技术选择或最佳选择不那么自由。在历史进程和现实生活中，无论是自然界的物质变换、能量转化和信息处理，这样的事例很多，到处都可以看技术的可选择性与不能自由选择的并存。从古至今，人们都需要材料特别是金属材料——钢铁。一般地说，在现代已有了多种技术方法把铁矿石冶炼加工成钢铁：可以利用高炉把铁矿石炼成生铁，再把生铁放入平炉，转炉或电炉中脱除杂质使之成钢；也可以不用高炉使铁矿石经过还原焙烧等工艺变为不够细密的生铁料，再用机械性加工使之成为可被应用的材料；也可以把矿粉、燃料喷入窑炉使铁矿石融熔还原，或采取直接炼钢的新工艺。然而，现实的技术目的决不单是一般地需要钢铁，这里至少有两个必不可缺的因素，一是时间（何时需要钢铁），二是数量（需要多少钢铁），当然还有品种、规格和质量、价格等要求。在当今条件下，如果需要数量较多的钢铁，较快地提高钢铁产量，在炼铁上只能采取高炉冶炼法，而把直接还原法等作为辅助的、研究开发的手段。为了较快较多地出铁，唯一方法只能选择高炉法，这等于说采用高炉是无可选择的。

这种情况屡见不鲜。采用蓄热式马蹄焰（U焰）或横火焰的窑炉都能生产玻璃,抽象地说可以二者择一。但是,马蹄焰窑炉有熔化池面积较小、熔化率高的特点,在要求产量不很高(如日产玻璃 250 万吨以下)的情况下,唯一的合理选择只能是采用 U 焰炉。不是说这两种炉型中有一种不能生产玻璃,只是说在日产量要求较低的场合下采用横焰炉(至少在当今条件下),属于不该作出的选择,或没有被选择的现实必要性和可能性。

从古至今,人们都需要能源特别是动力。原则上说,在现代已有了多种技术方法把化学能、热能、机械能转化为电能,在这里技术选择表现得相当充分,可以利用水力、风力、太阳能、地热、煤炭、石油、沼气、核能来发电,对一个大国往往有很大的选择余地。但是对特定的地区来说,这种选择也不是充分自由的,而要受到诸多条件的限制,其发电技术的主要方式又往往是无可选择的。在我国的山西省,只能采取燃煤发电为主的方式。在台湾省,由于缺乏煤炭和石油资源,短时又不能多建核电站,输入煤炭有运输成本高和其他限制,只能采取购入石油以燃油发电为主的方式。

在特殊情况下,能源利用的不可选择性更为明显。在人造卫星上利用电能,目前唯一地只能靠太阳能转换,而且唯一地要采用光电转换,而无法采取把太阳热能集中起来再把热能转换为电能。甚至社会政治因素也会限制技术的选择,在抗日战争时期,我国内地由于汽油缺乏,只是选择用汽油作为车辆能源已不可能,而只能采用木炭汽车的方案,燃烧木炭来驱动汽车是一种选择,是有重要价值的选择,但这终究是无可奈何的选择,不是自由选择。

从古至今,人们都需要信息的传递。在古代,抽象地说,信物、暗语、书信、烽火等都可以传递信息。但在人们需要准确、翔实的信息交流时,要用书信;需要机密,通常只能用信物、暗语;需要迅速,则燃起烽火。满足特定的技术目的常常只能采取唯一的技术手段,想用信物、暗语、烽火或其他符号来确切、详尽地传递信息是不可能的,直到今天文字材料仍是唯一可靠的办法。在现代,信息传递的技术选择几乎是最自由的:电报、电话、传真、广播、数字通信、光纤通信等,不一而足。然而,即使在当今最发达的国家里,一个部门(如学校、工厂、机关)内部人们之间非直接的信息传递仍只能靠电话为主来实现。在这里,电报、广播、电视等都不能采用或不能作为常用的主要方式。在一个学校里主要靠无线电对讲机来进行人们之间的信息交流,至少在今天是不可选择的。

在现代条件下,电子计算机在信息处理上起到极为重要的作用,一些人曾设想选用计算机网络,并借助于数字通信、机器翻译、"专家系统"(通过计算机存贮实现)和各种自动化服务,来取代报纸和面对面的语言交流。这种目的已部分地成功,但这种技术选择也不是那么自由的。电视屏幕再清晰,变换再灵活,也难以像报纸那样一览无余。数字通信再精确，也难以充分表达人们的情感、语意。"专家系统"再高明，也会有答非所闻的时候。在外交谈判、男女相恋的时候，完全靠打电话，电报或计算机通信终究是不行的，用自然语言进行对话、交谈仍是不得不选择的主要方式。靠放录音、录像可以向学生传递教学信息，从而有电视广播学校的出现，但面对面用自然语言进行讲解仍然是主要的教学方法。

三、科　学　知　识

　　人们不能自由地选择技术或技术的不可选择性，与指导技术活动的科学知识的唯一性或排他性分不开。

　　技术与科学是有区别的，不能把技术等同、混同于科学，但在人们的技术活动中又必然要自觉或不自觉地遵循自然界的规律性，接受科学知识的指导。要达到某种技术目的，可能采取这样或那样的技术手段，选择这种或那种技术活动方式，所有这些，都必须服从、符合由科学真理揭示的客观规律，而科学真理从根本上说要由实践来验证，不是由人们的需求、愿望来选定的。

　　与机械运动相关的技术过程，无一例外地要遵循相应的力学规律。人造卫星可以有多种形状、高度、重量，发射方式，可以按需要和可能作选择，无可选择的是所有人造卫星的发射都必须以万有引力定律为知识基础。万有引力定律知识的表述相当简单，卫星的设计、发射和运行却很复杂，人们对复杂过程能够选择，唯独无可选择地要应用这个相对简单的定律，从事人造卫星研制的人们经常在琢磨采用更好的技术方案，但他们从来不会设想要选择一个比万有引力定律更好的科学知识来规范自己的活动。与热、电、光、声相关的技术过程，无一例外地要遵循相应的物理规律。发电机和电动机可以有直流式、交流式、单相、多相、高压、低压，以及不同的运转速度等，视要求和条件去选择，无可选择的是所有的发电机都必须以电磁感应定律的知识为基础，与制造合成橡胶、化肥、农药相关的技术选择必须遵循确定化学规律，与育种、栽培、医疗相关的技术选择无一例外地要以生物学的规律为基础。

　　科学规律的发现，科学知识的充实，一方面有增强和有利于技术选择的作用，只有懂得电学的人才会选用适宜的直流电机去驱动电车，或选用适宜的可控硅系统来作节能控制。另一方面，科学又是对技术选择的约束和限制，懂得电学的人不会选用交流电机去驱动电车，因为这种电机不具备电车要求的启动特性。科学使人们追求随意性自由的希望破灭，给人们带来必然性的自由（选择）。

　　在许多场合下，人们的技术性活动看起来是相当自由的。古代的一些人曾异想天开，要具备千里眼、顺风耳的功能，科学的发展使这些幻想成为现实。要求得到点石成金术、长生不老药也属于异想天开，但科学的发展证明这只是空想。近代人不仅自由地想，还自由地做，一些人曾搞过形形色色的永动机（也可以说在进行永动机的选型），因为它违背能量守恒和热力学第二定律，这种自由选择实质上不可能。

在现实生活中，也有类似的自由选择。人们为了给身患癌症的亲属治病，常会有时找西医做手术，或放射性治疗，或化学疗法，有时又找中医开方，试用各种验方、秘方、奇方，有时又以气功或接受发功来救治，几乎抱着各种办法均可一试的心理和态度，看起来似乎是充分自由地选择。但这种随机而遇的自由并不真正是好事，或恰恰不那么自由，因为还没有找到某种无可选择且必须遵循的东西——关于治疗癌症的科学规律。表面上的自由选择乃是实质上的不自由或盲目性。

四、技术效益

人们不能自由地选择技术基础，难以自由地选择技术手段和技术发展知识。此外，人们在技术活动中还难以具体地预料到自己选择的效益或社会后果。在技术选择中常常会发生这样的情况：发明创造者、技术研制本来想利用其成果点燃这条街道的路灯，结果却使另一条街道大放光明，而后者是他们从未想到的。不能具体地料及自己活动的社会后果，也属于技术选择的限制，或技术选择不自主性的特殊表现。

古代发明火药的人只把它看作可以治病的药物，他们做梦也不会想到，这种发明对采矿的作用特别是它会造成千万人的伤亡。居里夫妇在发现放射性元素镭时已预料到它对医疗肯定有用并可能用来作为武器，但他们仍没有料到原子弹在广岛和长崎的爆炸，核讹诈和"核均衡"对世界的影响。要这一代人充分具体地预见他们的技术选择对后几代人的影响，显然是不可能的。

发明创造者对自己工作的技术后果也难确切把握，当然更难确切预计其社会后果了。1904年英国人弗莱明发明了真空二极管（有一个阴极和一个阳极的真空管），它有检波功能，但输出信号微弱，检波效率低。美国人德福雷斯特为改进二极管的性能，在二极管的两极间加上金属丝制的栅极，在1906年发明了三极管，在好几年里仍把它作为二极管使用，不了解三极管与二极管的根本区别是前者还有放大作用，后者只能检波。三极管的发明是电子技术发展史上的一个重要里程碑，但是，由于三极管的发明是从改进二极管性能的技术选择出发的，即使三极管的发明者也只认为这种选择的结果是提供了更灵敏的检波器和探测器，而没有意识到三极管有放大作用的极重要意义（因为三极管有放大作用，才有尔后的四极管、五极管的改进，有了具有放大作用的电子管，才有了现代的广播电视和无线电通信，才有今人所说的"信息时代"）。从一定意义上说，三极管（其根本性的功能是放大）的发明不是来自目标明确的选择，至少，原来的选择是很有限的。

难以具体地预料技术后果和社会后果，不是指在技术选择中没有预期目标，也不是说发明创造者和技术研制者只有估计不足，而没有估计过高或"过度选择"。对此，往后还要讨论，这里只从人不能自由地选择技术的角度涉及这一点。

第二节 技术的可选择性

在讨论人不能自主地选择技术时，已经讲到技术有可以选择的方面。说技术选择是有条件的、相对的、受约束的，也就是承认了它有相对的可选择性。

人类的活动充满选择，技术选择是人们主观能动性的重要表现。如前所述，人们在技术活动中要立足于既成的技术基础，但这并不是说他们对已有的技术基础是无能为力的，一方面，他们要继续利用这个基础，包括利用前辈进行技术选择的经验，不断地变革自然；另一方面，他们还要完善和发展既成的技术基础，作出新的创造，进行新的技术选择，使既成的技术基础改变面貌。每一个时代的技术基础都是当代人无法自由选择的，而各个时代的技术基础又是不断变化的由石器时代的技术，经过铁器时代、蒸汽时代、电力时代的技术，发展到今天的各种新技术，都离不开选择性创新和创新性选择。

马克思和恩格斯讲过人们不能自由地选择自己的生产力，他们还讲过："历史不外是各个世代的依次交替。每一代都利用以前各代遗留下来的材料、资金和生产力由于这个缘故，每一代一方面在完全改变了的条件下继续从事先辈的活动；另一方面又通过完全改变了的活动来改变旧的条件。"[①] 马克思主义十分重视人类活动中的主观能动性，包括为创新而选择，由选择而创新。在科学文化上讲要去粗取精，去伪存真，批判地继承，去其糟粕取其精华，都意味着要选择。

一、科学选择与技术选择

一部技术史也可以看作是人类开展选择性创新和创新性选择的历史，我们将在下一章里作一概述。在这里需要说明的是，在科学技术活动中，技术是更富于选择性的。

---

① 《马克思恩格斯选集》，第1卷，第51页。

在科学活动中，人们也是有所选择的。科学研究的问题很多，各有各的内容和意义，对许多科学家来说，他们要选择自己的研究方向、研究课题和研究目标。研究任务已定，在进行实验探索之前，科学家还需要确定指导实验的理论假说，实际上是选择某种指导思想。在多种场合下，还要选择实验对象（如做人体实验还是动物实验），选择仪器手段、操作方法和程序等。对于实验观测结果，包括其中出现的机遇，还要选取有典型意义的或特殊异常的东西等。选择是否正确，对科研活动的成败关系甚大，在科学研究的选题上表现更加突出。贝尔纳曾谈到，提出科研课题的最大困难是选择，"评价和选择课题，便成了研究战略的起点，要从一大堆课题中挑出带实质性的课题来，而不能把它们同非实质性的课题混杂在一起"，[1] 课题的形成和选择是科研工作中最复杂的一个阶段。

有科学选择，还有技术选择，我们不好说哪个更困难，抽象地这样提也没有多大意义。但大致可以认为，技术选择的领域，范围比科学选择更宽阔些，至少，这是两类在性质和特点上有很大区别的选择。

科学所面对的是客观对象（包括天然自然和人工自然的对象），它要揭示客观事物的属性、本质、规律性是什么，客观过程的起源、发展、消亡是如何演化的，以及它们为什么会有这种属性和演化。在这里，特定的客观对象及其规律是确定的、排他的，对科学问题的正确回答只有唯一的解，某种答案对，与之偏离的结论则错（当然这要由实践检验来证明）。在科学上，如果发生同一问题有多种答案的情况，人们可能认为这是形成了不同的假说，而不会认为互不相同的结论都是科学真理。在科学上应当是非分明，在特定问题上科学真理只有一个，人们只能采取被验证为真理的科学结论，不能说选择这样或那样的答案都是对的。纵然某种答案看起来符合人们的需求，也不该或无法加以选择。

技术是为了满足社会需要，利用、创造和调控自然界的物质变换、能量转化和信息传输的过程和方法，它的任务不是揭示自然对象的"是什么"和"为什么"，而是解决人们应当"做什么"和"怎样做"的问题。需求、应当、做，对技术过程十分重要。"需求"包含着人们的利益、兴趣、情感，不同时代、不同民族、不同地域、不同性别年龄的人的需求千差万别。"应当"指的不仅是已经存在的东西，而主要是指尚未产生而有待创制的东西，它面向未来，未来则不具有当前现实那种既成状态或固定模式，它可能变化多端。"做"属于实践领域，这里有做法是否对头的问题，而更重要的是做出的结果是否有用、有效，是否能满足需求。"做"不单要有理论，还要有经验、技能，并非人人会做，人人会做又各有巧妙不同。

---

[1] J.D. 贝尔纳：科学研究的战略，《科学学译文集》，科学出版社，1980年，第28～29页。

第一章 技术是可以选择的吗？

正因为这样，对于同一的自然对象，在应当用它做什么时就有多种技术问题，而对于每一个技术问题通常又有多种解。某种铁矿石含有哪些化学成分，各有多少含量，只能有唯一正确的回答，要用它来冶铁，或主要为了提取其中的硫，或主要为了获得其中的其他金属（如钒、钛），或要实现有用成分的综合利用，则可以有迥然相异的技术方案。即使只用铁矿石炼铁，情况也很复杂，从科学上说，唯一的原理是还原，即去掉铁矿石中氧化铁的氧，为此要使用能使他物还原的东西（它自身在使用中被氧化），但从技术上说，应当如何造成这种还原氧化过程却有多种做法，即使都用高炉，还要选择高炉的建造地，选择高炉的炉型和容积，选择高炉的炉顶压力和鼓风温度、强度，选择还原剂的类型（焦炭、煤、石油）、用法和用量等。在多种技术方案、技术措施中，常常是各有优劣，而不能说唯独哪种是唯一正确的，因而也经常发生难以抉择和选定的犹豫。

正因为这样，对于同类的人工对象，在应当如何做出它时也有多种技术问题，而对于每一个技术问题通常亦有多种解。同样是手表，有人主要要求它更准确，有人更注重其外形美观，有人要求它更能适应严寒、高温、强震的影响，有人希望它兼有计时和其他功能，还有人特别关心它能显示豪华，即使只用表来准确计时，即使都采用石英电子机芯，仍要选择机芯尺寸和电池规格，选择其中的石英振子、集成电路、步进电机的类型、精度、能耗和可靠性，选择加工和组装各种零部件的设备（如石英晶体片的自动清洗、腐蚀设备），还要选择制表的人员、管理方式、原材料来源等。世界各国有许多各有特点的手表厂，谁也不能断定哪一家或几家的技术方案和技术方法是唯一正确的。

"对技术问题的正确回答"，"对技术任务的正确解决"这类提法就值得推敲，它们有些模糊不清，未见得切中要害。技术方案、技术规划、技术活动程序、技术操作等固然有是否正确之分，这主要是指它们是否合乎科学，是否符合对象和过程的客观规律性。技术活动中的规章制度、操作规程，主要是为了保证正确性的，违反了就是误操作。但技术活动还有另一方面，更重要的方面，是它能否满足人们的需求，能否有效地实现人们所要达到的目的，或更通俗地说它是否好使用。如果要说技术上的正确，还应当把实践上能满足社会需要并取得预期效果包括在内。更确切地说，"对技术问题的正确回答"之类的提法，应当用"对技术问题的合理解决"的语句取代，或主要从后者去理解。所谓合理解决，既有符合科学规律之意，又有满足社会需要的"应当"和效果，对"做什么"和"怎样做"有益。至于技术手段的硬件部分，技术成果的产品部分，就更难于用正确与否来表述了，除去设计思想是否对头，要说"手拿一把正确的铁锹"，"熄灭一盏错误的荧光灯"，恐怕谁也不会听懂。

既然技术问题可以有多种解，人们从中选出最合理的解决方案，乃是理所当然的了。要把人造卫星送到宇宙空间,不论是通信卫星、气象卫星、侦察卫星,科学实验卫星,无可选择的是要遵循万有引力定律的科学原理,但卫星上天绝不仅仅有克服地球引力的问题,满足不同要求的卫星还要选择各自的技术手段(如不同的仪器仪表),在合理实现克服地球引力上,也不仅仅有一种方法。可以用火箭使人造卫星升空,也可以用航天飞机把它送上轨道,可以用固体燃料,也可以用液体燃料;可以用助推火箭,也可以只用三级火箭;助推火箭可以多些(如9支),也可以略少些(如6支),可以在离赤道近些的地方建立发射场,也可以在别处建立火箭发射基地,火箭发射的时刻可以早些,也可以略晚些,等等。凡此种种,都可以且应当做出合理选择,对万有引力定律懂得极其深刻而不善于作这种选择,就没有航天技术。

我们以为,航天技术尽管难度甚大,风险不少,但它毕竟是程序性很强的技术活动,其可选择性相对受限制较大,一旦选定就难以变更,在火箭点火后往往就无法变更。在实践领域中还有程序性较弱的技术活动,虽然远不及人造卫星上天那样显赫,却随时随地要做出选择,不断变换作业方式乃至修改技术方案。在采掘煤炭、矿石或石油的技术活动中,人们面对的是天然自然资源,纵然事先就已根据勘探资料确定了技术方案和工艺方法,由于自然界的复杂性,由于勘探只能涉及地下的小部分情况,由于先前的采掘会造成新的改变,采掘每前进一步都要求做出新的选择:加大或缩小凿岩的密度,增多或减少炸药的用量,强化或弱化井巷的通风,保持或修改原定的支护方式,加快或放慢掘进的速度。

所有的技术活动都有选择性,强程序性技术相对来说选择性略弱,弱程序性技术的选择性较强。就人们控制技术过程来说也是如此,开火车的程序性强,选择性少些,开汽车的程序性弱,选择性多些。汽车司机要不断地调整方向盘,经常变换速度档,实际上就是在做随机性强的选择。把一颗人造卫星发射到预定轨道,要使卫星上有可选择姿态的装置,很不简单。让一辆汽车自动地(无人驾驶)在白天穿过北京王府井大街,它必须"学会"灵活地确定方向和速度,会规避行人和障碍,这或许更为复杂。

技术选择与科学研究的不同,还在于后者要求的精确性。在科学技术体系中最讲精确的是数学,对数学家来说$\sqrt{2}$就是$\sqrt{2}$,如果说$\sqrt{2}=1.414\ 213\ 562$,尚可算作近似值,但终究是混同了有理数与无理数,如果把$\sqrt{2}$当作1.41,那只是工程上的$\sqrt{2}$,而不是数学上的$\sqrt{2}$。在物理、化学、生物等学科中,最讲精确的是物理,力图使自己具有数学的精确性。现代化学、生物学在精确性上也日益严格。科学理应要求精确,有时失之毫厘谬之千里。讲究精确,还导致许多新的发现(如海王星、微量元素、中微子的发现)。作为科学定律,万有引力的大小只能是与物体质量积成正比,与物体间距离平方成反比,既不能说成是2.01次方,也不能说成是1.99次方。科学公式中的系数(如引力常数),只有一种值,在小数点后若干位都无可选择,且要求它不断精确。

技术也有它的精确性。古代的许多手工艺品,其精巧、精美,令人叹为观止。近代的技术有标准化、通用化,有规定的允许公差,超出了则不合格。现代技术有高、精、尖的特点,电子仪器、数控机床、激光测量以其精密而被赞赏并广泛应用。但整个来说技术的精确性仍然是大概其的。如果按各种技术过程的基本性质划分,大体属于力学,物理过程的技术(如机械技术、电工技术、自动控制技术,包括卫星发射技术)精确性较高。然而,拿最精密的磨削公差与水分子中氢氧原子距离的科学计算相比,拿最精密的人造卫星运行轨道调控与对月亮轨道的科学计算相比,前者的精确性要差若干数量级。大体属于化学过程的技术(如冶金技术、酸碱制造技术、有机化工技术)精确性就差些,要把高炉利用系数较长时间保持在2.00而不是2.01或1.99,几乎是办不到的,也是没有必要的。大体属于生物过程的技术(如医疗技术、植物栽培技术、家禽饲养技术)的精确性更差。那些综合性强的技术(如交通运输技术、建筑技术、环境保护技术),精确性也不高。一些技术过程,在理论的设计计算时精确性较高,却由于在实践上要采取颇不精确的安全系数,把原来的精确性抵消了。

人们在技术活动中难以十分精确,有多方面的原因,技术过程是在极为复杂的重重矛盾中实现的。有许多因素是人们难以控制乃至无法左右的。气候好些,农业技术措施较易顺利实现,而至今为止最发达国家的农业仍未能完全摆脱靠天吃饭的状况,天又不会尽如人意。炼铁要想稳产高产,发电要保持发电量、电压、周波的均衡,但自然资源的铁矿石品位(含铁量)会变(即使经过预处理),水力发电受季节影响,火力发电受煤炭、石油质量不均匀性制约。人造地球卫星的发射时间也会因气象条件被迫推迟,大气层中的气流会使它偏离预定的升空轨道。许多精确性是人们不愿意其出现的,不是人们主动选择的。

技术活动中的许多精确性还来源于人们的主动选择(当然要考虑到客观条件),或者说,是由于人们在解决复杂矛盾时的主动选择导致不确定性。在人工自然的创造、控制上允许有相当程度的不确定性,是这种选择的前提。工程技术中安全系数的选择是很有代表性的。在特定的技术设计中可以把安全系数确定为2.00,谁也无法绝对地判定这是唯一正确的,如果把它确定为1.99或2.01,在多数场合下只需略为修改技术作业规范。这时安全系数为1.99、2.00或2.01可认定为同样合理。安全系数的确定不仅允许有微量的差异而无伤大局,有时候,它的选择范围还相当大。安全系数的选择是工程技术活动的难题,有很多学问。

略为详细地介绍一个技术选择和选择方案多样性的实例。在露天采煤时需要剥离地表到煤层之间的岩土，在被剥离的岩土间与未被剥离的岩土之间有个界面如图中的 AB，显然 AB 与地表平行线之间有一个夹角如图中的 θ。如果 θ 角大，

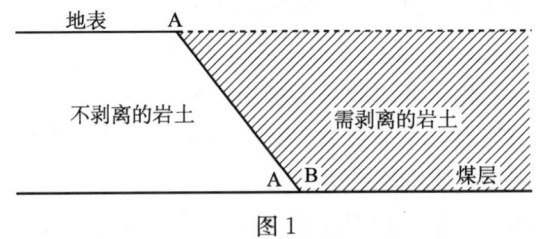

图 1

未被剥离的岩土就会塌落成滑坡，如果 θ 角小，安全性大，需剥离的岩土却增多，使成本增加，工期延长。从科学观点看，θ 角应根据岩土的性质确定，如它偏于松软则 θ 角应小些，反之则大些，确应如此，这已为 θ 角的技术选择奠定基础。但在技术设计中，仅此一点是远远不够的，还要估计到当地的气象条件（未剥离的岩土因其一侧被剥离会加速风化）、地震或周围其他震源条件、采煤速度（时间越久未剥离部分风化越大）、在界面 AB 上需建的设施（如把煤炭运出去的铁路或索道），以及被剥离岩土的可用性等。由于情况相当复杂，对 θ 角的选取必定会形成许多方案，且很难说其中哪种选择是唯一合理的。但相对更加合理的方案需要选择，也能够被选择，则是无疑的。

技术的可以选择，工艺或设计方案只是一部分，而且是靠工程技术人员就基本上能做出选择的部分。技术的发明创造要选择、企业的技术改造、技术开发、技术引进需要选择，行业的技术政策，技术体系要有选择，国家的技术发展战略、技术结构也需要选择。在生产技术活动中，有资源、能源、材料、设备、人力、市场和管理的选择。选择得是否合理、恰当，对社会经济的发展至关重要。

对于经济不发达国家，特别是社会主义国家来说，重视技术选择更有重要的意义。至今为此，社会主义制度并不是在经济发达和技术先进的国家中形成和发展的，原有的生产力和技术基础薄弱已无可自由选择，中国人民不可能超越这个基础或幻想在几年内就达到并超过最发达国家的技术水平，也不可能都飞到更高水平技术基础的发达国家中去，而必须在坚持社会主义方向的前提下，把发展生产力和提高技术水平作为中心任务，为此必须高度重视搞好技术选择，包括充分认识科学选择与技术选择之间的联系和区别，充分认识和认真对待技术的可选择性，在我国已有的生产力和技术基础的舞台上，把技术活动和技术选择"演出"得既生动活泼，又扎扎实实。我们要建设有中国特色的社会主义，也要努力研究有中国特色的技术选择，特别是有中国社会主义特色的技术战略选择。

二、关于"技术的自主性"

人们不能完全自由地选择技术，又对技术有广阔的选择天地，人们应当努力去选择适宜的技术，在技术选择上有自己的用武之地。在西方，也有一些专门研究技术发展问题的哲学家、社会学家，他们着重于探讨技术的本质、技术与社会的关系，他们大都不否定技术的可选择性（尽管论述不多）。从技术选择的角度看，有一种观点很值得重视和分析，这就是认为只有技术选择人，人被技术所选择和控制，而不能去选择和影响技术，这种观点包括于所谓"技术自主性"的论说之中。

"技术自主性"是法国学者埃吕尔（Japues Ellul，1921～1994年）的代表性论点。他是法国波尔多大学的历史与社会学教授，还曾任过波尔多市的副市长，其主要著作是《技术的社会》（1964年）。为了避免简单的评判，这里略为详细地介绍他在这本书中（以及在他的另一论著《技术的规则》中）的见解，然后再来分析其中哪些是有理由的，哪些是我们不能赞同的。这种介绍和分析当然要围绕技术选择为中心。

埃吕尔的代表作名为《技术的社会》，他的观点集中起来，正是认为我们目前的社会已变成了一个技术的社会（technological society），在这个技术社会中，所有一切都是由技术所组成，所有的东西都是为技术而存在，所有事物也都是技术。

在埃吕尔看来，技术是一种文化现象，是一种控制人与物的方法，"技术乃是在所有人类活动领域中，理性地获得并且（在一定发展阶段）具有绝对有效性的方法的总和。""技术已成了要求人们生存于其中的一个新的特殊环境，这个环境已取代了旧的（即自然）环境。"埃吕尔说："这一新的技术环境具有下列特征：①它是人造的；②对于价值、观念和国家等来说，它是自主的；③在一个封闭的小循环中，它是自我决定的。和自然界一样，它是独立于人的一切干预而自我决定的一个封闭机体；④它的增长是一个因果性的过程，但并不带目的性；⑤它由于手段的积聚而形成，手段的确重要，比目的更为根本；⑥它的各个部分互相纠缠到这样的程度，以致不可能将它们分离开，或不可能孤立地解决任何技术问题。"

埃吕尔认为技术的自主性有一个形成的过程。古代技术在数量和范围上十分有限，它只具有地方性特点，还没有"世界上最好的方法"这种普遍性特点，技术还未渗透在人类活动的各个领域，技术本身并不强制人们生活在它的蜘蛛网中。古代技术的这一特点给人类社会带来了个人选择的自由，个人与技术是平等的。然而，由于技术手段的不断积累，整个世界都变成为一个人工的世界，它完全不同于自然界，它消灭、削弱或凌驾于自然界之上，社会就发生了根本变化，出现了当代的技术社会。这时，技术成为一切工作、一切行动中人们都必须遵从的程序，技术对每一件事情的介入，实质上就是把事实、力量、现象、工具等还原为逻辑的方法或图式。在技术这种控制物与人的方法中，有效性原理至高无上、无孔不入，整个世界变成一个巨大的技术集中营。政府一方面是技术的集结；另一方面是技术的政府。"由于技术已成了一种新环境，一切社会现象便都居于其中。说经济、政治和文化领域受技术的影响是不正确的。它们都存在于技术——这个正在改变着所有传统社会观念的新环境之中。今天的政治界是借其与技术社会的关系来规定的。""我们的文明是由技术所构成的，是为技术而构筑的，并且它本身也完全是技术的。"

埃吕尔也讲技术选择，但不是人对技术选择，而是由技术本身自动地、自主地做出的选择。他断言技术的发展是自动进行的，"技术活动自动地驱逐任何非技术活动，或者把非技术活动转化成为技术活动"，"技术并不是按照所追求的目标向前发展的，而是按照现存的发展可能性而向前发展的"。在他看来，技术自身按照其发展的可能性作出选择，而这种技术选择又反过来进一步促进了技术现象的增长。每一个问题在被技术解决的同时，总是又生长出一些新的问题，这些问题又进一步要求技术来加以解决。在这个过程中，技术现象在社会中越来越多，密度越来越大，在地域和数量上无所不在。

技术自主，人们不再有对之判断与选择的自由，不再有能动性和创造性，而且，人本身也仅仅是被技术选择的对象。他在书中提出了一个问题"在一个由手段构成的世界中人类能保持其主人的地位吗？"并认为答案似乎显而易见，但作肯定回答却是肤浅的。他的回答是，"我们必须记住技术的自主特性。同样我们不能忽视这一事实，个人本身在更大程度上是某些技术及其程序的对象。人是教学技术的对象，是心理技术的对象，是职业指导测验技术的对象，是性格与智力测验技术的对象，也是工业与群体能力测验技术的对象，如此等等。"

对埃吕尔的高见已经引述得不很少了，用"高见"一词并非全然是不予苟同的贬义，在他的这些令人警骇的渲染中，毕竟还可以找到一些言之有据和言之成理的东西，尽管它们是被夸张乃至歪曲了。

"技术自主性"思想中的某些观点，可以从人不能自由地选择技术去分析。确实，技术有不断积累，不断前进的特点（或埃吕尔说的"自我增长"），在每一个问题解决的同时必然会提出新的问题，每一个时代的人们所面临的问题都不是个人意志能否定或扭转的，而必须服从和服务于技术积累提出的任务，而且是连锁反应的、越来越多、越来越复杂的任务。在瓦特的时代发明了可广泛实用的蒸

第一章 技术是可以选择的吗？

汽机，随之而来又需要解决气缸加工的精度问题，提高蒸汽机的功率和热效率问题，蒸汽锅炉的结构和安全问题，蒸汽机在车船上如何应用的问题，改进汽船、火车性能问题，铁路的设计和建造问题，等等。为了制造蒸汽机和提高其加工精度，需要用机器生产机器，研制和使用各种机床，机器的使用，又需要大量应用金属材料，发展冶金技术……瓦特之后的人们只能在这种技术环境中进行活动，想规避或跳出这种环境是不可能的，在这个意义上的确没有充分自由的选择。

在人与物的关系中，人与技术的关系中，也有埃吕尔说的技术选择人，人被技术选择的方面。通过技术考核招工，可以理解为技术选择人，参与招工的人们是被技术选择的对象。还可以说，正因为在技术上发明和制造出火车、拖拉机、飞机，才有可能造就和训练出一批火车司机、拖拉机手、飞机驾驶员，是技术培养了人。

"技术自主性"以其特殊方式确认了技术在社会生活中广泛的、日益强大的作用。埃吕尔在强调政治家不能完全掌握技术却要受制于技术时说："政治家们必须顺从于选民的愿望，而选民们主要关心技术能够保证幸福和安宁。"单从这句话看不无道理，现代政治家们不可不考虑技术的力量，包括环境保护技术。

然而，埃吕尔的技术自主性思想，在完全否定人们可以进行技术选择，否定人的能动性和创造性上却是不能被接受的。他的许多论断缺乏理论上的论证，在逻辑上、理论上是矛盾的，从根本上说不符合当代社会的实际，也不符合技术过程的实际（埃吕尔本人几乎没有从事过具体的科学技术工作）。

埃吕尔承认技术是人造的，技术是控制人与物的方法，技术使天然自然变成人工自然，这是以人与自然的关系为前提的，而他又断言新的技术环境已取代了自然环境，整个世界都是技术。人与自然界的关系不复存在，自主性技术成为超人类的力量，一切都由技术主宰，这就把技术绝对化，神秘化了。技术可以看作是利用、调控人与自然关系的方法和手段，这种关系的存在是技术的永恒的基础（当然这种关系是变化的）。就自然界与人发生关系看，显然并非一切都是技术。谁也不会说阳光照射、地震、狂风暴雨是技术，也许只有古代宗教把这些视为上帝的技术。技术可以使天然自然变成人工自然，在今天这种改变也主要限于天然自然中的地球，限于地球表面的生物圈，限于生物圈的一部分，限于承认这一部分的自然存在并以一定方式使之发生形态和功能上的改变（物质变换、能量转化、信息加工）。说技术环境已取代了自然环境，似乎技术已取代了土地，取代了地下资源，取代了气象变化，取代了江河湖海，岂不荒唐！

埃吕尔断言人不能控制技术，不能掌握技术，而只能有技术控制人，人是技术的对象，在逻辑上也是背理的。他说人是教学技术的对象，是职业指导测验技术的对象，是工业技能测验技术的对象。但他"忘记"了，教学技术，测验技术是由谁来掌握和控制的；他也"忘记"了，在把人作为教学技术对象时，对于儿童、青年、成年人，这种教学技术是不一样的，又是谁来确定（选择）各不相同的教学技术呢，他还"忘记"了，把人作为职业指导测验技术的对象通常是对尚未就业的人，而把人作为技能测验技术的对象，大都是对已经就业的人，是谁来确定（选择）对哪类人作哪种测验呢。在把人作为技术的对象时，这里的技术仍然是由人来掌握、控制和选择的，智力测验器本身不会给测验结果打分，打分还得由人或人赋予机器的答案判定。

埃吕尔宣称技术人员也不能掌握技术，更是武断地说："技术人员自己能主宰技术吗？这里的麻烦是技术人员总是专家，他不能轻率地宣称自己掌握了本行之外的任何技术。……原则上讲，他们不能把握整个技术问题，不能全面地考察它，所以他们完全不能掌握它。"作为专家的技术人员除了应用专业技术之外能否触类旁通，能否关心本行之外的技术，能否也像埃吕尔那样去全面地考察技术，另当别论。即使技术专家只限于本专业范围，不能全面地考察技术，其结论也只能说他们不能全面地掌握技术；从不能全面地掌握到埃吕尔说的完全不能掌握技术，可说得上是勇敢的逻辑一跳。说核能专家完全不能掌握技术（包括反应堆技术），火箭专家完全不能掌握技术（包括发射卫星技术），外科专家完全不能掌握技术（包括切除病灶技术），而只有技术自主地掌握技术，大概不该是全面考察技术后该选择的结论。

埃吕尔把人与技术完全对立起来，把技术的多样化与人的技术选择完全对立起来，必然会陷入技术悲观主义的境地。他发明了一种反比规则，"在社会中技术的活动越多，人的自主性和主动性就越少。……人存在得越是长久，他所失去的自由选择与单独行动的可能性就越大。技术的自我决定性大大扩大了这种损失，又使这种丧失在我们面前显得是一种宿命，是一种必然性。"看来，这是技术是否具有可选择性的一个根本的核心的论点。

从形式上看，在社会中技术的活动越多，人的自主性和主动性是减少了。在技术不发达的条件下，人们从沈阳到北京，可以步行、骑马、乘马车，富人还可让人抬轿而去，行动的路线可以自由选择，或快或慢也任君主宰，多么自主，多么主动。现代人就不能这么自在了，坐上从沈阳到北京的火车（别忘了还可以乘飞机），一切就由技术主宰，经过何处，何时到达，乘客没有任何自主性和主动性，更没有单独行动的自由选择。

而从实质上看，技术活动多了，人们的自由选择是多了，还是变少了呢？其实，从原则上说，现代人从沈阳到北京。并未丧失选择的自由，从可能性上讲，步行、骑马仍是有的，而且还多了可以骑自行车、坐汽车、乘飞机，在特定情况下坐火车可能是最有效的，而火车又有普通客车、直达快车、特别快车几种，也就是选择性更多更大了。当然,在一经选定坐火车之后,就没那么多自由选择了。在古代,形式上的自主、主动实际上并不是真正自由的,选择自由总是有条件的、受限制的,条件少(技术可能性少),受限制多,怎么会更加主动呢?

至少,技术的多样化对人们的影响是双重的,对一个国家,一个民族来说也是如此。在出现了核发电技术、火箭技术、光纤通信技术并证明其有显著效用时,必然会得到推广应用,原来缺乏这种技术的,也必然要引进和采纳,否则就会落后乃至不得安宁,这是不由一代人自主的,想拒绝接受也没有多大的主动性。但另一方面,发电技术的多样化,又给一个国家提供了火电为主、水电为主还是核电为主的选择余地,而不像技术不发达时只能主要地依靠畜力、人力。在古代人们的生活中,不存在对于黑白电视机、彩色电视机的选择,对于单缸洗衣机、双缸洗衣机的选择,对于录音机、录像机的选择。由于技术多样化,当今的普通居民所可能做的选择,比汉高祖所能做的选择还要多,也有更大的自由度。汉高祖患病,只能选御医切脉,想选用 X 射线照射、B 超检查、CT 透视、血象化验也办不到,究竟是谁有更大的选择自由呢?

埃吕尔断定人不能主宰和选择技术,只有技术选择它自己,这种技术自主性也把选择机制大大简单化和曲解了。他讲到技术按照它自身的可能性向前发展,即自我发展,但技术的自我发展有多种可能性的,激光可能测距,可能钻孔,可能传输信息,可能用来杀人,激光技术自身并不能自我规定它的发展方向和速度。人对技术的选择,并不是单凭个人意志或埃吕尔所热衷的个人单独行动、这种选择在很大程度上取决于社会性的(群体的)需求,并且是由社会性的(群体的)人们来进行。重大些的技术选择通常是国家的技术选择,政府各部的技术选择或企业的技术选择,抛开社会和群体,只在个人能否单独行动,个人自由意志的范围里兜圈子,当然只能看到技术的伟大,人的渺小,技术的自主,人性的丧失。

埃吕尔在描绘了技术集中营的可怕之后,也试图开列出一个值得选择的药方,即他所说的"解决技术问题所必需的五个条件"。

第一,真正意识到"技术实际上减小了自由的领地"。

第二,无情地摧毁技术神圣的全部意识形态,必须使人们感到"技术根本就没有什么值得为之献身的东西"。

第三,"有必要教育人在运用技术时要独立于技术,要富于幽默感。……人必须能在使用技术产品的每一步能提出质疑,能否定它们,使它们受技术以外的其他决定因素,譬如精神因素的左右。"

第四,"必须进行真正的哲学反思",使哲学成为人和技术现象的中介。

第五,与技术专家对话,"使他们对自己的创造提出质疑"。

不能说埃吕尔讲的这五条是百分之百的空话,因为这几条离开技术选择的问题较远，我们就不来一一分析了。在这五条中似乎只有第三点有新意，但我们不知道怎样富于幽默感，也不知道在自己患病时如何独立于医疗技术，或在使用药品（技术产品）时如何每一步都提出质疑。当然更不知道在需要从沈阳到北京时如何独立于火车或飞机，或在使用火车、飞机时如何否定它们。当然，埃吕尔提出的人不应过分地依赖技术，不应过分崇拜技术，而且要学会用正确的方式去使用对象，以及哲学不应与技术分离，不应只是一套专门词汇的纯粹学问，而应当探讨和把握技术现象，则包括合理的东西。

第二章 技术在选择中发展

全部技术的历史，是人们利用自然界的物质、能源和信息，进行有选择地创新和创新性选择的过程。在人类历史的每一个发展阶段，技术选择各有自己的内容、特点和形式，为了不致完全重复已经出版的技术史资料，我们拟着重从技术选择的这些方面概述和分析远古、古代和近代以来的若干历史问题，对史实的全面性和完整性则难以充分顾及，这也可以说是一种选择吧。

第一节 技术起源与顺应选择

按照达尔文主义的观点，生物进化、人类出现，是自然选择的结果。在人猿相揖别后，作为自然选择的最高产物——人又开始了为自己的生存而选择自然，创立了最初的、但对保持人类在极困难条件下得以存在的多种技术。

对原始人如何选择和创造技术，除了有少量考古发现可供推测分析，几乎是无据可查的，但我们仍可以对远古祖先如何进行技术选择提出一些值得注意的问题。

刚从动物界摆脱出来的人们是真正赤手空拳来到这个世界上的，他们不可能从先辈那里继承劳动工具，更不用说住房和衣服，而所面临的却是严酷的自然界，时刻威胁他们生存的自然界。他们要活下去，当然需要御寒、防雨、避免野兽的侵袭，而占首位的是食物。为了生存，获得食物，他们可能像猿类那样去采集，又不仅仅靠采集，还要利用劳动工具去捕获兽类或捕鱼。进行劳动和使用劳动工具，乃是人与动物界相区别，或人之所以为人的根本标志。单纯地采集是猿猴乃至更低等些的动物也会做的，但它们却不会制造和使用劳动工具。

原始人用什么作为劳动工具，或者说他们从天然自然中选择什么作为劳动工具，是令人感兴趣的。可以设想，他们最初能利用的只能是由树枝做成的木棒或地上的石块，其劳动方式只能是用木棒去打、戳，或用石块砍、砸。木棒可能是经常使用的工具，也是武器，有人说远古人曾有过一个"木器时代"，这是有理由的，至少木器和石器曾经是并用的。利用木棒和石块已经不单纯是采集，而是人开始把自己作为自然界的对立面，向自然界索取。然而，只是利用天然的树枝和石块毕竟还不是严格意义上的制造工具，也不是有较高自觉意识的选择（他们除了利用现成的自然物，包括自己的肢体，别无选择），可以说他们既是刚刚摆脱动物界又与动物界差别不甚大的人。

很难断定原始人一开始就学会应用有尖头的木棒或扁平状的石块，他们只是在长期实践中才发现这点，并意识到尖劈状物体的用处。在他们用石块把另一个石块打制成尖劈状石器（砍砸器），或用砍砸器把木棒的一端削尖的时候，人类就开创了具有世界历史意义的第一个伟大发明——制造劳动工具，而把石块打制成尖劈状则是人类进行的最初的技术选择；尽管这种选择在今天看来是那么幼稚。我们的祖先毕竟选择了打制，且不是打制成别的形状。历史博物馆中陈列着远古时代人们制作的砍砸器，就是这种选择和创造的证明。

石器的打制对人类生存极为重要的，这是为最起码的生存而作的选择，但尖劈状砍砸器终究基本上是利用天然自然物，又基本上是以天然自然中扁平状石块为原型的（另一种说法是以手掌扁平状为原型，把早期工具看作人体的"器官投影"），因而又是顺应自然条件所作的选择，是模仿自然物外形的选择。石器的打制也有由低级到高级的发展，其形状越来越复杂，功能也增多了，表明祖先们在技术选择上有所进步。

原始技术的另一项伟大发明是学会人工取火，它对于取暖、照明，特别是对于获得热食极为重要，是人类生存的根本保证，也是人类第一次支配了一种自然力。无法确切判断早期人类是怎样发明人工取火的，可以设想，无法控制的自然火（如森林火）对人类是有威胁的，人类一开始不可能想利用火而是怕火，也许是自然火烤热的兽类的美味，或火的温暖，逐步使人们感到火又是有用的，从而去"养活"天然火或把火引入洞穴，又不使它危及自身。人们看到自然火的可怕和可用，并设法利用其可用的一面，在远古条件下也可谓是一种伟大的选择，当然这也是有自然原型的顺乎自然的选择。这种自然选择不是自然界对生物的选择，而是高级生物对自然力的选择。至于人工取火（摩擦取火），它的意义更伟大，很有可能最早是因为打制石器时产生的火星点燃周围干草，而到了人们已学会了用天然火，这才有意识地去"造"火的。"造火"以利用天然火为基础，不是消极地等待天然火，主动地去"造"火，是原始技术选择的大事。

人类在远古时代开创的生产领域和技术文明涉及社会物质生活的各个方面，现代技术的许多部门在那时已露端倪。但原始技术并不都是选择的产物，而有一个从不得不采取到一定程度的自觉选择的过程，他们能够选择的余地很小。原始发明中的绝大部分乃是模仿、再现某些自然条件，或重复能带来好处的偶然性活动。用兽皮、树叶遮体，聚居洞穴抵御风雨，猎物有暂时剩余的饲养，用树干渡水等维持生存（衣食住行）的技术，对原始人来说曾是唯一可能的选择，或只是采取而不成其为选择。当他们经过几十万年，上百万年的实践，在他们用植物纤维或兽毛编织有经纬线的衣着时（在原始人洞穴中发现了精致骨针），在他们用石头砌或用日晒砖造居室时，在他们有意识地驯化兽类时（最早被驯化的可能是狗，尔后是山羊），在他们刳木为舟和制作木轮车时，就开始了向技术选择的进步。传说中的大禹治水（堵或疏）、神农尝百草，都是在选择。

原始人的技术发明和技术选择很容易在自然过程中找到某种原型，就像锤子可以看作是拳头和手臂的投影那样，或许可以把那时的技术基本上称为"自然过程的投影性技术"，把那时的技术选择叫做"投影性技术选择"。投影不等于纯自然过程，已有某种程度的人工化；投影也可以理解为延长（延长已被广泛应用，例如讲脑力的延长），而它更明显地有再现、模仿的特点。德国早期的技术哲学家卡普（Ernst Kapp，1808～1896 年），曾广义地把所有的工具和机械看作是人体各种器官的外化，即"器官投影"，认为手是一切人造物的模式和一切工具的原型，铁路是循环系统的表现，电报是神经系统的扩展。我们借用他的"投影"，把原始技术大致看作"自然过程投影性技术"和"投影性选择"，即对自然物和自然变化的再现性顺应，可能是有道理的。

当然，原始技术中也有较为尖端的部分，例如弓箭似乎就不是简单的投影，而是较高级的技术选择。弓、弦、箭是复杂的工具和奇妙的力学机构，是原始人手脑结合的杰出发明。制造弓箭要知道选用最适宜的木材加工弓身，选用动物的腱、皮革或植物纤维做弦，选用石、骨或兽牙制成箭镞，箭上常选用羽毛（使其定向飞行）。原始人能制造和使用弓箭，表明他们已有了较发达的智力和选择经验。原始人在制陶时，靠长期积累的经验，学会了选用黏土、砂及其配比，并学会怎样去烧和选择烧的"火候"。

应该说，我们的祖先已进行了多方面的技术选择。他们不仅在劳动工具、作业方法上有许多选择性创造，而且对人也是从技术选择上对待的。原始氏族中男的出外打猎、捕鱼，女子从事耕作饲养，或许只是"自然分工"，不能归之为有意识选择。原始人把在从事生产技术活动中更有经验的长者推举为氏族首领，大概可称之为选择，而且是技术性的（技术水平成分较大的）选择。在一个没有阶级的社会中，技术水平高的人担任领导职务，是可以理解的。

原始人在实践中积累经验知识，做出了经验性的技术发明和技术选择，创造了最起码的生存手段，在他们的观念形态上也有所反映。考古资料发现，原始人刻画在石、骨或角上的线雕画，刻画于洞穴中的壁画，其内容除了人自身，大都是他们在狩猎中能捕获的大动物，如野牛、野马、鹿，很少有轻易可以捉到的小动物。或许他们在刻画时不自觉地或有意识地要表现他们的技术能力和重大些的技术胜利，而不去表现较易可办到的事情，这可以说是技术选择性的原始艺术。

原始人向自然界挑战并取得初步胜利,在更大程度上,他们在自然界面前又是软弱无力的。生存的困难,无力摆脱恶劣自然条件而造成的痛苦,对他们来说奇妙莫测的风雨雷电,生老病死,导致了对自然事物的虚幻解释——原始宗教。原始宗教是自然知识不足的表现,又是自然知识不足的补充,同时,原始宗教也以特殊的形式,反映着技术选择的内容,具有技术选择的色彩。

万物有灵论和自然崇拜是原始宗教观念的主要内容。原始部落的人们相信雷公、风魔、各种树木的精灵以及山神河怪,反映着幼稚无知和技术力量的单薄。万物有灵,但并非万物的神都同样著名或属于同级别的主宰,"骨干神"与日月星辰和重大自然过程有关,如新中国成立前我国还过着原始氏族生活的鄂伦春人那里的"别亚"(月亮神)、"阿丁博儿"(风神)、"阿克的恩都"(雷神)、"吉雅其"(狩猎神)、"奥伦"(北斗星神,指点活动方向)、莫都儿刀(雨神,控制农作物生长)、"得勒钦"(太阳神)、"透欧博加坎"(火神)等,都与当时人们的生产技术活动,以及进行这种活动的条件有密切的联系。在原始的易洛魁部落中,崇敬"三姐妹神"(即玉蜀黍之精、豆荚之精、南瓜之精),认为她们是"我们的赡养者"或"我们的生命"。并非任何无足轻重的对象都被选为神,或有同样的权威。至于图腾崇拜,即氏族成员要供奉某种动物,不得捕杀或吃掉,已有学者认为这是不自觉地保护环境,是技术选择中的限制,不在此讨论。

巫术、祭典是原始宗教活动的主要形式。原始部落的人们在从事重要活动(大都与生产技术活动相关)之时都要求助于巫术,求助神灵的批准和恩赐。打猎要祭山神。种植要祭地神、雨神,为了农作物丰收,妇女们披头散发,为了求雨而洒水。制陶、治病、进食都要祭神。易洛魁部落的氏族成员年年要举行六个祭典:枫树祭、栽培祭、浆果祭、青玉蜀黍祭、收获祭、新年祭。巫术,祭典反映了原始人不知道自然界和人怎样相互影响,认为可以通过巫术去影响自然,在原始人那里,巫术与技术混在一起,合二而一,现代的一些学者认为原始巫术是原始技术的一种形式,并不过分。原始人的制陶程序是祭神—制坯—烧制,结果把陶器做出来,他们如何从制出陶器的事实去判明这种程序的哪个环节是不必要的呢?原始技术选择采取了巫术的形式,包括为祭神选用各种牺牲(贡品),以及求神保护的同时又用咒语驱魔,是人们能动性的一种消极表现。

第二节 古代技艺与超经济选择

生产力的发展,剩余劳动的出现,导致了生产资料的私有制,原始公社制度过渡到奴隶制社会,又由奴隶制过渡到封建制社会。为了简化,我们把奴隶社会和封建社会统称为古代社会,概略地探讨古代社会中技术选择的特点。

从原始社会末期到奴隶社会初期，在生产技术领域内并没有发生根本性的变化（质变），在这个阶段，农业耕作更加稳定，由于大河流域有较便利的灌溉条件，土地较肥沃（与河流的自然泛滥有关），在这些流域有了较多的定居村社，并由村落逐步形成为乡镇，在尔后又形成城市，农业生产的需要，村社的建立，交往的扩大，又促成修堤坝，挖运河和修造房屋的活动和技术，修建又促成了简单机械技术（杠杆、斜面、滑车等）的发明和应用。早期的制陶、纺织等技术也更加多样化和精巧，手工业从农业中分离出来，出现了多种门类的手工技术。

在这个历史阶段中最值得称道的是冶炼金属特别是冶铁技术的发明和应用。因此，人们在从生产力的方面表征古代社会及其时代时，又称之为农业社会，铜器时代，铁器时代。从劳动工具的改进来说，铁器是居首位的。何时何人和如何通过创新选择发明冶铁术，已难以确切考察。可以设想，原始氏族的人们会有使用天然金属（如陨铁）的经历，或许还能看到自然火（如火山）所造成的铁质物料。至于冶铁和制成最早的铁器，一般认为是约公元前1400年安卡拉附近的赫梯人的贡献。

奴隶社会、封建社会中铁器的广泛启用大大促进行社会生产的发展和经济的繁荣，促进了农业，水利工程和其他建筑工程的技术水平的提高。铜器和铁器的冶炼和加工，对其他手工业部门的兴起也有重大意义，并直接关系到人们的日常生活（铁锅）。无论是棉、麻、丝、毛的纺织加工，陶器、瓷器和木器的制作，酿酒、制糖、造纸，以及驾驭马匹，制造马车或舟船，都要程度不等地用到金属材料，尤其是质地较硬的铁。从另一个角度说，是铁器的出现才使百工得以形成（"百工"一词本来是指管理手工业的官员，这里泛指多种手工业），并使百工兴旺起来。

总的来说，古代社会中人们在技术选择上的主动性增强了。技术日趋多样化，在积累中进步。封建社会的农民有相对的人身权利，而不像奴隶那样只被当作会说话的工具，农民特别是自耕农以及个体手工业者有做好技术选择的较高的积极性。然而，由于有了社会阶级的分化和对立，有了脑力劳动与体力劳动的区别和矛盾，又使日趋复杂的技术选择增添了以往没有的、影响重大的新内容和新特点。阶级对立对技术选择的制约，奴隶制，封建制对技术的社会选择，通常比农夫工匠的技术选择起更大的作用。我们无法对古代社会中的技术选择作出全面和确切的概括，只能提出一些或可注意的问题。在以下几点的述评上，看起来是互不相容的，古代社会中的技术选择的本身就充满着矛盾。

一、手工技术有相当灵活的个体自由选择性

原始社会中就有手工技术，古代社会中有了专门的手工业。主要凭借经验、

以个体方式出现并靠人们的手工来实现的劳动技术，曾达到登峰造极的程度，并取得辉煌成就。

从一定意义上说，个体的手工技术是自由的技术。一个手工鞋匠的作业是由他从头至尾完成的，他本人就是技术规范，多做一双或少做一双，做得略大些或小些，他本人就是选择的决策者。正因为技术上的选择自由，手工劳动产品就不会标准化（我国有长期进行手工劳动的传统，也许这是对技术标准化重视不足的一个历史原因），但技术上的个体选择自由也有好处，它可能使人们对自己的活动有兴趣。

手工操作的自由选择，经过长期训练，还会使人们的技能成为技巧，即熟能生巧。在古代，工匠的巧就是技术，那时的技术，不是现代的 technology，它是 technigue（艺术性的手法、技巧），是 art（技艺、艺术、熟练）。我国古代的"工"与"巧"是联系在一起的，因而有时把古代技术等同手工，有时等同于巧，有时则说古代技术是"工巧"，如能工巧匠。成书于我国战国时期的《考工记》提出："天有时，地有气，材有美，工有巧，合此四者然后可以为良。"这里的工有巧即指技术，天、地、材指的是自然、物质的特性，把这些天然属性同"巧"结合起来，可获得良好的结果。

古代工匠熟能生巧的技术选择，主要表现在工艺手法上，如农夫用锄敏捷准确地挥锄铲草间苗，工匠制剑或用刻刀雕镂精美玉器，常达到巧夺天工的境地。但这种巧或工艺上的技术选择，并非仅仅是行为上多次重复的结果，而是包含着勤于用心琢磨，人们讲心灵手巧，心灵与手巧是密切相关的，手工劳动过程的技术选择也要有心计，也有观念上的设计和方案，只不过较为粗略，且常常是边设计，边施工罢了。由于个别劳动者心灵手巧的程度不同，他们的产品往往缺乏统一标准，有较大的个体差异。

手工劳动过程的技术选择，不单有工艺活动中的边设计边施工，在不少场合，还有施工前的相当精心的设计方案选择。隋代李春在建造赵州桥上的贡献，与他会用锤、凿加工石料分不开，更主要的是他能针对渡河的特点（水流急、河面宽），做出了单孔石拱桥的设计。北宋喻皓在汴梁建 11 层宝塔，固然因为他有木工的手艺，但更主要的是他能针对抗西北风的特点选择了平面八角且有一定斜度的塔形。发明活字印刷的毕昇，要用心选择制作字块的材料（用木材，用经过煅烧的泥土）。而所有这些选择，都经过了多次试验，乃至制作过多种形式的模型。只不过这类选择局限于少数杰出的工匠，他们是"古代高技术"的带头人。

手工技术有更大的灵活性和选择自由，这种手工技术在今天依然被保存了下来，许多创新性的产品，一开始仍然要靠手工劳动或在很大程度上要靠手工技艺。人们的双手仍然比最精巧的机械手有更大得多的灵活性，在现代技术活动中仍然需要心灵手巧，技艺超群的工人，只靠标准化未必都能实现技术创新。

二、手工技术活动自由选择的限制

技艺（art）像艺术那样需要有广阔的自由天地，在手工技术活动中选择的自由度较大。但古代的技术选择，却缺乏艺术选择那样的优势，这一方面是社会的原因，另一方面则是古代技术自身的特点造成的。

手工技术的能工巧匠赞誉，行行出状元的美言，只是古代技术的一面，实际上手工业行业是不出状元的（指读书成就的"真"状元），能工巧匠是许多人不屑为之，也不被他们尊重的。在很长的时期里，我国的技术被一些达官贵人视为奇技淫巧，秀才是动口动笔不动手的。读书人选择四书五经，诗词歌赋不仅可以做官，至少可被认为是高雅的（这里不涉及对哪个秀才或诗人的评价，只是讲一般社会观念），手艺人选择制靴、打铁则是低下的，粗俗的。

这种鄙弃生产劳动和生产技术的倾向，反映古代社会中脑力劳动与体力劳动分离的消极方面。古代社会中脑力劳动与体力劳动的分离，使一些人可以不必为糊口而劳作，而可以从事科学、艺术和政治活动，有它的积极方面；没有这种分离，就不会有古代文化，也不会有现代的精神文明。同时，这种分离一开始又有它的消极方面，产生了唯有读书高而轻视生产劳动和生产技术的倾向。例如，考古发现的在约公元前1100年的一份埃及纸草书上，记有名为《教训》的一个文件，这是以父亲的口吻教训儿子的信，其中说："要用心学习书写，这会使你摆脱一切艰苦劳动，成为一位有名望的官员。书吏不要参加任何体力劳动，他是发号施令的人。我看见过冶炼工人在炉前操作的情况，他的手指就像鳄鱼一样，身上的臭气比鱼子还难闻。我从没有看见过哪个铁匠受到任命，也没有看见过哪个铸工当了使节。"这是对古代技术和工匠地位的写照。

令人注目的是，在古代上层阶层的人士中，在古代的知识分子中，又确有一些人分离出来，选择了技术活动或与总结技术经验有关的活动。曾写过《建筑术十书》的古罗马学者维特鲁威（P. M. Vitruvius，约公元前一世纪），著有《医典》的阿拉伯学者伊本·森纳（Ibn Sina，980～1037年），以及我国古代的张仲景、沈括、徐光启、李时珍、宋应星等。他们或是从仕途道路转到总结技术活动经验的失意文人，有的则是官员兼而从事技术经验的总结。手工技术的流传，是这些懂得文化知识的人们的贡献。他们的贡献也包括有选择地总结技术经验，李时珍的《本草纲目》对药物品种和方剂的正误作了许多考订即去伪存真的工作，徐光启不仅亲尝草木之味（区分哪些是可食植物，哪些不是），并在我国北方选种水稻．把这些写入《农政全书》。

但这并不意味着当时的社会重视技术，工匠乃至医生充其量被写入"方技列传"，属于"小道"、"贱业"范畴。我国古代技术的集大成者宋应星（1587年至清初），在他的百科全书式著作《天工开物》中详实地介绍了我国古代的农业和手工业技术，而他在序言中写道："此书于功名进取，毫不相关也！"表现了对重文轻技的不满，对皓首穷经的"大业文人"的不满，也反映了"仕选"与"技途"的对立。

古代手工技术选择的局限还来自它本身的特点，主要的是它的经验性。它的产生靠经验的积累，由经验摸索来逐步选取好的、淘汰差的，缺乏科学指导，眼光短浅。它的延续靠经验传授，由师傅手把手地带徒弟和徒弟的亲身体察，缺乏文字记载和交流，徒弟大都只能接受自己师傅的个人经验，就难以超出其师傅的水平。古代著名中医的弟子大都充其量达到其师长的水平，何况许多人还达不到这样的水平。这与古代名中医写的书相对少有关，名中医去世时带走了他们选取各种药物和方剂的经验，弟子未能全部学到，其他人更难去学，新一代人又要在相对低的水平上积累经验。此外，古代的技术选择还受到劳动手段、材料和工艺条件的制约。这些历史局限是不能苛求的。

三、奴隶主、封建主对技术的阶级选择

从原始社会到奴隶社会，最根本的区别是出现了一个榨取劳动者血汗的剥削阶级，这个阶级统治的基础是生产资料的私有制，而少数人（奴隶主）对多数人（奴隶）的压迫则是靠超经济的强制即靠皮鞭和棍棒来维持的。从一定意义上说，奴隶主是一个不靠科学技术也可以过日子的阶级，它无需通过科学技术手段来获取和增加剩余劳动的占有，也不必凭借科学技术的优势去兼并其他的奴隶主。如何发展科学技术来提高劳动生产率不是奴隶主贵族必定要关心的事情，对他们来说几乎不存在为发展生产力而进行技术选择的问题。代替奴隶主进行统治的地主阶级可以不把农民作为可随意买卖的人料，在对待科学技术的关系上则与奴隶主大致相同。

奴隶主、封建主选择他们的帮办，古代社会中对官员的选用任命，也与科学技术几乎无关。中国古代的科举制度考官，有封建主义民主的形式（除皇帝以外，地方官员不是世袭的，而是通过考试选用，书读得好可以当官，至少从形式上看人人可以读书，读书者人人可以考秀才、中状元、当官），而科举考试的内容只是选择四书五经中的文章，并不要求有科学技术的科目。

奴隶主、封建主对生产技术进步漠然置之，却不能说他们是完全不顾技术，或毫不进行技术选择的。相反，古代统治阶级在技术选择上起到了十分重要的作

用，奴隶主、地主阶级对技术的选择（阶级选择）在很大程度上影响着古代技术发展的方向、规模和速度。

在研究奴隶主、封建主对待技术的态度时，应当把个别奴隶主，个别地主的要求，同奴隶主、地主作为一个阶级及其国家的要求有所区分。这两者在某些方面是一致的，无论是某个庄园上的奴隶主、地主，还是奴隶主或封建主国家的帝王官员，都要选择和利用技术来满足其奢侈生活的需求，只不过王公贵族能够享受到更高水平的技术成果。他们要住琉璃瓦的房屋，睡觉要用"被中香炉"（其技术原理类似于现代陀螺仪），吃温室栽培的冬生菜，摆设精美的瓷器、漆器、玉器，要御医用"银膏"（一种汞合金）补牙，死了还要穿"金缕玉衣"（西汉墓中出土的金缕玉衣已应用直径仅为 0.08～0.13 毫米的金丝）。他们并不创造技术，但他们的"高技术需求"却影响着技术选择。

奴隶主和封建主国家需要技术，还有它们的阶级特点，即要选择和利用技术来为整个阶级的政治统治服务，来实现整个阶级的根本利益。不充分注意到这一点，就无法理解古代技术特别是古代的大规模技术（或称"古代大技术"）和古代的先进技术（或称"古代尖端技术"）的发展和成就。认为古代社会的剥削阶级（奴隶主阶级和地主阶级）只是利用现成的技术成果，对任何方面的技术发展都漠不关心，认为奴隶制国家和封建专制政府不对技术发展作出本阶级的选择，而只是靠粗野的暴力镇压来维持其统治地位：这不符合历史的实际。

从一定意义上说，古代社会是农业社会，农奴、农民分散地从事农业劳动，奴隶主、地主榨取他们的劳动成果；离开农业，古代社会中的一切人都无法生存。古代社会的国家和政府可以不过问劳动群众如何耕种收获，却不得不过问水利工程——水利是农业赖以进行的命脉。大型的水利工程不是奴隶、农民的分散活动足以完成的，在古罗马王朝和中国古代的封建帝王，都有把人力集中起来兴修水利的事例，都要掌管和经营水利灌溉，从而也就影响到水利工程技术的选择。正如恩格斯曾指出的那样，"政治统治到处都是以执行某种社会职能为基础，而且政治统治只有在它执行了它的这种社会职能时才能持续下去。不管在波斯和印度兴起衰落的专制政府有多少，它们中间每一个都十分清楚地知道自己首先是河谷灌溉的总的经营者，在那里，如果没有灌溉，农业是不可能进行的。"

古希腊、罗马就修建了灌溉水渠。我国在春秋战国时期开凿了邗沟、鸿沟和郑国渠。公元前 250 年左右，秦昭王任命李冰为蜀郡守，李冰父子组织和完成了著名的都江堰水利工程。该项工程的位置选择得适宜（在灌县治理岷江），规划选择得合理（包括分水、引水、溢洪），在施工技术上也有创造性选择（如先用火烧使岩石爆裂再开凿而不是硬凿，如用竹笼卵石筑堰），李冰父子可谓古代的水利专家。为执行社会职能不仅要有水利灌溉，还有道路、航道的开通，城市供水系统的修建等。罗马帝国时就兴修了许多马路、驿站和桥梁。中国隋代开凿了总长达 1200 余公里的大运河。古罗马的城市水道和分流供水系统规模大，且相当完善。罗马王朝设有水道监督官，其中著名的弗朗提努（S. J. Frontinus）除了当政，还对水工技术有所研究。

奴隶制和封建制国家的军事需要对技术发展和技术选择有很重大的影响。这里所说的军事需要，包括在国内武装镇压的需要，对外扩张征战的需要，也包括防御的需要。无论是非正义的或在相当程度上是正义的需要，都离不开技术。古代社会处于铜器、铁器时代，奴隶主、地主对如何创制和改进金属劳动工具（如锄、镰等）并不经心，但奴隶主、地主阶级的国家却不是完全不管铜器和铁器的冶炼、加工的，历代王朝都在选用善于冶炼、打制金属兵器的工匠。在出土文物中罕见青铜农具，而仅从秦始皇兵马俑坑的局部发掘中就找到青铜兵器近 4 万件（包括剑、戈、矛、戟、镞、弯刀等），其中 17 柄青铜剑质地细密，表面经过铬氧化处理，虽埋在地下 2000 多年，仍然无锈，光亮如新，足见制作技术之高明。古代冶铁和打铁技术的尖端也不在铁制农具上，而在百炼成钢的宝剑上，在千锤锻出的剑锋上，在铁制兵器的制作上。兵器的铸造、加工及其特殊工艺，掌握在古代王朝手中。古代造船技术已有较高水平（如大型商船），而其尖端则是在战船的设计和制作上。

奴隶制、封建制国家的技术选择还有一个突出特点，即为了显示其强大、威严和权力。王公贵族本可以修建当时条件下最舒适的住宅，却要建成气势非凡的宫殿，患病时已经得到最好的医疗，死后仍要建成金字塔，巨大的陵墓，他们制订的法律本可以写在纸上，却要铸在鼎上——这些表现权威的要求，对冶金、建筑等技术在客观上又起着促进作用。

无论是奴隶主，封建主和他们的国家在技术选择上有何内容和特点，这种阶级选择的共同之处都在于它是"超经济"的。这种"超经济性"表现为：①庄园奴隶主、地主不把榨取得来的钱财用于提高生产技术水平和经济发展，而从满足奢侈消费出发选择和享用技术成果；②奴隶主、封建主从阶级的、政治目标出发选择技术，古代的官方工程技术项目大都并不追求经济效益或不以取得经济效益为主，从军事需求和显示权威出发的技术选择尤其如此，只有少数项目（如都江堰）兼有经济效益的功能；③古代社会的工程技术项目（包括都江堰）基本上是不计成本的，那时的生产力水平很低，社会财富不足，为完成一项工程却缺乏经济投入的考虑，不惜付出几乎难以承受的代价。

这种超经济的技术选择对社会生产力的提高没有起到多大作用，在很多场合下还浪费了社会财富，妨碍生产力发展（不把技术用于扩大再生产）。另一方面，也正因为这种不讲经济效益、不计投入成本的技术选择，在生产力水平仍相当低的古代社会中，又造成了当时条件下大规模的工程技术项目（如我国北京的故宫、万里长城等），造成了先进的"古代尖端技术"（如多层象牙球、用石蜡法制成的精密铸件等），从而为今人留下了旅游地的宏伟景观和历史博物馆中的奇妙珍品。古代的许多杰出技术成果是低生产力水平下的高水平技术，是剥削阶级的技术选择下劳动者的创造，虽然矛盾，然而却是现实。

第三节 技术进步与竞争选择

15世纪下半叶至19世纪，是人类历史上一个极其伟大的时代。在这个时期内，封建制度腐朽没落走向崩溃，资本主义制度成长壮大、取得胜利并迅速发展。

资产阶级战胜封建贵族经历了长期的武装较量和思想文化领域的论战，主要地则是依靠其更适合生产力发展的生产关系和这个阶级的经济实力。从一定意义上说，也可以看作是一个更致力于和更能掌握技术选择的阶级，战胜了轻视和不能掌握技术选择的阶级。许多手工业技术并不是资产者的创造，但被他们拿过来发展了资本主义的家庭手工业、工场手工业。火药、指南针、印刷术是古代社会中的发明，封建贵族也利用它们，却更多地被新兴资产阶级拿来作为反对封建贵族的手段。马克思曾指出："火药，指南针、印刷术——这是预告资产阶级社会到来的三大发明。火药把骑士阶层炸得粉碎，指南针打开了世界市场并建立了殖民地，而印刷术则变成了新教的工具，总的来说变成科学复兴的手段，变成对精神发展创造必要前提的最强大的杠杆。"当然这不是说哪个聪明的资产者的技术选择意图决定了历史的进程，技术选择要以经济文化的发展和优势为前提，没有工业和金钱就不能大量生产和占有火药武器，没有新的思想印刷术不会帮助文艺复兴。

资本主义生产方式占支配地位之后，技术发展和技术选择的规模、速度和方向都有了重大的改变。石器时代以万年为单位计，铁器时代经历几千年，而在一二百年的时间，就发生了蒸汽时代到电力时代的过渡。在这一二百年中的技术创新比以往一切时代都要多，并且极大地推进了社会生产力的发展。资本主义制度下的技术进步和技术水平，是先前时代技术基础上不断延续的积累效应，是自然科学成熟并发挥了引导作用，是经济竞争激发的结果，是工人阶级和工程技术人员的劳动创造。

一、遍及全社会的经济选择

古代社会中的农民和手工业者也有选择和利用先进技术的积极性，作为商品生产者的手工工匠要努力完善自己的技术。商品有它的使用价值和价值，而价值的实现又依赖于使用价值。商品生产者要赚钱，一是要使自己的劳动消耗（包括劳动时间、物耗和能耗等）下降，二是要使商品在使用上更可靠，功能更高，更多样化，商品生产者必须靠这些吃饭、致富，要做到这些，都离不开技术。用以差充好等欺骗手段发财，不是商品生产的固有原则。

古代社会中的商品生产是不发达的，是在自然经济占支配状态下的小商品经济，基本上是自给自足式的商品经济，而在古代社会中居统治地位的庄园奴隶主、地主本身既不是商品生产者，也不注重生产技术的进步。

资本主义社会的商品经济与古代社会的商品经济有共同之处，又有重大的不同或质的区别，资本主义社会中的技术选择因而也有其前所未有的许多特点。古代社会的庄园主可以保持几乎不变的技术状况过日子，几十年、上百年沿袭原有的操作工艺和手段，一般不会被别的庄园主"吃掉"，也不会丧失荣华富贵，当然也有间或过问技术发展的庄园领主，但这并不是出于经济的必然性。而在资本主义商品经济社会中，每一个企业，每一个资产者则必须经常不断地使技术完善、更新，经常不断地选择更能降低成本、增加效益的先进些的技术。他们或是做到了这一点得以维持其地位并挤垮、吃掉别人，如果做不到这点（或比别人做得差）就会被别人挤垮吃掉。资本主义商品经济与激烈的经济、技术竞争相生相随，资产阶级是离开技术进步就不能过日子的阶级，没有也不可能有保持企业技术状况几乎不变的资产者。

马克思和恩格斯深刻地揭示了资本主义生产方式持续变动的特点："资产阶级除非使生产工具，从而使生产关系，从而使全部社会关系不断地革命化，否则就不能生存下去。反之，原封不动地保持旧的生产方式，却是过去的一切工业阶级生存的首要条件。生产的不断变革，一切社会关系不停的动荡，永远的不安定和变动，这就是资产阶级时代不同于过去一切时代的地方。"生产工具的不断革命化，生产的不断变革，当然以技术的不断进步为前提和内容。

资产者注重技术，注重企业的生产技术，注重于从经济发展和经济竞争对待新的、先进的技术，是认识资本主义条件下技术选择的关键。简言之，这是商品经济占主导地位的竞争选择，是经济竞争要求的选择，是为了在经济竞争中取胜的选择，因而在方向、目标、内容等方面均与古代社会的技术选择有明显差异。这种差异也表现出社会的进步。

企业资本家作为剥削者，其生活需求和条件远高于劳动群众，他们中间的百万富翁、亿万富翁要享用豪华的衣食住行用品，自然会影响到技术的发展。然而，资本家又不同于地主老财，他们赚了钱不能只考虑眼前的享乐和排场，还必须考虑到下一步的扩大再生产，从而能获取更高和更多的利润。大资本家要建住有高级厅堂的寓所，但他们不会去修建宫殿和宫殿式的大观园；他们死后也要厚葬，但不会去兴修金字塔或埋下金银财宝的陵墓；他们要穿着高级礼服，却不会用金丝为自己编制头冠；一些资本家（主要是中小资本家）的生活甚至够不上奢侈。这当然不是资产者的人性中就固有节约或吝啬的品格，而是被追求更多的钱财和经济竞争所驱使，节省开支是贪婪地扩大利润的表现。但注重经济效益终究强于装修门面和讲究排场，计算成本终究比挥金如土的浪费好些，也减少了劳动群众的徭役痛苦。

遍及社会各个角落的经济竞争，各个企业在生产技术上的技术竞争，极大地提高了社会的生产力水平。马克思和恩格斯在1848年就指出，"资产阶级在历史上曾经超过非常革命的作用"，"资产阶级在它的不到一百年的阶级统治中所创造的生产力，比过去一切世代创造的全部生产力还要多，还要大。自然力的征服，铁路的通行，电报的使用，整个大陆的开垦，河川的通航，仿佛用法术从地下呼唤出来的大量人口，过去哪一个世纪能够料想到有这样的生产力潜伏在社会劳动里呢？从发展经济和提高生产水平去选择、利用技术推动技术进步，是资产阶级的功劳。"

资产者并非天生就喜欢技术，他们的资本也并非唯一地来自经济和技术上的平等竞争，只是经历一个相当长的过程，资产阶级才更加重视利用技术手段来获取更多的剩余价值。

在资本主义生产方式萌发时，资产者只能利用手工技术，获利有限，资本不足，劳动力缺乏，市场狭小。是粗野的资本原始积累使早期资产阶级得以攫取货币财富、扩大经营的。16、17世纪英国在海外贸易中大发横财，还进行海盗活动和商业战争，掠夺西班牙、荷兰等国的财富，把爱尔兰、印度变为殖民地，并买卖奴隶（主要是黑奴）。在国内靠"圈地运动"，使用暴力剥夺农民，强迫农民背井离乡。资本原始积累"是用血和火的文字载入人类编年史的"，"资本来到人间，从头到脚，每个毛孔都滴着血和肮脏的东西"。只靠生产技术和企业的经济积累，是无法"实行资本主义制度"的。法国、美国、德国、日本的资本主义生产方式都有其掠夺式的资本原始积累过程。

早期资产阶级为了获取更多的企业利润，竭力延长工人的劳动时间，增加劳动强度，雇佣童工并拒不改善劳动条件，只是在经过了各国无产者的多次罢工斗争，争得了8小时工作制和其他的劳动保护权利之后，尽管还有曲折和反复，主要以选择和利用先进技术来提高生产效率和经济效益，才日益成为通行的原则，商品经济条件下技术的竞争选择才得以充分实现。

二、技术选择在竞争中实现

先进技术对提高劳动生产率有重要作用，资本主义生产方式需要选择和应用先进技术，但由于多方面的原因，先进技术的产生和推广并不是一帆风顺的。单是由于对先进技术分辨不清，片面夸大了新技术的某些不成熟、不完善的方面，就可能误把先进技术视为不适用技术。何况，相对落后的技术是以一定的资金、人力和物力为代价成为现实的，不像言谈观点的谬误可以用几句话否定掉。一切现实技术都有它的惯性，克服原有技术的惯性而代之以更先进的技术，也要通过竞争选择、效益、利润是这种选择的根本标准。

近代的蒸汽机技术、内燃机技术、电力技术、转炉炼钢技术等，被作为人类最重要的发明创造载入史册，认为它们开辟了历史的新时代，似乎有一片辉煌的纪录。实际上，这些技术并不是轻易被人们所重视的，它们中的每一项都曾被看作是不受欢迎或不被选择的对象，至少在某些很重要的方面曾被认为是不可选用或难以选用的。这些重大的技术创造，经过竞争较量，才取得了被选择的资格，从而有了今日的技术发展。

瓦特在18世纪下半叶改进和发明了可作为通用动力的实用蒸汽机，人类从此进入了蒸汽时代。严格地说，在瓦特发明蒸汽机的时代，并没有广泛应用蒸汽机的技术选择。在19世纪开始的年代，欧美各国的主要动力还是水力、畜力、人力，这些动力虽有缺陷，但它们安全、成本低、且人们均已习惯。而最初应用的蒸汽机不仅效率低、笨重、价高，还发生过锅炉爆炸等事故，当时的许多人对蒸汽机是否安全可靠议论纷纷，有的人甚至主张不用或禁用蒸汽机。由于蒸汽机的技术改进和产业革命的需要，纺织、印染、采矿、冶金业的企业主们看到了采用蒸汽机是有利可图的，蒸汽技术才成为被选择应用的对象。在英国1800年总共才有321台蒸汽机，到1825年就上升到15 000台，猛增几十倍。

选用蒸汽机带动纺织机、鼓风机、抽水机和磨粉机，相对阻力较小，在车船上选用蒸汽动力遇到了很大的困难。18世纪末，就有人试图用瓦特蒸汽机去推进船舶，开始制造的轮船，或不能载货，或载货后比帆船还慢，自然不被选用。在1807年富尔顿汽船航行成功以后，水上航运究竟是选用汽船还是帆船，铁船还是木船，仍经历了半个多世纪的激烈争论。汽船和帆船在排水量、航速、航程、成本等方面进行记录比赛（技术选择的竞争），包括横渡大西洋的比赛。直到19世纪下半叶，航运商才更明确地意识到选用轮船比帆船更有利，轮船在吨位和载运量上才超过了帆船。

在运用蒸汽机车牵引以前，就有了铁路，即用马牵引的"马车铁路"。19世纪初，一些人试图用蒸汽机代替马匹拉车。最早的"蒸汽车"（本身既是机车又是货车）可以承载很少的货物，但走得比马车还慢，还经常出轨或损坏铁路，也自然不被选用。1814年斯蒂芬逊制成了牵引用的蒸汽机车，解决了易于脱轨的问题，虽然速度仍不够快且震动较大，已可供实用。但到19世纪30年代，英国国会对建设一条 56 公里铁路是用马牵引还是用蒸汽机车牵引,仍发生了长时间的争论,并作了折中选择——二者并用。1825 年斯蒂芬逊驾驶由他设计和指导制成的"旅行号"在这条铁路上试车成功(载客 450 人、载货 90 吨,净运行 2 小时),仍遭到私人马车运输公司和水上运输公司的反对,理由是火车太快而不安全(实质是害怕竞争),英皇在 1829 年还明文批准禁止正式使用蒸汽机车牵引。但机车牵引试验仍在进行,并在比赛中连连取胜,火车终于被选用为陆上运输工具。

内燃机的发明,汽车的启用,对交通运输有特别重要的意义,但汽车取代马车,有着铁路火车取代铁路马车类似的命运。在内燃机刚发明时,由于它的热效率还不及经过改进的蒸汽机,且易发生燃烧爆炸,本已引起非议。把内燃机作动力驱动"马路车辆",尽管速度较快,仍被认为会危及行人且使路途鸡犬不宁(危及私人马车运输公司利益),在 19 世纪后期英国曾规定汽车行驶时必须有人手持红旗在前面引路和开路,人为地(用人的慢速)阻碍先进技术(快速汽车)的选择和采用。美国议会在 1875 年关于汽车问题的记录是:"唯利是图者们手中所掌握的汽油可造成最严重的火灾和爆炸危害。靠汽油引擎驱动的无马马车……排除了对马的使用,其结果将造成我国农业的毁灭……在我们正处理的新发现中,含有一种与我们任何常识性的概念都不相符合的、极其危险的自然力。"但汽车终于以它的快速,灵活使人们看到有利可图,在各方面(包括农业)得到了广泛应用,汽车生产技术成为发达国家的支柱产业技术。

在电力技术(初期是电照明技术)开始出现时,就遇到了煤气照明的竞争,不少人曾认为选择电技术是不合算的。1880 年 1 月 6 日《纽约日报》的社论说:"爱迪生的电灯绝不是煤气灯的对手,电灯可能会昙花一现般地热闹于一时,但过不多久,爱迪生的名字将同他的电灯一起销声匿迹。"英国并不缺乏电技术的发明家和试验者,英格兰的矿井在 1882 年就试验成功了电力抽水,是世界上最早的,电照明的试用也不晚。然而,煤气公司的资本家和已经用上大型蒸汽机的企业主不愿意让已有的技术设备贬废,却拒不使用电动力并用苛刻要求阻碍电照明技术的应用(如对铺设电线和供应尖峰负荷提出浩繁条件)。尽管英国在电力技术的选择上"耽搁"了时间,电力技术在竞争中显示出它优越于煤气照明和蒸汽动力。电照明还遇到电弧灯与爱迪生电灯的技术选择。在 1879 年爱迪生发明电灯的时候,德国西门子公司还坚持认为电弧灯强于爱迪生电灯,只是在看到后者的经济价值之后,才转而生产爱迪生电灯(约 1883 年)。

值得注意的是,为电力技术的选择做出重大贡献的爱迪生本人,在电力技术的选择上也扮演了保守角色。爱迪生研究所最初建立的发电厂是直流供电的,他获得了巨大成功,相继成立了以爱迪生命名的电灯公司、机器公司、通用电器公司。在他手下工作的工程师特斯拉（N. Tesla，1856~1943年）主张并建议采用交流供电，未被爱迪生采纳。特斯拉离开爱迪生并研制成功交流供电系统，爱迪生坚决反对（其理由主要是交流电不安全，处死犯人用的电椅用交流电等）。但交流电终究因它的供电成本低、电路损耗小和便于变换电压很快被采用，交流发电机，变压器和输配电系统为电力工程技术的发展和电力时代的到来奠定了基础。

为采用某种技术付出的代价，会妨碍对先进技术的选择。英国在产业革命中采用贝塞默发明的酸性炼钢新技术，钢铁生产发展很快，19世纪70年代，其钢铁产量约占全世界的一半。但是，英国本身的铁矿石中有90%是含磷矿石，不适于酸性炼钢，它的钢铁企业主要靠进口铁矿石进行生产。1875年，英国人托马斯发明了碱性炼钢方法，这次技术对处理英国的矿石有明显优越性。但由于已经建立了许多酸性炼钢炉，钢铁资本家宁可继续从国外进口矿石，而把托马斯的发明搁置一边。在英国人仍然沿用酸性炼钢法的时候，德国企业家却选用了英国人最新发明的碱性转炉炼钢技术，使大量含磷矿石得到利用，在钢铁产量上很快超过了英国。英国直到第一次世界大战爆发，进口矿石供应不足后，才不得不选用碱性炼钢法，但已落后于德国。

在近代的技术选择中充满着竞争，通过竞争实现选择。这种选择当然以技术上的优越性为前提，而决定这种选择的则是经济，是效益、成本和利润，并且有安全、资源利用等因素。在近代，像埃菲尔铁塔这样的工程技术项目是罕有的，除了军事需要的技术选择不计成本或较少顾及成本，重大的技术选择依赖于投入产出计算。

三、技术选择的扩大和限制

由于技术发展的积累，技术问题链锁增多，由于自然科学突飞猛进地发展，技术科学成果丰硕，由于资产阶级日益重视利用先进的科学技术手段，技术选择的天地空前扩展。

近代资产阶级曾采用多种方式鼓励技术的发明和应用，也推动着对先进适用技术的选择。早期资产阶级曾用悬赏的办法来征求新的技术发明。例如，在16、17世纪，人们靠天体运行表和恒星方位表，已能在天文台较准确地测定经度，但海上测定经度则未很好解决。英国、法国分别在1714年和1716年悬赏征解，德国的迈尔（1723~1763年）在1753年找到一种方法获得奖金。到19世纪，临时性的悬赏和发放奖金的办法被新的专利制度取代，专利成为刺激，确认和推动技术应用的重要形式。专利制度在中世纪主要是专卖特许，后虽纳入保护发明但颇多弊端。在10世纪各国修订的专利法否定了贵族特权，仅限于鼓励和保护发明创造，简化了手续。新的专利制度大体上均包括：在各种技术手段或方法中，要经过甄别筛选，只确认有独创性和实用性的发明和见解才能取得专利；经过一定程序和付出报偿，任何人均可选用已得到专利许可的技术发明，发明人不得妨碍他人合法利用；如果长期无人利用，发明人自己又不实施，则可取消专利权（淘汰也是一种选择）。新的专利制度对促进技术的发明创造和应用，起到了很大的作用，专利项目迅猛上升。人们要选用某种技术，只要有一定的资金保证，只要查阅专利目录就能办到，而不必事事从头做起，重复发明，这就极大地加快了技术前进的步伐，这是19世纪以来技术和生产迅速发展的重要原因。

资本主义商品经济的发展开拓了世界市场，冲破了古老的民族壁垒，强化了各国、各民族的交往条件，一个地方、一个国家有了见效的新技术应用，另一个地方、另一个国家会迅速地得到信息，竞相选用，这种情况在各国产业革命进程中表现得十分明显。引进技术，实际上是选用别国、别地的实用技术，技术引进必然包含着技术选择，是技术选择的一种形式。

第一个进行产业革命的英国，其技术创造基本上是靠自己的力量作出的。但英国的先导技术——纺织技术，开始时也是从意大利、西班牙和荷兰等国学来的。英国在18世纪允许外国人申请专利，也使国外的技术发明得以输入。后起的工业化国家，可以更多地吸取先行国家的技术和经验，技术进步和工业化的进程更快。与英国类似，法国的产业革命也是从纺织工业开始，但在法国进行产业革命时，蒸汽机、火车、铁路修建的技术已经成熟，因此，法国的产业革命一开始就注重于建设铁路，一开始就同时发展了纺织、钢铁、铁路和化工等行业。德国的产业革命又迟于英法，率先发展的主要不是纺织工业，而是钢铁，铁路和电力工业，德国的工业化不仅可以利用托马斯炼钢法，而且可以利用已成熟的电力技术的种种新发明。德国人还到国外学习和引入了先进的化工技术（如维勒到瑞典、李比希到法国），对德国化工技术特别是有机化工技术的发展起了很大的作用。在美国进行产业革命的过程中，虽然也有一些独创性发明（如莫尔斯发明有线电报、古德伊尔发明橡胶硬化法），但整个来说，在19世纪60年代以前，在世界重要技术成果中美国只占很少的比例（可用多种科学技术史年表的成果统计说明）。美国在技术和经济发展速度上相对更快，重要原因之一是在美国产业革命时已经有了许多可以拿来就用的即可供选择的技术成果。

近代技术选择领域的扩大，极大地得益于自然科学的进步。在英国产业革命早期纺织机的改进，基本上是靠工匠的经验选择。瓦特在改进蒸汽机的过程中在很大程度上依靠经验（瓦特本人是工匠，是仪器修配工），但他在大学工作，并接触到布拉克教授等科学家，懂得了有关潜热的知识，因而能做出把冷凝器同汽缸分开的选择（说瓦特发明冷凝器不确切，以往的蒸汽机就有冷凝器，但未与汽缸分离），从而提高了蒸汽机的热效率，瓦特这一贡献已包含着自然科学知识的意义。在蒸汽动力实用化，人们曾试图从多方面去提高蒸汽机的效率，有的注重于加大蒸汽机的容积（大蒸汽机效率较高），有的注重于增多蒸汽机的汽缸数，而多数发明家则选择提高蒸汽压力的技术研制方向，这种选择主要是由热学和热力学的基本原理（如气体定律、卡诺循环、热力学第二定律）而来的。如果说蒸汽机的发明的主要功臣是经验，决定高压蒸汽机发明的主要功臣则是科学。

早期的内燃机——煤气机的样式类似于蒸汽机，机上装有煤槽和煤气发生器（为气缸供应内燃能源），它的发明也有较多的经验成分。而提高内燃机效率和四冲程的理论则是汽油机，柴油机实用化的先导，从而使人们在许多场合选用它们，不再选用煤气机或蒸汽机（这种选择当然还有其他科学技术因素以及石油的供应和炼制技术条件）。

电力技术的发明和选择一开始就有科学理论的指导。在法拉第进行电磁感应实验之前，已有了摩擦生电和化学电源（电池），法拉第实验选择了由磁生电的途径，明确地是从电流磁效应的科学发现出发的（由电生磁导致磁生电的假设）。电磁感应实验的成功，电磁感应理论的形成，为设计，制造和应用发电机奠定了基础。同步机、异步机、交流机、直流机、永磁机、感应机、发电机、电动机，都是自觉应用科学知识发明出来的。从一定意义上说，电力技术选择中的失误也与科学知识的局限有关，爱迪生反对交流电固然有多方面的原因，他本人在科学理论素养上的不够深厚（交流要求有较多的电工数学基础），可能也是因素之一。

近代化工技术的创新与科学发展的联系特别密切。人们早就学会了制酸、碱和漂白粉，但罗巴克的铅室硫酸、卢布兰制碱法、泰昂特的漂白粉的发明，无不依赖于科学的领先作用。化工染料、香料等历来都是从天然自然物中提取的，人们在19世纪掌握了用人工合成的方法生产染料、尿素、香料、药物等，特别是利用煤焦油和焦炭作为合成化工的原料，是在有机化学，煤焦油化学的科学理论直接指导下的成就。许多化学家同时又是化工技术家，他们从理论上研究分子结构（科学），导致在实践上改变分子结构（技术），当然实践还必须解决设备，材料，工艺等问题。近代化学的发展总的来说至少提供了两类可供选择的工艺技术：提取和合成，合成选择更加体现了人的能动性。

近代技术的门类和方法日异多样化，技术选择的余地不断扩大，但从另一方面看，人们在技术选择上又受到了更多的限制。近代技术的特点是工艺过程更加规范化、程序化、标准化、系列化，近代产业工人不可能像古代手工工匠那样灵活自由地发挥他的个人技能、技巧或技艺，这是历史的进步，某种意义上又有它的消极面。近代工业技术并不能完全取消和否定技能，在样品试制，零部件装配、刀具的磨削、计算机数据输入、打字、运动装置（如起重机、汽车）驾驭及特殊部件加工等领域仍然要用手工，凡用得上手工的地方都需要有心灵手巧的技能。但技能毕竟只是现代技术的一部分，而且已不是起主导作用的部分。人们在生产技术过程中必须服从流水作业线的程序和机器的节制，只能完成某一个部件的加工或某一个环节的操作，他们不能自主地从头到尾制作成品，在很多场合下成为机器的附属物。在企业把追求效益放在第一位的条件下，工人们的生理、心理要求往往被忽视乃至被压抑，不利于人的全面发展，不利于使人们在生产技术活动中得到乐趣。从这点说，在近代条件下往往是技术选择了工人，而不是工人选择了技术。在近代工业刚刚兴起的年代，在"蓝领工人"还占绝大多数的年代，这种情况是难以避免的。

从 19 世纪末 20 世纪初以来，技术发展和技术选择的状况又出现了新的变化。在此之前的技术选择主要是个别发明家、企业试验室的事情。在此之后，尤其是第二次世界大战以后，技术选择则成为国家战略的重要组成部分。国家的社会经济决策制约着技术选择，技术选择构成社会经济决策的内容，开创了宏观技术选择的新纪元。

第三章 发明创造选择

发明创造是技术过程的起点和重要组成部分。从根本或根源看，有了发明创造的活动和成果，才可能有技术应用的研制和开发，及技术的推广和转移。但发明创造本身还不等于在生产和工程实践中发挥作用的现实技术，而只是提供了应用的可能性，可以说发明创造还只是潜在的技术，这一点决定了它在技术选择上的特殊性。

第一节 发明及其特点

简单地说，揭示已有事物是发现，创造未有事物是发明。提供前所未有的新思想、新器件，均属发明创造。技术上的发明创造，包括新产品的构思和样品试制、新工艺的研究和开发、新材料的寻求和试用、新设备的设计和样机建造。发明创造离不开"新"字，当然，各种发明创造的新颖程度是不同的，它们在获得发明奖、专利或通过鉴定时的级别或评价也各异。

一、发明的特点

一切发明都要新，这里的"新"特指在历史上和记载上的首次或最初出现，重复别人已经发明过的东西，无论是有意识或没有意识到，均不能称之为发明。发明创造都是新的，"新发明"一词中的"新"，只是表征历史过程用的或为了加重语义，实际上并不存在"旧发明"。当然，在技术史上也有重复发明的情况，这只是指原有的发明失传了，又被人重新发明，对每次发明来说仍然是新的。重复发明在古代较多，近代以来，严格地讲不应当有、也不承认有重复发明。

新的发明创造不是凭空产生的，它要利用已经出现的科学技术成果和其他既成条件，科学技术（包括发明创造）有突出的继承性。瓦特是伟大的发明家，在他之前已经有人发明了用蒸汽作为动力（矿井抽水用蒸汽机），已经有了蒸汽机汽缸、冷凝器和各种传动的机械装置，瓦特的主要贡献是使冷凝器与气缸分离，并改变传动方式使蒸汽机能作连续的动力输出。爱迪生发明电灯，是前所未有的

第三章 发明创造选择

伟大创新，它也以"伟大的继承"为前提。在1879年爱迪生发明电灯以前，已经有了发电机，已经有不少人从事电灯（包括白炽灯和弧光灯）和灯丝材料的研究，已经有了抽真空的汞泵和玻璃加工等技术。例如，在1847年，斯提特（Staite）便提出用高熔点的铂、铱合金作灯丝材料，1848年，斯万（J. Swan）已开始用碳化材料作灯丝，只是他们在那时未获成功。他们的研究持续了约30年，到1880年，斯万获得了制造高真空灯泡的专利权，又在1883年获得改进制作灯丝材料的专利，并与爱迪生一起开设了联合电灯有限公司。可见，爱迪生选择灯丝材料的研制，绝不是白手起家，不是纯个人的杰作，这种选择的动机也不是一时兴起的冲动。掌握前人和他人积累的科学技术知识、创造发明成果和经验教训，是技术创新的前提。一般来说，越是创造性强的发明，其继承性也强，只有站在巨人肩上才能作出高水平的发明创造。

继承不等于创造，发明在本质上不是继承。只是选用已有的技术成果，即或是大量选用，如不能提供新的东西（前人没有的东西），不属于创造发明。所谓"综合就是创造"的说法是值得分析的。综合就是创造，如果指利用已有技术并把它们结合起来，形成新的设备（例如，把机械技术与电子技术结合的数控机床），形成新的工艺（例如，把磁选法与重选法结合的磁重法），如果指用综合方法把原来分立加工的对象结合起来，提供新的材料（例如，把玻璃板与塑料板相复合，或把钢板与塑料板相复合，造成透明隔热材料或高强度隔热材料），提供新的产品（例如，既能接收广播又能接收音频信号的收音助听机），这些综合都有创造或是创造的源泉。在发明创造活动中，认真地、灵活地选择综合创造的方式方法，有重要价值。但又不能说一切综合（在普通意义上利用多种已有技术）必然导致创造，也不能夸大综合就是创造；被综合的技术手段，工艺和产品是前人用多种方法创造出来的，如果我们仅仅从已有技术的综合去搞发明创造，也会限制自己的思路。

一切发明创造都要提供前所未有的新事物，而不单是选用已经有了的东西，决定了它在选择上的特点。发明创造选择不同于采购商品的选择。人们到市场上选购消费品，是对已有产品的选择，买到的"新"产品只是他们过去未曾见过或用过，而不是历史上或记载上未曾有过。发明创造选择亦不同于物质生产的选择。企业要选择适销对路的产品，它通常是本国或国外其他厂家已经生产过的，企业还生产自己研制的或发明出来的新产品，对过去的产品来说是新的，对已发明的样品来说又不是新的——企业通常不会把试制的第一个样品投放到市场，而是向市场推出定型产品，推出按定型的工艺规程和质量标准重复生产的成品。在企业生产中需要不断选用新工艺来提高产品的质量，降低能耗和原材料消耗，这同样要选用已经发明创造出来的工艺，而且是比较成熟的工艺，尽管在应用新技术时也有一定的风险。国家或地区的技术发展战略选择，主要是确定哪些技术应当重点发展和应用，如何使它们构成合理的体系，如何使技术能够发挥其效益，也是以已经有了的发明创造和现实技术为前提。企业和国家有鼓励发明创造的方面，主要是政策指导和资金保证，不同于发明创造本身的选择。

技术发明创造中的选择，在需要做出前所未有的东西这点上类似于文艺创作。艺术家只有描述了新的情节，塑造了新的形象，谱写了新的旋律，才称得上创作。他们在创作过程中要选择适当的艺术内容和形式，如果他们在作品的主题、人物、语言、曲调上重复已经有了的东西而缺乏创新，就只能是模仿乃至是抄袭。当然，技术发明创造在诸多方面又不同于艺术创作。

技术发明创造是对技术可能性的选择，在技术工作者作出发明创造成果之前，前所未有的新器物、新工艺、新设备、新材料等只是观念地存在于他们的头脑中，并不是现实的（已经成为实体的，可实际应用的）东西。而且，发明家对可能形成的新器物、新工艺还会有多种设想，他们主观上认为每种设想都有成功的希望，只是在经过了实践或逻辑证明之后，才筛选出能够实现的，相对最佳的方案。由于发明创造过程是对多种潜在的对象或方法进行选择，在这个意义上，我们把发明创造的选择叫做潜在选择，以示它与对既成事物选择的区别。

内燃机的出现就充分说明，发明创造既要从现实出发，立足于现实，又要对多种技术可能性进行选择，从而提供前所未有的新事物。在蒸汽机实用化以后，如何提高其效率受到普遍关注。从现实基础出发，这种努力大致是沿着两个方向进行的：一是在蒸汽驱动汽缸的前提下改进，从而有了高压蒸汽机等发明；二是探索用其他燃料来驱动汽缸做功。后一个方向没有现成的事例和经验可循，只有从潜在的可能性去选择，在这个方向上选择成功，才会有新的发明创造。

最早的内燃机，从结构、形状都与蒸汽机别无二致，区别（本质性的区别）只是，蒸汽机的燃料在汽缸之外燃烧即外燃式，而把燃料送入汽缸内燃烧（内燃式）就是内燃机。究竟把何种燃料送入汽缸，原则上说一切可燃物都行，而适宜的则是在瞬间可迅速点燃并释放大量能量的燃料。对此，当时又有多种可供选择的对象，火药、煤气、汽油，实际上也做过多种选择。1678年，荷兰人惠更斯曾用炸药做燃料，由于炸药燃烧难以控制（包括难以连续作业），这种选择失败了，但这毕竟是从外燃走向内燃的一个步骤，惠更斯被认为是内燃机设计的先驱。1794年，英国人斯特利特选择用煤气（与空气混合）作为燃料来推动汽缸，获得动力。到1820年英国人塞西尔使煤气机首次成功地运转，继之煤气机实用化。但煤气燃烧的动力仍有限，有的人（如英国人巴尼特）选择了使煤气加压的方向，发明了压缩式内燃机，而德国人戴姆勒则发明了汽油汽化器，发明了用于汽车的燃油发动机。汽油较昂贵，1893年德国人狄塞尔又发明了柴油机。在这些选择、试验、研制中，内燃机设计也逐步摆脱了对蒸汽机的模仿，不仅其热效率大大提高，在结构、外形上也有了新的型式。

二、发明的类型

一切发明创造都不是已有事物的重复，都要提供前所未有的新东西，但从创新的性质，程度和意义上说又各有不同，大致可以把发明创造分为两类，即开创性发明与改进性发明。

从创造成果看，开创性发明提供的是过去在本质上从来有过的新器物或新工艺，发明的内容是远远超出一般人想象的，是人们闻所未闻、见所未见的，改进性发明则是对已有器物或工艺的完善化，它以已有的开创性发明为基础，是人们较易于设想的。从没有实用蒸汽机到发明蒸汽动力机，从只有蒸汽机到发明内燃机，从只用煤气灯到发明电灯，都是开创性的工作。而加大蒸汽压力发明高压蒸汽机，增多气缸数发明多缸内燃机，在保持功耗不变条件提高电灯亮度，则是改进性的工作。不很确切地说，开创性发明是技术发展中质的改变，改进性发明主要是量的改变（提高效率和可靠度等）。

从相关原理看，开创性发明通常与科学技术原理的变化相关，或从立足于机械过程转变为依据物理过程，或从立足于物理过程转变为依据化学过程，或突破已有原理的界限转变与新的原理相符；改进性发明则基本上是在原有原理范围内实现的，仍属于原有原理的进步应用。从水磨、蒸汽机、内燃机到电动机的发明，所涉及的是机械能转换、热能与机械能转换、化学能转换、电能转换，性质和原理不同。改进电动机的启动性能或运转性能（如增加电枢绕组），仍属同一的电机原理。

从技术经济意义看，开创性发明往往是技术史上新时代诞生的标志，石器时代、铁器时代、蒸汽时代、电气时代、核能时代，计算机时代等提法都与开创性发明有关。人类从只使用树枝、天然石块到学会制造第一把石刀，是伟大的开创性发明，由于这次发明，标志着真正意义上的劳动，人猿揖别。近代的开创性发明导致了社会产业结构的根本性改变，造成了产业革命。改进性发明则不属于技术革命的范畴，不具有划时代的意义。

在发明创造活动中，究竟是选择搞开创性发明，还是搞改进性发明呢？抽象地说，当然搞开创性发明更有新意、更有意义，改进性发明似乎是步人后尘，价值较小。然而，在实践上这种选择是不能抽象确定的。我们要敢于从事开创性工作，也要十分重视改进性活动，为此对改进性发明多讲些话。

开创性发明与改进性发明的出现，不完全取决于人们的主观愿望和自由选择，而以技术发展的状况为条件。在原有技术体系、原有技术手段已很成熟，而又不能满足不断发展的社会需求时，开创性发明应运而生，反之，大量涌现的几乎都是改进性发明。划时代的技术革命罕有，技术改进不鲜。

更为重要的是，开创性发明与改进性发明的划分是相对的，或者说它们并没有严格的或明确的界限。"开创性发明"一词就值很推敲，实际上，一切发明都有所开创，不存在无开创的发明，改进性发明也要提供前所未有的新东西，"前所未有"就是开创。"改进性发明"一词也不很确切，一切发明均对已有对象的改进，开创性发明也要改进。

许多有重大意义的发明创造，实际上很难简单地纳入开创性而非改进性，或简单地归结为改进性而非开创性。瓦特在蒸汽技术上的贡献，既是改进又是开创。从发明煤气机、汽油机到柴油机，对"外燃式"热机而言是开创，在内燃机体系可说是改进。但从技术经济意义上说，煤气机不能实用化，从煤气机到汽油机也是开创，二者的技术原理亦不尽相同（汽油机有特殊的气化、爆震问题）。许多看起来是改进性的发明有重要的开创性，我国的航天专家和科技人员靠自己的力量发射火箭和人造卫星，在这个过程中，他们作了无数的改进，例如，从利用液体推进剂到利用固体推进剂，从利用液氧和煤油为推进剂到利用液氧和液氢为推进剂，使火箭发动机从仅有一次点火能力到二次点火能力等等，这些重大的改进都是开创性的。

开创性发明与改进性发明的划分本来就是相对的。异步机或同步机，水冷电机或风冷电机，对于发明电机而言都可以说是改进，但对于电机的冷却系统来讲，由风冷到水冷，乃至由单水冷（只对定子导线内部通循环水使绕组冷却）到双水内冷（对定子、转子绕组导线均用水内冷），都有开创性。发明创造所依据的技术原理也有相对性和层次性。所有电机都有同一原理，但风冷的冷却介质（空气）本身是绝缘体，水冷的冷却介质（水）本身就是导体，对高速旋转的转子用水内冷则更为复杂。托马斯发明碱性转炉，可以处理以前无法利用的磷铁矿，当然有开创性，但这种开创只是就炉衬材料的部分来说，就转炉法炼钢而言则可称为改进，当然是重大的改进。

辉煌的开创性发明，必须依靠持续和广泛的改进，才能完善化，实用化，没有改进性发明，开创性发明就不可能在技术经济史上开辟新的时代，就不可形成新的技术系统和对产业革命发挥作用。在技术选择上，决不可以低估改进性发明的意义，从事改进性发明也要付出艰巨的劳动。我们所说的技术创新，是包括开创性发明和改进性发明的活动，以及这些发明转化为应用的全过程。

在内燃机技术被发明的早期，是很不完善的。到1876年德国人奥托制成的四冲程实用内燃机，尽管性能稳定可靠，结构小巧紧凑，其转速仅为160转/分钟左右，热效率约13％，重量功率比为200公斤/马力。到本世纪以来，内燃机技术仍有很大的改进余地。例如，使用汽缸的汽油机至少在三个方面是需要改进提高的：一是要增加汽油机的功率和降低重量功率比；二是要解决汽缸在燃烧时的爆震问题；三是要克服发动机工作时的供氧不足（由于低压空气所致）。不在这些方面作改进，内燃机就难以在汽车上顺利使用，更无法用于飞机特别是重型、高速的飞机上。

20世纪的许多科技工作者分别在这三个方面做出了重大的发明创造，在每一个方面又有多种技术选择。有的人主要从提高转速，或增加汽缸数，或改进附件装置来提高功率和降低重量功率比。到20世纪20年代，内燃机转速已提高到1000～1500转/分钟，约为奥托机的7～10倍，而重量功率比则降至1.5～1公斤/马力，大大低于奥托机。有的人主要从改进燃烧室结构，或在汽油中加入少量添加剂来克服"爆震障"和提高压缩比，使同样重量汽车完成的吨公里数约增加一倍。有的人主要从增加进入燃烧室的空气压力入手，用增压器或压气机来提高内燃机尤其是飞机发动机的效率。

改进性发明不仅是开创性发明的延续、充实和完善，改进性发明的积累，还会导致新的开创性发明。对汽油机的一系列改进，为燃气轮机和喷气发动机的研制奠定了基础。某些开创性发明，甚至难以划分"一系列改进"同开创性发明的阶段和界限。氧气炼钢技术是由一系列发明组成的，即由氧气斜吹转炉、卧式转炉双管吹氧、氧气顶吹、氧气底吹到顶底复合吹氧转炉的发展。是从不吹氧到吹氧算开创，还是把顶底复合吹氧算开创；是把这种发展叫做一系列的开创，还是叫做一系列的改进，很难定论。但现代的顶底复合吹氧转炉炼钢，是先前一系成就的积累，则十分明显。

第二节 现实需求与潜在需求

发明创造是对技术可能性的选择，似乎不大现实，而发明创造又有非常现实的方面，它要立足于现实的基础，利用现实的条件，特别是要追求现实的目的和目标，即要满足现实的社会需求。满足人们的需求，是推动发明创造，激发科学技术工作者主观能动性和积极性的动力，需求是发明之母。同时，只有发挥主观能动性和积极性，才能充分认识和及时把握住社会需求，并对社会需求作出正确的判断和选择。

人的能动性活动都与需求相关，科学活动和技术活动都适应和满足需求，而需求的自觉程度和强烈程度则有差异。从根本上说，科学活动也来自社会需求，古代的数学、力学和天文学与农业发展，确定历法和工程需要有关。近代的采矿、纺织和军事需要，给力学、热力学，化学等学科提出了大量课题和材料，推动了科学世纪的到来。但是，作为科学家个人，却往往没有充分地意识到这点，乃至把自己的活动动机归结为满足求知欲、兴趣，而不是为了有什么用处，在基础研究中这种"纯科学追求"更明显。在技术活动中也有兴趣，爱好的因素，否则就难以充分解释各国的技术家何以有专业和研究方向的不同，但他们的技术活动，包括其兴趣、爱好，更直接地与有用或满足需求相关，罕有"纯技术追求"的情况。技术本质上属于人们应当做什么和怎样做的范畴，人们做事情总会顾及做的目标和效果，而做的目标同需求是统一的。

社会需求是发明创造的源泉和动力，也是发明创造得以实现并得到确认的条件和保证。在技术史上和现实生活中都有不少事例表明，某些在技术水平上相当先进的成果，由于满足社会需求的实用性差而不能获得专利。已经获得专利的发明创造在满足社会需求的程度上也各有千秋，更符合社会需求的专利可能较快地得到采用；有些水平较高，新颖性也较突出的发明专利，由于社会需求的迫切性不突出，也可能在相当时期束之于专利局目录上。

技术的发明创造要满足社会需求，不同的人们在不同的历史条件下有不同的需求，同一时代的不同的人们又各有多方面的需求，在发明创造过程中如何满足和适应特定的社会需求，首先要认识需求，选择需求。

一、现实需求选择

发明创造要满足社会需求，道理似乎不用多讲，但要做到这点却不是轻而易举的。笼统地说，人们都在社会中生活，是社会的人，他们的一切需求都是社会需求，儿童的、成人的、残疾人的、病人的、各种职业的乃至个别人的需求都具有社会性，属于社会需求。如果从发明创造与需求的关系看，情况就比较复杂：第一，人们的需求并不都是可能满足的，需求有历史性，需求的满足也有历史性；第二，人们的需求并不都是应当满足的，需求有为善和作恶之别；第三，从事发明创造的人很难全面深入地了解社会需求的所在，需求有直接需求与间接需求之分，有各种具体的内容和特点，不能要求每位技术专家成为"万需通"；第四，需求方有时也未必能明确说明其需求究竟是什么。

广义地说，人们的各种各样的需要都是社会需要，幻想中的"千里眼"、"顺风耳"亦可认为是社会需要的反映。然而，幻想与现实需求毕竟是有区别的。人们曾设想过要有长生不老的仙丹，要有点石成金术，要有无需耗能的永动机，但它们都只是不切实际的幻想（空想）。当今条件下，仍有不切实际的幻想，以及在可预见的范围内不能满足的愿望，它们都属于非现实的需求。设想要到其他星球上定居，要利用地震的能量，要研制超光速飞机，要亩产万斤稻，都是人们的需求，却不具有现实性。需求选择首先是要分辨和确认有现实性的需求，即现实需求。

现实需求是符合客观规律，又能在特定条件下可能满足的。违背客观规律的需求在任何时候都是非现实的，但并非所有的非现实需求永远都是非现实的。人们希望有治愈癌症的特效药，在今天看来不大现实，但未必在未来也不现实，只不过特定历史阶段的发明创造，只能去满足那时可能实现的需求。在科学还未从本质上搞清楚致癌的病源、病理机制的情况下，在今天要发明能治愈癌症的特效药，就不大切合实际。

至于某些人的某些需要不应当予以满足，更为显而易见。想动用细菌武器，想用化学药剂洒播使一个地区的树叶枯落，想用"病毒"破坏计算机程序，并非科学技术办不到的；实际上也有人发明了这类武器、药剂或病毒，它们符合某些人的需要，但我们不能说这种需求是应当满足的。

概括地说，社会需求的满足，技术的选择，有它的两重性：一方面，它与客观自然过程相关，或说需求和选择有其自然属性。为善的技术发明和应用要符合自然规律。种植、制取和贩运毒品，设计研究细菌武器或化学武器，也要懂得生物的、化学的规律性，也要靠知识和技术。我们不能说作恶在根本上是违背自然技术规律的，否则就无法解释技术的应用既可以为善，也可以作恶。计算机"病毒"并不是违反计算机软件程序规律性的外来物，这种"病毒"也是一种程序，是足以干扰破坏原有程序的程序，计算机"病毒"从自然属性看完全符合计算机科学技术的原理，只有懂得软件程序规律性的人才可能作出病毒设计并使之危害他人。

另一方面，社会需求和技术选择又与人们的利益、愿望、意图、目的有关，或者说需求和选择有社会属性；在阶级社会中，人们的需求会打上阶级的烙印，乃至有鲜明的阶级性。种植和贩运鸦片要符合自然规律，是运用技术手段可能做到的，但既诬蔑中国人民是"东亚病夫"，又大量种植和贩运鸦片到中国来，则是违背社会进步和人道主义的需求，是殖民主义需求。一切恶行（劫机、放火、传播色情文化乃至屠杀）都需要利用某种技术手段，根本违背自然必然性的东西连作恶也办不到，放空枪打不死人，但这决不意味着技术选择应当去满足作恶的需要——从实际上存在这点讲，作恶的需要也是现实需要。我们则应当把促成历史进步和符合群众利益的要求，看作是真正现实的社会需求。在技术选择中必须分辨这两种对立的需求。

发明创造者要选择应当和可能满足的现实需要，这里讲的需要，与政治家、管理工作者和心理学家们关心的需要（如马斯洛的需要层次理论中五种需要），既有联系又有区别。技术工作者固然应当知道和尽可能满足人们有现实的生理需要、安全需要、社交需要、尊重需要和发展需要，他们更应当了解和把握的是与特定工程技术领域相关的特定需要，特定的技术目的与现实技术手段的矛盾，他们是从生产和技术的活动中去抓住现实需求的。

新的工作机大量涌现，利用畜力、水力与之不相适应，这种矛盾要求有新的动力机，推动了瓦特的发明创造。航天飞机的发明，是由于存在着送上卫星"耗费"火箭的矛盾（火箭只能一次性使用），航天飞机主要是可以反复利用的运载工具。一种技术目的与技术手段的矛盾解决了，又会有新的矛盾出现，在不断解决这种矛盾的过程中，发明创造不断形成。发明了电子三极管解决了信号放大问题，放大性能又受到栅极与阳极间电容的限制，产生振荡；为解决放大与振荡的矛盾，又发明了四极管，四极管又出现次级电子效应，影响放大，又发明了五极管，早期电子管的工作频率不高、频带窄、功率小，不适应需要，又有一系列的改进，包括发明了磁控管、速调管、行波管……

敏于抓住现实需求，善于根据现实需求作出技术选择，取决于科技工作者的知识基础、专业素质，也取决于他们的责任感，经历和深入实践的努力。为了提高水稻产量，以袁隆平为代表的我国农业科技人员艰苦奋斗，创造了既高产稳产、生长期较短、能抗病虫害且米质又好的杂交水稻，袁隆平被国内外公认为"杂交水稻之父"。但他和我国的农业专家们并没有就此停步，他们看到已较普遍推广的杂交水稻虽有许多长处，但其制种方法和制种过程却比较复杂，必须利用不育系、保持系和恢复系，即"三系法"。他们又抓住了简化制种程序、节省制种田和提高配种效益的现实需求，继续奋斗，又创造了"两系法"杂交制种水稻。为了推动我国的发明创造，科技工作者既要不断提高业务素质，又要发扬为社会主义事业和祖国献身的精神，与社会实践密切结合起来。我国在最近几年中的发明创造大量涌现，与科技工作者的事业心和责任感密切相关。

二、潜在需求选择

适应现实需要，进行发明创造，道理是很明显的。农作物遇到病虫害会减产，当然要研制农药。能源紧张，就有必要发明和设计节能器件和工艺。但是，事情并不这样简单，许多发明创造，包括一些重大成果，并不是基于明显的现实需求，甚至不是由最了解现实需求的人作出的。

从历史上看，"需求→发明"大量存在，又有着"发明→需求"特别是"发明→大众需求"的现象。在瓦特发明蒸汽机后，社会上的绝大多数人并没有意识到或提出用蒸汽机"武装"车船的必要，不少人还反对这样做，只是在火车、轮船发明之后，人们才逐步形成对它们的需要。在发明内燃机的时候，蒸汽机正被广泛应用，有提高蒸汽机效率的现实需求，没有蒸汽机已过时、迫切要求有新动力机的迹象和认识，只是在内燃机发明之后，人们才逐步意识到内燃机优于蒸汽机，需要内燃机。就社会的总体看，不是大多数人先有想看电视的要求，再由此有了电视机的发明，而是因为发明和生产了电视机，才要求看电视。

可见，社会需求可大致分为两种：一种是激发发明创造的、在发明创造成果出现以前就被明确提出的需求；另一种是被发明创造成果激发的、在发明创造成果出现以后才逐步被确认的需求。这两种都是现实需求。如果仅仅从诱发发明创造的角度看，仅仅从发明创造成果出现以前看，又可以作另外的划分，上面讲到的"需求→发明"是指"现实需求→发明"，而"发明→需求"中，则有"发明创造者对可能需求的意识→发明→大众需求"或者说是"潜在需求→发明→现实需求"。

发明与需求的关系，同生产与消费的关系有类似之处。消费需要决定生产，生产服务于消费，现实需要产生发明创造，发明创造为现实需要服务。另一方面，生产又创造、唤起新的消费，使消费多样化，发明也会产生新的需求。由发明创造引出的需求，就人们认为必要（这种必要性往往经过曲折才被确认）来讲，也有现实性——不能说人们欢迎火车、轮船、内燃机、电视机不是现实要求。但这种要求毕竟是由发明创造激发出来的，在作出发明创造成果之前不被绝大多数人确认，而只有从事发明创造的极少数人或个别人认识到可能有用，这种认识有时还是比较模糊的。

"现实需求→发明创造"中的现实需求，通常是现实生产或工程中碰到的矛盾，它要求人们（往往不是一两个人）有计划地去解决。而"潜在需求→发明创造"中的潜在需求，一般是由个别人摸索到的。

潜在需求的发现有多种情况，例如，一种是从科学上的新原理和新的实验事实，看到潜在的应用价值。汤斯（C. H. Townes）等人从爱因斯坦提出的光受激辐射原理看到发明激光器的可能和激光技术的前景，波波夫和马可尼从赫兹的电磁波实验看到无线电通信的可能，巴丁等人从固体电子理论的研究从事晶体管的发明，凯利预见到晶体管将会代替真空管，都可说是先知先觉地看到社会需求。

一种是在为现实需求服务的技术实践中联想到潜在需求和技术可能性。贝尔在帮助聋哑人作发音特点试验时联想到把声音振动复制到纸上，并进而从声波联想到电波，看到电话的价值并作出了这项发明。在电话发明后的几年中，人们并不重视它（认为电话只是特殊玩具），公司不购买发明权，贝尔还得到处周游，展览，宣传电话的用途，争取承认和需要电话。可见，尽管今天人们已充分意识到电话是现实需求，乃至为争装电话而"奋斗"，在贝尔发明时所看到的是电话的潜在需求。爱迪生是在改进电话时联想到把声音保留下来，发明了留声机，这个新发明也受过冷遇，被搁置10年之久，爱迪生看到的是留声机的潜在需求。他们是看到社会需求的先驱者。

一种是在偶然机遇中有所发现，并进而联想到潜在需求和技术可能性。格林奈偶然发现胶卷快速连续动作时照片上的人"活动"起来，联想到电影，发明了电影机，但电影在开始时也不被人们重视，他把电影拿到公众会堂放映，多日不被注意，也无人采纳这项发明，弄得格林奈穷困潦倒，以致买不起胶卷，他所看到的是电影的潜在需求。生物学家弗莱明偶然观察到青霉菌抑制葡萄球菌生长，联想到并发明了青霉素（青霉菌的代谢物），看到了抗生素的潜在需求。

发现潜在需求的情况是复杂的。有的是自己在从事科学实验中做出有应用前景的发明，如伏打在重复伽伐尼蛙腿实验（动物电实验）中发明了电池。有的是受别人启发做出这种发明，如莫尔斯听到关于"电流发生在一瞬间"的讲演而发明电报。大量的是专业人员做出有长远价值的发明，如数学家拜比吉在19世纪上半叶（1822年）就致力于计算机设计并发明了差分机。也有"外行"做出的这种发明，如贝塞默、托马斯都不是搞冶炼的专业工作者，却发明了转炉炼钢法。

把握潜在需求对发明创造选择有重要意义，为此，发明创造者必须经常关注科学进展，关注和参与为现实需求服务的实践，敏于捕捉和利用机遇，同时还要努力宣传，推广适应潜在需求的发明创造成果。历史表明，人们并不总能轻易地看到自己的需要，青霉素发明后较快得到社会承认，火车、轮船、电话、留声机、电影、缝纫机等发明后，在相当一段时间里得不到社会承认，许多人并不认为需要它，出现本质上符合人们的需要而现象上人们不需要的矛盾，发明创造者不可因此灰心失望。要使适应潜在需求的成果得到推广应用，除了宣传其用途和意义，还要不断完善自己的发明创造，种种一时不被承认的发明都是在更加完善、更明显地表现出优越性之后，才逐步被越来越多的人承认的，这点也说明了改进性发现的重要。

选择和适应潜在的社会需求，表现了发明创造者的智慧、能力、勇气和奋斗精神，在出现本质上符合社会需要而现象上人们不感兴趣的时候，更要经受考验。另一方面，潜在需求的认知和把握又是有风险的，可能失误的。发明家有时会把不切实际的空想看作合乎潜在需求的东西（如想发明永动机），或把超现实条件的设想作为在近期能满足潜在需求的东西（如想发明核动力民航飞机），这些又值得警惕。

第三节　课题选择

　　社会需求是发明创造的源泉和动力，但毕竟不是发明创造本身。社会的需求必须能转化为发明创造的技术目的，技术方向、技术课题，并借助一定的手段和方法才能实现。发明创造过程中目的、方向和课题的确定，也都要经过选择。

　　技术目的与社会需求是一致的，发明创造的目的是为了满足人们的需求。技术目的又不完全等同于社会需求，它是发明创造者在技术活动中已经认识到或意识到的社会需求，是已开始进入技术领域的需求，是试图用技术手段去满足的那些要求，是与技术方向、技术课题相联系的需求。在矿井抽水中利用纽可门蒸汽机有诸多缺陷，人们要求提高其效率并使抽水作业连续化，产业革命初期的新工作机涌现也需要有通用动力，这种社会需求只有在被瓦特意识到以后才成为瓦特搞发明创造的技术目的，成为构成发明创造的任务和内容。人们在使用不够安全的黄磷火柴时就有使用更安全的火柴的要求，如果这种要求没有成为发明安全火柴的技术目的，社会需求就只是社会需求，是没有进入技术发明创造领域的需求。

　　技术目的是被发明创造者意识到的社会需求，它还包括着满足这种需求的功能目标，或称技术发明创造功能目标。社会需求通常是总体性的，不够具体的，它并不能说明技术家们该去做什么，也就是还不是技术的功能目标。在18世纪以前，人们主要用木炭炼铁，对生铁需求的增加，木炭不足，就有了克服木炭不足的需要。设法增加木炭产量，提高木炭的利用效率，不用木炭而用煤或其他的东西，都可能满足这样的需要。英国的达比选择了寻找木炭代用品作为目标，作出了焦炭炼铁的发明。杂交水稻的"三系法"复杂，要求简化，但这并没有表明是要分别简化各系，还是把三系合并为两系以及把其中哪两个系合并，也就是说要求简化还不等于功能目标。

　　技术发明创造的目的、它的功能目标，在许多场合下还有其定量的方面。在没有飞机、汽车、人造丝、塑料时，从事发明创造至少有定性的功能目标；叫做飞机总要飞起来，至于飞多远，飞一分钟还是一小时，在开始时并非最要害的问题（喷气式飞机的首次试飞的航程仅100米）。有了飞机，则必然把一系列其他目标提到首位，例如怎样使它在空中仅停留一分半钟到能飞行一小时至十几小时，如何使它从每小时航速200～300千米翻一番或更多，如何使它飞得更高或耗油更少，等等，也就是要有改进性发明的功能目标。通过电波把图像也如声波那样传输出去是功能目标，把电视机分辨率提高一倍也是功能目标。

　　有了技术目的，技术功能目标，发明创造的专业方向乃至研制课题有时也就确定了。但在不少情况下，某种技术功能目标可通过不同的途径去实现，在发明创造中还要有方向和课题的选择。例如，我国钢铁产量仍然不够多，需要提高，这是社会需求。冶金行业的人员要增加钢铁产量，必须多用铁矿石，而我国的铁矿却是贫矿多，这就要进行选矿，例如使含铁约30%的矿石变成含铁约60%的矿块进行炼铁，这是功能目标。如何针对特定成分的矿石更有效地做到这点就可以有不同的途径；可以用力学方法（重力选矿）、物理方法（电磁选矿）、化学方法（浮游选矿），乃至生物方法（细菌方法）或复合的方法。也就是说，这里有专业和研究方法的不同，在选定研究方向之后，还要确立特定的课题。在浮游选矿方向上的创造，可能是发明或改进浮选设备，可能是发明或更有效地利用捕收剂或起泡剂；其中的捕收剂研制创造又有若干类型（如阳离子型、阴离子型、非离子型），每种类型中又有若干种属，都可能选作发明改进的课题。

如果作较为细致的划分，技术发明创造的程序大体是社会需求——技术目的，功能目标——研制方向——研制课题——研制——成果。其中的每个环节都有选择的余地，都要经过论证（认识的选择）或试验（实践选择）。但实际的发明创造并不都是按照上述流程的顺序逐一进行的；甚至可以说，发明创造没有统一的，固定不变的严格程序。如前所述，某些发明创造的起点并非是已有了明显的社会需求，而是始于科学成果、实验成果。某些发明家的创造动机也不一定是自觉意识到有社会需求，其创造过程亦缺乏计划性，兴趣、灵感、机遇在他们的活动中有很大影响。但就发明创造过程的总趋势和有重大价值的发明创造来说，大体上有上述的模式。

课题或项目选择，或确定在发明创造中具体地应当做什么，是发明创造过程起始阶段的关键环节。课题内容集中地体现着社会需求、技术目的、功能目标和研制方向，需求、目的、目标等的正确选择应当体现在课题选择上；另一方面，课题内容又支配或指导着方案设计、研制、试验直至成果的获得和应用。课题选择合理，发明创造才能顺利进行并得到成功，反之则事倍功半乃至一事无成。

对于如何选择科学技术研究的课题，如何选择发明创造的对象、项目、内容，许多论著已讲到若干原则，其中的一些我们已经讲到，另一些将主要从技术选择的角度提出一些供讨论的意见。如发明和研制课题要符合需要性或必要性原则，这是显而易见的。发明和研制要符合创造性原则，已经指出，缺乏创新性就不成其为发明，改进性发明也要有所创新。发明创造要符合科学性原则，但发明创造与科学原理的关系或许应进一步讨论。发明创造还要符合可能性的原则，对此将略作补充。

一、科学技术原理选择

这是对选题科学性原则的探讨，或者说是考察技术发明创造课题所特有的科学性原则。

古代的技术发明创造大都缺乏科学指导，而是实际上符合科学原理或说与科学原理相吻合、暗合。

无论是古代的还是近代的技术（包括发明创造，都要符合和利用客观规律，都要有一定的知识包括经验知识）。近代技术更需要有关于做什么和怎样做的规律性认识，即关于技术原理的知识。

技术有没有它自身特有的原理，抑或技术在原理上就是科学，这是一个有争论的问题。一种观点认为只有科学原理，无所谓技术原理，另一种观点认为既有科学原理，也有技术原理。特定的技术原理既包括这种技术赖以存在和发展的科学知识（科学原理），还包括这种技术得以出现和应用的实践性知识；为了表示区别，也可以仅把关于特定技术的实践性知识或原则称为技术原理。我们是主张和赞同后一种看法的，大致可以说，由物理学、化学、生物学、天文学、地质学所揭示的规律性属于科学原理，而由技术科学（工程力学、工程热物理、自动控制理论、冶金物理化学等）和应用科学（炼钢学、电机学、内燃机学、小麦栽培学等）所揭示的规律性包括科学原理，而主要是技术原理。

所有的发明创造、所有的技术过程都必须符合科学原理，科学原理反映自然界的普遍的必然性。就某个科学原理的必然内容说，是不能由人去选择的，但在特定课题的研究和研制中却可以选择这一或另一科学原理。要对金属材料作机械加工，可以选用切削或磨削方法，遵循力学原理，可以选用电火花或激光方法，遵循物理学原理，也可以选用腐蚀或离子注入方法，遵循化学原理。当然这是就主要之点说的，孤立地只遵循一个科学原理的技术过程是不存在的，技术活动中通常是若干科学原理的综合运用。按照主要遵循的科学原理的性质不同，又可以对发明创造或技术过程作机械性、物理性、化学性、生物性的区分。农业技术和医疗技术领域的发明创造，主要地要遵循生物学原理，或要以生物学原理为基础。

违反科学原理的所谓"发明创造活动"注定要失败。然而，仅仅有科学原理还不足以充分说明在技术上应当做什么和怎样做的问题，还不足以说明技术的多样性和完善化。无论是蒸汽机、煤气机、汽油机、柴油机，从科学上说都要遵循能量守恒和转化原理、热力学第二定律、气体定律（$PV=RT$）和卡诺定理。但只有这些科学原理尚不能完整地解释何以有"外燃机"（蒸汽机）和内燃机，仅从科学上讲并没有什么外燃式原理或内燃机原理,外燃或内燃的道理可看作技术原理。再如,无论是用土高炉,近代高炉或直接还原装置炼铁,无论是用木炭、焦炭、喷吹石油或煤粉炼铁,仅从科学上讲炼铁本质上是氧化还原过程,没有关于木炭还原的科学原理或喷煤还原的科学原理。利用高炉炼铁时,关于高炉结构、鼓风强度、炉料顺行和焦比等方面也有许多技术原理。仅从科学上说,加入高炉的铁矿石和焦炭的粒度越小,对铁矿石的还原越有利,但从技术上讲,炉料粒度过小会增加煤气流的阻力,影响炉料顺行,因而又必须保持炉料的适宜粒度,以改善料柱的避气性。技术过程不能充分按照科学原理行事,只有采取使用精料,熟料和适当加大风量来尽量保证氧化还原反应较顺利和充分地实现,从而提高高炉利用系数。

为了炼铁,必须用矿石。从科学认识上说,可以讲矿石含铁的比例即品位,凡含有铁金属矿石均可得到铁。但从技术上说,要讲实际的可能性和经济上的合理性,对含铁低的矿石必须选分,这就涉及技术原理。对较贫矿选低的矿石磨碎,用力学的、物理的、化学的方法使有用成分富集起来(要遵循相应的科学原理),可以得到含铁品位较高的铁精矿因去掉相当的其他成分(主要是脉石),但在实践中又不可能把有用成分(铁金属,以化合物形式存在)全部加以回收,因去掉的部分即尾矿中必然还包含着一些有用成分。也就是说,在选矿技术实践中必然起作用的一个基本原理是,在特定条件下,提高精矿中有用成分的品位,同提高对原矿中有用成分的回收率,二者成反相关的关系。选矿技术领域中的发明创造课题,不能只考虑化学原理和化学分析,还必须做可选性研究,以及努力在提高精矿品位时尽可能使回收率下降得少些,或在增加回收率时尽可能保持精矿品位下降得少些,在许多场合则要努力改变特定条件,使精矿品位和回收率均有增加(在新的条件下,这两者仍有新的反相关关系)。

科学原理反映在人们意识之外,不依赖于人们的需求、愿望、意志、目标的客观对象,它要求尽可能地精确,尽可能地完善。技术原理在其正确性上要符合科学,它又要反映人们有意识地去变革对象(物质、能量和信息)变换中的客观规律性,反映在特定条件下进行的实践活动的规律性,技术原理不能只讲精确、完善,它不仅是诸科学原理的综合,而且是实践条件下的原理或实践原理。多种技术过程可能遵循同一科学原理,好像各种各样刀剑斧都遵循尖劈原理,但同一科学原理却不能充分解释何以有多种技术过程,好像单单用尖劈原理不能全部解释为什么会有各种形状和大小的刀剑斧。

特定的工程技术领域、特定的工艺过程各有特定的技术原理。人们在发明创造活动中不能违背特定实践过程的技术原理,却可以对不同专业技术或技术方向上的技术原理进行选择,来实现课题的功能要求。提高热机效率,可以用外燃式蒸汽机的原理，也可以用内燃式发动机的原理。都属内燃机技术，活塞式的汽油机、燃气轮机和喷气发动机，它们的技术原理各有区别，都是喷气发动机，涡轮风扇式和冲压式又有不同。根据课题任务不同（如研制低音速、亚音速或超音速飞机），要选用相应的内燃机技术原理。

如前所述，成功地选择了新的科学技术原理，会导致开创性发明，在相同的科学技术原理范围内作课题选择，则导致改进性发明创造。当然，这决不意味着可以随心所欲地选择科学技术原理，这个问题也已论及。

技术发明要遵循科学性原则，又要有创新性，这两者是统一的。离开科学性原则的课题不可能有创新成果，但科学理论，科学原理又有相对性，发明创新又往往与一定阶段上的科学认识相抵触，这也是在课题选择中应当注意的。在研制超音速飞机时，碰到"音障"问题（飞机造成的气流受音速的限制，超音速会造成气流聚集，飞行阻力大增），人们曾认为音障是不能克服的，超音速飞机的研制课题不符合科学性原则。但这并不对，经过实验和理论分析，发现音障只是对活塞式发动机不可克服，去掉螺旋桨则可以冲破。在无线电广播技术的研制中，人们曾认为波长越短，衰减越强烈（英国科学家沃斯顿在1918年提出的地面波传播理论），因此，波长在200米以下的短波不会有什么用处，专业无线电工作者几乎无人考虑短波通信问题。有趣的是，倒是那些科学理论素养相对较差的业余无线电爱好者倾心于探索短波通信的可能性，并获得成功，新发明创造的成功也证明了原来的科学理论的相对性．从地面波传播看，短波确实不能作长距离传播，但它主要不是在地面而是靠空间的电离层传播的，短波技术的发明创造确认和发展了电离层传播理论。如果固守沃斯顿传播理论，短波技术的发明创造课题就无法提出。

发明创造要遵循科学性原则，科学知识和经验丰富的学者专家通常较易提出新的课题，为此应当充分尊重他们的意见，接受他们的指导。研究生和青年教师在选择科学技术研究课题时要有指导教师的帮助，就是这个道理。然而，在技术发明上，却未必是科学知识多就注定创造成果多，有时候原有知识还会影响创新设想和创新课题的形成。X射线技术、飞机、宇宙航行、核能利用等甚至都受到过科学家的冷遇，权威人士（如诺贝尔奖金获得者）也可能在判断技术可能性时出现失误。

二、条件选择

发明创造的课题选择要符合需求，要符合科学性，还要符合可能性原则，这里所说的可能性，是指课题有条件完成，即有保证课题能较顺利进行的资金

(money)、材料（material）、设备（machine）、人力（man-power），以及相应的组织管理（managment）等，至少要有这五个 m。

课题选择的必要性和可能性应当是统一的，社会有某种需求，就会有相当的条件保证，社会需求越重大、越迫切，所提供的支持就越大、越多。但必要性和可能性又并非没有矛盾，特别是在发明创造的初期和只有少数人意识到课题重要性的时候。条件支持往往要以局外人和更多人认识到课题意义时才较为充分，但发明创造属于潜在选择，它要提供人们未曾见闻或历史上未曾有过的新东西，因而新发明创造的课题意义常常难以被人们充分认识和给予支持，或五个 m 中缺少其一二，或虽有五个 m 但显得很不足。因此，发明创造者在活动中既要努力争取必要的条件，巧妇也难为无米之炊，又要正视条件拘据的必然性，艰苦奋斗，量力而行。

发明创造活动中因条件限制而使课题无法顺利进行，拖延时日乃至濒于夭折，在 19 世纪末以前以个体发明为主的时代层出不穷。瓦特在改进蒸汽机时曾因难以承担试验耗费，无力继续试验。拜比吉在研制自动计算机——差分机时，由于缺乏经济资助（曾设计游戏机器赚钱未达目的），只制成一些部件而未完成，他自己就讲制造分析机有失败的教训。

本世纪以来，由于社会生产力的发展，科学技术日益显示其重要性，发明创造所需的条件和经费有了很大改善，许多发明创造得到了富人、企业或政府的资助，但资金不足仍然是一个重大的问题。在规模较大的发明创造项目上，这个问题尤为突出，在经济发达的国家也难完全避免。

火箭的发明史，是技术史，又是经济史或经费史，它记载着科技人员缺钱的辛酸。早期的火箭发明人戈达德（1882～1945 年）在年轻时就有空间旅行的幻想，在他得到博士学位和担任物理教授之后，靠艰苦节约的开支进行有关火箭的研究。他确信，使火箭在外层空间飞行是可能的，关键是要增加火箭的动力和找到适当的燃料（课题）。1919 年他提出了利用固体推进剂制造火箭的《达到极高高度的方法》的报告。然而，戈达德的课题在当时几乎无人关心，缺少资金、设计和研制上的外援，几乎是孤军奋战，到 1926 年才开始了第一次火箭发射试验。

第一次升空的火箭在空中只有 2.5 秒，上升到 12.5 米的高度，这次"低水平"的伟大发明本应继续完善，戈达德本人也在努力继续做下去，但初步试验的成功并未被人理解，有的科学家（如曾给戈达德少量资助的斯密森学院院长）对火箭未达到"极高高度"表示失望，更多人嘲笑，有一家报纸讽刺戈达德是"月球上的人"。在这以后的 20 年中，尽管戈达德和他的妻子得到两位富翁的资助仍在不断地研究和改进火箭，但由于得不到更多的支持，他继续研究的课题（主要是减轻火箭发动机重量）并没有完成，也没有再次进行火箭发射试验。

不仅个人发明家在条件支持上会遇到困难；研究开发机构的创造活动也有类似的问题。在20世纪20年代末30年代初，德国宇航学会在进行火箭发射试验研究时亦因经费严重不足而无法进行下去，只是在德国陆军接管后才有了较好的条件，到1942年10月发射了V－2火箭，达到85公里高度，飞行190公里。

在美国，远程导弹的研制因条件限制曾波折迭起。在第二次世界大战结束时，美国空军就批准了远程导弹研制计划，由于自恃有原子弹和B－29轰炸机的运载，认为远程导弹研制耗资大，中止计划。核垄断打破后，美国在1951年又批准研制洲际导弹计划，又由于自恃有氢弹和B－52轰炸机，对洲际导弹的研制再次遭到反对，在苏联爆炸氢弹之后，美国在1953年才给洲际导弹计划优先投资，1957年来试制和试飞成功。

在经济不够发达的国家，未见得没有发明创造的需求和课题，但5个m特别是资金不足常给课题的确立和研制带来困难，为此，一方面要尽力争取各方面的理解和支持，另一方面也要尽可能选择现实条件能够负担的课题，按节省开支的前提下确定课题。离开社会的认识和承受能力，选择过大或过分耗资的课题，虽然有必要，有意义、有目标，仍难以获得支持．

第四节 方案选择

在发明创造的方向和课题确定以后，如何根据技术功能目标的要求进行方案设计，并通过试验和论证选定合理的方案，付诸实践，乃是发明创造的重要阶段，或是实践着的发明创造过程。这一阶段的内容、地位和相关因素大体上如流程图2所示。在这个示意图中，从社会需求到研制课题的确定已经讲到的，社会需求可能来自现实生产或工程中的矛盾，也可能是由某种产品或引发的。图中由课题到研制的部分，大致是本节所涉及的内容，方案的设计、修改、选择和确定，是这些环节中心。

构思和方案设计，是发明创造活动的实质部分。构思也可以看作是方案设计的组成部分，由于构思还包括发明方法、创造技法的运用和选择（下节论及），因而把它单列出来。发明创造中的方案设计，是一个专业性强的技术问题。它要考虑到功能目标、科学技术原理、现实条件，还要考虑到资源、环境、安全、生理心理因素，特别是要考虑到经济（效率和效益）和市场预测。由于发明创造的方案设计同许多方面相关，可能提出的方案不可能也不应当是单一的；在各种可能的方案中，有的会被证明能够成立，有的则会被否定；在若干能够成立的方案中，有的因更优良合理被遴选，有的因较差会被淘汰。

方案设计是很复杂的，方案的选择和形成要经历一个反复的过程，构思，方案设计、试验互相交错，互相反馈，逐步由多种到一两种，由粗略，不成熟到更加精确和完善化，大致如框图 3 所示。这个框图也只是大致的，它不可能全面准确地列入各个环节和相关因素，设计方案和试验的区分，关系被大大简化了，在这个框图程序中没有表明互相交错反馈的网络。但在这个示意图中，至少表明构思和设计方案不止一种，试验需要多次。

发明创造过程中必然会有多种设想、构思或设计方案，如何选择（择优去劣）和确立，大体上可分为两种途径，或兼而有之。

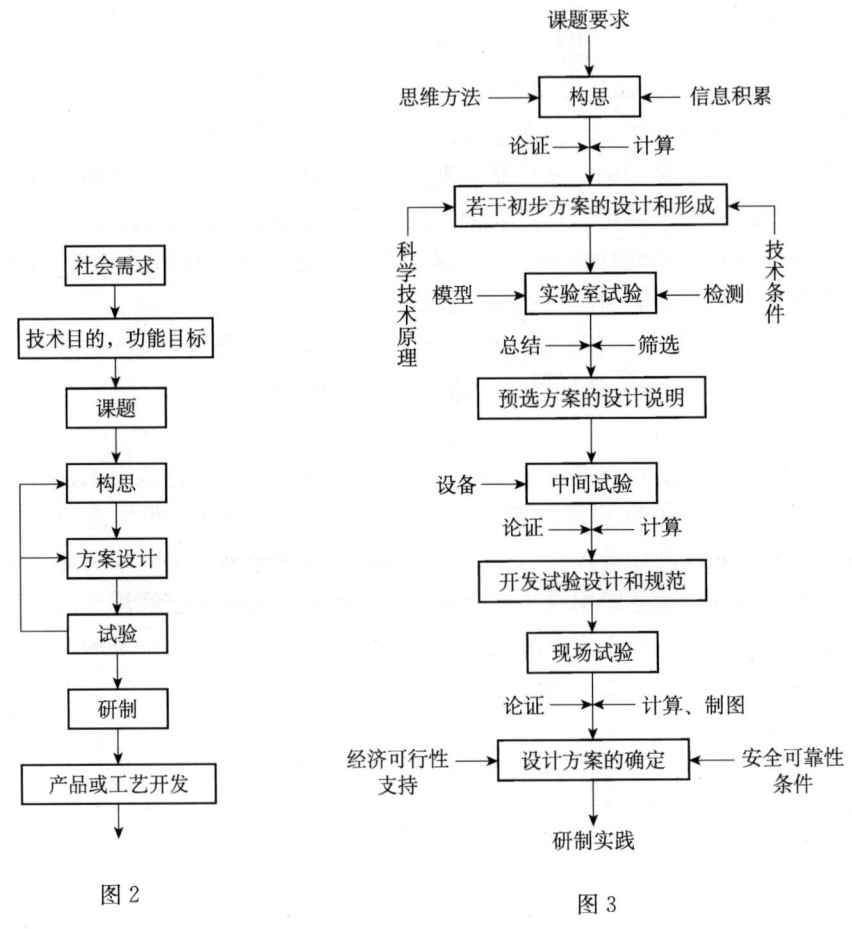

图 2　　　　　　　　　　图 3

一、试错选择

发明创造中的构思，设计方案在许多场合下是通过试错法进行的。顾名思义，试错就是经过试验淘汰谬误的或较差的，选出正确的或较好的。试错有实践检验的意思，或有摸着石头过河的含意。

古代的发明创造大都是用试错法去验证其预想的（常常没有细致的设计方案）。神农尝百草，是预想到百草中有着可能被食用的植物（对食用可能性的潜在选择），要验证这种设想只能试吃，包括试吃不可食用乃至有毒的植物，最后确定哪些是可食用的。不管尝百草在今天看来多么幼稚（在现代条件下可以用生物化学分析来代替这种试吃），它在人类历史上毕竟有创造性的贡献。神农尝百草是可信的传说，我国明代的徐光启（1562～1633 年）就亲自尝过许多植物，包括验证前人成就，共找出可食植物 414 种（见他写的《农政全书》）。古代冶铁打铁的工匠，制造火药的师傅，都是用试错法来验证其工艺和配方的。

近代的不少重要发明，也是靠试错法来选定设计方案的。瓦特在改进纽可门蒸汽机时（功能目标是提高其效率，他的课题是把冷凝器与汽缸分离），曾设计试制过多台蒸汽机，但开始其效率还不如纽可门蒸汽机，经过这种试错选择，才得到成功。爱迪生在发明新光源的过程中，目标是亮度超过煤气灯，课题是寻找电灯灯丝材料，他曾设想和采用以碳丝、白金丝等作灯丝，前后花了近 20 年，选用过 1600 多种材料，最终才找到钨丝（并把灯泡抽真空）的方案。在这个漫长复杂的试错过程中，有的材料证明不可用，有的虽可用但成本太高，他既要考虑技术可能性又要考虑经济可行性。

试错与摸着石头过河类似，是试验、挫折、再试验的反复，似乎有不重视理论指导的倾向。实际上，对一个崭新的课题来说，尽管有科学理论的指导，试错仍是不可避免的，只有过去已经做过的常规课题，才较少或几乎不必摸着石头过河，非常规课题一方面要努力增强理论的自觉性、预见性，另一方面又必须摸着石头试错地过河。完全没有试错就解决崭新的、非常规的课题任务，是不切实际的，科学理论、以往的经验不可能预见这类课题研制中的一切问题。

在现代科学已经相当发达的条件下，已可能在科学指导下，用结构设计、分子设计、基因重组的方法去创制新的化学构成物（如药品）或新的物种，用空气动力学的理论去设计新型飞机，而不必试错 605 次，到第 606 次才成功（故视情节另当别论）。然而，再正确、再精密的高分子化学、分子生物学、空气动力学的理论，仍无法保证发明创造中设计方案的唯一性、正确性、合理性和可靠性。现代新药的研制开发中，仍要有实验室生化试验、动物试验（中间试验）、人体试验（现场试验）的验证和选择。即使是当代科学最发达的国家，科学理论指最明显的领域，发明创造中试错法仍有一席之地。按最完备的原理和最精确的计算设计新型飞机，除了要做部件试验、系统仿真试验，还要有风洞试验（中间试验）、样机试验（现场试验），经过去劣取优的选择，才能使设计方案定型，并可能进入批量生产阶段。

在现代的勘探、采掘、选矿、冶金、化工等领域,科学指导有长足进步,但许多新的发明创造方案仍需要摸索,搞出多种流程或配方设计,再经过试验试错筛选。在一些场合,新方案的构思和选择类似于炒菜。人们在做一道有新的色香味的菜肴时,先有加上多少盐、糖、味素和如何掌握火候的设想,试烧试吃,修正方案,再烧再吃,直到达到可以载入菜谱的程度。现代的许多新的钢材品种的创造,也有类似的情况。从科学理论和过去的经验,我们在原则上知道在炼钢中加进锰、镍、铬或稀土元素会使钢的品质有何种性质的变化,而究竟加什么、各加多少、在何时加入,有时还得像炒菜那样摸着石头前进,试验,选择,直至达到合适的配比,确定方案。

二、逻辑选择

新器物发明方案的确定,或主要经过试错,或包含着试错。同时,设计方案的构思和形成又都有理论的论证,近代和现代的发明创造方案往往要有认真仔细地、反复地论证。方案论证也就是从道理上、数学计算上的选择,或称逻辑选择。内燃机在本质上优于"外燃机"不只是试验问题(一开始试制的内燃机,由于加工等条件限制,试验中的效率甚至不及蒸汽机),从理论上完全可以证明内燃方案更有利于发挥燃料的能量。杂交玉米、杂交水稻优于近亲繁殖品种也不只是试种问题(一开始试种的杂交水稻,由于配套条件不适当,其产量可能不很高乃至不如非杂交的),但从生物遗传理论上则可以证明近亲繁殖的弱点。理论论证是方案选择的重要途径,一个合理的方案至少应当言之成理,持之有故。

某些大型的、综合性的课题方案,往往主要是经过理论论证来确定和选择的,尽管试错选择仍起作用。20世纪50年代,世界各国对原子能的开发基本上是实验性的,主要是探索各种形式反应堆设计方案的优劣。美国在初期阶段,就研究了二十多种反应堆的设计方案,其中十多种建立了试验堆。在方案选择中,试验不可少,但每一种设计方案又有相当充分的、严格的理论论证,各种形式的反应堆(压水堆、沸水堆、重水堆、气冷堆、石墨水冷堆等)首先不是靠经验摸索构思的,不能想象主要靠经验来设计原子能反应堆的方案。没有充分严格的理论论证,也无法在二十多种反应堆的设计方案中选择其中的十多种来建立试验堆。

人类登上月球,是技术史上的伟大创举。为了实现把人送到月球的课题,美国的专家们在20世纪60年代曾设想和设计过三种方案:一是直接登月,即从地球上发射飞船直接达到月球软着陆;二是地球轨道交会,即将飞船及其运载工具分批发射到地球轨道，会接后再飞往月球软着陆；三是月球轨道交会，即用运载火箭先将飞船进入地球轨道，再推向月球轨道，飞船的登月舱登月，再回到月球轨道与指令舱对接后返回地球。对这三种方案的选择，显然不能逐一试验，而只能靠论证及计算机仿真，经过反复、激烈的辩论，经过一年多，才选定了月球轨道交会的设计方案（这个方案包括88个步骤，其论证计算极为复杂）。如果在登月方案选择上也像爱迪生那样试错选择灯丝，在经济上、安全上都不允许；当然，1969年7月"阿波罗计划"的第一次登月在一定意义上也可以说是试验。

通过论证、计算、比较及理想试验等而进行的逻辑选择，需要有精深的理论素养和数学水平，而现代电子计算机技术特别是它的软件程序则是这种选择的重要手段。在现代的发明创造活动和方案选择中，简单的试错已大为减少。人们可以利用计算机对若干种技术可能性进行分析、对比、推断，由计算机帮助人们作出设计方案（CAD），借助于计算机建立仿真模型，进行仿真的"试验"（不同于真实试验），从而加速了发明创造过程。必须看到，计算机作用很大，但只靠（或主要靠）计算机来搞发明创造是不够的，新的发明创造需要有新的见解、新的思路、新的方法、新的程序，而且要以新的器物或工艺的产生为标志。人们用CAD来表示计算在设计（包括发明创造中的方案设计）中的作用，即计算机（C）辅助（A）设计（D），辅助在这里既表示帮助人们作出设计，也包括帮助人们对设计方案作出选择。

新的设计方案选定以后，发明创造即进入研制实践阶段，并由发明创造转入到推广应用的阶段，进入生产和工程领域。对发明创造成果的确认和利用，又面临着许多新的技术选择问题。在我国，有发明奖、技术进步奖、专利、技术鉴定，技术报告或论文等形式来确认发明创造成果，每种形式又有不同的级别，对这些形式和级别，"确认方"要作出选择，发明创造者在自己的活动中也会考虑到这种选择。该申请奖励的去申请专利，该申请专利的只求得到鉴定证明，都属于选择不当，技术工作者有必要了解这些形式的性质和要求。

第五节　技　法　选　择

在发明创造活动中，人们必须按照功能目标的要求对新器物、新工艺进行构思，新的设想、新的思路在发明创造中至关重要。构思离不开科学知识、经验和对实际条件（如资源、环境等）的了解，也必须有正确的、聪明的思维方法，离开科学和实际条件，就会胡思乱想，没有智慧的火花，一点也不离开既成的东西，毫无异想天开、标新立异的勇气和本领，不会有所创新。

发明创造中的思维方法当然要有逻辑，善于对事物作比较、分类、归纳、推理，包括善于运用数学计算。逻辑混乱，不仅无法搞发明创造，也无法理解前人的成就。但只靠严格的逻辑程序，并不能必然地导出新的设想和构思；逻辑思维过于规范和刻板，反而会阻碍创造性的发挥，或者是缺乏创造性的表现。

　　发明创造的活动，需要有创造性的思维。国内外已有大量论著考察了创造性思维的形式和特点、直觉思维与逻辑思维的关系、直觉思维在发明创造中的作用和一系列创造技法等问题，但总的说仍处于起步阶段，许多概念、论点还缺乏明确和统一的规定。

　　广义地说，逻辑思维（按较为严格的程序进行比较、分类，形成抽象概念和进行推理，包括数学运算）和非逻辑思维（指缺乏严格程序的构成形象，通过想象、猜测或灵感、顿悟形成概念或方案，靠直觉做出推断）都可能导致新的构思和发明创造方案。创造性思维包括逻辑思维和非逻辑思维，创造过程是这两种交互作用，互相结合的"互补链"。狭义地说，人们又把发明创造过程中的非逻辑思维称为创造性思维，对此，在命名或提法上又不尽统一，有人统称为创造性思维，有人强调它是以想象为主的形象思维，有人强调它是以灵感、顿悟为主的直觉思维，或从心理学角度把它叫做潜意识活动或无意识活动。

　　不管对创造性思维的提法如何，也不管想象、联想、猜测、灵感、顿悟、直觉等形式有何种细微的差异，大体可以确定，这些非逻辑的（或形象的、或直觉的）思维形式在发明创造中有很重要的意义。要产生技术发明，必须充分重视发挥人们的想象力，正确评价猜测、幻想，开发人们的创造力，克服阻碍创造力发挥的社会因素（如缺乏远景目标、计划决策多变、控制过多过死等）和心理因素（如迷信"权威"或已有结论的定势、害怕失败、优柔寡断等），形成有利于创造性活动的环境（如奖励制度、拓宽专业、人才流动、信息渠道畅通等）。

　　在发明创造的各个环节上，逻辑思维和非逻辑思维（或狭义的创造性思维、形象思维、直觉思维）各有侧重，大致如图 4 所示。图中的 c 表示逻辑思维为主，u 表示非逻辑思维，复合符号及其顺序表示它们的特殊地位。总体上看，发明创造过程是从逻辑思维为主过渡到非逻辑思维为主，再过渡到逻辑思维为主，人们在发明创造中面临要解决的课题和矛盾，百思不得其解，"众里寻他千百度"，才有创造性思维的涌现；创造性构思的形成，又需要逻辑思维加以条理化和论证，并在此基础上进一步推理。

　　在发明创造中需要有想象、猜测、灵感，顿悟，但它们的出现却往往不是直接选择的产物，而有"踏破铁鞋无觅处，得来全不费工夫"的特点，或是"山重水复疑无路，柳暗花明又一村"的机遇-我们可以比较两个方案的长短择一而从，却难以在构思方案时选择灵感或选择顿悟，新见解、新办法是突发性涌现出来，不是从既成形式供人选择的。

第三章　发明创造选择

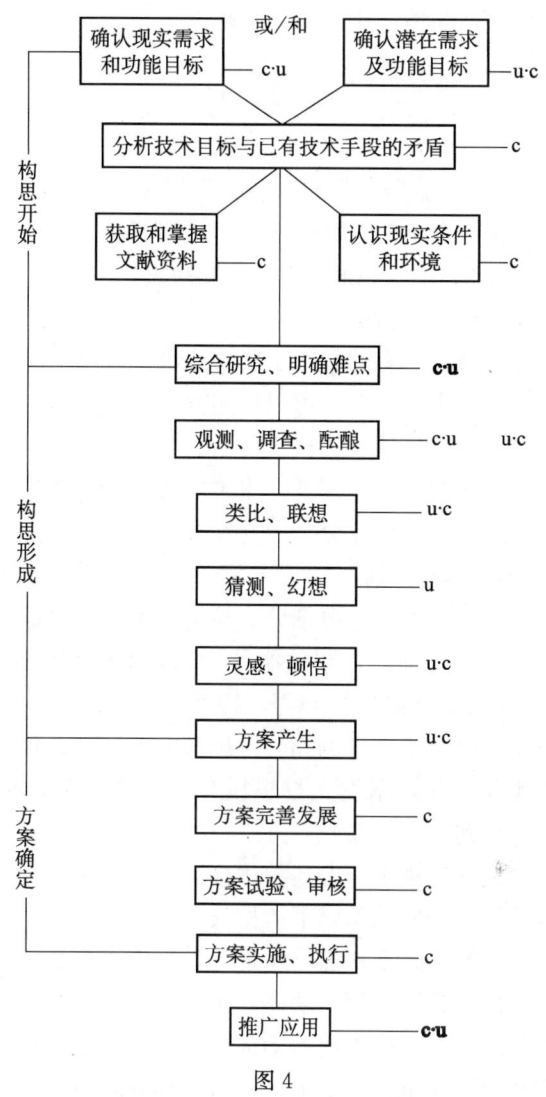

图4

　　创造性思维难以选择，那我们是否只有等它自然涌现或祈求灵感自天而降，对创新见解和创新办法的形成是否就无能为力了呢？并不尽然。除了努力在人才教育、社会环境等方面要有益开发创造力，在技术发明和研制中还可以想方设法地、有意识地去激发创造性思维，已经总结出来的一系列创造技法，就是用于激发新见解、新办法的。创造技法不能必然导致创新成果，它们可能激发创新，而这些创造技法则是可选择的，各种创造技法的运用过程在本质上也就是思维选择。

　　已有许多论著较详细地介绍了各种创造技法，本节只能极概略地说明发明创造活动中如何选择技法和如何运用技法去选择。

一、分析技法

创造技法繁多，大致可分为分析技法和综合技法两大类。分析技法的特点是，它们更加规范化，是用逻辑的方法去激发人们的创造性，在发明创造中运用分析技法，通常要求全面系统地，逐一地解剖已有的器物或工艺，研究、比较其各个组成部分或环节，促成新结构、新方法或新组合的发明，即用逻辑分析激发创造。

一般来说，当我们碰到已有的技术手段难以满足现实需求，需要做出改进性的发明创造（有时是小改小革）时，可以选用分析技法，包括特性分析法、形态分析法、缺点列举法、检核表法、类比发明法、分析比较法等。

特性分析法是把对象的特性全部罗列出来，按各部分的性质、材料、制造方法、形状、颜色、功能等方面再作分类，并在各个项目下考虑有何缺陷，如有则再考虑可替代的东西，引出有创新性的方案。例如对汽车可分为驱动装置、车体、控制系统三大部分；各部分又可细分，控制系统可分为起动器、变速器、制动器和转向控制；它们还可细分，制动器可分为制动柄（板）、制动传动、制动闸（刹车装置）、制动指示（如尾灯）等。特性分析法就是"强制性地"要求逐一分析研究有哪个环节可以改进。例如改进尾灯的可靠性、位置、亮度，在保证可靠性上能否有其他办法（如用发光材料板补充尾灯，后方有车时即使尾灯未亮，也能因灯光照射看到前方有车）。

缺点列举法、希望点列举法与上述技法接近。检核表法则是对某一产品多方提问，从中引发新的设想。例如作以下的检核提问：可否将产品的形状、制造方法、颜色、声音、味道加以改变；能否将现有发明应用到其他领域；能否在现有发明中引入其他的创造性设想，增加功能，延长寿命，能否把已有工艺过程颠倒过去，或使其流程重新组合；能否使运动部件静止，而使静止部件运动，或使二者均运动；能否使产品（如机械）的上下或前后部分互换；可否将几种发明或产品结合在一起，等等。例如，把离心式通风机与轴流式通风机结合在一起，就可能发明离心。轴流式通风机（斜流式风机）。

表1

因素 \ 形态	1	2	3	4
A 过程	切削	变形	成形	
B 能量	化学的	机械的	热	生物学的
C 标度	原子	分子	颗粒	大块

续表

因素 \ 形态	1	2	3	4
D 材料状态	气态	液态	固态	
E 介质	真空	气体	液体	固体
F 能源	材料内部的	材料外部的	混合的	
G 时序	稳定的	瞬时的	循环的	

形态分析法是把课题分解为若干相互独立的基本要素及相应的、有可能采取的技术手段（可能形态），通过排列组合搜寻（引出）新方案。例如，按这种技法探讨生产金属部件的新工艺，可以列出矩阵表，得到5184种可能的组合，其中 $A_2B_2C_4D_3E_3F_2G_1$ 为冷轧，$A_3B_1C_4D_3E_3F_2G_2$ 为爆炸成型，还可以有粉末轧制、真空压铸及其他各种可供选择的方案。

二、综 合 技 法

在希望确认和满足潜在需求，或改进性发明创造难以充分实现功能目标的场合，只用逻辑分析来激发（用分析技法）是不够的，这就需要用非分析的、非正统的、非逻辑的方法来激发想象力，使人们的思维从逻辑思维的过程中解脱出来，打破框框，形成创新观念和办法。这种非分析的或综合的技法，包括智力激励法（亦称头脑风暴法）、综摄法、模仿法（包括仿生法）、联想法等。

智力激励法（或称 BS 法即 brain storming）类似于征询意见的专家畅谈会，人们在会上互相启发、互相激励，形成多种解决问题的方案，再进行加工处理。但作为创造技法，智力激励法对会议的准备、问题的明确，会议进行的原则等有较为具体的要求。例如，会议的进行要遵循自由思考原则（思路越开阔越好）、禁止评判原则（畅谈过程中对各种设想不作任何肯定或否定判断）、谋求数量原则（新思想产生越多越好），结合改善原则（鼓励改进和综合）。

与智力激励法相似的是特尔斐法，即过多轮函询调查反馈，征求专家意见搜集解题设想，或简称书面征询专家意见，但特尔斐法也有相对具体的程序和要求。

综摄法（synectics），这是发明创造小组的一种活动方式和方法。综摄法小组由不同知识背景（如技术人员和非技术人员）的、有创造潜力（如有进取精神和曾在多部门任职）的人员组成，在讨论时针对某一目标，通过亲身类比、直接类比、符号类比和幻想类比互相启发。在运用综摄法的过程中，要弄清所要解决的问题，对陌生事物采取对熟悉事物的态度来衡量比较，阐明对问题的理解，不断扩大类比的范围，又有意识地把熟悉的事物看作是陌生的，运用新的知识来观察分析，形成观点和得到求解。在综摄小组中要以已知的东西为媒介，将互不关联的、不相同的知识要素结合起来，打开未知世界的门户，综摄小组的讨论允许人们相互之间进行评价、批评。

联想法又包括自由联想法、入出法、焦点法、T. T-storm法等。其中，入出法把需求结果作为设定输出，以能产生这个输出的一切可利用的条件作为输入，通过各种联想提出从输入到输出的各种联想，再按功能目标和限制条件进行评价，提出各种可实现的联想，如此反复，求得理想方案的输出。

所有的创造技法都对发明创造活动有益，又都有它的局限性。特性分析法和其他的列举法，智力激励法对于复杂课题往往不大适用，列举的因素可能过于繁多，难以仔细推敲。形态分析法的可能组合更多，常会作虚功或草率从事。各种创造技法（包括本节提到的5W1H法、KJ法、NM法等）的应用条件和应用结果都是相对的，不能绝对肯定改进性发明与分析技法相关，综合技法与创新性发明相关，更确切些说，创造技法大都导致改进，只不过改进的程度不同。技术上重大的发明创造，如可控核聚变系统的确立，室温超导技术的形成和应用，钒钛铁矿资源的有效分离和综合利用，癌症机制的控制和免疫预防等，主要不是哪一种或几种创造技法的运用问题，只不过在其中的某个方面有时用得上这些技法去激励创造性思维。

第四章　企业在技术选择中生存和发展

发明创造选择是技术选择的一个重要的方面，从逻辑上和时间上相继而来的，则是技术应用的选择，特别是生产技术的选择。作为社会经济基本单元的企业，它的存在，它的兴衰，取决于能否做出恰当的，左右成效的技术选择。在企业的技术应用、技术开发、技术改造和技术引进等活动中，矛盾甚多，如果在方向或方案的选择上漫不经心，发生失误，必将会危及企业的命运。不论人们是否自觉地意识到，企业总是在技术选择中生存和发展的，只有精心地考虑如何进行技术选择的问题，企业才有前途。

第一节　提高企业的现实技术水平

企业的技术活动，包括鼓励和支持发明创造，进行新产品和新工艺的开发，保证以后生产技术流程的正常运行，提高工程技术人员的素质等，而其中心的环节，则是如何有选择地把发明创造成果转化为应用中的现实技术，不断提高现实技术的水平，充分实现和发挥技术的社会经济效益，或者说是如何把科学技术成果转化为生产力并实现经济增长，即做到技术创新，依靠技术进步。

一、技术发明与技术创新

考察企业活动与企业技术，首先要弄清楚技术创新的含义和意义，以及技术创新与技术发明之间的联系和区别。

发明创造是技术发展的初级阶段，发明当然是有创新的。然而，作为发明创造成果的技术，同厂矿企业、工程活动或医疗事业等部门在实践中应用着的技术，又有重大的区别，相对而言，前者是潜在技术，后者是现实技术。

如前所述，技术发明通常是指历史上或记载上首先出现的人造事物，它具有可能被应用的价值或潜在价值。但只要技术发明还没有被推广应用到劳动或实践过程中去，还没有变为企业的生产技术或者现场技术，就还只是"试验室技术"、"专利目录技术"、"鉴定书技术"，尚不具有应用价值或现实价值。仅从数量上看,我们大致可以说,有十项发明专利的企业比只有三项发明专利的企业更有技术潜力,却不能断定前者的现实生产技术水平必然比后者高。

对发明创造(潜在技术)与应用技术(现实技术)的评价标准也是不尽相同的。前者主要着眼于技术本身的有与无、优与劣,同时考虑到应用的可能性;后者主要着眼于技术应用的效果、效率、效益,当然要以技术本身的优越性为前提。在评价工科博士生论文时要看它是否有应用前景,对于已有现实应用价值者给予充分肯定,但是突出的要求则是理论上有创造性,有新的见解。在评审工程师职称时要看他是否有理论基础,对于获得发明专利者给予充分肯定,但其突出的要求则是能在时间上有效地解决现实生产中的技术问题。

发明创造活动的领域相对狭窄,往往是少数的乃至是个别的科学技术家的事情。现实技术则涉及资源、环境、安全、成本等多方面因素,是企业家、工程技术人员、技术工人都关心的事情。一项发明创造从酝酿到成功可能需要相当长的时间,但一旦有了成果,通常在较短时间就会被确认。一项利用新发明成果来进行的企业技术改造,似乎只是吃现成饭,但技术改造方案通常较长时间里才会被确定。企业家在技术选择上顾虑多,心思重!

潜在技术与现实技术的区别是有现实意义的。我们常说当前中国的科学技术水平落后于世界先进水平,这个问题是需要分析的。在若干领域(包括某些高技术),我国并不落后或不明显落后。即使是有差距的领域也应当有所区分:一是科学上尤其是基础科学上的差距;二是潜在技术上的差距,即发明创造成果、技术专利数目、技术研究论文水平等方面的差距,即发明创造成果、技术专利数目、技术研究论文水平等方面的差距;三是在企业现实生产技术和其他实际应用着的技术上的差距。这三个方面的差距都必须努力缩小,企业在缩小这些差距方面有其特殊地位,也有特殊的重要作用。

努力发展科学,重视基础研究,对社会经济的发展有根本性的、长远的意义。只管技术而忽视科学,只管当前应用而忽视知识储备,技术和经济的发展就没有后劲,也难以真正做到消化吸收先进技术。而且,科学发展还不能只从技术和经济的价值去衡量,它还有文化的、教育的、哲学的乃至是振奋民族精神的价值。作为国家的科学研究院所、重点大学,更应当把基础科学研究放在重要地位,缩小科学上与世界先进水平的差距。

缩小在发明创造和潜在技术上的差距也至关重要。我国在历史上曾经是发明大国,在近代落后了,受别人发明和应用的洋枪洋炮的欺侮,被别人拿洋布洋油来敛财,时至今日,自己发明的东西仍不多,在技术贸易上购买远大于出售。当然,任何一个民族都不可能自力更生地发明一切,购买别国的技术专利在今后仍有必要,同时,也应当发奋图强,创造出更多诸如杂交水稻这类的成果,使我国有更多的技术输出。

从振兴经济考虑，最值得注意的则是现实技术上的差距。在采矿、冶金、机械、电力、化工等方面，我国在国际学术会议上发表的论文虽不很多，却未见得极少，论文的学术水平也不低。在国际发明博览会上，最近几年我国提交的发明项目虽不很多，也不是很少，且常获得各种奖励。然而，如果拿我国大多数企业现实应用着的生产技术同发达国家企业中的应用技术相比，其差距就要大得多。企业生产现实技术上的差距，是我国当前还不够富裕的根本原因。要使我国富强起来，当然要有更多的科研论文和科学奖，要有更多的国际发明奖和国家发明奖，而最关键的是提高企业生产技术的水平，而在这件事主要是靠企业来实现的。国家的科研院所、大学在这件事上应当发挥更大的作用，基础则在企业。

努力缩小企业现实生产技术上的差距，是一项很艰巨的任务。例如，要普遍提高我国生产的轴承的寿命（目前我国生产的轴承寿命大都只及国外先进水平的一半），其技术难度就相当大，从一定意义上说，甚至不亚于发射一枚火箭。当然，发射火箭是相当困难的，但发射一枚、两枚火箭乃至卫星，有可能集中一批最优秀的专家，使用经过特殊选择的材料，如果其中要用到几个轴承的话也可能进行特殊的磨削和超精密水平的加工。而轴承作为大批量生产的产品，要普遍提高其质量，就不能用几种人力物力和技术专家的办法，也无法提供超优材料，只能靠企业素质的普遍提高，企业设备的普遍优化，企业工人技能的普遍精良，企业管理的普遍严格，靠轴承行业及各相关企业（冶金、计算机等）技术的普遍进步和责任制的普遍加强。就这点看，说普遍提高企业现实生产技术水平的难度不亚于发展高技术，实不为过分的。

作为企业，显然不能够以发展科学为主要任务，也不能主要以搞发明为己任，而必须要充分认识提高现实生产技术水平的极端重要性和紧迫性。企业要维持生产活动的正常进行，更要关心科学技术的新进展和发明创造的新成果，特别是要努力把试验室技术变为生产技术，把专利技术变为应用技术，把鉴定书技术变为现实技术。

技术发明本身是潜在技术，它需要转化为现实技术，转化为生产力，转化为经济效益，因而就要一个概念来把技术发明（technological invention）同技术活动（技术经济活动）的全过程相区别。这个概念就是技术创新（technology innovation）。

Technology innovation 一词在我国长期被译为技术革新，不够准确。技术革新通常是与技术革命相对而言的，指技术上的局部性的改进，小改小革，大体上相当于 technological improvement。而技术创新则不纯粹是一个技术的概念，而是一个"技术·经济"范畴，原词是 technology innovation，更为贴切。技术创新的观点,是美籍奥地利经济学家熊彼得(J. A. Schumpeter,1883～1950年)于1912年提出的,他所说的技术创新包括五种情况:①引进新产品;②引用新技术,即新的生产方法;③开辟新市场;④控制原材料的新供应来源;⑤实现企业的新组织。在熊彼得之后,许多国家的经济学家、社会活动家、政治家对技术创新问题给予了很大的关注。他们认为,技术发明是技术创新的一个环节,而不是技术创新的全部和实质。技术创新是研究、开发、工程设计、市场分析和管理决策等相互交错的全过程,是把发明应用于生产并实现经济增长的全过程,是过程创新。技术创新包括着产品创新、工艺创新、设备创新、材料创新、生产组织和管理的创新,是多层次的创新。

不管我们对技术创新原则的理解有何意见,或认为技术创新有被当做纯技术概念的缺陷,或认为技术创新与技术革新的区分不够明显,有一点大体可以确定:技术发明不是技术活动的全过程(技术活动的全过程必然是技术经济过程);技术发明不能反映技术活动的各方面或多层次。技术创新,作为反映技术经济活动全过程、多方位创新的概念,从词源和现实生活中是有其根据的。

我国的经济振兴,在极大程度上依赖于技术创新,特别是工业企业的技术创新;企业的技术创新又在很大程度上依赖于企业家、工程师们的合理选择。为了说明这点,为了说明企业必须在技术选择中生存和发展,有必要再次强调两点:①发明创造成果不能自动地进入企业,而需要有一定的社会机制和人(企业家和工程师)的努力;②发明创造成果的应用不是简单地、机械地平移到企业中去的,而需要一系列中间环节,这些环节又与一定的客观条件和人(企业家和工程师)的努力分不开。

企业家和工程师在技术创新过程中有非常重要的作用,他们的重要职责和贡献就是进行创新选择。一些企业家和工程师同时又是发明家,即或不是发明家也要经常关心技术发明的成果,从中选择对企业发展可能有益的东西,他们还要同发明家和研究人员一道进行中间试验、工业试验,从中选定可能应用的技术方案。在确定要将新技术成果应用于生产之前,又必须进行可行性研究,做好市场调查,预测该成果的推销情况和经济价值,在多种技术经济方案中做决策选择。根据总体方案,企业家和工程师们要结合企业原有条件对技术成果的应用进行全面的规划,对每个技术环节进行精心的细部设计、筹措资金、选择设备、组织和培训人员、购入原材料,在开始生产的过程中还要不断改进各种工艺措施,不断提高产品的可靠性,健全作业规范和质量标准,直至能稳定持续地进行生产,但仍要解决各种新出现的问题,以及实现产品和工艺的更新换代,如此等等。没有企业家和工程师的努力,就不可能实现有潜在技术向现实技术的转化,就不可能有技术创新。

技术发明是很重要的，技术创新也很重要，抽象地比较二者哪个更重要的是毫无意义的。我们强调企业技术创新，只是为了说明不可只注重发明而低估创新。的确，发明家可以获得专利，发明成果比较容易打上个人的印记，而技术创新则是由企业家、工程师、技术工人和经营管理者集体完成的，无法打上个人的印记。但这绝不意味着企业家、工程师们只是进行简单的重复劳动而没有创造性。企业家、工程师是技术创新的带头人，他们的活动同样充满创造性，技术创新的方向、内容、手段和途径的选择主要是由他们完成的。

二、企业发展与技术进步

技术创新对企业发展有重要意义，创新的一个重要前提、内容和表现是技术进步。何谓技术进步，人们对它的外延、内涵和标准争论不休，但大体上已有共识。可以把技术进步看作是与技术创新相类似的或同一序列的概念，即技术进步是指把研究、发明和开发的结果纳入到生产体系，用以促进经济增长和人与自然的协调的过程。也可以从更宽泛的意义上理解技术进步，一个企业、一个部门，它的技术水平比原有水平有所提高，都认为是技术进步。从全社会或一个企业看，技术体系有了根本性变化（技术革命）是技术进步；对技术系统的改良、完善和小改小革（技术革新）也是技术进步。应用崭新的技术发明，应用先进技术成果，是技术进步；采纳别国、别的企业已经应用过的成熟技术，只要优于原有技术，也属技术进步。我们将在更广泛的意义上考察企业再生产与技术进步的关系。

企业发展与技术进步的关系可以讲得很简单，即：如果企业不求改善产品品种，不求增加产品品种，也不求降低成本，而只保持产品数量，则无需技术进步，反之，则必须依靠技术进步。但实际情况却不是这种概括能讲清楚的，为此有必要作些补充说明和部分地修正。

企业的根本任务无非是生产高效能、高质量、低成本的产品，以满足市场的需要，并获得一定的利润。抽象地说，假如世界上只有一个企业生产某种产品，再没有别的企业这样做，也再没有新的技术发明，这个企业就可以依靠原有的技术水平永久地生存下去。即使社会上对该产品的需求量增加，企业再按原有技术扩充即可满足需求。事实上，这是根本不可能的：①技术在本质上是革命的，永远不会停留在一个水平上，新的研究成果、新的发明创造是层出不穷的；②人们的需求不是停滞不变的，一种产品问世，总会有不能满足需求的方面，不仅要有量的增加，还要有品种的多样化和质量的提高，必须满足不断更新的市场要求；③生产某种产品的企业通常不是一个两个，多个企业之间必然存在着竞争，而经济竞争的主要之点是技术竞争，任何企业要继续存在下去，必须不断地更新技术，停止技术进步或放慢步伐，就会失去生存的余地。

具体些说，无论哪一种类型的企业活动，都与技术进步相关，只不过不同类型的企业，不同社会制度和经营方式下的企业，它们与技术进步的相关程度有所区别罢了，其中，属于采矿、采煤、石油开采、农业等"第一产业部门"的企业和行业，又与属于机械、纺织、化工等"第二产业部门"的企业（加工制造类企业）有较大的差异。我们先安排列组合的方式列表来说明各种企业活动通常的相关程度。表2中的（＋）表示相关，（＋＋）表示密切相关，（－）表示基本上无关，（？）表示可能相关也可能无关。

上述诸因素的组合，大致可以有以下几种情况：

一是企业年年只生产同样质量和数量的产品，不要求提高产品质量、增加品种和降低成本，在这种情况下，似乎只要维持原有技术水平就足够了，无需选择技术进步的道路，无需选择和应用新技术。实际上，这种看法只是对第二产业部门企业才大致上是对的，却不适用于第一产业部门的企业或行业。没有技术进步，后者是难以做到持续稳产的。要一个煤矿或油田业年年生产质量基率相同的100万吨煤或石油，要一个乡、县年年生产品种相同的10万吨粮食，由于开采的煤层或原油越来越深，由于土地肥力的变化，是必须有新的技术投入才能办到的。在我国大庆油田早期年产100万吨石油，可以采用与油井自喷相关的一套技术，今天再用这种技术就无法维持这个产量，而必须选用注水加压的一套技术，即需要依靠技术进步。作为加工制造类型的企业（例如纺织业、机械制造业），只维持已有的产量大体上可以只用原有技术，但这类企业的原材料和能源状况仍是有变化的，完全不变地应用已有技术也不见得能适应，只不过这种变化可能相对较小。

表2

	企业活动	与技术进步的相关程度
第一产业企业	产品数量下降	（－）
	只要保持产品数量不变	（＋）
	只要求产品数量增加	（＋）
	提高产品质量，增加品种	（＋＋）
第二产业企业	产品数量下降	（？）
	只保持产品数量不变	（－）
	只要求产品数量增加	（？）
	提高产品质量，增加品种	（＋）

一是企业年年生产同样质量的产品，但要增加产品数量，即要扩建。这种情况也不是与技术进步无缘的。要让采煤、采矿、石油开采和农业等"第一产业部

门"把产量翻一番，即或不要求有产品质量的提高，通常也要依靠技术进步才能实现。加工制造类型企业的扩建，可能是已有技术水平上的重复，也可能有某些技术环节的改变。同样质量的元件可以用一般机床加工，也可以用数控机床加工，同样质量的线材可以用低速轧机生产，也可以用高速轧机生产。一般来说，企业的后续扩建部分在技术上应当比原有部分更先进些。

一是企业生产的产品在品种、质量、功能等方面都要不断更新，且要降低原材料消耗，降低能耗，并使环境条件得到保护和改善。在这种情况下，除了选择技术进步的道路，别无良策。上表中仅有一个（++），因为采矿、采煤、石油开采和农业所面对的是天然自然，自然条件在很大程度上决定了它们的产品质量，要有质量的提高或品种的增加，其难度甚大，更需要依靠技术进步。至今为止，我国的铁矿石大都为含铁量低的贫矿，以及与其他成分（如钒、钛等）混杂的共生矿，要找富矿，要生产出含铁量高的富矿，要生产出铁、钒、钛等多个品种产品，没有技术进步不可能办到——即或有了较大的技术发展，也难以充分实现。

再一种情况是产品数量下降，它可能与技术进步与否无关，也可能与产品质量提高和品种的增加互为因果。技术进步创造了更高质量的新品种，使产品在数量上可以有所减少。灯泡的耐用性增加了（由于采用新技术），数量自然用不了那么多。晶体管的发明和应用，电子管的数量必然降低。另一方面，市场趋于饱和或市场疲软，产品数量的下降，又可能激发技术创新，使人们更努力地应用新技术去提高产品质量和增加品种，从而打开新的市场，维持和增加企业收入。日本的许多钢铁企业在近几年中的钢铁产品下降了，可以说面临着很大的困境乃至有倒闭的危险，但它们除了努力降低产品的成本，还大力开发了许多新的钢种和新的规格钢材，通过技术开发、技术创新不仅摆脱了市场疲软的困难，而且获得了更多的利润。从这一点也可以看出，生产力水平与技术水平并不总是成正比，人们可能不顾技术进步来增加产品数量（难以持久）；也可能在产品数量下降的情况下反而把技术水平提高起来，靠技术进步使生产力的质量上升。从这一点也可以说明，生产选择与技术选择既有联系又有区别，技术选择有它的相对独立性。

总的来说，在绝大多数的现代企业中，通常存在着几类技术活动：一类是基本上用原有技术生产原有的产品；另一类是用新技术生产原有产品，再一类是用新技术生产新产品。就对企业发展的关系看，唯有后两者特别是最后一种才能使企业永葆青春，不断发展。古希腊的哲学家赫拉克利特曾有一句名言："人不能两次踏进同一条河流"，因为"走下同一条河流的人，经常遇到新的水流"，这位哲学家说明了万物都在流动、变化。企业也应该是一条不断有新的水流流入的河流,这个新的水流就是新技术,就是企业的技术创新和技术进步。一个企业如果没有新的技术流入,企业这条河流也会干涸。当然,作为一个企业又应当有相对稳定的产品和技术系统,如果一切都在流动更新,那也不可设想。我们只是说企业的产品、技术不能都搞成几十年一贯制,不能只是原封不动地保持原有的产品和技术水平。

企业的生存和发展必须选择技术进步的道路,而且必须是长时间的、经久不息的技术进步。现代企业存在于市场竞争的条件下,某个企业首先开发了某种新产品、新技术,其他企业就会蜂拥而上地仿制、仿效(在法律允许范围内也能做到),并努力提高自己的产品质量,增加品种,从而与率先开发企业展开激烈的竞争。新技术开发的企业当然可以采取一些措施来维护自己的利益,同时,最好的保密莫如成为新产品,新工艺的不断开拓者,在技术进步的道路上取得先驱者的收益。

企业技术进步是企业发展的常规,企业的技术水平不仅包括着现有生产技术的水平,还应包括企业在技术开发上的投入、能力和水平,诸如企业选择技术发明并应用于生产的能力和水平,技术引进的消化能力和速度,支持高技术、新技术在企业得以发挥作用的能力和水平等。在衡量一个企业的技术水平时,人们有时只看当前生产过程中的技术,不顾企业技术开发的能力和水平,这也是一种片面性。其实,企业之间的技术差距,尤其是企业未来发展的差距,更突出地表现在技术开发的能力和水平上。我们认为,在确定衡量企业技术水平时,应当把企业技术进步的速度作为一个非常重要的标准。

三、企业技术的可选择性

企业发展要选择进行技术创新,依靠技术进步的道路,而技术创新、技术进步的方向、方法、手段等又可能有多种方案,需要进行多方面的选择,包括要选择适销对路的产品,选用资源充沛的原材料,选取恰当的组织管理方式等,其中的关键则是劳动过程技术的选择。

各个产业部门的企业技术的内容殊异,冶金企业的技术与造船企业的技术大不相同。但是,不管各个企业的技术多么复杂,多么特殊,它们都是由若干劳动过程技术构成的。日本技术论家曾将工业企业的劳动过程分解为七类[1],一切工业企业的技术都包含着这七类劳动过程技术,特点其中,主要的劳动过程技术标志着不同工业企业的特点。

---

[1] 参见[日]星野芳郎:《技术的体系》,日本岩波书店,第18页。

采矿企业的主要劳动过程技术是采取技术，它也要有能源生产、信息处理、输送、建设（如矿井建设）、机械生产（如支护件加工）和原材料生产（如爆破炸药制配）。冶金企业的主要劳动过程技术是原材料生产技术，制造汽车、轮船、飞机等企业的主要劳动过程技术是机械生产技术，建筑企业的主要劳动过程技术是建设技术，等等，这些行业的企业又都有其他的劳动过程和相应的技术。

人们不能自由地选择某一个或某几个劳动过程，但对于保证劳动过程进行的技术则有可选择性。这种选择取决于劳动过程的功能目标（目的），也取决于保证劳动过程实现的技术可能性（手段）。当然，劳动过程技术的选择也要受到劳动对象、产品特点、资源、地域和生产技术基础的限制。

劳动过程技术，企业生产技术的可选择性，与以下几种情况相关：

(1) 实现同一的目的可以采用多种技术手段。机械生产过程可能用手工操作，人工控制的机器作业、自动化程序控制。输送的劳动过程可能靠人力、马车、传送带、管道、汽车；输送空气（通风）可以用轴流式通风机，也可以用离心式通风机或斜流式通风机，大车输送可以用蒸汽机车牵引，内燃机车牵引或电机车牵引等。

这类选择是有条件的。在现代条件下，批量化的生产不再用手工操作，企业内的物料输送也不用马车，但这并不意味着手工操作或马车是原则上不能选择的，实际上，在当今最发达的美国，手工操作和马车仍未绝迹（美国的 Amish 民族现在仍使用马车而不用汽车）。至于矿井通风，美国以使用轴流式风机为主，苏联以使用离心式风机为主，我国则二者兼有，不能说只能用哪一种风机。铁路运输的内燃机牵引或电机车牵引各有优劣，无法断言唯独哪种才能达到输送的目的。

不同的技术所达到的结果可能有高低之分，但这种高低优劣常常只是相对的。轴流式风机的流量大而压力却偏低，离心式风机压力高而流量却较小。传送带、管道输送有连续性而灵活性差，汽车输送非常灵活而连续性差。对于手工刺绣或机器刺绣，白炽灯照明或荧光灯照明，直接还原炼铁或高炉炼铁，内燃机拖动或电力拖动，轻水反应堆核发电或快中子反应堆核发电，也很难说哪一种绝对优越，哪一种绝对不行，如果唯一可行，就不存在选择问题了。再者，技术优劣的相对性还与企业有关。某种技术在甲企业效果甚佳，在乙企业却可能不够理想，在国外企业可能适用，在国内则可能不好，这与企业的基础，人员素质、地域资源等分不开，也与特定的用途有关。

企业家和工程师需要充分注意到实现同一目的可能采用多种技术手段的问题，避免只盯住一点而放弃选择。比如在引进技术时，你本来需要 A 技术，供给者却只提供 B 技术时，不要轻易认定 B 技术绝无是处。在出国考察时，看到 A 技术可用，也不要轻易认定只有 A 技术是唯一可行的，或许还有没有看到、听到的B技术可资应用。在检索专利目录时,也要精心对比各种工艺方法(在专利目录中,新工艺的项目可能比新产品项目多一倍),避免因技术信息不全而产生错觉。

(2)一种技术又可以服务于多种目的。某一种特定的技术发明开始时总是针对特定要求进行的,但许多新的技术发明在事先又很难预料到它的应用范围。针对特定功能目标的新技术成果常常超出原来的设想,而在更广泛的领域中得到应用。在瓦特改进和发明蒸汽机的时候,目标只是使用于矿井提水的纽可门蒸汽机更加完善,瓦特蒸汽机一开始也还只限于应用在采掘技术系统之中,但后来却成为普遍应用的动力机。纯氧制造技术的发明也不是为了氧气炼钢,但最终却在炼钢技术系统中加以应用,并大大提高了炼钢效率。巴比奇设想的计算机也许只是出于天文计算的需要,然而谁能料到计算机在20世纪后半叶却获得了如此广泛的应用。企业家和工程师们只要具有更广泛的视野,就可以增加技术选择的余地,把本来不是用于本企业的技术,也能纳入到本企业的生产技术系统中去,用以实现本企业发展的目的。

(3)由于企业生产技术是一个复杂的技术系统,技术的目的和手段之间是互相连锁的,前一种技术目的则是实现后一种技术目的的手段。这样,就使企业生产技术形成一个复杂的网络体系,在网络的每个结点上都存在着技术选择问题。仅就提高产品质量这样一个技术目的来说,就可能有原材料选择、设备选择、工艺选择、标准选择、检测手段选择、人员技术能力选择、管理方式选择等。假定就是这七项选择,每一项选择都是二择一的事件,其选择的组合方式可能上百种,表明选择的余地是十分广阔的。可以设想,企业远不止于提高质量这一目的,增加品种,降低能耗,降低成本等等也都面临这样的选择,可见企业家和工程师们时时、处处都在一个复杂的网络系统中,进行着技术多种可能性的选择。

第二节 扩大再生产方式的选择与技术改造

技术选择绝不仅仅是生产工具、工艺和方法的选择,首先是关于如何应用技术的指导方针和原则的选择。这里首先遇到的一个重大问题,就是坚持外延式扩大再生产为主的道路,还是坚持内涵式扩大再生产为主的道路。可以说,企业随时随刻都碰到这种两条道路的选择,要坚持内涵式扩大再生产方式为主,则必须经常不断地开展技术改造,而在技术改造中又存在一系列需要选择的问题。

第四章 企业在技术选择中生存和发展

一、内涵式扩大再生产

企业发展要坚持内涵式扩大再生产为主,已经讲得不少了,道理似乎很简单,就是企业发展要依靠技术进步。但是,要做到这点却不那么容易:很简单的道理做起来可能很复杂,很简单的道理还可能没有把问题讲清楚。我们认为,搞清内涵式扩大再生产的内涵,把"内涵式扩大再生产"与"内涵式扩大再生产为主"区别开来,是很有必要的。

外延和内涵是逻辑学的名词。外延亦称外含,指一个概念所反映的对象的总和,是概念的量的方面。内涵亦称内含,指概念所反映的对象的本质属性,特有属性,是概念的质的方面。任何一个概念都既有外延和内涵,或者说不可能只有外延没有内涵,只有内涵没有外延。从形式逻辑的观点看,内涵与外延成反比,"机器"的外延大于"拖拉机","拖拉机"的内涵多于"机器"。

外延式扩大再生产和内涵式扩大再生产,是把逻辑学用语移用于经济领域。前者是指再生产的量的方面,或以向生产广度进军为特征的扩大再生产,指靠增加机器设备、原材料和劳动力的数量来扩大生产规模。后者是指再生产的质的方面,或以向生产深度进军为特征的扩大再生产,指靠提高机器设备的功能,工艺的效率和劳动者的素质来扩大生产。马克思曾经说过:"如果生产场所扩大了,就是外延上扩大,如果生产资料效率提高了,就是内涵上扩大。"[①] 值得注意的是,把逻辑学的术语移用于其他领域时却不能完全套用这些术语的全部含意,例如不能说生产在外延上扩大必然地是内涵上缩小,也不能说生产在内涵上扩大必然地是外延上缩小。

内涵式或外延式的扩大再生产,同以内涵式为主或外延式为主的扩大再生产,又不是等同的。外延式为主的扩大再生产,是指着重于生产的量的方面,不是说完全没有技术进步。内涵式为主的扩大再生产,是指着重于生产的质的方面,更关心技术进步、技术改造和技术开发,不是说不要和不搞量的扩大。把内涵式扩大再生产为主完全等同于依靠技术进步并不很确切,也难以办到。"为主"并不是唯一——这种思维方式是常见的,提职提薪以业务能力和业务贡献为主,似乎就可以不问政治思想;分房以男方为主,似乎女方就不能在其单位分房;入托以女方为主,似乎男方就不能在其单位把孩子送入幼儿园;生产以内涵式为主,似乎就只有技术进步。

以外延式扩大再生产为主,还是以内涵式扩大再生产为主,在实际生活中并

---

① 《马克思恩格斯全集》,第 24 卷,第 192 页。

不那么泾渭分明，但总可以区分的。不能说只要搞基本建设、增设车间、扩建工厂统统都是外延式扩大，这会使企业无所适从。如果新建项目（如新增设备）在技术上与原来企业的技术水平完全一样，或只比已有技术的水平略高一点，则是外延式扩大或以外延式扩大为主。如果新建项目在技术上比过去有明显提高，把这种基本建设或扩建完全等同于外延式或外延式为主就欠妥当。当然，虽未扩建，或主要不是新建，却下工夫于改造原有的设备、革新原有的工艺，则明显是内涵式发展。问题的关键是有没有技术进步和技术进步的程度。

各种类型的再生产在人类社会物质生产中都不可缺少，但以哪种类型为主，在不同的生产力状况下是有所不同的。在手工业时代，由于生产力低下，科学技术发展速度很慢，所以这时一般被称为是简单再生产时期。资本主义社会是以扩大再生产为特征的，但扩大再生产的方式在不同时期又有所不同，大致经过了主要是靠外延式扩大再生产，到外延式与内涵式扩大再生产同时并举，再进入到以依靠技术进步的内涵式扩大再生产为主的新阶段。到了本世纪特别是第二次世界大战以后，由于生产力水平的提高，主要发达国家的许多企业在劳动力和设备上并没有明显增加，不少企业的人力还减少了，但生产技术，劳动生产率和生产资料的使用效率却明显提高了。

扩大再生产的方式从外延为主转向内涵为主，是一个普遍的趋势，也是一条普遍的发展规律。发达国家战后工业企业的发展的状况充分说明了这一点。

自第二次世界大战以来，美国的许多老企业发生了很大的变化。一方面，一些传统工业企业或公司把资金转移到能获得高附加价值的新产业或高技术产业，使原有企业得不到更新改造的投入，乃至成为"夕阳工业"。例如，美国钢铁工业的企业主从20世纪60年代起就开始把大量资本转移到兼并非钢铁企业上去。美国钢铁公司本来计划投资40亿美元来改造老企业，但却放弃了这一计划而用60亿美元去兼并了马拉松石油公司。由于缺乏技术改造的投入，美国钢铁业的劳动生产率在70年代就增长缓慢。由于设备不能更新，到1982年，美国采用先进的连铸技术的钢材比例只占21%，而欧洲共同体占45%。由于设备落后，劳动生产率低，使美国的钢铁工业丧失了国际竞争能力，生产萎缩，1982年美国的钢产量只相当于生产能力的49%。有的学者在分析美国的钢铁工业为什么会成为"夕阳工业"时指出，美国钢铁工业的衰落并不能说明钢铁工业已不为时代所需要而日薄西山，而是由于钢铁业资本家沉溺于短期利润，不能及时更新技术。[1]

另一方面，美国的一批老企业则通过技术改造来求得发展，这些企业也把一定比例的资金用于原有基础的扩建或扩大，但更把更大比例的资金用于设备的更

---

[1] 参见陈宝森：《美国经济与政府政策》，世界知识出版社，1988年，第370～374页。

新，并力图把新技术、高技术有效地用于传统产品的生产。1947年以来，在美国各企业的固定资本投入中，用于更新改造比重不断增大，1947~1978年累计平均为69％，其中1971~1978年高达77％，如表3所示。

表3

时间	固定资本投资	其　　中	
	总额/美元	更新/％	扩大/％
1947~1950年	1 950	55	45
1951~1955年	2 779	71	29
1956~1960年	3 190	74	26
1961~1965年	3 866	71	29
1966~1970年	5 419	65	35
1971~1978年	6 866	77	23
1947~1978年	25 140	69	31

资料来源：周广平：《技术改造论》，新华出版社，1988年，第347页

美国的许多企业和公司从提高经济效益、加强竞争能力出发，在技术改造中把重点放在新产品研制、改革设备、更新测试手段和改进工艺方面，而不是放在扩建厂房和增大生产规模上。即使在美国的钢铁行业中，也有技术改造搞得好的企业。例如1906年建立的格里厂，50年代中期产钢能力为650万吨，经多次改造现已增加到900多万吨。该厂几乎具有本世纪各个年代的设备，成为老厂改造的先进典型。炼铁方面有13座高炉，其中12座高炉都是在老设备的基础上改装的，但却采用了一系列新技术。美国各工业企业的技术改造的类型也不完全相同，有的以更新厂房、建筑物、设备为主，有的以改造老厂房、老设备、老工艺为主，更新为辅；有的则是把更新与改造结合起来，一方面注意挖掘老设备、旧工艺的潜力，另一方面则适应技术迅速发展的形势需要，在主要工序、关键设备上大胆采用新技术，从而保证老企业不断焕发青春。

日本战后经济发展的一个重要特点，就是老企业的作用得到较充分的发挥，许多企业以渐进式的技术变革模式，在累积效应的基础上，加快技术改造的速度。它们在处理改造老厂、老设备与建新厂、添置新设备的关系上，在究竟是彻底更新式的改造，还是逐步改造的关系上，能够通过调查研究，进行对比分析，从中选择最优方案。一般来说，钢铁等原材料部门和家用电器等耐用消费品生产企业的技术变革，往往需要改变整个工艺，新建工厂较多；而机床、一般消费品等多品种少批量生产的工业部门的技术变革，主要是更新或添置先进设备，通过对现有设备的技术改造实现。当然，即使在钢铁工业部门也不仅仅是通过建新厂来扩大再生产，同样重视老企业的技术改造。新日铁的八幡铁厂，是日本最老的钢铁企业之一，已有80多年的历史，该厂于1901年筹建，当时仅能生产钢铁9

万吨,而现在其生产能力已过 950 万吨,该厂通过引进技术及新设备,实行全盘改造计划,已使企业面貌焕然一新。

相对来说,苏联长期以来则采取了外延式扩大再生产为主的方式,对企业技术改造较为忽视,因此造成了技术落后,工艺陈旧,物资消耗高,资源利用率低,生产效率差,经济效益差等严重后果。据西方估计,直到 20 世纪 60 年代,苏联工业生产的技术水平,大体上还处于美国在第二次世界大战前的水平,落后于美国 25 年左右。到 70 年代初,纺织工业有 1/4 或 1/3 的设备还是沙皇时代的老产品。据苏联有关方面的统计,1970 年整个工业设备的平均设龄为 18.5 年,而黑色冶金工业则达 24 年,电力工业高达 27.6 年。美国一吨钢材创造价值为 3337 美元,苏联一吨钢材只能创造 1282 美元的价值,二者相差 2.6 倍。70 年代到 80 年代初,苏联工业劳动生产率只相当于美国的 50% 左右。苏联在进入 70、80 年代以后,才较为重视企业的技术进步和技术改造。认为这是提高劳动生产率和使经济发展从粗放向集约化发展的关键所在。在近期,苏联制订了发展新技术和技术改造统一的国民经济计划,扩大了企业更新固定资产的自主权,调整了投资比例,不断提高了技术改造投资的比重。从 1989 年起,技术改造的投资已超过了新建企业的投资,1980 年已高达 72%。苏联工业部门固定资产投资中技术改造所占比例的变化见表 4。可以看出,苏联在技术改造方面的投资呈逐渐上升的趋势。

表 4 (单位:%)

年代	1960 年	1965 年	1970 年	1975 年	1980 年
工业部门	55	61	58	68	72
电力部门	20	28	20	32	34
煤炭部门	62	71	85	78	77
黑色冶金部门	63	61	60	73	80
石油化工部门	52	46	45	63	66
机械制造业	77	73	63	71	80
轻工业	52	46	40	64	75
食品工业	60	65	66	72	80

资料来源:周广平:《技术改造论》,新华出版社,1988 年,第 327 页

我国在新中国成立后,由于生产力低下,在很长时间里,不得不采取以外延式扩大再生产作为手段,新建了许多企业,填补了工业部门里的许多空白,提高了整个国民经济物质技术基础的水平,建立了比较完整的工业技术体系。在建国初期的一段时间内采取这样的方针无疑是正确的。但是由于我国的经济发展模式受苏联的影响较大,由于经济短缺而形成的卖方市场的存在,由于对科学技术进步的意义认识不足,我国的工业发展在相当长一段时间里过于重视外延式扩大再

生产，忽视内涵式扩大再生产，重视了一般的或重复的基本建设，而忽视了技术改造。这从我国基本建设与更新改造投资比重的状况可以看得很明显，见表5。

表5

时期	基本建设投资/%	更新改造投资/%
"一五"	96.2	3.8
"二五"	92.3	7.7
1963～1965年	84.5	15.5
"三五"	80.7	19.3
"四五"	77.5	22.5
"五五"	73.5	26.5
"六五"	65.8	34.2
1986年	65.7	34.3

资料来源：项浙学：《企业技术进步》，企业管理出版社，1989年，第185页

我国工业部门的大中型骨干企业，多数是在"一五"、"二五"期间建成的，当时多数具备50年代的技术水平，少数为40年代的技术水平，这在当时是可以理解的。但是，这些企业在建成以后却长期未能进行技术改造，它们中的大多数虽然在规模上有所扩大，技术水平却没有多大提高。直到目前，全国拥有的近300万台机床中，只有1/3比较好，有1/3需要经过大修、改造后才能较好地发挥作用，有1/3属于应该报废的。我国机械工业产品只有2万6千多种，有1万多种需要更新，有四千多种需要淘汰，其中不少是几十年一贯制的产品。作为老工业基地的辽宁，企业固定资产净值还不到60%，超期服役的设备占1/3左右。由于设备陈旧，工艺老化，产品更新速度慢，近些年工业发展速度低于全国的平均水平，经济效益也在降低，如果不加速进行技术改造就将失去老工业基地的作用。

与新建企业相比，选择技术改造的道路来增加生产能力，任务复杂些，但这却是经济效益比较显著的内涵式扩大再生产的方式。首先是投资少，技术改造可以比新建节约投资1/3至2/3；其次是建设快，一般建设时间可以缩短一半；第三是收效大，由原有企业在技术力量、经营管理、物资供应、协作关系以及市场销路等方面有一定基础，因而比新建企业能够更快地达到设计要求，创造出比较好的经济效益。有鉴于此，总结历史经验，为改变重基建、轻技术改造的状况，国家已在经济发展的方针上有了巨大转变，把建设的重点转移到现有企业的技术改造以及在技术进步的前提下改建、扩建上来，走内涵式扩大再生产的路子，并把实行技术改造作为扩大再生产的主要手段。

应当看到，在我国实行改革开放的条件下，许多企业已经从生产型企业转化为生产经营型企业，一些企业则由生产经营型转化为生产经营和技术开发型，对

技术改造和技术进步日益重视，还出现了一批科学技术先导型企业。然而，体制改革毕竟开始不久，卖方市场的格局依然存在（尽管一段时间某些产品的市场疲软），有的产品还只有很少数企业在生产，从一定意义上说存在着"实际上的垄断"（某些独家生产的产品居于对市场的控制地位和高占有率），流通渠道相对单一，因而，仍然有相当多的企业还未充分感受到市场竞争的巨大压力，基本上还没有走上以内涵式扩大再生产为主的道路，对技术改造的紧迫性仍认识不足。随着改革开放的深入进行，这种状况终究会根本改变，具有远见卓识的企业家和工程师已经意识到这种趋势，把自己选择的重点从低水平的扩建转到依靠技术进步的内涵式扩大再生产上来。

二、技术改造的内容与重点选择

对于企业来说，从其建成之日起，就要考虑不断地、及时地更新技术，或应开始它的技术改造过程。企业不是一个自我封闭的体系，当它的产品生产出来以后，就要接受市场的考验，并要依据市场的反馈来改进其产品，并提供新的产品。就技术来说，当其加入生产过程之后，就已变成了日益成熟的技术，而成熟的技术是很难固守和保密的，要参与竞争，最好的办法就是研制新技术，开发新工艺。从原则上说，不仅老企业要改造，新企业也要进行改造，老产品要改造，新产品也要改造。因此，并不存在着何种企业需要改造或何种企业无需改造的问题，技术改造是企业发展的常规；认为新建企业可以不讲改造，至少三五年内可以不改造，这是近视的，甚至是危险的。当然，企业技术改造的内容和重点，在不同行业、不同企业的不同发展时期，在同一企业的各个方面和各个阶段，都是有所不同的，由此提出了技术改造内容选择的问题。

抓好技术改造的选择，有必要充分明确技术改造究竟是什么，对此，已有许多著作、文章发表，提出了很好的意见。但仍有可商榷之处。例如，对于技术改造的内容，有人将其归纳为如下六点：

(1) 产品的更新与改革。认为这是技术改造的出发点和目标，"技术改造要以产品为龙头"的提法形象地表达了产品改革的重要性；

(2) 机器设备和工具的革新、改造。由于生产设备、工艺装备和计量测试手段是现代化生产的物质基础和手段，设备和工具的革新和改造对生产力水平的提高具有重要意义；

(3) 生产工艺和操作方法的改革。工艺革新和操作方法的改进是生产优质产品，降低消耗、提高经济效益的重要途径，

(4) 劳动对象的变革。劳动对象的革新和广泛应用，对生产物质资料的能力

有着越来越重要的作用，而且影响着劳动资料的质量。因此劳动对象的变革，也是技术改造的重要内容；

（5）厂房和公用工程设施的维修、改造；

（6）劳动保护设施和生产环境的改善等。

上述内容涉及技术改造的各个领域，其中讲到的更新、革新也包括着技术进步的要求。但是，这六个方面更侧重讲的是企业技术改造所需要达到的目标，对于技术进步——技术改造本身的最关键之处和核心内容，则讲得还不够突出。技术改造有它的目的，也有它的手段，即必须通过技术上的进步来实现种种变革。如果不强调这种改造的技术方面，在"技术改造内容"中包括着可以不通过技术进步来做到的东西，就难以同生产改造区别开来，或会等同于生产改造。如果把目的和手段不作区分，特别是把未必是技术改造的东西纳入技术改造（以技术进步为前提）的内容，就可能影响实际工作的开展。

产品的品种增加可以通过技术进步来实现，也可以不依靠技术进步来达到目的。日本的一个钢厂为适应多品种小批量的需要，创造了一炉钢水炼制多品种钢的工艺，这样的品种增加当然是技术进步，也是一种技术改造。但是，也有一些企业为增加产品的花色品种，却不一定在技术上有什么变化，或并不主要是依靠技术进步来完成的。一个原来只生产生铁的企业，可以在较低的技术水平上扩建和增加生产普通钢和线材的产品，这种增加品种就不属于技术改造。一些企业把包装的不同（瓶装、罐装、软包装）乃至图案的不同也看作品种增加，在基本的劳动过程上没有多大的技术进步，不能算作明显的技术改造。

劳动对象的变革、厂房改造、生产条件的改善等，它们可以依靠技术进步来实现，也可以作为生产改造的目标，通过外延式的基本建设、大修来实现。比如厂房和工程设施的维修和改造就不一定非靠技术进步不可。

明确技术改造的实质内容，不仅是概念问题，而且有重要的实际意义。如果认为产品品种比过去多了，成本降低了，劳动条件改善了，就是做到了技术改造，只看技术改造要达到的目的，不看这种目的是通过什么手段实现的，将会导致或助长忽视技术进步的倾向，甚至把重复扩建，大修也算作技术改造。而这也正是现在不少企业的习惯作法，它们常常在技术改造的名义下，继续搞保持原有水平的厂内外延和低水平扩建，在技术改造的项目下，"名正言顺地"推进外延式扩大再生产。

技术改造的本质必须从技术进步界定，以技术进步作为必不可少的前提条件。从技术进步的角度来分析技术改造的内容，大体可以归结为如下三个方面：

（1）企业技术要素的变革与改造。技术要素包括客体要素与主体要素两大方面。客体要素有生产设备、工具和测试手段等，它们在生产中表现为劳动手段，作为技术改造应着重把客体要素看作是企业生产技术水平的量度器。主体要素包括企业技术人员的数量和质量以及工人的技术素质。只注意劳动手段的改造和优化,不注意劳动者(包括工人和技术人员)智能和技术素质的提高和改造,就不能实现依靠技术进步和内涵式扩大再生产的目的。一个一知半解而又没有技能的工人无法操作或操作不好先进的机器和工具。现代的工业劳动力,必须具有一定智力、体力、科学文化知识、工业生产经验和劳动技能。以技术进步为标志的企业技术改造,归根结底是企业素质的提高,不仅包括物的水平提高,同时应该包括人的素质的提高。

(2) 技术要素结合方式或工艺的变革。工艺通常指作业程序、加工方法,它是由一定的劳动力和劳动手段相结合并使劳动对象发生变化的方式和过程,或者说是技术要素与劳动对象相互作用,从而实现物质、能量和信息转换的方式和过程。工艺主要是诸技术要素相互结合、相互作用的方式或结构,而不是这些要素本身。在技术要素与劳动对象不变的情况下,由于相互结合和相互作用方式的变革与改进,即工艺改进,同样可以改进产品、提高效率,增加效益。工艺本身就是技术的内容,因此也必然是技术改造的内容,技术改造必须通过工艺技术的进步实现。

(3) 技术管理与管理技术的改造。人们常说,管理也是技术。既然如此,管理方式的改造与改进当然应该是技术改造的内容,但这仅是从技术的广义理解来说的。如果从狭义来理解的话,技术管理乃是生产过程中技术功能的发挥与实现过程,是技术的社会结合方式。没有技术管理,则前述两项技术改造的内容就将无法实现,或者造成得不偿失的后果。现代企业中技术管理的方式日趋科学化,随着电子计算机在管理中的应用,管理手段日益技术化(机械化、自动化、程序化)。在现代化的企业中,电子计算机不仅用于生产过程的控制,而且广泛应用于管理,在信息收集、方案分析、决策选择、质量控制等各方面发挥了巨大作用。如果说技术改造就是企业技术素质提高的话,那么,没有技术管理和管理技术的改造,就不会有良好的生产技术工作秩序,也就不能合理地管理企业的技术工作,企业技术水平的提高就将是一句空话。因此,必须把技术管理与管理技术的改造作为技术改造的重要内容。

一切企业都应当选择走内涵式扩大再生产为主的道路,推进技术改造。不同行业,不同企业,在不同时期技术改造的内容和重点,又应该有不尽相同的选择。如何在特定条件下选择和确定技术改造的特定方向和重点,很难作出统一的回答,只能就技术改造内容选择的共同性问题作些讨论。

在当前我国的技术改造中,许多企业把设备的更新改造放在突出的地位,这是有其历史原因的。我国大多数大中型企业都是在建国以后建设的。新中国成立初期在企业中的技术更新主要靠国家拨款的"四项费用"（技术措施费、新产品试制费、劳动安全保护措施费、零星固定资产购置费）解决。以后，由于不少企业的设备进入了更新期，又设立了设备更新资金，开始也是由财政拨款解决，后来又转为由企业折旧基金中支出。但由于长期以来我国企业的设备折旧率偏低，折旧费也少，很难进行设备的更新与改造，多年积累的结果，造成了设备的严重老化，成为阻碍生产发展的重要环节。因此，在转入以内涵式扩大再生产的轨道之后，技术改造中把设备更新改造放在突出地位，包括购买国外的先进设备是适宜的。把技术改造和技术引进的一定阶段上注重于购买一些国内外先进设备，不加分析都贬之为见物不见人、重硬件轻软件或完全要不得的重复引进，未见得都是公允的。内涵式为主的扩大再生产、技术改造，从提高设备的技术功能和水平起步，或许是不可避免的。

但是，却不能由此得出一个普遍性的结论，认为设备更新改造是一切企业在所有的时期内技术改造的重点。可惜，不少人却自觉不自觉地把技术改造几乎等同于设备更新，这种观念上的偏颇已使企业在技术改造中又出现了重视设备的更新改造，忽视人的素质提高，重视技术中硬件的改造，轻视软件改造的倾向，乃至把技术改造仅仅看作是买设备。只要一提技术改造，就只想买设备、上项目、多投资，而不作其他考虑；有的企业甚至只靠贷款买设备，大搞技术改造就是大批添置设备，负债累累，却未见奏效。据有关资料分析，如果企业只进行设备的更新改造，而不采取相应的措施去改进人的素质，或进行管理方式的变革，年劳动生产率的增长率不超过 1.5%～2%，反之，则年劳动生产率的增长率可达 10%～15%。可见，设备改造并不是技术改造的唯一内容，也不是企业技术改造中永久性的重点。只有设备改造，而无其他方面的技术进步，就不可能真正实现技术改造的目的。

技术发展的历史表明，技术的更新改造是一个动态的过程，是在技术的主体要素和客体要素之间相互作用的过程中实现的。在对待技术中的主体要素（人）和客体要素（物）的关系上，以前曾流行过一种观点，认为人在任何时候、任何条件下都是主要的、决定的要素，因为工具、设备、装置都是由人来设计、制造和利用的，没有人，物就是死的。从这种观点出发，就只是批判见物不见人，似乎只要有人一切都不在话下，在技术上颂扬"白手起家"，靠大搞群众运动解决问题。然而，人的要素不仅不是孤立的，而且并非在任何时候都是无条件的是起主要的决定作用的要素。离开物的要素，赤手空拳的人什么事也做不成。没有车床、飞机的发明和使用，就不可能培养出车工、驾驶员，手巧不如家什妙也并非毫无道理。物的要素是技术过程必不可少的条件和要素，是标志技术实力的尺度。

同时，在强调物的要素时又不能片面地认为它在任何时候都是无条件的是主要的起决定作用的要素。人的要素是技术活动过程中的能动因素，工具、设备等物的要素是人创造出来的，并只有在与人的要素的相互作用中才不断完善，更加精良，没有高水平的车工、驾驶员就不会把数控车床或波音747飞机开动起来。生产过程中设备的使用、保养、维修、零配件供应、仿造、改进设计都需要工程技术人员和技术工人的努力，都以他们的素质为转移。

　　物的要素与人的要素何者是主要的，只能在特定的场合、特定的条件下才能确定，也应当在这种情况下确定。在矛盾的两方面中何者居主要方面，本来属于特殊性的问题。休息与工作的矛盾离开特定条件无法讲主次，只能笼统地说，不会工作就谈不到休息，不会休息也谈不到工作。只有对特定的人和特定的场合，才能够和应当确定主要该工作，或休息是主要的。在技术更新改造中也应当这样来认识物的因素与人的因素的关系，才能正确地选择技术改造的重点并使之顺利进行。在有了相当的人力而缺乏机器设备或设备明显陈旧时，以设备的更新（包括引进、购买、自制等）作为技术改造的重点是对的，但当有了必要的机器设备，而未能发挥其效能或不能充分发挥其效能时，需要有一定知识和能力的人显然又是主要的。也就是说，在企业技术改造的重点选择时，可以把客体要素的更新作为首要任务，当客体要素得到更新以后，选择的重点也要有所变化，应把提高人的素质，培养具有相应知识和能力的人，即主体更新作为技术更新的主要任务。特别要说明的是不管以何者为重点，客体要素与主体要素始终是统一的，重点论不是一点论。在以设备更新为重点时，也必须注意人的要素和素质提高，在以后者为重点的同时又不可忽视经常性的设备更新。

　　重点的不同，使企业的技术更新改造呈现阶段性，在各个阶段中，尽管重点有所不同，工艺改革都是基本的东西，工艺改革标志着主体要素与客体要素的适应，反映着主体要素、客体要素潜能的发挥。统计资料表明，我国许多企业正在利用20世纪60年代水平的设备，80年代水平的工艺，生产着70年代乃至80年代水平的产品，设备水平、工艺水平并不是毫无区别的。这是因为，在技术要素不变的情况下，由于技术要素与劳动对象相互作用方式的变革，在相对较差的设备上也可能采用相对较高水平的工艺。这对于实现技术改造的目标有着极大的作用。在技术改造的各个阶段上，又必然要进行技术管理和管理方式的变革。技术的组织与管理不是技术的外在要素[①]，没有技术的组织与管理，客体要素、主体

[①] 日本学者林武教授在其所著《技术与社会》（东方出版社，1989年）中，把技术的构成要素归纳为五项，其中第四项为经营（技术管理与管理技术的总称），即 management；其他为原料及材料（包括能源），即 materials；工具及机器设备，即 machines；技术工人及技术人员，即 man-power；对技术及技术产品的需求，即 markets，简称5M。

要素就不能很好地结合起来,就不能有效地发挥作用。在技术改造的进程中,诸技术要素发生变化,它们之间的结合方式发生变化,技术要素与对象之间的作用方式发生变化,就必然要求组织与管理方式变化。例如,专业化机床和互换式生产的产生,必然要求标准化管理,而标准化实际上就已成为一种技术。没有标准化技术与管理,专业化机床就不能发挥作用,互换式生产就不可能正常进行。不仅如此,企业生产技术是由多个子系统组成的复合系统,一个子系统的变革,必然要涉及其他子系统相应地发生变革,乃至要求生产辅助系统,服务系统均应发生变革。只有这样才能实现企业技术素质根本变革的目的,才能使技术要素变革的潜能得以充分地发挥。

技术更新改造过程的阶段性,是从一个项目的改造而言的。在企业的经常的技术活动中,往往是多个项目的改造交错进行,各个阶段并不是截然分开的,各个阶段所经历的时间也不均衡。但技术改造过程中所显示的阶段性则是客观的事实。如何随着技术改造的阶段性的转移,适时地选择技术改造的内容和重点,乃是企业技术选择的重要课题。

第三节 企业新技术的来源与选择

企业的技术改造是技术上的吐故纳新过程。即企业不断地用新技术淘汰过时的技术,用先进技术改造老技术,用新技术武装起来的过程。没有新技术的引入,就没有企业的技术进步,也就不称其为技术改造。那么,企业的新技术又是从哪里来的呢?概括地说,一是要靠技术开发,再一是要靠技术引进。如何开发与引进,开发和引进什么,又必须经过选择。

一、技术开发与技术引进

前面讲到了技术创新、技术进步,并指出这是两个相近的概念。在本书中,前者主要是指从采纳发明到实现经济增长的全过程,后者主要是指技术水平比原来有提高。在这里又提到技术开发(technological development),这也是与技术创新相近的概念,似有把人引入迷宫之嫌。

什么是技术开发,学术界、企业界也有不同的理解。有人说技术开发基本上就是技术创新,有人说技术开发包括着发明、创新、推广三个阶段,有人说技术开发不包括发明本身,而只是技术发明的应用和推广。但共同之点是,大家都认为技术开发不同于科学的基础研究,也不同于生产实践。

我们在这里不准备来讨论技术开发的定义,需要指出的是:①我们讲技术开发,主要是从企业新技术的来源着眼的,即指企业自身开发的新技术,至于如何把新技术应用于生产和技术改造则是前面已经讲到的,企业开发的新技术应当比原来的水平更高,则不言而喻;②企业技术开发,不论是否包括技术发明,并不影响讨论新技术来源问题的本质。技术开发可以包括本企业做出新的发明,乃至包括利用别国、别人做出的新发明,但必须成为本企业应用的新技术来源才是技术开发;③企业技术开发未必都是(在实际状况下大都不是)新的技术发明,未必都可获得专利或发明奖,而常常是对企业现有技术的改进、完善,包括结合本企业的需求和特点找到具体地应用别国、别的行业和别的企业已经利用的新技术。任何新技术(包括成熟技术)要纳入到某个企业,都要与该企业的产品、设备、原材料等方面相关,都需要该企业做技术开发的工作。简言之,可以把企业技术开发看作是企业自己给自己提供新技术的来源,因而又可以叫做自主开发。

企业的新技术来源,可以是它自主开发出来的,也可以是把国外的先进技术拿过来或移植过来应用的,后者是技术引进。当然,真正要搞好技术引进也需要本企业作技术开发的工作,但主要靠引进,还是主要靠自主开发,这是有区别的。可以说自主开发与技术引进是企业新技术来源的两条渠道。

企业为获得新技术,究竟是靠自主开发,还是靠技术引进,难以抽象确定。对特定的企业来说,在特定的时期和特定的外部和内部环境下,究竟是以自主开发为主,还是靠技术引进为主,以及开发什么,引进什么,都是技术选择的课题,也是技术选择的结果。

通过技术引进获得新技术,在今天已成为普遍的现实,对引进国外先进技术的必要性已有了许多论述,在这里只做些补充说明。

原则上说,一个企业最好能多多通过自主开发来获得新技术,自主开发出来的新技术能更适应于企业的特点和需要,能更充分地发挥其效益。但任何国家的任何企业,实际上都不可能只靠自己的力量去开发所需要的(包括可能有应用前景的)技术,而应当吸收和引进别国和别的企业的技术成果。完全的自主开发不仅费时费力,而且不易成功,特别是由于现代技术更新速度的加快,技术经济寿命的缩短,闭目塞听地搞技术开发,即便搞成功了,也许就过时了。至于强调自主性,却很少或几乎不搞引进,则更不可取。完全的自主开发,是不该选择的道路。

一般来说,引进技术是企业获取新技术的捷径。由于它减少了前期开发所需要的投资、人力和时间,可以收到投资少、见效快,迅速缩小技术差距的效果,特别是对于发展中国家的企业来说,这也是迅速吸收国外先进技术,增强企业竞争能力的有效途径。国内外的企业几乎没有一个不引进技术,而且成功的事例不胜枚举。我国在实行改革开放以来,通过技术引进,大大缩小了与发达国家的技术差距。

选择技术引进的道路是必要的、有益的，搞技术引进又有着许多需要选择决策的问题。

技术引进的内容需要选择。可以通过硬件模式（如购买国外设备）来引进技术，也可以通过软件模式（如专利许可证贸易）来引进技术。从理论上说，最好的办法是后者，而实践上更多的是前者。于是就发生买国外设备是否属于技术引进，是否属于技术引进的最佳选择的争论。一种意见认为，设备是重要的技术要素，引进设备是技术引进，另一种意见认为，技术是关于做什么和怎么做的知识，设备只是物而不是技术，引进设备不是技术引进，把技术引进搞成购买设备是根本错误的，是决策不当。

我们赞同技术引进最好是选择软件模式，因为它相对花费少，包含的技术内容多，并可以更好地与企业自主开发结合起来。我们也认为近些年来我国在技术引进中购买设备的比例偏大乃至过大。但我们不赞成把购买国外设备与引进国外先进技术完全分割开来或对立起来。我国企业购买国外设备大致可分为两种很难分清的情况，一种是购买设备主要是用来扩大或提高生产水平，在这种情况下往往是要成套地购买国外的生产线乃至整个企业。当然由于相对先进的国外设备也是相对先进的技术的物化，在购买特别是在生产中使用这些设备时，也能学到和掌握更先进的技术，促进本企业的技术进步；另一种是购买设备主要是用来提高技术水平，在这种情况下，往往是购买国外先进水平的单机，为技术而购买是主要的。当然，企业购买设备终究不同于研究部门购入样机，企业设备总是要在生产中应用的，关键在于企业是否更注重把设备看作是物化的技术，注重于通过它掌握其中的技术（工艺技术知识和技术诀窍等），注重于对它的消化吸收。

在多年未更新设备，企业设备相当陈旧的情况下，很难设想技术引进一开始就以软件模式为主，很有可能，许多企业的技术引进是按图 6 的过程进行的。

在技术选择中不仅要注意上述过程，而且在购买国外设备时，还要注意到引进设备的方式是多种多样的。技术引进的硬件模式，可能是购买生产线或成套设备，也可能是只购买关键设备，或购买国外设计的部件来组装；除了买设备，还可以是由国内设计，委托国外制造（主要目的是引进制造技术），或委托国外设计，由国内制造（主要目的是引进设计技术），以及进行合作设计、合作制造。在硬件引进上可以有多种选择，只要有利即可。究竟从哪个国家、哪个企业购买设备，也要认真研究，精心选择，这里不仅有性能、价格、零配件供应的问题，更主要的是要具体分析自己的技术目的、技术基础和对方的技术特点。有的国家或企业单机设备性能更先进灵活，有的国家或企业的设备成套性强，有的国家这种行业的设备好，有的则在另外行业上有优越性。货比三家，在技术引进上也适用。在技术引进上最好还要货比三国。为了搞好选择，有必要认真研究各国的技术特点。

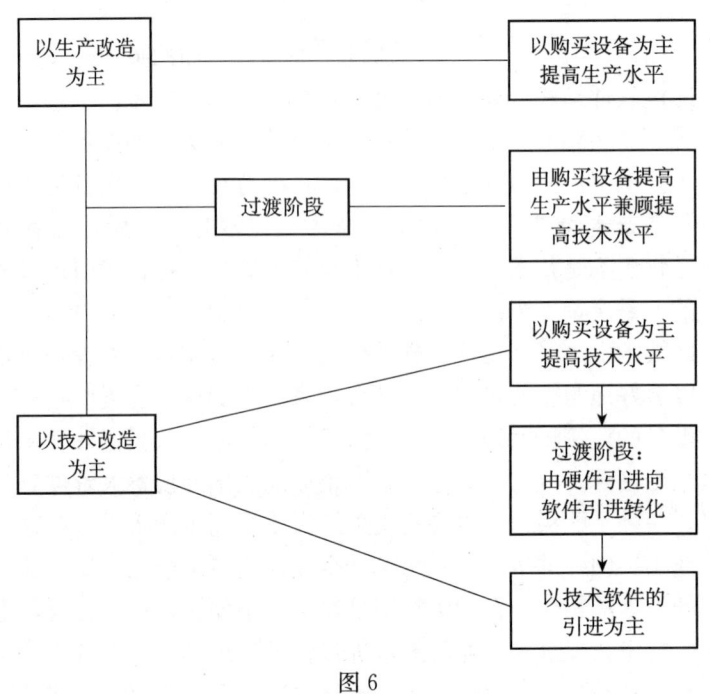

图 6

在当前我国的条件下，对多数企业来说，以购买设备为主来提高生产水平已不是主要的选择方向，而如何过渡到以消化吸收引进技术，过渡到以软件模式为主（购买专利许可、合作开发研究、工程技术咨询、聘请外国专家等）则已提到日程。当然，技术引进是不能孤立进行的，它常常与某种经济形式（如合资经营、补偿贸易等）相关。

引进国外先进技术，是企业获取新技术的重要来源和必要选择，它优于完全的自主开发。像任何事物都不可能绝对完美那样，引进技术也有它的不足，完全靠技术引进，更不可取。

首先，技术引进要花钱，而且要花外汇。通过贸易形式购买技术硬件或软件要花钱，非贸易形式的引进技术（如聘请外国专家讲学、出国考察或研究等）也要花钱。对于外汇不足的国家，完全靠引进国外技术，经济上可能承受不了。

其次是技术的适用性有问题。任何一种技术的形成和发展总是和一定的自然资源条件、社会的经济文化条件和原有的技术基础相联系的。技术产生于一定的土壤，技术的移植也需要合适的土壤。用日本人的说法，一定的技术是和一定的"技术风土"相关的。在别国、别的企业适用的技术，在本国、本企业就不一定完全适用。比如第二次世界大战以后，美国的革新40％属于节省劳动型技术，欧洲和日本则有58％与41％为节省资源和节省成本型。日本节省能源型的汽车，在欧美颇受欢迎，其制造技术引进到欧美是适用的；但节省能源型的汽车在石油输出国就没有多大市场，若把日本的汽车制造技术原封不动地移植到石油输出国就不适用。在管理技术的引进中，适用性问题表现得更为明显。任何一个发明家、创新家都不能创造出一个适用于一切使用条件的成果，而企业却往往并不了解他们进行技术创造的具体文化背景和过程，引进者所看到的也许只是某种技术的最后成果，没有估计到背景和条件的差异，而使引进技术难以移植到本企业中来，乃至失败。人们往往以为技术只具有自然属性，仅从科学技术原理看技术，但技术的应用却是具有社会属性的，不了解这一点，技术的引进就可能不会成功。

再者，技术引进难免有一定的依赖性。在实践上，技术输出和产品输出往往是同时进行的，特别是发达国家的技术输出，不仅仅是为了卖技术，而同时是为了卖产品。发展中国家的企业在引进某一技术时，由于本身的配套能力差，不能支持该技术的正常运用，常常还必须购买与其能配套的其他技术产品，如零配件等等。这就造成了技术使用方对技术提供方的依赖性，加之技术供给方又往往提出附加条件，造成技术的使用方的依赖乃至背上沉重的包袱。在卖主与买主签署技术特殊合同时，卖方常要限制买方，如在合同期间内只允许做极少的改进，限制技术的传播等。一般来说，技术的年代越老，越成熟，卖主越有可能提供更优惠的条件，相反，其限制条件就越多，就要在技术转移中加以多方面的限制。比如引进的技术本可以生产多种产品，但提供技术的外国公司往往规定某项技术只能生产某种产品；引进技术后应该不断地对其进行研究改进，但技术供给者往往提出任何改进只能由他们进行。做出这些规定的目的就是使买主长期地依赖卖主。如果签订合同时不注意这些，就容易受人控制。

最后，单纯地依靠技术引进，还会限制企业的革新创造能力，技术引进可以提高生产能力，包括完善生产工序的流程，提高设备性能和操作水平，加强对原材料和产品质量的控制，改进管理，提高劳动生产率等。然而，生产能力的提高不一定必然地促进创新能力的提高。创新能力包括修改或提高现有技术的能力，创造新技术的能力，以及善于发现新技术可能性的能力等，这些能力主要不是靠技术引进获得，只能在自己的技术开发实践中培养和锻炼。

完全的自主开发不行。单纯的技术引进，放弃自主的技术开发，依靠买技术来维持企业的生产，同样也不会成功。最新技术或适宜于企业特点的技术是买不来的，买来的只能是人家的成熟技术；即使它对于企业来说是适宜的，如果不搞开发，就将很快落后。

既不能选择完全的自主开发，也不应选择单纯引进，这不是抽象议论，对我国技术发展的实践是有针对性的。新中国成立初期，在对苏联技术的引进中，有许多成功的经验，对一批重大企业的创立和改造起了积极作用，但也存在过分依赖上的缺点。那时，谁要修改苏联的设计，提出与苏联专家不同的建议，是不被允许乃至是要受到批评的。我们的一些企业为此付出了代价。例如，新中国成立后我国炼钢技术的发展是按苏联模式搬过来的，选择了平炉而不是转炉，以建成亚洲最大的平炉而自豪，结果延迟了从平炉炼钢转向转炉炼钢的时间，也延误了对连续铸造技术的应用，大大影响了我国钢铁技术的发展。1953年以后总结了在技术上一边倒的教训，提出了自力更生的方针，但由于当时的国际环境和认识上的片面性，又走向了一切靠自己开发的极端。企业很少了解或不了解国外技术信息，很少或不搞技术引进，也没有搞好技术开发。在实行改革开放以后，人们开始发现，我国与国外的技术差距不是在缩小，而是更扩大了，从而注意到技术引进乃至搞大规模的技术引进。但在看到别人技术先进，注重技术引进时又有忽视自主开发的倾向，不是把建立在企业自己具有技术开发能力的基础上，也不是在引进的基础上继续搞开发。这种倾向如不注意，就又有可能陷于技术上不能自立，循环引进的怪圈之中，这种现实的危险也许并不是危言耸听。

从新技术来源看，自主开发与技术引进是两种途径，但对于一个企业发展来说，又可以把它们看作是互补的、统一的过程。只有在自主开发的基础上，才能增强技术的选择能力，才能更好地引进技术。只有在引进技术的基础上继续搞开发，才能消化引进技术，改进与提高引进技术，也才能发挥引进技术的作用。

二、企业获取新技术的目的选择

无论是通过自主开发还是技术引进来获取新技术，都是有目的的活动，只是目的性的明确程度，合理程度有所不同。我们所说的盲目性，如盲目引进，本质上是缺乏深思熟虑，失去应有的目标，目的性不对头。例如，一项新技术、新设备，只因为别的企业引进了、购买了，为了显示本企业的现代化（也是一种目的），就跟着买，究竟作何用场似乎并不明确。比如前几年就曾发生盲目进口计算机的情况，有的企业或误认为有了计算机很容易就把生产搞上去，有的甚至只是为了"有"而买，等计算机买来了，才想到要找人研究它的应用问题，常常没等用上，买来的计算机就过时了。一般来说，企业搞技术开发和技术引进的目的是比较明确的，大致包括如下各项：

（1）用于产品更新换代、增加产品品种，提高产品质量；
（2）用于工艺改进；

(3) 用于节约（原材料，能源）；
(4) 用于解决环境（生产环境以至生态环境）及安全防护；
(5) 最终实现提高企业竞争能力，扩大产品市场，提高效率，增加经济社会效益。

技术开发和引进的具体目的不同，开发和引进的内容、方式也不一样。企业要善于选择技术开发与技术引进的类型和途径，根据本企业的特点、需求和力量选择和确定技术开发项目、引进项目、技术改造项目。

企业开发新技术或引进新技术的目的在许多著作中已有分析，值得注意的是，企业的技术选择目的或目标应当是有层次的，或者说，企业应当从有层次的目的出发来作出技术开发和技术引进的选择。例如，实现产品、工艺开发等的具体的技术目的，是一种层次，实现近期增加效益的经营目标，是又一个层次；而实现企业发展的长远目的，是第三个层次。

这三个层次的目的是相互联系的，统一的，又是不尽相同的。具体的技术目的实现不了，就无法实现企业的经营目的，企业长远的发展目的也就无从谈起了。从这个意义上看，前两个目的是重要的。但技术开发和引进技术的目的如果只限于前两个层次，则企业就可能没有后劲。衡量企业是否有短期行为，不能仅仅看它搞了或没搞新技术，主要应当衡量企业在技术开发和引进的目的选择上属于什么层次，特别要看对第三层次目的的态度。应当指出，在衡量企业的技术目标和经营目标上，现在已经有了一套定量分析方法，诸如投入产出的经济分析、价值工程等，这些方法可使人们从各种方案的比较中为企业经营作出有效的技术选择，但目前却还没有比较完善的办法来衡量企业开发、引进技术的长远目的，例如，还没有一套定量分析的办法来确定企业是否形成了能不断自我更新的机构，是否有效地实现技术的自立化，这也不利于企业从长远的目的考虑自己的活动。有些技术选择，只从近期的经营目的上分析，可能是不合算的，但从长远的技术自立的角度，则可能是必要的。在遇到这样的目的选择时，一个企业家如何决策，这将是对企业家的知识、能力、胆识的严峻考验。

近年来，我国对日本企业技术发展的经验已经谈论得很多了。诸如日本企业的成功在于引进技术，或者在于引进基础上的消化吸收，或者日本企业有着强大的技术开发队伍和组织，或者日本的成功在于日本式的管理。但有一条也是十分重要的，即日本许多企业的技术开发和技术引进，始终把技术的自立化作为最终的目的。有人把日本近代的技术发展史看作是技术引进史，这不完全符合实际。日本在近代确有两次大规模的技术引进时期，一个是明治维新到20世纪30年代，一个是战后恢复时期以后。日本在那时是技术上的后进者，技术引进对于一切后进者都是一种发展技术的最佳选择。问题是为什么日本在引进技术时能够做到把国外先进技术真正移植过来，原因要到技术引进的条件、种类、水平、规模的选择中去找。日本在二战后技术引进的成功，与它从明治维新起就把技术的自立化作为长远目标分不开。例如，日本的技术人员在1910年已经可以设计军舰了；但他们并不立即自己生产，而是先把设计图纸交给英国人生产，结构设计和工艺规划均由英国人进行，英国人生产出军舰后，日本人再把图纸和军舰一起买回来，按照英国人的图纸和生产的军舰，进行仿照，同时制订产品标准。经过6～7年，生产出10艘军舰，这时日本就掌握了军舰的生产技术，制造技术，同样，日本人为生产机车，也是自己先做出设计，把这个设计分别交给四个国家的厂家进行生产，虽是一个图纸，却生产出四种不尽相同的机车，再把这四种产品买回来，在进行分析综合的基础上，生产出日本的蒸汽机车。表面看来，这是一个不经济的办法，仅从经营的目的来看似不宜采取，但从技术自立化的角度，用这种办法却使日本人自己掌握了生产技术，生产出改良提高型的日本式产品。战后日本又进行了大规模的技术引进。日本企业界在60年代的科研经费中约有3/4用于与引进有关的项目，但其中引进吸收费用与改进费用之比，钢铁，汽车工业约为1∶5；机械工业约为1∶4；电子、电气、化工工业约1∶2，可见对引进的消化吸收与改进的重视。尽管日本在50、60年代大量引进外国技术，但日本利用外国技术直接生产的产品却并不多。据日本官方统计，70年代初，日本利用外国先进工艺生产的产品仅占工业总产值的10%。

日本学者林武在总结日本通过引进技术而使技术自立化的历史经验时，提出了技术自立的五阶段说。[①] 这五个阶段是：

(1) 掌握操作技术阶段；

(2) 对引进机器设备的维护保养阶段；

(3) 修理和一系列小改进阶段；

(4) 设计及规划阶段；

(5) 国产化阶段。

林武教授并且指出，如果一个民族的目标是要达到完全的技术自立，则上述五个阶段中任何一个大概也不能省略或缺少，当然每个阶段的时间可能不尽相同。在现实中，人们关心的往往只是第一和第五阶段，忽视了第二、第三等阶段。

这个五阶段说，不仅启示人们必须为技术的自立而引进；而且指出了要实现技术的自立必须循序渐进地经历一番自己的消化改进过程，尽管这个过程是漫长而又可能是艰难曲折的。作为一个企业，如果不把技术的自立化作为根本目的来

---

① 参见[日]林武：《技术与社会》，东方出版社，1989年，第89页。

获取新技术，则无论是自己开发技术或者是引进技术，都将在开发项目、引进项目的选择中，以及企业发展的战略选择中，采取下策。这种下策从近期看可能是合适的，从长远看则是不利的，乃至会受到惩罚。

第四节 企业技术选择的根据和条件

企业的技术选择，首先是对企业发展道路和目标的决策，企业应该从内涵式扩大再生产为主，努力实现技术自立。企业的技术选择，还表现在对特定的工艺技术的选取和应用上。具体的技术选择依赖于企业发展道路和目标的选择，所有这些选择又取决于技术本身发展的规律性，对技术价值标准的认定，企业的总体职能，企业的内部条件和所处的社会环境。在这一节里，着重讨论企业的内外条件对技术选择的制约性，其他问题将在最后一章里再作进一步的说明。

企业的技术活动和技术选择，只是企业行为的一个部分（尽管是其核心部分），企业还有它的采购、销售等经营活动，人事行政活动，后勤保障活动等。企业的技术选择不是孤立的，随心所欲的，它要受到企业各方面条件的制约。而且，企业和企业活动又是整个社会中的一部分（尽管是其根基部分），社会还有它的政治军事、财经、文化教育等部门的活动，各个部门（包括行业、企业）的活动又都受到社会制度和社会管理体制的制约。企业技术选择可能受阻于内外条件而难以施展，也可能因内外条件的支持而顺利展开。

一、企业技术选择的标准

已经讲到，企业的任务是要进行生产，要依靠技术进步，要搞技术创新、技术改造，要有技术开发、技术引进等，似乎一切企业都应当和可能这样做。实际情况远比这些议论复杂。在企业经营和企业活动中如何选择技术，以什么标准来选择技术，情况多种多样。这种复杂性、多样性并不都取决于哪个企业家的认识水平高低和对技术的重视程度，也不都是哪个学者只从主观想象去制定出来的。至少，技术选择及其标准的不同是与企业性质和整个企业的活动特点相关的。

人们通常认为，先进性、经济性或可行性、可靠性或安全性，是企业技术选择的根本原则。把企业技术选择的原则归结为这几点未必全面，也未必都抓住了根本。而且，仅就这几点看，人们的理解也不相同，因而出现了多种或多元的技术选择标准，或多种选择理论。

一种是强调先进性的技术选择标准。没有人主张先进性是企业技术选择的唯一标准，所谓强调先进性，只是认为它是首要的标准，按照这种观点，企业技术越先进就越好，企业应用最先进的技术，采用最优质的原材料，再加上精心的加工和检测，制造最优质的产品。

技术先进性标准的选择理论是有理由的。我们讲企业的发展必须依靠技术进步，企业间的经济竞争本质上是技术竞争，我国企业与发达国家企业的差距主要是现实技术水平低，突出先进性标准，似无可非议。

至少，技术密集型企业、高技术企业和军工企业的技术选择要遵循先进性标准，要把先进性放在首位。只有技术上最先进，企业才站得住脚，产品才有人要，才有经济效益，在一些情况下，成本不居重要地位（不是完全不计成本，只是不以成本核算与否为主），首要的要把技术上最先进的产品（如某些军工产品）搞出来。

一种是强调产值的技术选择标准，或称为产值标准理论。没有人主张产值是唯一标准，所谓产值标准，是认为企业的根本职能是生产和创造价值，技术和技术的先进性，集中表现为提供更多的产值。企业不能只算技术账，不算经济账，而应当在进行开发投资和引进时，选择以一定资本投入而能获得尽可能高产值的技术。

产值标准理论不赞成把技术先进性作为首要标准。认为强调先进性标准是脱离企业职能，脱离经济来看技术，是一种急躁病乃至是虚荣心。持这种观点的人认为，因为中国在技术上落后于别人太久了，总想一下子赶上去，才突出先进性。他们还认为，工程技术人员是以搞技术为己任的，习惯于从技术的先进与否看问题，自然欣赏先进技术，要采纳不大先进的技术似乎不大光彩。

产值标准理论的主张和对先进性标准的批评可能失之偏颇，但也不无道理。在我国技术发展和技术引进的实践中，确实存在着对国情、厂情估计不足，盲目追求技术先进性的倾向，并出于这种盲目性而造成了经济损失。至少，对于资金和劳动密集型企业，传统工业企业和民用产品企业，其技术选择要突出经济性标准，把增加产值、利润放在首位。只有产值和经济效益好，企业才站得住脚，技术是为此服务的。

技术选择的产值标准理论，是20世纪40年代提出的，由于企业产值高低与企业收益大小不是等同的，在50年代又有人提出了社会极限生产效率标准的理论，主张在选择技术时，应当考虑资金周转，收益率和国际收支效果三个因素，认为最有利的是选择能提高资金积累率的技术，还有人认为，技术选择只要求实现资金积累率高还不够，所选择的技术还要有利于资金的再投入从而提高经济增长率，因而又有再投资标准的技术选择理论。

在上述各种理论的基础上，20世纪50年代后期又有人提出时间系列标准理论，主张为了达到最高的经济增长率，应当适应经济计划内的条件变化，灵活地根据这些理论来选择技术。在某一发展阶段，选择劳动密集型技术可能是最佳的；随着产值和资本积累率的提高，在另一发展阶段上，选择技术密集型技术是最好的。

20世纪60年代以前的技术选择理论，主要是从经济的角度来考虑选择的标准，有很大的局限性。20世纪60年代以来，由于技术社会作用的增强，技术应用所带来的问题（如环境污染等）日益引起世界各国的重视，以及后发展国家在技术引进和经济增长中未取得预期效果，技术选择的因素更为复杂，技术选择的标准问题重新引起人们的注意。

1960年英国经济学家舒马赫提出的中间技术，是有代表性的技术选择理论。"中间技术"不是指特定专业的具体技术，而是指初级的，小型的技术形式，舒马赫是针对发展中国家的状况提出这个概念的。在他看来，发展中国家所要引进的技术和生产方式最好能适合本国人民贫困落后的环境，并且容易推广和消化，能提供较多的就业机会，这些国家及其企业最好选择中间技术，如果选用高级的，大型的最新技术，既需要巨额资金，又难于消化，创造的就业机会也相对较少。

舒马赫的选择标准引起争论，持反对意见的人认为，中间技术虽然可创造更多的就业机会，但由于其生产率低，维修费用高，要求企业劳动者有高水平技能，对发展中国家并不适宜。1935年法国哲学家雅克·埃吕尔提出了适用技术的选择理论，到70年代得到重视和流传，1975年印度的雷迪把适用技术的目标归结为三点：

（1）环境目标—节约能源和资源，做到尽可能使用可再生的资源，减少污染，求得生态平衡；

（2）社会目标—最大限度地满足人类最基本的需要，提供创造性和引人入胜的工作，能与传统文化相互交融；

（3）经济目标—消除不均衡的经济发展状态，提供更多的就业机会，采用地方资源发展生产，生产地方消费的产品，并把经济引向分散经营。

适用技术也不是特定专业的具体技术，而是一种技术选择的标准。它是国家，地区的，也是企业技术发展的指导思想。适用技术可能是一种高技术，新技术，也可能是初级技术、传统技术。这种技术发展理论强调了技术的社会作用和环境影响，强调了技术选择基础和条件的特殊性。

这些技术选择标准的理论都可供我们分析和借鉴。从总的方面讲，我们认为把适用性作为企业技术选择的标准是恰当的。这里所说的适用性，是指合理地处理技术的先进性、可靠性、安全性、可行性、经济性以及技术应用后果两重性等等的关系，达到既提高技术水平，改善经营，又有利于企业长远发展的目的。

所谓适用性标准，不是抽象意义上"适宜采用"的意思，它要求针对企业发展的基础、条件（环境）和目标，在技术选择时有意识地忽略乃至牺牲某些因素，保证另一些因素，并以时间、场合为转移侧重考虑选取的重点。在技术选择时充分全面地顾及到一切因素，使它们都最佳实际上是不可能的。我们当然要尽量统筹兼顾，又必须要有所舍取，有时可以更多地追求先进性而不苛求经济性；在任何一个环节上（包括技术选择的某些环节上）绝对不做"赔本生意"的企业，未见得是有远见和发展前景的企业。有时必须追求安全性而减少经济性，企业要在环境保护技术选择上以多赚钱乃至现得利为标准，就不可能认真去治理污染，或使环境更加恶化。有时又可以为了经济性而减少先进性，企业不仅可以购买适用的二手设备作为生产手段，也可以在特定情况下购买二手设备作为引进国外先进技术的手段，

购买二手设备作为引进国外先进技术的手段，是颇有争议的。仅从先进性来看，把人家要淘汰的设备买进来，尽管便宜，也不应该，为此，有些人把引进二手设备的企业家称为"破烂王"。我们不赞成以购买二手设备为满足，但把引进二手设备的厂长叫做"破烂王"的评价也欠公允，把二手设备买来作为扩大生产的手段是可以的，作为吸收国外先进技术的手段也是可以的。如果承认我国的某些技术与国外先进水平有20年的差距，在80年代购买了有70年代水平的二手设备，仍然是合适的；何况，经济上合算是技术选择的重要因素。没有那么多钱买八、九十年代水平的设备，本企业的设备水平还停留在60年代水平，为什么不可以买一些70年代水平的二手设备呢？要么不买，要买就要最先进的，这不是最合理和适用的选择，或者是说起来容易而做起来无方的高论。

二、技术选择与企业的支持力

技术选择不是到花园中采摘美丽的花朵，而是培育、移植新品种和利用新品种来嫁接改造原有品种的过程。所有这一切都必须植根于一定的土壤，或要考虑母本与子本的亲缘关系。新技术的无土栽培只是一种幻想，现代农业中的无土栽培只是用营养液来代替原来的土壤，营养液也是广义的土壤。无论是技术开发、技术引进和技术改造，都必须考虑新技术生长的土壤和母本，也就是企业的基础，必须依靠这个基础对新技术的支持。

企业的技术活动和技术选择是需要支持的，对技术的支持力是内涵颇为广泛的概念，既包括企业本身的各个方面对新技术的支持力，又包括社会环境对新技术的支持力。

企业本身的支持力涉及许多方面，我们认为主要是：

(1) 企业原有技术的支持力，即企业中已有技术基础的状况，工具、设备、装置的已有水平，技术人员和技术工人的数量、经验、知识和能力等。企业的技术开发只能在已有的基础上起步，其中任何一个因素有缺陷，技术开发就搞不起来。我国的一些企业有较多的技术人员，其中从事研究设计和试验的人员比例较多，或有专门的研究所（室），技术开发可能实现。不少企业的工程技术人员少，基本上只能维持已有生产的正常运行，想搞新产品，新工艺的开发也难以进行。企业的技术引进也要立足于已有基础，如果引进的技术只比已有技术水平略高一点点，新技术与原有技术很容易结合，但对提高技术水平意义不大；引进的新技术同原有技术水平相差过大，原有技术难以支持新技术并与它相结合，也难以使新技术在企业中嫁接成活并顺利应用，只有新技术与原有技术的相差梯度适当，才能得到有效的支持和结合，大致如示意图7。

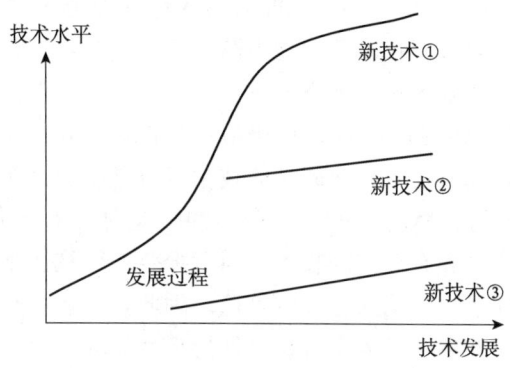

图7　技术成熟度曲线

用高技术、新技术武装和改造传统工业，对我国企业发展极为重要。高技术、新技术不会自动地进入企业，需要提倡，组织乃至有时可以采取指令性措施。同样极为重要的一点是：高技术、新技术进入企业还需要有原有技术的支持，要与原有技术协调、结合。只讲用高技术、新技术，不讲各企业原有产业技术也需要更新和发展，高技术，新技术就不能在企业中真正发挥作用。

电子计算机技术对企业生产工艺过程的控制和组织管理有很大的作用，无数事实可以说明这点。但是，如果企业的生产过程缺乏有效的检测手段或不能作准确检验，如果企业的管理体制和管理程序是混乱的，原始资料不全不准，再好的计算机也无法在企业中发挥效能。

如何处理高技术、新技术与传统技术的关系，至关重要，我们在后面还要论及。

（2）企业的经济支持力，即企业对技术开发、对技术引进和消化吸收，对技术改造的投入。

技术应用能产生经济效益,毋庸置疑。我们讲科学技术是生产力,讲技术发明转化为商业应用的速度越来越快,都确认了这一点。同时,新技术的出现,企业技术开发,又需要有经济投入的支持。国外的许多企业都有相当的投资支持技术开发,技术开发经费占销售额的比例已成为衡量企业支持力的通行尺度,这一比例一般为2%,高技术企业则达到或超过5%。如果我国的企业普遍把销售额的0.5%~2%用于支持技术开发,企业的技术进步和技术选择就有了基础,企业的再投资就有了技术保证。

技术引进不仅要投入资金用于购买国外设备和专利许可,而且要有更多的资金用于消化吸收国外的先进技术。国外在技术引进中,用于引进(狭义的引进,仅指购买设备或专利)的资金,同用于消化吸收的资金相比,大致为1∶5至1∶10而在我国这一比例要低得多,有的只是1∶1,乃至只有引进资金,没有用于消化吸收的经费,再加上技术开发能力薄弱,消化吸收的比率就低,如果不扭转,势必在几年后又要较大规模地再引进。

对技术开发、技术引进(广义的引进应包括消化吸收)的经济支持,当然取决于企业家的重视,也取决于企业原有的技术经济基础。企业的经济状况和技术发展是相辅相成的,经济状况好的,赢利多的企业对技术进步的支持可能较多,从而更有利于经济增长和有更多的收入,而亏损企业则往往拿不出钱来支持技术发展和技术更新,在经济上陷入更大的困境。因此,企业在有较多盈余时,不可因日子好过而放松对技术开发的支持,以保持良性循环,而亏损企业则要努力设法打破恶性循环的链条,通过产品和技术更新来摆脱困境。

(3) 企业信息支持力,这主要是指企业在收集、贮存和处理技术信息上的能力和水平。新技术大都不是送上门来的,在国家更为集中地管理企业时,上级部门为企业提供技术信息占相当比例,随着企业自主经营,也要求自主地获取和选择有关新技术的信息,并以此支持自己的技术开发和创新,企业应当通过多种渠道搜集信息,与科研机构、高等院校、同行企业、外行企业之间有经常的信息交流,要使工程技术人员有条件广泛阅读国内外的文献情报资料,参加学术活动,并且结合本企业的技术发展进行认真研讨。

企业的销售部门不仅是只就现有产品做买卖,它可能也应当成为支持企业技术发展的重要部门。销售是联结企业与用户、企业与市场的纽带,用户对已有产品有什么建议,对产品有什么潜在要求,可以通过销售部门反馈到企业,销售人员应当主动征求用户的意见,并使这些建议,要求和意见转化为技术的功能目标,这对企业发展有很大的意义。

为了做到这点,现代企业就需要有懂技术的销售人员和懂销售的技术人员。

国外的一些企业，或者安排一些技术专家到销售部门工作，或者安排从事技术开发的工程技术人员轮流到销售部门服务，从而使企业与市场的结合更密切。而在我国的一些企业中，销售部门中往往只有搞经济的人员，或虽有工程师职称却不是搞专业技术的内行，他们可能是精通做生意的行家，却不大能理解用户的技术性建议，更难从用户意见中觉察到可能有新的技术目的和技术手段，对潜在的新产品，新工艺要求不大敏感乃至毫无反应。这种情况对支持企业发展很不利，或者是企业难以得到市场的信息反馈，或者要由厂长、总工程师去做销售部门的工作来得到这样的反馈。如果在我们的企业的销售部门中也有懂技术的专家，企业技术活动和技术选择也许要好得多。

三、技术选择与企业环境

技术选择要有合理的标准和企业的支持，但企业的行为又受到其他企业、其他部门（如银行、大学）和整个社会体制的影响。任何企业都处于一定的社会环境中，企业的技术活动需要社会的支持。

社会环境对企业活动和企业技术发展的影响，在不同的时代、体制和民族各有特点。不同社会制度对技术活动和技术选择的影响，在第二章已有论及。古代社会中没有工厂制度，奴隶制、封建制国家及自然经济条件，对家庭手工业和手工业作坊的技术进步缺乏支持。私人资本家的企业为了在竞争中保住自己和排挤他人，在企业内部要不断推进技术变革，从而要求社会的技术进步，而整个社会生产的无政府状态和经济危机又妨碍生产和技术的发展。从19世纪末特别是两次世界大战以来，资本主义国家加强了对企业尤其是军工企业的控制，集中地支持了这些企业的高技术发展。

对企业活动（包括其技术进步）的社会支持，在社会主义条件下更为明显，从新中国成立以来，主要是改革开放以来，已经做了许多工作。从现实生活中也可以看出，企业技术发展已经得到社会的支持。社会主义的企业不是为私人谋利而是为满足人民日益增长的需要服务的，尽管我国在解放初的工业企业很少，企业技术水平也很低，但是，由于国家大力兴办和支持企业发展，由于企业之间的互相协作，由于企业工程技术人员数量的增加和广大知识分子为人民服务的努力，在约40年中，无论是企业数和企业技术水平的发展速度都很快，企业技术水平比原有基础有大幅度提高，尽管与发达国家的企业仍有不小的差距。

改革开放已经和正在进一步推动企业的技术发展。很明显，如果没有企业的自主经营，企业就没有自主地进行技术开发和技术选择的可能性和积极性。如果完全没有市场调节，企业产品不经受市场的考验，企业就没有通过技术进步提高产品质量和增加品种的紧迫性。如果拒不接受国外信贷和先进技术，许多企业的技术也不会有今日的水平。

当然，这不是说我国企业技术发展的社会支持已没有任何缺陷了。由于承包责任制的不够完备而导致的短期行为，由于缺乏风险投资的规范和经费，由于工程技术教育的内容和人才流向还不尽合理，我国的某些企业还没有真正解决必须依靠技术来发展自己，或虽有愿望却不能起步实施，或虽在实施又力不从心，这些问题都有待进一步解决。

企业技术发展的社会支持不仅是物质上或经济上的，企业文化和企业精神，企业职工的思想政治素质，对企业各方面的工作影响甚大，而这一切又取决整个社会的精神文明建设，企业的技术状况固然依赖于已有的设备和工艺，如果职工的事业心、责任感强，技术潜力就能得到充分发挥，技术上的规章制度就会被自觉地严格执行，群众性的技术革新和合理化建议活动就能顺利开展。反之，工作上就不能一丝不苟、精益求精，先进设备也未必能提供优质产品，乃至会发生事故。调动和发挥工程技术人员的积极性、创造性，与社会对知识分子的态度和政策密切相关，技术发明奖和技术进步奖的设立，表彰有突出贡献的技术专家，也是对企业技术发展的有力支持。

对于企业发展的"力学解释"近些年来已讲得不少了。人们提到了与企业发展有关的动力、活力、拉力、推力，还有人描绘了这些力之间与企业行为的相互作用关系。这些力当然各有所指，我们在这里提出了支持力（后面还要讲到支持系统），并不是想在"企业力学"竞赛中凑热闹，我们只是认为，拉力也好，推力也好，没有支持力，企业就动不起来，技术活动和技术选择都将是无法进行的。动力也好，活力也好，是企业内外有支持力的表现，缺乏支持的活力可能活一阵子，不能经常地活下去。至于如何构筑这些力之间的相互作用模型，可能是一个令人感兴趣的课题。

第五章 技术发展战略的选择

技术发明选择是要提供某个前所未有的器物或某种前所未有的工艺,它主要是与特定技术可能性有关的个别课题的选择。企业技术选择,既有对某些科学技术成果的应用项目选择,对技术开发、技术引进和技术改造的项目选择,也有对企业技术发展总体思想、全局目标和根本措施的选择,即企业技术发展战略的选择,技术项目的选择应当服从和服务于战略选择。

企业技术发展战略又是整个企业发展战略的组成部分,而企业的发展还必须与地区和国家的政治、经济、技术、文化发展的近期和长远目标相协调,要服从和服务于地区和国家的发展战略,包括其技术发展战略。

在前面几章中已涉及合理地选择技术发展战略,但主要是考察如何选择技术课题和技术项目;在本章中也要涉及合理地选择技术课题和项目,主要地则是考察如何选择技术发展的战略,如何选择适应经济和社会发展需要并与之相协调的技术发展的目标,途径和政策。

第一节 技术战略的特点和意义

研究技术发展战略的选择,首要的是弄清这种战略产生的条件和内容,它有什么特点及有何重要性。特别值得注意的是:看不见的战略比看得见的措施对技术发展有更为巨大的影响,而技术战略的选择又是事关众人,人人有责的,绝不仅仅是国家、地区和企业的少数领导人的事情——尽管领导人在战略问题上负有更大的职责。

一、技术战略的一般特点

古汉语中有方略,谋略、韬略、雄才大略等词,"略",在这里指计划和计谋。战略指战争的方略或用兵的谋略,古代有名为《三略》、《六韬》的兵书。英语的战略 strategy 亦本属军事术语,19 世纪德国军事理论家克劳塞维茨认为"战略是为了达到战争目的而对战斗的应用",战略包括适应战争目的的战略目标和战争计划，以及为达到预定目标的战局方案和战斗部署。战略是相对于战术来说的，"战略问题是研究战争全局的规律的东西"。①

后来，战略一词被移用于其他领域，泛指重大的、带全局性的或决定全局的谋略，例如社会发展战略、经济振兴战略、科学技术战略、文化发展战略、企业发展战略等等。

战略的最突出、最集中的特点是它的全局性，战略的其他特点都基于全局性，只有全局性的或决定全局的东西才有战略意义。战略必须通过规划、计划、政策、措施等去实施和实现，战略包括着全局性的计策如战略规划、战略措施，但规划、计划、政策，措施等又可能只是针对于局部的，或不影响全局的，或在全局目标不大确定时制定和采取的，可能没有战略意义，有时还有悖于战略要求。鞍山钢铁公司当今的平炉如果有故障，也要制定维修计划和采取维修措施，不能说这种计划和措施是鞍钢的技术发展战略，它要逐步淘汰平炉的计划则是技术战略的内容和组成部分。

当然，全局与局部，战略与战术，是就某种范围相对来说的，如从一个国家的发展战略看，它的一个地区、一个部门、一个领域的发展战略是从属的；对辽宁省、冶金部或科学技术的发展战略来说，抚顺市、鞍山钢铁公司或电子技术发展战略又是从属的。从某种角度看是全局，从另一范畴看则是局部，反之亦然。尽管全局与局部的划分有相对性，就具体实践的特定主体而言，这种划分又是确定的。

在前一章已经讨论了有关企业技术发展战略的问题，本章还会有所补充，但着重要分析的是国家的技术发展战略。国家、地区的技术发展战略也具有全局性，而且有它的特殊的全局性。

国家和地区的技术发展战略与各个方面的技术和技术活动都有关，包括各工业产业部门的生产技术、变通运输和通信技术、农业技术、军工技术、医疗技术、生态技术、实验技术和其他服务技术等，包括手工技术、机械化技术和高技术等。技术战略合理，整个国家，地区的各方面技术就能协调匹配，或者说，要从整个技术系统的匹配协调来选择技术战略。

国家和地区的技术发展战略不是各方面技术活动的简单总计，它主要是关于技术发展全局的指导思想、系统目标和根本措施。技术战略不仅在"横向上"（包容范围上）是全局性的，在"纵向上"（发展目标上）也是全局性的。技术战略合理，整个国家、地区的技术系统就能顺利发展和有效运行，或者说，要从整个技术系统的顺利发展和有效运行来选择技术战略。

---

① 《毛泽东选集》，第1卷，第159页。

国家和地区的技术发展战略与国家、地区的整体发展战略的关系，可能有多种情况。技术战略可能只是国家或地区战略的子系统（下属部分），它服从和服务于总体战略，与国家或地区的政治、经济、文化发展目标一致，并与该国或地区的人口、资源、地理条件和已有技术基础相适应。在科学技术不甚发展的国家、地区和时候，技术发展战略可能只有这种地位。技术发展战略也可能构成国家或地区战略的重要内容（上属部分），它本身就属于总体战略。实际上，现代的许多国家、地区、部门都把技术战略包容于总体战略之中。把技术战略作为总体战略的一个方面或有机组成部分，例如国家的赶超战略中核心内容就是技术上的赶超。当然，在许多情况下，技术战略既有总体战略子系统的特点，又有总体战略核心内容的特点，其边界是模糊的。

战略的另一个特点是它的长远性，长远性是全局性的一个方面。一般的计划、方案、措施等都面向未来，但它们又可能只解决近期的乃至是当下的问题，如应急计划、临时措施。战略则要明确长远的发展方向和目标，属于远虑谋略，它有相对稳定性。例如，我们要在20世纪末使国民生产总值翻两番，到21世纪中叶达到中等发达国家水平，这就属于经济发展战略的目标。这个战略不仅管三五个月、三五年，而要管几十年。与此相关，技术发展战略也有长远性。我国的高技术跟踪战略需要一批年轻专家（跨世纪的高层次人才），原因在于它的长远考虑。只有有长远打算的计划、方案和措施，才可能有战略意义。

非直观性是战略的又一明显特点，这里讲的非直观性，是指人们难以直接看到或直接感觉到战略性的东西。我们可以看见技术（指特定的技术），却无法看见技术战略。到一个钢铁厂去，可以看到用平炉和转炉炼出钢水，但看不见该厂是要逐步淘汰平炉还是继续发展平炉。到一个机械加工企业去，可以看见工程技术人员正在画零部件设计图，操作电子计算机，还能看见工人在开动机床，组装制成品，看见国外设备进厂……却不能直接看到这个企业究竟是以节约能源为主，还是以提高产量为主作为其战略目标。至于国家的技术战略，例如，对高技术与传统技术关系的谋略，对自主开发与引进技术的谋略，更难直接看见。

战略的非直观性，与战略是全局性的、长远性的东西分不开，局部的、近期的东西比较容易把握，而涉及范围很广或根本性的东西，未来发展趋势，是直观感受和经验认识力所不及的。人们可以看到盖房子，较难看到城市建设规划，至于控制大城市、适度发展中小城市的战略方针则是看不见的，又要靠人们的智慧、理性去把握，战略只有靠用心想才能确定，才能理解。毛泽东同志在《中国革命战争的战略问题》中指出："研究带全局性的战争指导规律，是战略学的任务。""学习战争全局的指导规律，是要用心去想一想才行的。因为这种全局性的东西,眼睛看不见,只能用心去想一想才能懂得,不用心思去想,就不会懂得。"① 国民经济发展战略、科学技术发展战略、企业发展战略都有这种特点。

二、战略的重要性

　　战略事关全局,事关长远,当然就很重要。军事上的战术失当,会造成一些人员伤亡,战役指挥失当,会造成较多伤亡乃至丢失城池,战略决策失当,则会造成严重损失乃至拱手受降。反之,如中国革命中农村包围城市的战略,抗日战争中的持久战战略,则为民族生存和阶级解放建立了伟大功勋。

　　社会经济和技术发展战略也是如此。在20世纪50年代后期,我们曾采取过急速赶超战略,吃了许多苦头。在80年代初,也曾有人认为到20世纪世纪末才达到小康水平的经济战略目标太低了,仍想采取急速赶超战略,虽未造成很严重后果,但与片面追求发展速度,过度拉大基本建设战线,仍不无关系。我们也曾在实际上采取了科学技术为政治服务的战略,以突出政治作为一切工作的指导思想,搞了礼品展品而不注重产品,也吃了不少苦头。而科学技术与经济和社会发展相协调的战略,则会把社会主义建设事业推向胜利。

　　战略的重要,在于它能指导计划和政策,从而影响实际工作的措施和方法。"一个中心,两个基本点"本质上是我们在一切方面的战略指导思想,建设有中国特色的社会主义本质上是我们的战略方向,"三步走"则规定了经济发展的战略目标。我们的"七五计划"、"八五计划"、产业政策、特区政策,以及廉政措施、奖励措施等,均要服从和服务于战略思想、战略方向和战略目标。技术战略也是如此,它比通常的技术规划、技术措施要重要得多。

　　看不见的技术战略比可以看见的技术更重要,而这一点在实际工作中常被忽视或轻视。许多人在一般道理上也认为战略是重要的,但他从切身体验上更直接,更具体地看到了技术,又往往自觉或不自觉地认为技术比技术战略更重要。企业的领导者和工程技术人员往往会在制订生产计划和技术计划上想得多,在改进经营措施和工艺措施上做得多,而对企业发展战略或技术发展战略则以为太抽象,抓不住,也不大想抓。学校的校长、教职工也往往在制订教学计划、排课、改进教学和考试方法上考虑多,至于学校的发展战略,搞不清是什么东西。然而,忽视战略终究要吃苦头的,企业因忽视技术战略而陷入困境的实例屡见不鲜。

　　例如,一个生产普通电机的中型电机厂,在1983年有约80万元的利润,人

---

① 《毛泽东选集》,第1卷,第159、161页。

们很容易想到要发展技术来提高这种电机的质量和数量，进一步增加效益，而这种技术是大体熟悉的。但人们却不易觉察到，对于普通电机这类普通产品，中型企业既难以有大企业的雄厚技术优势，又难以有小型企业的劳动力和经营优势，到1985年这个企业就陷入危机。摆脱危机的出路，只有靠企业经营战略和技术战略的转移，利用中型企业可能生产小批量，多品种产品的优势（有固定生产线的大企业一般不愿生产规格杂、批量小的产品，小企业一般没有能力这样做），适应各部门半自动化、自动化的需要，改产特殊用途专用电机，并据此改造企业的生产结构和技术结构，采用和发展制造专用电机的技术。这个中型电机厂作了这种战略调整，走出了困境。

一个地区乃至一个国家，也会出现重视某种产业技术或某种产品的技术，而低估技术战略的倾向。一个省可能很重视电子技术，但更关心的是消费型电子技术，如生产电视机、录音机的技术，却较少考虑到如何发展生产各种电子检测仪器仪表的技术。电视机或录音机的产量、质量、产值、利润都达到"满意结果"，而该省的电子技术对改造和武装全省的其他行业部发挥不了多少作用——这本应是技术发展战略所要求的。从这个省的战略看，电视机等消费类产品技术要发展，又要注意到只用电视机或录音机不足以实现传统产业的技术改造。而如果又只从引进电视机生产线来发展电子工业和电子技术，不搞技术开发，不搞消化吸收，就必然会长期和大量重复引进（少量重复引进难以完全避免），就不仅不利于地区各行业的发展，还会导致很大浪费。

技术上的措施失当，规划或设计失当，战略决策失当，大体上有如军事上的战术失当、战役指挥失当和战略决策失当的关系，其损失呈指数递增关系。措施或战术不当，面临近忧，而战略则属于远虑。近忧与远虑的关系相当复杂。过去缺乏远虑，今日就会面对近忧。人无远虑，必有近忧。但人有近忧，又未必远虑，就是俗语说的头疼医头，脚疼医脚。人有远虑，还未必没有近忧，即通常讲的暂时困难。有一点则可以肯定：人无远虑，必有近忧、大忧，远虑失之毫厘，远景失之千里。可惜人们常对近忧有切肤之感，远虑则是软任务，怠慢无妨。

制作一台电动机或电视机的工艺措施失当，会造成损失，这种损失很容易也很快被发现（看到出了次品、废品）。如果对于电动机或电视机的设计方法失当，就会造成更大的损失，使一批电动机或电视机有功能缺陷、成本过高、寿命减少，这种损失较难及时看到。如果在有关电动机或电视机的发展上技术战略失当，其损失就会大得多，这种失误要在较长时间才能被发现，还要经过较长时间才可能纠正、弥补，有时甚至无法弥补。形象些说，制作一台电动机的技术措施失当会损失成百上千元，电动机技术设计失当会损失上万元、十几万元，电机生产的技术战略失当则会使企业濒临垮台，损失百万元以上，也就是说这里大约有1：10：100的关系，战略的失误是最大的失误。

对这种1：10：100的关系（当然只是一种比喻），容易看到"小头"并不奇怪，一幢房屋造得好坏，一个人的病治疗得好坏，非常明显，城市规划的好坏，医疗战略性指导思想是否合理（例如，究竟是生物医疗模式还是社会生物医疗模式，究竟是提倡中西医结合还是必须搞出中西医合一的新医学），就不那么明显。但是，如果只看一幢房屋的施工技术，只看对某人的某种疾病的治疗效果，不顾城市规划和城市发展战略（例如是否要控制大城市），不顾医院如何处理防病与治病的关系、心理与生理的关系、中医与西医的关系，虽可理解，但不恰当。战略是指导性的，是"大头"。事务主义的领导之所以受批评，不是因为他们不忙、不辛苦，他们可能很累，而且克己奉公、不徇私情，只是因为他们不抓大事，会造成全局性的、长远性的失误。

这里反复举例说明，并用了不准确的1：10：100关系示意，无非是要强调不容易看得见的技术发展战略极其重要，无非是要说明不能只从能看见的角度想问题。对于各级领导人来说，更要从全局、从战略上思考和处理问题，对于未担任领导职务的人们来说也要关心和考虑全局和战略。

既然战略是全局性的，它看不见，又非常重要，就需要人们去研究它。我们的企业的工程技术人员的职责是抓好技术措施，他们也有关注企业技术战略的义务和权利。企业的厂长经理要与工程技术人员结合起来，确定合理的企业发展战略包括技术战略，他们又有关注地区和国家的技术战略的义务和权利。由于战略决策关系到各方面，还必须有政治家、社会科学工作者、情报工作者等一起来参加研究。

技术措施是局部性的，技术战略是全局性的，二者有重要区别，不可混同，但它们又有密切的关系，不可割裂。这不仅是指全局是由局部构成的，而且还指有的局部环节会对全局有很大的影响，是全局性的局部。下棋中的一着不慎，满盘皆输，其中的"一着"是局部，并不是任何一步走错了都会输棋，只是关键性的"一着"（全局性的局部）走错了，必会丧失优势乃至输棋。因为下棋是连锁反应过程，关键性的一步被动了，以后的许多步常会步步被动，直至终局。在人生道路、社会活动中也有类似情况，在重大问题上一步顶不住歪风邪气，就会在步步进逼紧逼中日益被动。重大技术措施失误也有战略性，炼钢在该用转炉时用了平炉，就会延误连铸，没有连铸就会延误连轧，没有连铸连轧，钢材的成材率就低，能耗高……导致整个企业和冶金行业的落后。天下兴亡匹夫有责，技术战略人人相关，确实如此。

三、由技术政策到技术战略

对技术发展影响最大的是国家的战略。技术在人猿相揖别时产生，国家技术发展战略则是人类历史发展一定阶段上才出现的。没有国家谈不到国家技术战略，有了国家，在奴隶制和封建制国家的时候，由于统治阶级更多的是利用技术而不是发展技术，由于生产经营的高度分散，也几乎没有技术发展战略，中国古代的历代皇帝都未曾过问国家在技术发展上有何目标。

国家技术发展战略是近代资本主义发展的产物，但在资本主义发展的初期，技术活动主要是个别工匠的事，工厂规模很小，仍没有什么技术战略问题。18世纪工业革命以后，由于生产社会化和自由竞争的扩大，技术作用增强，企业不仅要利用技术，而且要考虑有关技术发展的带全局性的问题，例如，自主开发技术，建立企业的技术试验室，确立统一的技术规范等，逐步形成了企业发展的技术战略。

近代资本主义国家是资产阶级利益的集中代表，但国家并不直接掌管企业，也不直接过问企业的经营和企业的技术活动，无法对整个国家的技术发展进行干预、控制、规划，无法对技术发展的全局确定战略目标。这时，作为资本家总代表的资本主义国家，主要通过一系列的政策来支持科学技术的发展，例如，实行专利制度，支持技术引进，鼓励科学技术交流以及兴办科学技术教育事业等。这些政策有关全局，有战略意义，它们毕竟还是有利于技术发展的措施，但主要还不是国家技术发展的目标。

进入20世纪以后，特别是经过了两次世界大战，无论是资本主义国家还是新兴社会主义国家，都不仅从政策上影响各部门，各企业的技术发展，而且直接干预、控制国家范围的科学技术活动，包括研讨和确定国家技术发展战略目标和近期规划，主持和组织重大工程技术项目的实施，筹措和投入用于国家技术开发的资金，预测和评估技术发展的前景和效益，等等。国家的技术政策为国家技术战略目标服务，或成为技术战略的一部分。

技术发展成为国家战略的重要方面，与以下几点密切相关：

(1) 20世纪以来科学技术有了突飞猛进的发展，并对国家经济实力有重要影响。据分析，近一百年来，通信速度比以往提高10倍，交通速度提高10^2倍，能源增长10^3倍，20世纪20年代至50年代机床切削速度几乎每10年增加一倍。主要得益于技术进步，才使发达国家在六七十年代出现了经济上的高度增长。

(2) 现代科学技术不仅是国家经济竞争力的标志，而且是国家政治实力、军事实力的标志。各国之间在经济上、政治上、军事上的竞争，在很大程度上是科学技术的较量。主要由于技术进步，武器的威力在近百年中提高约 10^6 倍，任何国家都必须顾及科学技术的整体实力。

（3）现代科学技术活动的规模很大，一些重大项目（如发射卫星、航天飞机、热核聚变装置、高能加速器、极地考察、超导研究等），或是由于需要高昂复杂的大型设备，或是由于要冒较大的风险，是企业、私人资本不愿投资或不能兴办的，只能由政府部门去组织实施。

（4）现代科学技术给人类带来巨大的好处，例如，提高了控制疾病的能力和平均寿命，同时又带来了人口爆炸、资源过度消耗、能源危机和环境污染等问题，科学技术如何从整体上协调人类、社会、自然的关系引起普遍关注，国务活动家、政治家不能对此置之不理。

（5）在两次世界大战中以及在战后几十年里，美国、英国、法国、德国、日本等许多国家都建立了政府的或直属政府的科学技术机构，如国家科学技术委员会（或科技厅），国家航空和宇航局等，它们直接掌管巨额科技经费，重大科技项目、科技研究院所乃至某些高新技术企业，具有确定和实现国家技术战略的能力和条件。

（6）资本主义国家经济发展战略与技术战略的形成，还与国家对社会经济运行的宏观调节理论分不开。在相当长的时期里，资本主义国家虽然制定了一些政策来鼓励技术发展，但总的来说国家对经济和技术活动采取了自由放任态度。按照那时的资产阶级传统理论，资本主义经济会自我调节，自由市场的工资，物价和利率机制能保证资本主义的充分就业和繁荣。多次经济危机尤其是 20 世纪 30 年整个资本主义世界的大危机对这种自我调节理论提出严重挑战，凯恩斯主义应运而生。这种新的经济发展理论及在美国应用（罗斯福的新政），主要是加强宏观调节机制，其中包括利用国家财政促进军事工业综合体和新技术的开发，由政府兴办科学技术和教育事业。

当然，国家技术战略是服务于国家的整体战略的，是整体战略的重要部分。资本主义国家的总的战略目标，与社会主义国家有很大的区别，各个国家的总的战略目标又有一定的差异。有的国家要竭力保持技术上的垄断地位，利用其技术优势控制，干涉别的国家，把技术经济援助作为政治交易的筹码。有的国家则要发展自己的技术来打破核垄断，保持经济独立和民族独立，普遍地提高人民福利。尽管各国技术战略的目标和特点不同，都把技术发展放在国家战略地位则是现代社会生活中特别值得注意的事情。

社会主义国家是以公有制为主体的，它要以经济建设为中心任务，发展社会主义的有计划的商品经济，不断提高社会生产力和劳动生产率。社会主义国家一建立，实际上就把科学技术发展放到了战略地位，把它作为社会经济发展战略的重要内容。我国在新中国成立不久，就制定了科学技术发展的十二年规划纲要，以后又提出了在经济上和科学技术上赶超发达国家的战略目标，以及土洋并举，大中小并举等战略方针。在最近的10余年中，则以"三步走"为经济发展的战略目标，提出了科学技术与经济和社会发展相协调的战略方针，要求科学技术为经济建设服务，经济建设必须依靠科学技术，要重视科学技术的基础研究，加强应用研究，并提出了科学技术发展的星火计划，火炬计划等.

四、战略研究与战略选择

有战略问题就有战略研究，更确切些说战略是战略研究的结果，有战略研究才有战略。英语中strategy既指战略又指战略学，值得深思。军事战略研究由来已久。19世纪下半叶，德国人英鲁特古分析了当时铁路对军事、工业、商业和文化的广泛影响，提出了铁路先行的经济发展战略思想，并被德国政府接受。第二次世界大战结束后，美国政府提出的"马歇尔计划"，日本政府提出的"贸易立国"、"国民收入倍增"计划，都是经过战略研究做出的决策。1958年，美国经济学家赫希曼在《经济发展战略》一书中明确提出了"经济发展战略"的概念。到60年代，联合制订了"国际发展战略"，发展战略的概念在国际上广泛应用。美国、日本、英国、德国和瑞典等国的政府、企业、大学或民间团体成立了多个战略研究机构，其中既有全球和国家的发展战略研究，也有部门和企业的发展战略研究。

以研究全球战略问题著称的是罗马俱乐部，这是1968年6月成立的一个非正式的国际协会。那时，有来自10个国家的30位学者和企业家在罗马科学院会聚，他们在意大利的奥·佩切依博士的鼓动下，讨论了现在和未来面临的问题。他们认为，人口、农业生产、自然资源、工业生产和污染是最终决定和限制全球发展的五个基本因素并且认为，如果这些因素按目前状态维持发展下去，到21世纪中叶整个世界就将衰退下去，因此只有实现经济的零增长才有出路。

罗马俱乐部的观点引起了广泛讨论，有不少人持批评态度。例如，美国加州大学的汉·博依德认为零增长战略应引入技术因素加以修正，他指出，一旦社会增加技术投资，就会加快技术变革，进而既促进生产率提高又控制人口和污染的增长，在提高生活质量状态下达到理想的平衡。尽管不同观点的学者意见分歧，对任何发展都不能忽视技术因素的作用则是共识。科学技术发展战略的研究，已成为当代一切战略研究的不可或缺的条件和重要组成部分。

战略研究的核心内容是战略选择，无论是国家、地区或企业的技术发展战略都不可能是唯一的，因为战略主要不是回答现状是什么，而是要解决未来应当是什么,人们应当去做什么和应当怎样做的问题,涉及"应当"、"做",不可避免会有多样性,即必须选择。我们所说的战略决策,包括要下决心,其本质内容则是战略选择,或者说决策就是下决心选择。无可选择就只能照旧,无所谓决策。

技术战略需要选择,因为战略意识或战略认识的形成本来就是一个复杂的、包括各方面因素的过程,是由人们的价值观念、目标取向和现实条件所决定的活动。战略意识或战略认识本身还不是实践(有了战略而不执行或执行不通,战略仍是主体认识),但它既不是一般所说的感性认识或经验认识(经验缺乏全局性和长远意义),又不是通常说的理性认识或科学理论(理论有全局性、预见性,但它要求唯一正确,与主体的利益、需求及应当如何无关),而是介于理论与实践之间并可作为行动准则的特殊的认识环节和形式。

战略认识又可以分为不同的环节:一是战略指导思想,通俗地说,就是判断战略优劣的标准,它是确定战略内容的出发点;二是战略方向,这是战略思想确定的,广义地说它也属于战略思想,战略方向服从战略思想的价值标准;三是战略目标,这是战略方向的具体化,通常有时间条件约束和定量要求;四是战略手段,这是实现战略目标的途径、步骤、方法,措施,包含软程序和硬措施。战略认识的形成,大致如图8所示,技术发展战略的形成只是更具体化些。

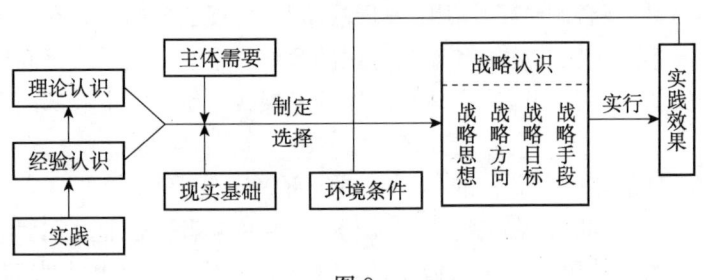

图8

战略思想、战略方向、战略目标和战略手段的有机结合,构成完整的战略方案。战略决策,就是对战略思想、方向、目标和手段的选择和确定。战略研究的一般程序可划分为调查与预测、构思与设计,评价与决策三个阶段,大致如图9所示。

其中的每一环节、每一个步骤都存在着选择,例如前景预测(就技术战略研究说是技术预测)就可能有多种结论,态势分析(如现实技术基础和技术系统的现实格局)也会有多种看法。流程中的评价,是综合性的选择,是从各种战略方案中作出行动决策前的选择。这是战略研究的一般程序,现实生活技术发展战略比它复杂得多。就一个企业来说的技术战略任务,要考虑到国家的社会经济和技术发展及企业的总体发展。技术态势分析要估计到企业技术水平与国内先进水平

第五章 技术发展战略的选择

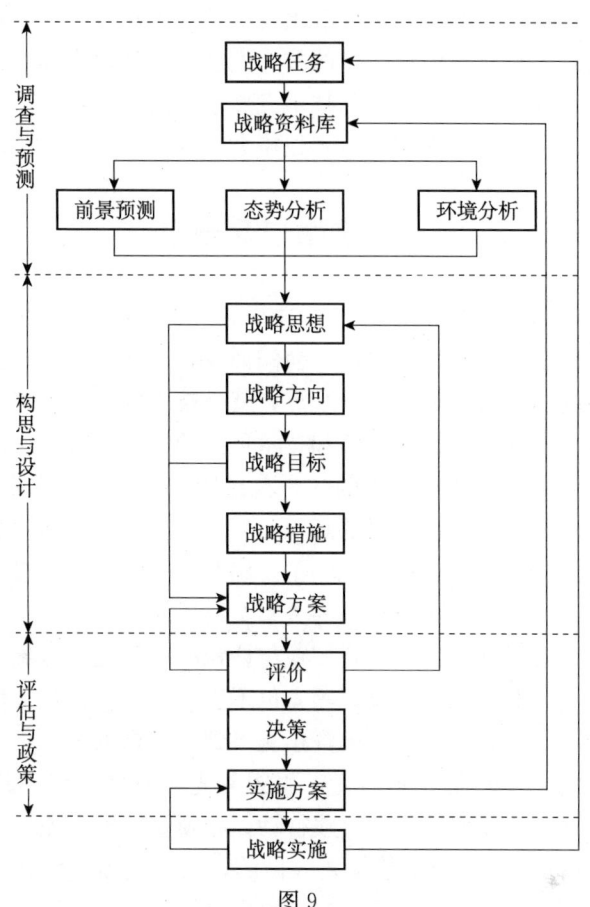

图9

的差距，国内先进水平与世界先进水平的差距。国家和地区的技术发展战略要考虑到的环境条件，必须包括本国与世界各国的政治、经济和文化交流关系等，当然还有地理、资源等条件。而且，这个一般程序是理想化的，在现实生活中常有情况不明决心大的战略决策，方向不明措施多的战略决策，不经评价就拍板的战略决策。即使认真地进行战略研究和战略选择，由于资料缺乏和任务紧迫，也会准许进行调查预测分析，乃至边设计战略方案边实施战略行动。

第二节 首要的是战略思想的选择

技术发展战略的选择和确定，是力图找到某种途径，使技术沿一定方向发展，从现实状态变为设定状态，实现所期望的全局性目的。但是，不是技术的任何发展都能实现人们所期望的目的，也不是任何目的都是人们所期望的。这里所讲的期望，是人们从自己的需要、利益出发，认为客观对象或客观过程"应当如何"的看法和设想。究竟期望什么样的技术发展，达到什么样的目的，不同的人有不同的观点。指导人们考察和变革技术发展全局的根本观点，或战略思想，领先于技术发展战略的制订，贯穿于技术战略方案选择和实施的全过程。

一、战略思想领先

技术发展的战略思想，指导着人们选择和确定全局性的技术发展方向和目标，以及实现目标的根本措施和方法。换句话说，对于全局性的技术方向、技术目标和技术措施起指导作用的理论和观点，就是技术发展的战略思想。人们在技术活动中不可避免地要碰到技术价值和技术目的的问题，即在技术发展中希望获得什么样的利益，什么样的技术目的才是自己所期望的。技术发展的战略思想，主要是人们对技术的价值意识和目的意识，领先于战略方案和战略实施。

思想领先的提法近些年已很少见到了。确实，一般地讲思想领先是不大确切的，容易引起误解。是就物质与意识的关系上讲思想领先，还是就经济基础与观念形态的关系上讲思想领先，或是就实践与认识的关系上讲思想领先，没有清晰的界定，在这些关系上笼统地讲思想领先也不妥当。但是，就人们要主动地、自觉地采取某种行动时，总要先有从调查预测得到的指导思想，尔后才有行动，则是不错的，简言之，这时是先想后做，思想领先。战略方案和战略实施是重大的、全局性和长远性的谋划决策和实践行动，必须要思想领先。毛泽东同志在论及人的能动性时指出："一切事情是要人做的，持久战和最后胜利没有人做就不会出现。做就必须先有人根据客观事实，引出思想、道理、意见，提出计划、方针、政策、战略、战术，方能做得好。"[①]

对战略方案，战略措施来说，战略思想领先。可以举一个例子作点分析。在1984年中国领导人访美之前，美国最重要的战略研究机构兰德公司向政府提出了对华战略建议，这个建议包括对中国现状的分析与估价、战略设想和政策措施。特别值得注意的是它所提出的战略设想即上面所说的战略指导思想，以及以这种设想为先导的战略措施。它所建议的战略设想是：政治上在保持现状的情况下小步前进；军事上不亲不疏；经济上放手发展；技术上在保持美国领先五年的前提下，原则上对中国开放转让，文化教育上开展民间的、多种形式的接触。

这里不能全面评价这种战略思想，但对于技术上在保持美国领先五年的前提下放手发展则可以说：①在总战略设想上把技术战略作为重要的一方面；②这个

---

① 《毛泽东选集》，第2卷，第445页。

设想是一种技术战略思想,它并没有直接确定美国开放转让技术要赚多少钱以及转让什么技术,主要的是领先若干年和在这个前提下的开放转让原则;③这个设想是总体战略设想的一部分,它本身也就是美国技术转让战略。根据这个战略思想及相关设想,兰德公司提出了中美之间签订经济技术合作协议、培训留学生、扩大投资等战略措施。

战略研究及其指导思想的形成,当然要以调查研究为基础,兰德公司提出的战略设想也不是凭空产生或即兴涌出的。兰德公司在50年代初就对"中国参加朝鲜战争的因素"和中国经济等问题作过多方面的专题研究。这类研究一直持续进行,最近几年,该公司公开发表的有关中国问题的研究报告每年就有五、六份,保密报告就不得而知了。这种研究是兰德公司得以提出对华战略的基础,也正因为该公司从事这种战略研究,在朝鲜停战谈判期间,兰德公司的研究人员曾充任美国代表团的现场顾问,尼克松任美国总统时还把兰德公司的两名专家聘请到国务院任职,就中美关系正常化问题出谋划策。

技术发展战略的选择、确定和实施,也必须有一定的指导思想,即思想领先。从根本上说,技术发展的战略思想依赖于人们的基本观点,即世界观、社会历史观,科学观和技术观。如果认为科学决定技术,技术只是科学的派生物,发展科学也就是发展了技术,那么技术发展战略也就是科学发展战略,或无所谓相对独立的技术战略。如果认为技术决定社会,社会只随技术的进步而自动地发展,即按"技术决定论"观点看问题,那么技术发展战略就高于社会经济发展战略,社会经济发展战略要依从于技术战略。如果认为意志决定社会历史,现实世界只是意志的外化,那么就可以按"不怕做不到,只怕想不到"或"人有多大的胆,地有多大的产"的原则来制定经济和技术发展战略。

技术发展的战略思想与一般原则有关,它毕竟是特定国家、地区或企业的有关技术发展的指导思想。它的形成也要经过深入研究,至少是由以下四个方面具体分析得出的综合结果:

(1) 对战略任务的理解或对主体需要的分析。技术发展战略不是为技术而技术的自我完善,而是为社会经济发展服务,为政治和军事需要服务,为提高生活质量和生态质量服务的;对服务的总体要求不同,对战略任务的理解有异,战略思想就不会一样。当然,技术发展的战略思想终究要从技术的角度去反映战略任务,例如要正确认识工业现代化、农业现代化、国防现代化与科学技术现代化的关系,正确认识控制人口与发展医疗技术的关系等。

(2) 前景预测或趋势分析。技术发展战略必须面向未来,要符合技术发展的规律性,要有对技术发展史的正确认识,对现代技术将会如何发展的正确认识,技术理论和技术预测有分野,战略思想必定不一致。认为下世纪的主导技术将是生物工程技术，是一种指导思想，反之则是另一种指导思想。

(3) 态势分析或对现实格局的认识。技术发展的战略思想不是主观臆断，而要立足于现实，特别是要对本企业、本地区、本国的技术发展状态和形势作实事求是的分析，对厂情、省情、国情的估计失当，战略思想就会陷于主观性、片面性。老企业、老工业基地已经有了相当的技术基础，它有利于积累性的技术发展，又有不利于灵活性地发展技术的方面，充分认识这点才能指导战略选择。只看到已有基础的技术优势，会确定一种战略方案，只把已有技术基础当作想甩掉的包袱，则会确定另一种战略方案。分析本企业、本地区和本国技术发展的态势，要知己，还需要与他企业、他地区和他国的情况作比较，要知彼，知己与知彼是互为条件的。

(4) 环境分析或条件分析。广义的技术环境条件包括地域资源因素、研究组织、技术信息、研究经费和人才等方面。作为战略指导思想，应当从总体上反映它们所提供的可能性，量力而行。

以上四点都属于战略制订的调查与预测阶段，其结果是战略思想的形成。在这个阶段上，战略资料有很重要的地位，它是战略任务、前景预测，态势分析和环境分析的前提和焦点，是战略研究和战略选择的基础。

许多国家都很重视战略资料的积累和研究，这里仅举一个例子，用以说明调查与预测阶段的内容和意义。

日本对制定科学技术战略和战略研究下了不少工夫。在1983年，日本政府的科学技术厅、厚生劳动省、农林水产省、通商产业省和邮政省等五个中央部联合，组织261位高级专家学者，用两年时间，完成了将近百万字（中译计）的《科学技术水平与研究开发潜力综合调查分析报告》（中译本更名为《80年代日、美、欧科学技术水平与研究开发潜力比较》）。

这个报告[①]的简短前言中有两段很重要的话：

"今后日本为了实现科学技术立国，运用科学技术为世界发展做出应有贡献，必须集中堪称日本唯一资源的'智力'，发展自主的技术开发。作为一个国家，需要制定一个比过去更加完备的科学技术总体战略。"

"从上述观点出发，本调查通过对日本科学技术水平，研究开发潜力同欧美先进国家的定性，定量比较，以及实现目标的程度分析，力图尽可能客观、具体地反映现状，为研究确定日本今后的研究开发方向和加强开发潜力，提供进行科学技术决策所需要的基础资料。"

这里，讲到国家需要制定科学技术发展战略，讲到科学技术立国和"为世

---

① 《80年代日、美、欧科学技术水平与研究开发潜力比较》，东北工学院出版社，1990年。

作贡献"的战略任务,讲到科学技术决策需要基础资料。这个调查的各个课题均有六项内容,即科学技术课题概述、科学技术水平、研究开发潜力、研究开发动向、今后研究开发的方向和可能性及技术所处的环境条件。这些内容也就是前面讲到的态势分析、前景预测和环境分析。

二、战略思想选择

战略思想的形成与人们的世界观和思维方式有关,与上述的四个方面的理解和分析有关,其中的每一个环节有差异,形成的指导思想也就不同,因而必然发生选择问题。战略思想选择属于观念选择,其中的核心问题是价值标准,就技术战略思想来说,就是要认定哪种技术和技术系统好,哪种不够好或不好。关于技术的价值和技术选择的价值标准前面有所涉及,下章还将集中分析,这里主要从一个侧面作些讨论,即某种技术的好与不好,问题常常不在于技术本身,对技术好与不好的评价和选择常常取决于技术以外的因素,或者说技术发展战略思想的选择常常取决于非技术的因素。已有一些工程技术人员看到,只懂技术搞不好技术,还必须懂得技术以外的东西,因为技术好坏的标准就常常在技术和专业以外。所谓技术思想可以从工程学的角度评价,也可以从非工程学的观点评价,这是战略选择和项目选择都必须注意的。

我们并不认为工程学评价是不必要的,这种评价也是技术选择的重要依据。可是,如果仅仅从工程学的观点来评价技术和技术系统,很容易会认为新技术比旧技术好,大技术比小技术好,高技术比"低技术"好,先进技术比落后技术好,因而应当选择新技术、大技术、高技术和先进技术。从这方面看有一定的道理,但道理并不充分,合理的技术思想还要从经济的,社会的观点来评价技术,选择新技术、大技术、高技术和先进技术从局部说可能是好的,从全局说未必都好。

企业技术项目的选择不能只考虑先进性,可靠性原则,还应考虑经济性、可行性原则,总的说要遵循适用性原则,也就是要有适用技术战略的思想指导。国家和地区的技术选择同样有这个问题,从组织领导体制看,我国目前的重大技术项目不能只由各级政府的科学技术委员会确定,也不能只由各级政府的计划经济委员会确定,而要由它们协调统一,这是有理由的。科学技术委员会应当并能够重视经济和社会发展,它毕竟更多地了解科学和技术,计划经济委员会应当并能够重视科学和技术,它毕竟更着重于经济和社会发展。二者既分工又结合的组织措施,也是在战略思想指导下采取的。

在这里,我们主要就大技术与小技术的关系、新技术与旧技术的关系、高技术与传统技术的关系，考察有关的战略思想问题。它们的关系可以说已经争辩过几十年，可能还要争论下去。在20世纪50年代，我们曾讨论过大、中、小的关系，土、洋的关系，在那时有过认识上的片面性，搞了过多的小高炉、土高炉，思想领先不当，造成损失很大；也不可否认，一批中小企业，一批土法上马的企业在那时建立起来，其中一些经过不断完善至今仍在发挥作用。直到今天，大、中、小关系，新旧关系仍然是现实的存在。我们既有不少大型的企业和技术，如职工人数超过万人的冶金公司、化工厂、机械厂等，它们拥有规模巨大的高炉或反应塔，许多非常精密、切削速度很快的机床，开发了功率大，效率高且相当复杂的新工艺、新产品。我们也有一批小型的企业和技术，其中包括许多乡镇企业及其技术，它们通常缺乏大技术装备和高级技术人才，乃至只应用大企业要淘汰或已淘汰的技术手段，沿用并非现代化的工艺或旧技术生产老产品。

现实的存在，在技术思想上就有两种反映：一种认为大的就是好的，另一种认为小的就是好的。

"大的就是好的"，可以找到许多例证。一般来说，大型高炉比小高炉的利用系数高，大型化肥厂比小化肥厂的能源利用率高，大飞机比小飞机飞得快，大望远镜比小望远镜看得远，企业规模要大到一定程度才有规模经济效益，才用得上大技术。

令人感兴趣的是还有人主张"小的就是好的"，其代表者就是前面提到的英国人舒马赫及其著作《小的是美好的》。他在这本书中揭露了发达国家的资本密集型、资源密集型产业的一些弊病，指出专业化、大型化生产导致经济效益降低、环境污染、资源枯竭，他通过对企业机构、生产规模、矿物资源及其是对第三世界的发展论证了该书的主题思想，他甚至说："我毫不怀疑，可以做到给技术发展规定一个新方向；这个新方向使技术发展回复到满足人的真正需要，这也意味着适应人的实际大小。人的身量很小，因此小型技术最好。追求巨大无疑追求自我毁灭。"[①] 舒马赫的观点引起了广泛的注意。《小的是美好的》一书1973年发表，到1979年就重印了12次。

我们不打算评说这两种对立的技术思想的是非，而只是说在确立技术发展战略时必然会有不同的技术思想，因而必须作出指导思想的选择。在这点上舒马赫的见解也值得借鉴。他反对流行的哲学即"对富国来说最合适的，对穷国来说也必定是最合适"，而提出："对富国适合的东西，对穷国不一定适合。"

"新的就是好的"或"唯新主义"，也是一种技术思想。新技术也可以作为先进技术的同义词，这在讨论技术的先进性原则时已做过分析。新技术又与高技术

---

① E. F. 舒马赫：《小的是美好的》，商务印书馆，1985年，第108页。

接近，有人还使用"高新技术"的提法。新技术也可能指历史上和记载上首次出现的技术发明，这也分析过了。只需补充一点：在时间上后出现的新技术并非都是好的，正像老技术未必都不好那样，任何一种新技术也都是一分为二的，用似乎简单化的观点说，它既有好的方面，又有不够好或不好的方面。

如何评价"新产业革命"、"新技术革命"，对技术发展战略思想选择至关重要。我们对新技术革命已作过很多讨论，介绍过它的内容，讲了不少"机遇"、"挑战"的话。我们不准备重复已谈到的细节，也无意否定新技术革命及其重要意义。但是，我们认为，在已经进行的讨论中，不少人的观点似乎受到了"新的就是好的"技术思想的影响，表现为对新技术的好处讲得多，似乎新技术一切都好，没有任何不足。这有点像我们当前的某些鉴定，对技术成果只讲已达到省内、国内乃至国际先进水平，没有尚需完善之处，对人的思想业务状况只讲优点，没有缺点或只有抽象的"希望"。

从工程学的观点看，任何新技术都不会完美无缺。从社会经济观点看，任何新技术的应用都不会尽善至极。哪怕新技术及其应用只有次要的、支流的缺陷或负效应，作为技术思想也应当明确指出来。高速公路有许多优越性，只讲好处，我们就该像美国那样大兴高速公路建设，但它终究造价高昂，而且会把公路两侧居民的已有联系分割开来。认识到这种不足，我们在高建公路修建上的指导思想就必须量力而行（1978年美国高速公路平均每公里的投资近150万美元，我国用不了那么多，仍是可观数目），在农村电话不发达，农村居民几乎没小汽车的情况下还要考虑不使已有联系不致于过度分割（多修立交桥要增加造价）。生物基因工程技术很有潜力，但它毕竟还在研究过程中，还没有解决略为高等生物的遗传基因重组，已重组产生的新物种还会退化，不认识这种不完善，就会像我国有的报刊把创造"西红柿牛肉"或"牛肉西红柿"之类作为农业生产的现实任务。以电子计算机为核心的管理系统、专家系统、机器翻译等有令人惊叹的巨大作用，但只靠计算机还不足以实现管理科学化（如果原始数据不准，经计算机处理后的资料报告会更唬人），由医疗专家系统开不出疑难病药方，开出药方也要请名医鉴别，机器翻译总还要由人来校对……不讲这些，也不讲电子计算机的应用条件，以为有了计算机就有了管理现代化、科学化，结果是到处买计算机，买了又用不上、不会用或只作打字机用，造成浪费。

对新技术革命、新产业革命的宣传，本来有它的社会背景。西方的许多未来学家在作这种宣传时，主要不是在讲技术或产业本身将如何发展，而是在倡导一种技术发展观和社会发展观。无论是贝尔讲的"后工业化社会"，还是托夫勒讲的"第三次浪潮"，都从技术决定论观点否定资本主义与社会主义的本质区别，想靠新技术革命为资本主义制度找出路。我国在介绍新技术革命时已指出了这点,但对"唯新主义"药方是分析得不够的。那时,日本有的技术评论家就对此不以为然,他明确指出:"战后,在科学技术方面,值得注意的问题,就是这样一个事实:统治阶级总是举起'凡是新技术都是好的'这一科技至上主义的招牌,混淆科学技术与政治的关系。……散布科学技术至上主义还有另外一个企图,那就是借着所谓'技术革新'的名义,宣扬资本主义,说资本主义制度下的技术有无限发展前景,以此证实资本主义愈加繁荣昌盛。"①

我们应当以认真的态度对待现代科学技术的新进展,也应当在迎接新技术革命的挑战中对不同的技术思想作深入的分析、比较和选择,努力发展和应用新技术,搞好技术创新,同时,也要防止把新与好完全等同起来,看清"唯新主义"的实质。

与此相关,还有如何认识高技术与传统技术的关系问题。"高技术"(high technology)一词最早出现在美国,至今还没有统一的定义。人们有时把它当作新技术、尖端技术、知识密集型技术的近义词或同义词,还有人认为技术本身很难分出高低,还有人主张高技术是相对于水平较低的技术而言的,因而在各个历史时代都有其高技术。我国研究高技术的多数学者认为高技术是反映当代技术发展的特定概念,是具有高智力、高投资、高速度、高效益、高风险、高潜力等特点的技术群,如微电子技术、计算机技术、航天技术、激光技术、机器人技术、光导纤维技术、可控核聚变技术、超导技术等。

高技术很重要,我国目前尽管财力很有限,也应当尽可能有重点地发展自己的高技术,想主要靠引进获得高技术的核心内容,是不现实的,因为还可以给高技术加一个特点:高保密性。许多高技术的工作是着眼于21世纪的,如果在认识上对高技术跟踪、高技术研究和高技术产业化估计不足,就会长期处于落后状态,而落后是要受制裁乃至挨打的。

但是,高技术正因为高,又可能产生搞高技术才是高级的,从事一般技术工作(如传统的采冶技术、机电技术、化工技术、建筑技术等)则是不高级的乃至是低级的,因面形成"高的就是好的"这样一种技术思想。人们习惯地会想到,既然有高,必有不高或低,总不会说低也好吧。我国企业的一些工程技术人员有一种说法:不要只想高技术,把低技术搞好就很不错了。这固然反映了他们对高技术的意义认识不足,需要向他们宣传高技术在当前特别是今后的重要作用,也反映了他们实质上不赞成"高的就是好的"。

我们要搞技术,在技术发展战略中有高技术发展战略的内容,同时也要防止把高与好完全等同起来,不能用"高的就是好的"来指导工作。在宣传高技术

---

① 武谷三男、星野芳郎:《现代技术与政治》,吉林人民出版社,1986年,第3页。

时，一定要同时强调一般技术（当代社会存在的基础技术）的重要性，正确说明基础技术与前沿技术的关系。在这点上，我们认为是有欠缺的。

我国的许多文章都很强调用高技术武装传统部门，认为这是技术改造的根本方针。我们以为这是对的，又不完全对。说它对，因为传统部门的改造必须应用高技术成果，舍此很难改变面貌。说它不完全对或不全面，因为这种提法把传统部门与高技术的关系只看作前者被武装，后者去武装前者，好像一个人放下步枪拿起激光枪那样。

实际上，传统部门的技术改造应当包括两个方面：一是这些部门的基础技术进一步完善化、革新、发展，二是用高技术、新技术去武装，把高技术、新技术与基础技术有机结合起来。各个部门、产业、企业都有它的基础技术，基础技术的更新是它们进行技术改造的核心任务，只有在这个基础上才能有效地应用高技术。在平炉上安装计算机控制不能实现炼钢现代化，在稳定性低、切削速度低、被加工物件材质差的机械加工中用数字控制，在蒸汽机车上用机器人加煤，也不是真正的技术改造。

只讲高技术武装，不强调基础技术的更新，就不自觉地形成了"高的就是好的"这样一种观点，至少有这类倾向的嫌疑。在某些基金资助、成果奖励中，对高技术研究和高技术成果给予重视（这是对的），而对传统部门基础技术则有所忽视，评价偏低，乃至不予考虑，是值得注意和应当纠正的。

在论及技术发展的战略思想，我们对大技术、新技术、高技术多有微词，这固然因为我们的观点不可避免地带有地方狭隘性，也是由于想有针对性地讲一点可能未被充分注意的问题（尽管可能只是枝节），以便引起讨论、批评。

技术发展的战略思想是关于技术形成和应用的方向、目标、措施的一整套观点。技术发展的总体战略有其指导思想。如果从各个领域看，工业技术战略，交通运输技术战略，农业技术战略，也有其略为具体些的指导思想。从各个方面，技术开发战略、技术引进战略、技术改造战略，也有各自的指导思想。有的已经或还要讲到，有的就不细说了。

第三节 技术战略的方向、目标和模式

技术战略思想的形成，从根本上已明确了技术发展的方向、目标和模式。但技术发展战略的实施，只有指导思想还是不够的，而必须确定具体的奋斗方向、目标、步骤和方法。确立经过努力可以达到的目标，是技术发展战略选择的实在内容。缺乏指导思想的目标是盲目的，只有思想的目标是空洞的。

一、战略方向

在讨论发展战略时,经常会遇到各种提法,如赶超战略、跟踪战略、高技术产业化战略、铁路电气化战略、化学农业战略、有机农业战略等等。在研究这些提法时,往往难以一下子看出或从字面上分清究竟讲的是什么,是指战略思想、战略方向、还是战略措施或并非战略。也许,这是因为战略本来就是相对的,而且战略思想、战略方向、战略目标之间又互相交叉,未必需要分得一清二楚。

但是,如果分析各种战略提法仍大致可以看出一些区别。我们在 1958 年说在 12 年内使钢产量超过英国,这属于战略目标。要是只讲我国钢铁生产技术要赶超发达国家先进水平,就很难说是确定的目标。高技术产业化战略中如有明确的时间、项目和数量要求,有目标;如只讲高技术不能只停留于研究,还必须用于生产,就不是目标,因为未讲出化到何种程度。

许多战略性提法实际上讲的是战略方向,即在一定战略思想指导下,为实现战略任务或目标所要走的道路。一般地讲赶超、跟踪,讲高技术产业化、产业高技术化、讲炼钢转炉化、铁路电气化,都属于战略方向。农业技术发展究竟是以化学农业为主,还是以有机农业为主,也是指发展的道路不同,即方向。战略方向与战略思想、战略目标有密切的联系,从概念上可大致作如上的划分,在具体分析时它们常常是你中有我,我中有你的。

发达资本主义国家的技术战略,是以自主技术创新或自主技术开发为特点。美国是从它的"全球战略"出发,尽力扩大与竞争对手的差距,保持科学技术在世界全面领先的地位(或如里根所说"努力保持技术领导者的地位"),特别是在空间技术、大型电子计算机,航空工业,程序控制机床和自动控制系统等方面保持战略优势。日本的技术战略,是在肯定能生产物美价廉产品的产业技术的基础上,要"在基础研究和创造性研究领域承担与经济实力相适应的技术开发任务,"或者说是在保持产业技术优势的前提下,在新技术发展上与欧美竞争。这些,是美、日的技术战略目标,更确切些说,是它们的战略方向。

发展中国家的技术战略,必然要以发达国家作为参照系,或是走赶超的道路(起飞战略、跟踪战略),或是回避赶超(变通战略、脱钩战略)。回避赶超,采取只发展中间技术的变通道路,虽可能温饱,但必然受发达国家的控制;与发达国家切断经济和技术上的联系(脱钩),也不是方向。要赶超,就必须明确究竟要赶超什么,哪些是应该赶超而且是必须赶超的,哪些是不应该赶超,赶超了反而是有害无益的,才会有正确的战略方向和目标。

发达国家的技术在近一百多年有了巨大的进步,几乎用不着再作什么描述。

在这些国家的普通家庭里，不仅有许许多多的电子元件，内燃机和电动机一般都在10台以上（汽车、除草机上有内燃机、空调器、电冰箱、录音机、摄像机、录像机、电扇、洗衣机、电唱机、指针式电子钟表、切菜机、自动照相机，以及许多电动玩具中均有电动机）。发展中国家要实现经济增长，巩固民族独立，必须在技术上努力掌握先进的生产技术，不断缩小与发达国家的技术差距，也就是要赶上，要跟踪，在可能做到的领域，能超过更好。我们作为一个社会主义大国，又是发展中国家，不仅应当在传统部门的技术领域内赶超，在高技术领域内有重点地跟踪，还要根据本国的资源特点作出有自己特色的技术创新。

但是，发达国家中的技术发展和技术应用又并非都应当赶超的，或至少不是近期的赶超目标。技术应用所造成的环境污染，或先污染后治理的道路不该赶超。美国的能源消费量和资源消费量不该赶超（1980年美国的人均能源消费量折合为10.4吨标准煤，全世界平均为人均1.9吨、中国0.6吨、日本3.7吨、印度0.21吨），如果世界各国都赶超美国的能源消费，用不了多少年地球上的石油资源就会枯竭。如果把美国的人均汽车拥有量，或家庭中平均的内燃机和电动机数作为全面赶超对象，同样不是我们的方向。美国的技术发展是为高消费、高增长服务的，是为浪费经济服务的，也是为争夺国际市场、实行军备竞赛和维护霸主地位服务的。这个方向不能跟踪，更不能赶超。

面对着环境危机、能源危机、资源危机的出现，许多人对机械文明时代技术发展道路的合理性，对赶超发达国家技术的必要性，重新进行估价或反思。无论是对现实和未来持悲观态度还是乐观态度，无论是赞成还是反对赶超，他们大都认为人类今天正处在一个转折点上，有必要认真探索和选择未来技术发展的方向，用"另一种技术"来代替现有的技术，即寻求"替换技术"（alternative technology）。这里的"另一种技术"、"替换技术"主要不是指某种具体的技术手段，而是技术在总体上的发展方向。

由于人们的地位不同、观点各异，有的可能是技术决定论者，有的是反技术主义者，有的则持折中见解，他们对"另一种技术"的看法有很大的区别。其中包括有"软技术"、"革新的技术"、"人民的技术"、"解放的技术"、"有影响的小技术"、"中间技术"、"适用技术"等等，真可谓是学派林立，百家争鸣。尽管各种"替换技术"主张都没有提出未来技术发展的理想方式，但他们主张要最小限度地使用不可再生的能源，要最小限度地干扰环境，在地区范围内自给自主，消除人类的剥削，则包含着值得注意的内容。

长期以来，我们对技术上的赶超、跟踪讲得多，对"另一种技术"的方向和内容则很少介绍。为了有益于开阔眼界，这里简略列举"替换技术"的一些意见——尽管这些意见中有些是乌托邦性质的。

主张"中间技术"的舒马赫反对以多消费为技术发展的方向。他在论证这一点时还援引了"佛教经济学家"的看法，可能是我们未有所闻的。他认为，佛教主要关心的是"财力惊人地小却获得特别满意的效果。""对现代经济学家来说，这是很难理解的。他们习惯于按每年的消费量来衡量生活水平，历来认为一个消费较多的人比消费较少的人境况优越些。一个佛教经济学家会认为这种看问题的方法极不合理：既然消费只是人类福利的一种手段，目的就应当是以最小的消费求得最大限度的福利。"①

接着，他按佛教经济学家的看法举例说明了穿衣和做衣的四种情况：

（1）最好的做法，"衣着的目的既是御寒和美观，那么，任务就应该是花费尽可能少的力量来实现这个目的，即每年耗费最少量的布匹，采用投入劳力最少的款式。劳力投入愈少，给艺术创造的时间就愈多。比如说，将一块没有剪裁的衣料作成精巧的皱折，可以给人以美得多的感受……"

（2）不经济的做法，"追求复杂的裁剪……"

（3）愚蠢的做法，"把衣料缝成易于很快磨损的款式……"

（4）粗暴的做法，"作成那种丑恶，庸俗乃至下流的服饰"。

我们可能不会同意"最好的做法"，但却无法否认，文化传统不同，消费观念不同，对技术发展方向的理解是有影响的。

印度学者雷迪在《技术与经济》一书中指出，"另一种技术"在环境、经济，社会方面应具有自己的特征。其环境特征是：

（1）能源——生产技术不是建立在枯竭性能源而是建立在可再生性能源（非石油和煤炭能源，例如太阳能、风力、沼气）和资源的基础之上。

（2）其技术是比能源集约型更好的能源节约型技术。

（3）生产能够经久耐用的产品，而不是生产用一下就扔的产品，搞可以持久生产的技术而不搞很快就失效的技术。

（4）搞以再生性原材料（例如木材和棉花）为基础的生产技术，而不搞以枯竭性原材料为基础的生产技术。

……

（8）它的住宅建设和运输技术不是促进巨大而不可控制的，危险而令人难以忍受的城市无秩序状态的发展；而是使人类能够按照计划都得到一个规模适当的，可以控制的，安全而舒适的生存空间的那种技术。

（9）不是对环境不加区别并且急速破坏的技术，而是以其合理性而能持续使

---

① 舒马赫：《小的是美好的》，商务印书馆，1985年，第34页。

用的技术。[①]

雷迪提出的技术类型引起了日本、欧洲特别是发展中国家的注意。他所倡导的技术方向需要科学，不一定是劳动密集型技术或中间技术，很可能是知识密集型技术，但又与技术至上主义有原则区别。

"替换技术"的提倡者英国的罗·克拉克，他曾因1973年在英格兰北部的威尔斯山上改造了一幢房屋，在房顶上装上太阳能装置供三户人家使用而著名。他在《替换技术论》一书中把原有的大型化技术统称之为"硬技术"，与之相对应的则称为"软技术"并对二者作了以下的对比，这个对比不仅包括着两种技术方向，还包括着与之相关的社会，经济、环境，文化和生活的发展方向。[②]

表6

硬技术社会	软技术社会
1. 生态学上的不健全	生态学上的健全
2. 投入大量的能源	投入少量的能源
3. 高污染率	低或完全没有污染率
4. 对资源和能源的不可再生性的利用	对资源和能源的可以再生性的
5. 仅能在一定期间内发挥功能	永远发挥功能
6. 大批量生产	手工业型产业
7. 高度专业化	初级专业化
8. 以家庭为核心	以共同体为单位
9. 重点在城市	重点在村落
10. 与自然相分离	同自然融为一体
11. "同意"政治（掌权者提出政策，普通大众表示同意）	民主政治
12. 根据资本的权力规定技术界限	根据自然规定技术界限
13. 世界性的贸易	地区性的实物交换
14. 破坏地区性文化	与地方文化共存
15. 易被乱用的技术	防止乱用
16. 对其他种族有严重的破坏	与其他种类的繁荣相依存
17. 由利润及战争决定技术的革新	由需要决定技术的革新
18. 不断增长型经济	稳定型经济
19. 资本集约型	劳动集约型
20. 青年人与老年人相疏远	青年人与老年人相结合
21. 中央集权的	分权的
22. 整体效率与规模一起增大	整体效率随规模缩小而增大
23. 普通人感到过于复杂的运转方式	任何人都能够明白的运转方式
24. 技术事故频繁而严重	技术事故几乎没有，即使有也很少
25. 对技术性、社会性问题取单一性的解决方法。	对技术性、社会性问题取多样性的解决方法

[①] 星野芳朗：《未来文明的原点》，哈尔滨工业大学出版社，1985年，第66~67页。
[②] 星野芳朗：《未来文明的原点》，哈尔滨工业大学出版社，1985年，第44~45页。

续表

硬技术社会	软技术社会
26. 农业把重点放在单一栽培上	农业把重点放在多样化经营上
27. 重视量的标准	重视质的标准
28. 粮食生产靠专业部门	粮食生产由全体人员进行
29. 主要为收入而工作	主要为满足需要而工作
30. 小单位依存于社会其他单位	小单位自给自足
31. 与文化相脱节的科学和技术	与变化相统一的科学和技术
32. 由专家阶层从事科学和技术	由全体人员从事科学和技术
33. 工作与业余休息严格相区别	工作与业余休息的区别相当模糊或完全没有界线
34. 高失业率	失业概念完全无效
35. 仅限于地球上少数人有时间从事的技术目标	对所有人永远有效的技术目标

雷迪主要是从能源和资源的利用探讨未来的技术发展，可以说是对现存技术类型的补充。克拉克则要从根本社会体制上否定工业化，乃至要重返农业社会，是不切实际的幻想。

上述种种主张并没有真正解决未来技术该如何发展的问题，只是表明人们正在研究它。了解这些主张，对于像我国这样正在工业化、现代化过程中的国家，也会增加方向选择的考虑余地。我们必须大力推进工业化和技术发展，赶超发达国家，努力缩小经济和技术上的差距，同时又不能亦步亦趋地跟在发达国家之后，完全照抄它们的技术发展的方向和目标。世界技术发展的方向正面临着重大的转折，有必要确定符合时代特点并具有中国特色的技术发展战略。

二、战 略 目 标

技术发展的战略方向只有落实到战略目标上才有实践意义。战略方向和战略目标体现了战略思想，又使战略思想更加具体化。一般来说，战略目标反应在全局性的、长远性的计划或规划中，我国曾制定过的科学技术发展十二年规划，几个五年计划，其中都包括着技术发展的战略目标。目前已确定或正在拟定的企业技术改造规划、技术普及推广计划（如星火计划）、高技术跟踪和应用计划（如火炬计划），主要是技术发展的战略目标和措施。

技术发展的战略目标大致有以下几个特点：

（1）确定性或定量性。战略目标不能只讲按照什么观点去做，或沿着什么方向去做，而要确定或大致确定在什么时间做到什么，做到多少。目标应当是可以做到的，因而是可以实际检查的。只讲要实现有中国特色的社会主义现代化，在1980年、1990年、2000年或更长的时间里，都可以说指导思想正确，大方向对头，却无法衡量我们做到了什么，没有做到什么。如果讲到本世纪末国民生产总值翻两番，到2050年赶上中等发达国家水平，则是预计要做到的，可检验的战略目标。炼钢技术的发展，只讲努力增加转炉钢的比例，提高成材率，基本上也是方向；如果确定转炉钢与平炉钢的比例要由1989年的2∶1到本世纪末发展为5∶1，把钢的成材率到本世纪末提高5%，把连铸比由1989年的1.5%到20世纪末提高到45%（发达国家目前为70%～90%），这就是战略目标。

在讨论战略问题或提出的战略方案中，常有或常见到以战略思想、战略方向当作战略目标的情况，什么努力提高能源利用率、逐步实现产品结构合理化、力争使高级工程师中有一定比例的硕士学位人才，等等，作为发展方向无可挑剔，作为战略目标就显得太笼统了。没有大致确定的时间和数量要求的"战略目标"可能永远正确或很长时间里都正确，但却因没有可检验性而不成其为目标。一个人认识到他该走并向哪个方向或在哪条路上走，却不确定在什么时候要走到哪里，能说他已有了要达到的目标吗！

（2）阶段性。达到战略目标的时间跨度通常是比较长的，因而往往又要划分为几个阶段，分别确定长期的、中期的、近期的目标。长期目标也有确定性，但可能相对模糊些，例如，到2050年达到中等发达国家水平，中期尤其是近期目标则更为明确、具体。没有长期目标，无法确定中、近期目标，它们是为了实现长期目标。没有中、近期目标，长期目标无法起步。各个阶段里目标有所区别，相应的措施、方针也不完全相同。

（3）层次性。战略目标不仅有时间上的阶段性和连续性，还有它的空间上的整体性和结构性。任何战略目标都是由系统的总目标及其子系统层次的分目标构成的。总目标不是它的各子系统目标的简单相加和机械总和，它是在全局性的战略思想指导下，由全局性的任务确定的，总目标规定着各个部分的具体目标。同时，总目标又离不开它的各个层次上的具体目标。

国家、地区或企业技术发展战略的总目标，与国家、地区或企业的经济和社会发展战略，科学文化发展战略密切联系，社会经济发展战略规定着技术发展的战略重点、方向和目标。各层次的具体目标一方面决定于总目标，另一方面决定于它本身的特点。总目标不是简单地分割为各层次目标的。要提高转炉钢对平炉钢的比例（有时间、数量要求），是我国冶金产业的总目标，但对首都钢铁公司、上海宝山钢铁公司、唐山钢铁公司等则没有这个目标，对鞍山钢铁公司、武汉钢铁公司、包头钢铁公司等乃是重要目标，而首钢、宝钢、唐钢等在提高连铸比上却肩负着更重大的职责。

（4）预测性。尽管战略目标是在一定战略思想指导下、方向明确且有时间和数量要求，但它终究是面对未来的，是在预测的基础上形成的，是预测的结果。因而又有相当的不确定性，并难以作精确的定量，战略目标的确定毕竟不同于制定年度计划，即使是年度计划也难充分精确。影响技术发展的因素是很复杂的，发明创造新成果的出现，社会的经济、政府、文化生活中的变化，自然条件的变化，国际环境的变化，而且是相当长时间的变化，有许多不可预测的东西，不能用拉普拉斯的决定论和微分方程去计算。因此，百分之百地按预定目标实现几乎是不可能的。

战略目标的地位，它的这些特点，决定了目标选择的必要性和方法。

战略目标的确定不仅指明了人们的努力方向，而且指明了人们努力奋斗所要取得的结果，可以起到激励、动员和组织的作用。为了起到这种作用，目标不能定得太低，轻易就能实现，也不能脱离实际，选择过高的目标，一时使人们兴高采烈，乃至干劲冲天，到头来则希望破灭，丧失信心。战略目标的选定与其求之过度，莫如适当留有余地。

在战略思想、战略方向已经明确的情况下，战略目标的选择，主要是分析在今后一段时间里能把事情做到何种程度。学会运用现代科学的预测方法，如趋势外推法、回归分析法、决策矩阵法、决策树方法等，提高预测的可信度，是很有必要的。简单地说，是要算账的。我们当然希望到本世纪末时人均国民生产总值达到相当高的水平，早日共同富裕，但如果我们确认在1980年我国的人均国民收入为300美元（国民收入有不同的计算方法，可以按汇率折算，可以按相对的实际购买力换算，这里只是一种估算），按年增长5％计，到本世纪末则为人均800美元。这种计算可能不如提2000年超英赶美"够劲"，但却是比较切实的目标。技术发展目标也是如此，例如，数控机床在整个机床中所占的比率是机械工业现代化的重要标志之一，1979年日本数控化率为8.7％，1980年为12.3％，1985年达19.6％，其中有一批高速的或大型重型的数控机床。我国到1988年的数控化率只约占0.24％，还包括线切割数控机床和进口数控机床，国产数控机床多为小型的或简易数控车床。在这种情况下，尽管我们充分努力，并利用后发展的优势，如果能在2000年达到日本在1979年的数控化率就相当不错了，把2000年的目标定在5％，或许更稳妥些。当然，在传统工业技术方面，我们的战略目标，应当也可能更高，甚至在某些地方超过发达国家的技术水平。

战略目标的选择不是一成不变的，某些重大发明的产生，技术贸易条件的改善，或某种严重自然灾害的发生，国际间的地区冲击乃至规模较大的战争，都会影响原定目标，需要及时进行调整。"计划没有变化快"固然主要是批评政策多变，计划不慎重，但世界上的事情总是在变的，要有基本的稳定性，过多地强调不变似无必要。

战略目标的基本特点是互相联系的，目标选择的基本要求就是要把现实与未来结合起来，把努力方向与具体任务结合起来，把长远目标与近期目标结合起来，把总目标同各方面的具体目标结合起来。在这些环节上出现失误，就会导致目标选择上的偏差和实际工作的损失。我国在20世纪50年代后期制定的发展规划，曾提出要在一二十年内赶上和超过世界先进科学技术水平的战略目标，这确实是一种战略目标（有大致的时间、水平要求），雄心勃勃，也曾超过动员作用，但却证明是做不到的，挫伤了群众积极性。这种目标选择至少在以下几点上是有毛病的：①对当时我国科学技术水平与世界先进水平的差距估计不足，预测指标的确定不合理，认为差距只有一二十年；②超越阶段，我国在20世纪50年代还处于工业化的起步阶段，历史上并未进行过真正意义上的工业革命，而发达国家已有一二百年工业化历程。要跃过标准化、流水化、计测化、自动化，一下子全盘现代化是不可能的；③只有总目标，而各个局部则照搬而缺乏自己的具体目标，一切领域、一切部门都要攻尖端，攀高峰，没有把重点放到解决生产中亟待解决的技术课题上来。我们今天在确定技术发展的战略目标时，如何记取高指标，盲目赶超和欲速则不达的教训，仍值得深思。

三、战 略 模 式

技术发展的战略目标，必须有一系列的手段和措施来保证其实现。实际上，人们是在考虑到已经具备的和可以经过努力取得的条件的基础上才来研究和确定目标的，目标确定以后又会更加自觉和积极地去利用已有的手段，创造和开发新的手段。

相对于某种战略目标来说，为保证它的实现所采取的重大的、有决定意义的做法，就是通常所说的战略措施；从另一个角度看，战略措施又可以看作是某种战略目标。

为了实现特定的战略目标，可能有多种方案的战略措施，同样需要人们去选择。在实现铁路运输现代化的进程中，我们可以选定在某个5年计划期间把车速、牵引力和能源利用率提高到某种程度，为此，就必须解决是否还要继续生产和应用蒸汽机车，是主要采用内燃技术牵引还是用电力技术牵引，是否需要发展双层客车还是设法增加一般客车的通过密度，等等。这些措施事关重大，影响全局，如有不慎也会造成难以挽回的损失。我国已经决定不再生产蒸汽机车，这就是战略措施决策。至于内燃牵引还是电力牵引，就曾有过选择上的争论，前者初次投资较小，但能源利用率仍不够高，后者能源利用率高，而初次投资较大，这就颇费周折。当时还有对国际环境的考虑，担心战争中炸断输电线，电气化铁路全线停车，因而电力牵引主要在内地，随着环境和对环境认识的改变，电力牵引也来到沿海省市（当然还与开放的要求、条件等相关）。至于是否发展双层客车，尚无定见，似可继续争论下去（相同车厢数的双层客车约比单层列车增加载客50%～60%，它不增加运行密度，但制造成率比单层约高一倍）。

我们在前面几章中提到的关于技术项目和企业生产技术的选择，大都可看作是战略措施的决策。技术发展的战略措施，又不限于纯技术措施，设立发明奖和技术进步奖，确定固定资产的折旧率，组织人力搞关键技术的协作攻关，开放特区，支持兴办三资企业等等，都对技术发展有重大影响。从一定意义上说，促进企业的自主技术开发，搞好技术引进，也是国家技术发展的战略措施。

在一定的战略思想指导下，确定总体发展的方向和目标，以及实现目标的重大措施，构成完整的战略方案。战略选择的全部内容，就是要寻找和确定一种合理的、可行的、有效的战略方案。战略方案的选择原则和方法，基本上已经讲到，这里只重复强调一点：在只有一种方案提出时，通常不可决策，尤其不可匆忙决策。只是在有两种或两种以上的方案提出，并经过比较、分析、争论时，才可以作出择优而从的决策。对于技术发展的战略问题或较重要的技术措施来说，没有不同意，必须研究研究才能办，有了不同意见，有时倒反而不必用"研究研究"来拖延时日，有可能当机立断。这与我们习以为常的工作方法有所不同，有不同意见就不作决定，并不都是好办法。

在讨论发展战略时，经常会碰到"战略模式"的提法，例如，"苏联模式"、"产品经济模式"、"赶超模式"、"引进模式"、"运输系统模式"等。"模式"一词有点模糊，有时指总体性的方案、模型，有时主要指一套观点，或主要指目标、途径和措施。从一般词义看，模式是某种事物的标准形式或使人可以照着做的样式，模式是一种形式、样式，又是可以作为标准的，应当遵循或照着做的。技术发展的战略模式，可以看作是规范化的、被认为是有价值的全局性的观念、目标和做法，是要求照之行事的战略方案样式。也可以说，战略选择实际上是要选择战略模式。

由于指导思想不同，战略目标的重点不同。因而会形成不同的发展模式。例如：

（1）以生产指标为中心的经济增长战略模式。按照这种模式，例如把人均国民产值在1000美元以上者看作发达国家，不及者为不发达国家。技术的发展就是要追求效益、效率，实现经济增长，为此集中投资于高效率的国外先进设备，发展更有规模效益的大技术。

许多发展中国家曾采取这种模式，但没有取得良好的结果。过于追求效率，忽略了对传统产业的改造和社会就业。过于追求技术先进，增加了对发达国家的依赖，外债猛增。而且，有限的经济增长在相当大一批国家中没有惠及下层。世界银行曾调查了40个发展中国家，其中一个典型的情况是：2%的最上层人口占有国民收入的55%，而20%的最下层人口只得到国民收入的5%。

（2）边增长边分配的战略模式，或以社会生活指标为中心的发展战略模式。这种模式注意到了衡量发展的非经济因素，注意到了就业（既在经济上增长，又使更多人有经济收入），农村发展，人口计划等。在国际关系上，重点不是大量购买，而是使发展面向国际市场，出口生产与国际市场结合。在技术上更注重于使劳动密集型的产品具有国际竞争力，发展劳动密集和知识密集相结合的技术产业。

这种模式取得了一定的成功，但在富国与穷国，国内富人与穷人的基本格局没有改变的情况下，其社会后果是受很大限制的。特别是在跨国公司已成为国际经济秩序中的重要力量的时候，跨国公司对穷国制造业的投资倾向于资本密集和节省劳动力的技术，必然会加剧失业和各种社会矛盾。

（3）以"三生指标"的合理循环为中心的自主发展战略模式，这是我国的一些学者在近些年提出的。所谓"三生指标"，按杜大公同志的提法，就是社会生产、人民生活和环境生态；胡桐元、刘隆等同志又提出了"三生指标体系"，即具有加权系统的由生产指标指数，生活指标指数和生态指标指数组合而成的系统。这种模式的基本点就是在承认加速经济增长和生产发展的同时，同时考虑生活指标与生态指标的提高，统筹兼顾，综合平衡，建立合理的循环关系。

我们认为这种战略模式是值得重视的，有道理的。提出这种模式的同志在确定指标体系上下了不少工夫，从而会有助于战略目标的确定。这里，我们着重就这种模式的指导思想作一些补充。人们对论证别人的东西不以为然，我们倒乐于为这个模式作点论证。

可以看出，这个模式的提出是以生活、生产、技术相互关系的基本认识或理解为出发点的。技术在社会生活中有巨大作用，但除了局部情况（如烹调技术，某些无需药物或器械的医疗技术），技术通常并不直接作用于人们的日常生活，而是通过生产提供的产品（如衣服、粮菜、住宅、车辆、家用电器、药物等）来满足人类生活的需求，重工业的技术（采冶技术，机械制造技术，化工技术等）以及电子技术、计算机技术，归根到底也是为人类生活需要服务的。人类并不直接吃技术、住技术、穿技术、坐技术。人的生活对生产提出需要，在生产与生活（或生产与消费），发生矛盾时，才有对技术发展的潜在需求和现实需求。

任何生产都需要自然条件的支持，需要有煤、石油、地热等能源、矿产、森林和水资源以及新鲜空气和气候等，可以把这些都归之为生态条件（"大生态"概念）。同时，技术发展又不断地改变着生态环境。当生态条件满足不了生产的需求时，或者要用别国、别地区的生态资源来维持生产，或者要用技术手段来节省生态资源的消耗。生态条件一方面要满足生产需要，并通过生产影响人们的生活,另一方面又是人类生存的基本条件。当人类感到生态改变所带来的益处不及所造成的危害时,便要求生产减少其对生态环境的改变或破坏。

可见,技术、生产、生活三者构成了互相依存、互相作用的网,或"三生循环关系",大致如图 10 所示。正是从这个意义上可以认为,技术发展的基本矛盾是生产与生活的矛盾,生活与生态的矛盾,技术作为解决上述矛盾的手段,成为社会总体发展中的重要一环。

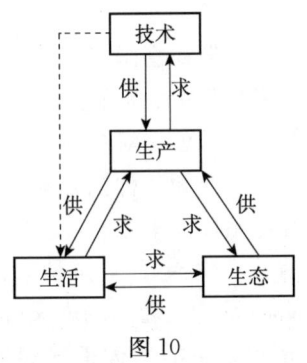

图 10

从"三生循环"的观点来看农业技术的发展战略或战略模式,也是会有启发的。农业生产和农业技术与人们的生活有密切的关系,人类社会活动中相当大的比例与吃有关①。不仅要五谷杂粮,还要有肉、蛋、鱼、果、茶、糖等,这就是要有包括种植业、畜牧业、养殖业、渔业、林业和其他副业在内的"大农业"。

基本的生活要解决吃什么、怎么吃的问题。欧美人以吃动物类食物为主(1985 年美国人均消费猪牛羊肉 64.7 千克,还有鸡肉、蛋、奶)。我们怎么生活(仅就吃而言,生活方式远不止此),一定要把我国的饮食结构"改革"为肉食为主去赶超欧美,还是不必赶超呢?以阿 Q 精神来宣传素食主义是没有意义的,增加我国的动物类食物比例是必要的(1985 年我国人均消费猪牛羊肉才 15.3 千克),但决不应当把肉食为主作为发达的标志,东方民族的饮食结构有它长期形成的传统习惯。日本在该年已相当发达了,它在该年的食品人均消费中,植物类食品(包括谷物、土豆、豆类、蔬菜、水果等)为 369.4 千克,动物类食品(包括肉、鱼、蛋、奶等)为 116.8 千克。

东方民族的大农业观念和农业技术应当与人们的饮食结构以及其他的需要相

---

① 发达国家农业人口大幅度下降是社会生产史上的巨大进步。据统计,美国在 1985 年的农业人口仅有 575 万,占总人口的 0.4%,但就广义农业(种植业、食品加工、食品运输和出售、餐馆和农用工业品制造)说,所用劳动力约占全国总劳动力的 21%。——见陈宝森:《美国经济与政府政策》,世界知识出版社,1988 年,第 266~267 页。

适应,要大力发展畜牧业生产、养殖生产、渔业生产,但必须把种植业生产放在基础地位和首要地位,除了少数地区,不能也不该以肉食为主的观点来指导农业生产。

农业生产以种植业为基础,又规定了农业技术发展的方向。我们认为,尽管毛泽东在1958年所提出的农业"八字宪法",还不是指大农业,但它却提出了种植业发展的根本措施。这些技术措施又是以生态条件的利用和改善为基础的,特别是其中的土(土壤普查和土地规划、改良土壤、深耕)、水(兴修水利,合理灌溉)、种(培育和推广良种)、肥(合理施肥),至于密(合理密植)、管(田间管理)、保(植物保护、防治病虫害),则是农业的基础技术,其中的工(工具改革),包含着工业对农业的支持,包括农业的机械化,但只讲农业的根本出路在于机械化这一条显然是不充分的。当然,讲农业的现代化,还要涉及"化学农业模式"与"有机农业模式"的讨论,这个讨论今天大致已有结果。

"三生循环"的上述模型也有助于说明发展中国家和发达国家的相互关系。从图11中可看出,这两类国家都有自己的循环,而它们之间又有着相互联系,图中没有箭头的连线表示密切的相互作用,单箭头的连线表示主要是一方向另一方供给,一般性的相互联系则未标出。

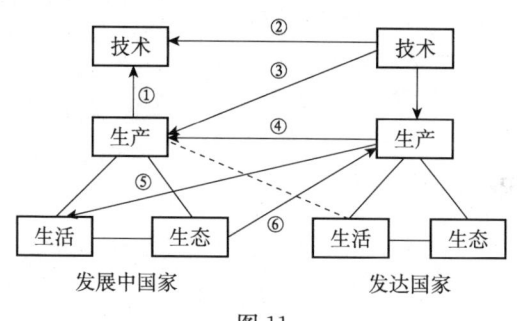

图11

图11中的①表示发展中国家依据自己的生产和生活需要,利用自己的生态资源,自主开发技术。图11中的②③为技术引进(发达国家的技术输出),②表示吸收国外技术,与国内技术结合,形成嫁接技术,再用于生产,③表示购买国外的技术直接运用于生产。图中④的表示发展中国家与发达国家在生产中的合作,发达国家的技术通过生产过程转移到发展中国家,从而影响发展中国家的技术发展。

对于发展中国家来说,以上几种途径都是新技术的来源,当然这只是大大简化了的,也不是毫无问题的。例如,图11中的②,发达国家可能不愿意这样转移,或在输出时与不发达国家的要求有较大差距,③要花更多的钱,④可能发生转嫁污染。但总的来说，这几种途径对发展中国家还是有必要的。图 11 中的⑤是发达国家直接把产品（如汽车、家用电器等）卖给发展中国家。

②③④⑤都主要表示发达国家输出（当然也有它们的输入，因不占主要地位，图 11 中未反映），而发展中国家则主要向发达国家输出资源（以及仅经过粗加工的初级产品），如图中的⑥，从实质上是输出自己的生态和环境。

对于发展中国家来说，如何逐步减少⑥的强度，保护自己的生态资源，如何在有控制地保持商品进口⑤的同时逐步增加出口（图中的虚线），如何使④③②的单向为主的箭头变为双箭头，都是发展战略要考虑的，为了做到这些，需要多方面的努力，其中包括加强①的强度。

"三生指标"的合理循环为中心的自主发展战略模式，对社会主义国家有实行的必要，也有实行的可能。社会主义生产的目的，就是为了满足人民日益增长的物质和文化需要，包括生态需要。我们不可能也不应当采取扩大贫富差距的办法来实现单纯的经济增长。我们也必须在坚持自主开发的前提下努力引进国外先进技术。如何建立与完善适合中国国情的发展战略模式，如何选择与确定我国技术发展总体战略的模式，以及各地区、各产业、各企业的战略模式，决不单是概念或学术问题，而是有着深远而重大的实际意义。

第六章 技术选择的原则和方法

本章主要是考察各个方面技术选择的共同性的原则和方法,既是全书的结语,也是对以前各章的补充。这章大致可以有两种写法,一种是逐一列举原则(例如需要性原则、先进性原则、可靠性原则、经济性原则、功能匹配原则、最佳化原则、时效原则、可能性原则等),和具体介绍定量方法(例如,投入产出法、价值工程方法、运筹学方法、数理统计方法、系统动力学方法等),另一种是从普遍性,根本性的观点讨论技术选择原则,在较为概括的层次上研究问题。本章拟采用后一种写法,认为技术选择的原则应符合价值观点、系统观点和演化观点,技术选择的方法基本上就是依据合理价值标准进行取舍,通过系统分析和综合进行取舍,适应技术生长发育的规律性进行取舍。

第一节 技术价值观

技术是人创造的,是人们用以变革自然界的手段。就人与自然界的关系看,人是主体,自然界是客体,技术可被认为是它们的中介。就人与技术的关系看,尽管技术中既有物的因素又有人的因素,相对独立的技术是人们在生产或工程中可以掌握和利用的东西,也可以认为是主体可利用的客体。前人和他人创造出来的技术成果,是今人面对的客体。今人创造出来的技术成果一旦被确认(例如成为专利),同时又是自己面临的客体。我们讨论技术价值,是把技术作为客体,而与利用它的主体相对而言的。

技术有多方面的价值,以何种价值为主,或以哪些价值标准作综合,决定着技术选择的方向、内容和形式。价值标准不合理,技术选择就会迷失方向,取舍失当。

一、价值标准

人们经常使用价值的概念,例如,商品的价值、人生的价值、艺术的价值,科学的价值等等,它们各有不同的内容和含意。人们也经常谈到技术价值,似乎这是一个普通的或不言自明的概念，但实际上却不那么容易弄明白。

一种说法是，技术价值是指创造某种技术成果所花费的劳动，在技术创造过程中消耗的物化劳动和活劳动越多，这项成果的价值越大。这是把经济学意义的价值用来说明技术创造，目的是想确定技术本身的劳动含量和在变换中值多少钱。但这样的界说只讲了技术本身的价值，不是讲技术发挥其功能所产生的价值，而这两者往往很不相同，难以比较。人们花了一定劳动设计了一台新型的天文望远镜，同花了同样劳动（按劳动量计）研制出一种节能电光源，从花费劳动说价值相等，功能价值的大小则几乎无法比较。而且用劳动含量来确定技术价值（经济学意义上的）也不是没有困难的，人们花费了大量劳动所创造出来的技术发明成果，很难断定它就有很大的价值，因为一般商品的创造有社会平均必要劳动的尺度，而所谓技术商品却很难有或很难确定这种尺度。

如果暂且不管技术或技术成果作为商品的价值，而把技术价值理解为技术有用，好用，即指它的功能价值，这更接近于我们讨论的主题——技术选择，大致是讲得通的，只不过仍不那么简单就是了。

技术有它的功能，有益于利用、变革和控制自然，前面多次讲到，如果这些就是技术价值，似乎无需再讨论价值问题，至少无需认真推敲，按技术有用、技术功能去选择就够了。可是，功能或有用是值得分析的：现代建筑技术对修建高架铁路是有用的，但它在日本有用，在美国却没用；制造计算机病毒的技术对搞乱和破坏原有程序有用，而它对某些人有用，对我们没用，用手工方法打制石器工具在过去和今天仍然是有用的，只从技术上说功能并未失效，但对今人又无用了，等等。技术对实现人工自然过程或工艺过程有用（只要是技术就有这种功能），同技术对满足人和社会的需要有用，尽管可以统一，常常统一，但二者并不相同，并不是一回事，而且往往又是矛盾的或不相容的。

技术价值应当是工艺过程的有用和满足需求有用的统一，人们所创造，使用和控制的技术，要按照主体的尺度为主体服务并满足其需要才有价值。技术价值同技术既有自然属性，又有社会属性分不开。仅从自然属性来看技术及其功能，是指技术能在实现自然界的物质、能量和信息变换中发挥作用，例如高炉冶炼能使矿石还原为铁，车床能把物件切削成形。技术的先进性、可靠性主要是技术的自然属性，先进、可靠的技术能更有用于实现自然过程的变换。如从社会属性来看技术及其功能，是指技术能满足人的需求，获得某种利益，达到某种社会目的。人们在讨论技术选择时可以分别地讲先进性、可靠性原则，经济性、可行性原则，实际上或从技术价值观看，这些原则应当是统一的，总体上叫价值原则虽偏于笼统，但更为确切。

孤立地讲经济性原则当然不行，缺乏先进性、可靠性的技术，功能低下的技术,不能满足需要。孤立地讲需要性原则同样不行,离开一定功能的技术,只讲需要,不会有价值。同时,也不能孤立地讲先进性原则、可靠性原则。技术从变革自然来说功能更新、更多、更符合科学原理,未见得更能满足主体的需要和利益。只从技术上讲,在当前已有可能从海水里提取黄金,技术功能不谓不佳,但它至少在今天没有什么实际价值,因为这样来提取一克黄金的花费,比一克黄金还要多。技术在变革自然的过程中更可靠、更安全,也未见得更能满足主体的需要。现代技术能足够可靠地建成每一层高1米或5米的住宅,这种设计只对矮人社会或巨人社会才有价值。

技术价值是主体与技术的关系范畴,是技术按照主体的尺度为主体服务,并满足主体需要的程度。主体有多方面的需要,技术又可能有多方面的功能,技术价值有多样性。从满足社会需要来划分,技术价值可分为经济价值、政治价值、军事价值、文化价值(科学教育、教育价值等)、生活质量价值、生态价值。不同的国家、民族、个人对技术价值的认定各有特点,对于与衣食住相关的技术,对于军事技术,这点表现得更明显些。技术价值又是历史的范畴。主体及其需要随着时代变迁有所不同,技术类型和水平随时间推移日新月异,任何技术都没有永恒不变的价值。我们不能用绝对的价值标准看技术,也许这正是技术选择的困难所在。处理含铁约25%的矿石去炼铁的技术,在当今中国有实际价值,但在巴西、澳大利亚等有大量富铁矿的国家则没有用处。这种技术在当今日本也没有什么实际价值,也许在将来才有价值。发明治疗艾滋病的药物在当今欧美很有价值,或许在将来没有什么价值,因为可能没有需要。

技术本身或技术作为自然界物质、能量和信息变换的手段,它没有阶级性,人们利用技术也不都与阶级需要、阶级利益直接相关。在一个特定的历史时期里,人们的技术价值标准在许多方面有大致相同之处。另一方面,由于技术价值与人的需要、利益相关,不同社会、不同阶级的人们对某些技术的价值标准又不完全一样。穷人与富人,穷国与富国,在技术价值标准的认同上不会完全相等。作为社会主义国家不会也不应当从有利于威胁、控制、制裁其他国家的需要去看技术。

我国还是一个不够发达的社会主义国家,对技术的价值判断必须从自己的国情出发,既不同于发达的资本主义国家,也不同于今后将成为的发达了的社会主义国家,这一点决定了我国各方面的技术选择。我们的国家和企业,要学习发达国家的先进技术,要借鉴发达国家的技术价值观,又不能完全照搬发达国家的技术价值标准。

价值标准对技术活动有重要意义,是技术选择的根本尺度,或者说技术选择的根本原则是价值原则。人们发展技术,利用技术,是期望它能实现正价值,而不是它的负价值。

（1）在分析技术现状和作技术预测时，价值标准是搜集、处理各种信息的过滤器。人们的价值标准是在实践和反映客观对象的过程中形成的，而一旦形成了某种价值标准，它又影响着人们的认识，使仁者见仁，智者见智，各种信息要通过价值标准的过滤来确定权重和取舍，也可以说会形成一种偏好。长期搞数理化的人更看重科学价值，企业家和工程师更看重技术价值。他们看同一份科学技术报告，看到的东西会有区别，有的地方乃至会视而不见，因为他们自觉或不自觉地戴上了价值眼镜。当然，过滤器和过滤结果是否正确并不决定于它本身，终究可以检验和验证。

（2）价值标准的实现，是人们从事技术活动的推进器。技术活动的进行，是由于期望的技术目的同现实的技术手段有矛盾，又总要有某种激励去推动人们解决这种矛盾。发明家以极大的热情、不怕困难和挫折投身于技术创造活动，因为他们预见到会获得新的技术价值，并把这种活动及其成果视为自我价值的实现。不懂得地质勘探的价值，不愿意把它与自己的价值联系起来，不可能积极从事地质勘探工作。国家的技术任务及其完成，价值标准也是推进器。

（3）价值标准是人们确定技术战略、技术项目的导向器或指南针。技术方案是多种多样的，何者可行取决于客观条件、人力、资金等，价值标准则起定向作用，人们对技术的经济价值、政治价值、社会文化价值、生态价值的观点不同，技术战略目标和技术项目的评价、选择和实践就不会相同。

技术的价值标准，是技术活动和技术选择的过滤器，推进器和导向器，很重要。技术价值既涉及客体又涉及主体，不同主体的价值标准有差异，同一主体又可以有多重价值选择，很复杂。怎样确定合理的价值标准，以及如何通过定量的方法确定综合的价值标准体系，恐怕要另作研究和另写一本书。本章只能从一些总体性的、定性的概略分析。

二、经济价值与政治价值

人们需要技术，主要或通常最关心的是经济价值。科学技术是生产力，科学可以经过技术转化为生产力，经济建设必须依靠科学技术等提法，都确认了技术的经济价值，问题似乎仅仅是要照此行事，道理已经很清楚了。

然而，技术的经济价值，或从经济价值的标准来做技术选择，在理论上并不那么简单，也不是轻易能实现的。在实践中，既可能有片面强调和夸大经济价值的倾向，也可能发生低估和忽视经济价值的倾向。这里先来讨论后一种倾向，而要分析这种倾向，又需要正确认识技术的经济价值标准与其他价值标准的关系。

第六章 技术选择的原则和方法

如果技术只可能有或只应当有经济价值标准，而不可能也不应当有别的价值标准；如果科学技术只可能或只应当是生产力，而不可能或不应当是其他的东西，那么技术选择就只能有唯一的取向，任何背离都是完全错误的，乃至不会发生。但技术价值却没有这样的唯一性，而恰恰是有它的多样性，事情相当复杂，这里的一个突出的问题是经济价值与政治价值的关系。

人们需要技术，很重要的一点是它能增强国家的实力，包括经济实力，政治实力和军事实力；生产力发达和经济繁荣固然是国家实力的基础，但它毕竟不同于国家的政治威望和武装防卫能力。技术在增强国家政治威望和武装防卫能力方面满足需要，是技术的政治价值（广义的政治价值包括军事价值）。

在阶级斗争存在的条件下，各统治阶级都利用技术为增强武装防卫力量服务，以满足其军事上的需要（有正义与非正义区别）。技术军事价值的实现与经济价值的实现有统一的方面，又有矛盾或排斥的方面。以实现军事价值标准选择的技术可能在一定条件下转化为有经济价值的技术。但是，设计和制造机关枪、高射炮、地对空或空对空导弹、潜水艇、氢弹等方面的技术选择，非但不会产生经济价值（不是从经济价值标准做出的技术选择），而且要造成生产力和经济的消耗，总不能说设计和制造氢弹的科学技术就是直接生产力吧。

较难解析的是技术的非军事的政治价值，或狭义的政治价值。一个国家，一个民族跻身于世界，不可能不顾及自己的政治威望。一般地说，凡是对提高国家民族声望有益的科学技术成果，不论它们是否带来直接的经济效益，不论它们是否造成了生产力水平的提高，都应当提倡和赞扬。某些纯数学高深难题的解决，某些在本国尚难以应用却有填补空白意义的技术发明，即或只从证明中国人有聪明才智的，也需表彰。某些不用于制造商品的应用技术（如特殊的微雕技术、陈列用高级工艺品的加工技术），仍要发展，技术用于制造样品、展品、礼品并不是原则上不允许的。

技术的政治价值标准及其实现又是有条件的，有限度的。无论在历史，现实和逻辑上，政治实力、军事实力都依赖于经济实力，当今世界各国在政治和军事实力上的竞争和较量，在更大程度上以国家的总体经济实力为基础。经济价值标准，生产力标准，是技术选择的根本标准。对于加工制造技术来说，除了少量特殊情况，必须首先有经济价值的实现，才能兼而具有其他价值。自觉或不自觉地离开经济价值标准，把政治价标准孤立起来或放在不适当的地位，技术活动就会偏离方向，事倍功半或徒劳无功，反而影响和有损于政治威望。

在我国的社会主义建设的实践中，既有对技术的经济价值重视不足的问题，也有对技术的政治价值要求过高的教训。由于许多产品供应不足等原因，人们更关心外延式扩大再生产，提高产量，而不大重视依靠技术进步来提高质量和增加品种。另一方面，在对待技术活动和技术成果上，又常常把政治摆在首位，"政治决定一切"，政治决定技术。看起来渴求得到新的技术成果，但需要技术主要是用以显示政治优越性，至于是否促进生产和经济发展则淡然置之或漠不关心。属于加工制造方面的技术成就，常常只停留于礼品、展品、样品的阶段，因为"三品"已可满足政治需要。在频繁的献礼活动中甚至工厂开工也选择"吉日良辰"，即使尚不具备投产条件，也要在"吉日良辰"先投产，政治优先原则可以不顾生产和技术的发展规律。献礼要求的压力，还会使某些很不成熟的或虚假的东西以礼品面貌出现，导致技术浮夸和浮夸技术。

把技术的政治价值片面化在今天仍然值得警惕，尽管技术献礼已不时兴了。例如，我国的若干技术发明在国际上获奖，当然令人鼓舞，同时，我们在兴奋之余又应考虑到这些发明转化为产品和产生经济效益的情况。如果只想到发明的荣誉，没想到发明的生产应用，发明岂不也成为只有证书和奖牌的展品。再例如，我国的若干技术成果填补了空白，有国内独创或世界上独创的意义，如果只能单件应用或在很狭窄范围内应用，该致力于推广却不努力去做，这种成果基本上还不就是样品！科学技术是生产力的命题对克服片面追求政治价值有益，它告诉我们要从生产力的发展认识科学技术的重要，要努力使科学技术成为生产力。

一个企业、一个公司也要考虑到名望价值与经济价值的关系。一个企业常要展示其能够做什么，以表现自己的技术水平和技术能力，为企业获取声誉，它还要生产可供顾客购买的东西，为企业获取利润。这两者在根本上是统一的，但又有形式上的区别。按日本有的大公司的说法，一个公司既要有橱窗技术，又要有厨房技术，橱窗技术主要是给别人看的，显示公司能够做什么，而厨房技术则要在实际上做出供食用的饭菜，二者缺一不可。只埋头于改进厨房技术，完全不设橱窗，外人不大了解公司，本公司的人员也会信心不足，士气不振。如果只注重于把橱窗搞得新颖别致，琳琅满目，而厨房的设施、工艺和材料却很差，就会连饭也吃不上或吃不好，这就更糟。

三、社会生活质量价值

经济价值取向在技术选择上极为重要，低估和忽视经济价值是失策，另一方面，如果过于强调经济价值标准，把经济价值取向摆到不适当的地位，也是错误的。

我们通常所说的经济价值标准，也就是生产力标准，它主要是从各种物质产品的数量、品种和增长率，从劳动生产率、产值、利润的水平和增加率来衡量的。工农业总产值或平均国民收入翻一番或两番，就是经济目标。我们通常还认为.一个社会制度或社会时期的优劣,就看它是否有利于推进生产力的发展——国民经济(或工农业总产值)的增长率高则优,反之则劣。技术的价值主要是为提高国民经济增长率或总产值服务。

这种通行认识是有道理的,又有它的不足。经济价值取向是技术选择中基础性的、根本性的尺度,经济价值终究只是社会价值的一部分,而不是它的全部。人们期望的"好社会","好生活"包括着很多方面的内容。有一些属于社会价值的标准难以直接定量(例如无法计算没有剥削比有剥削优越多少倍,也无法计算社会主义民主比资本主义民主高出多少倍),另一些属于社会价值的标准则可以用定量尺度权衡,除了国民经济增长率以外,这些可定量或大致可定量的因素至少有:

(1) 基本生活条件指标(失业率、妇女就业率、残疾人就业率等);
(2) 健康指标(平均寿命、婴儿死亡率、各种病因死亡率、人口出生率等);
(3) 环境指标(降尘量、水污染程度、森林覆盖率等);
(4) 文化指标(电话和电视的普及率、义务教育比例、科技人才的比例、文盲比例或识字率等);
(5) 享受指标(娱乐设施比例、图书馆和博物馆比例、旅游率等);
(6) 安定指标(吸毒率、犯罪率等,离婚率在一定意义上与此相关)。

肯定还可以举出更多的指标来说明人们所需要的社会生活质量。仅从这些方面也可以说明,它们既与经济增长率相关,又不互相等同。同样的经济发达水平或发展速度,人们的就业程度、平均寿命、普遍受教育的程度等并不一样,人们实际得到的好处或实惠并不一样。社会生活质量价值包括着经济价值,又超越了经济价值的范畴。

提高社会生活质量,是技术选择和技术活动的价值取向。当然,技术进步并不能解决各种社会问题,防盗报警技术可以限制犯罪,但不能避免犯罪,罪犯还可以利用反报警技术或利用新技术(如计算机)犯罪,靠技术也不能消除失业和消除吸毒。但技术却可以在许多方面为提高社会生活质量服务,也应当实现其提高社会生活质量的价值。

技术的医疗价值,即满足人们防病治病的需要,为人们的健康服务,属于社会生活质量价值。医疗技术能保证劳动者的生存,是生产力发展的必要条件,有利于经济发展,但如果由此就引出医疗或医院就是生产力,并不贴切。生产技术,企业技术要直接提供物质财富,使国库或人们口袋中增加一些钱,技术医疗价值的实现,则要从国库或工资中支出,收入项与支出项在财政或财产上不能等同或合并。如果医疗也以经济价值、创收为出发点,则医疗事业或会因为无法直接创造生产力而得不到应有重视和支持,或会由于以创收为宗旨而背离救死扶伤的原则。当然,医院是要收费的,但一定限度的收费,同以创收为目的,同以经济价值标准进行医疗技术选择,毕竟是两回事。

技术的社会文化价值,广义地说是指技术要为满足人们各方面的需要服务,有益于精神生活的充实,文化的进步和社会的安定。古代和西方的一些学者认为技术与文化道德的完善背道而驰。技术发展了,使用机械了,就必然重视物而忽视人,重视效率而忽视公平,放弃道德而滋长"机心",把技术看作于摧残人性的异己力量。另一些学者则要求建立"合乎人性的技术",建立适合文化道德进步的技术体系。或如罗马俱乐都总裁 A. 佩西所说:任何进步,如果仅限于物理、化学、医药方面的进步,而不同时也带来道德、社会和政治上的进步,以及带来我们习惯和行为的改进,那就毫无价值可言。总之,我们的科学技术进步必须首先是文化进步。

这种文化道德型的技术价值观是抽象的,不可能成为指导技术发展的真正原则。因为技术的价值不是无限的,而且不能不顾物质生产去讲文化道德。但它在批判只顾赚钱、利润至上的经济型技术价值观上,在批判只顾实力较量、权力至上的政治型(包括军事型)技术价值观上,有积极意义。它要求发展真正适合于人们需要的技术,使技术发展有利于人们文化教育水平的提高,使人们安居乐业(安居是乐业的一个前提),使人们有更多的精神生活享受等,也有积极意义。

四、生态价值

生态价值可以看作是社会生活质量价值的一部分。这是 20 世纪 60 年代以后才逐步被重视的技术价值。

早在 19 世纪(可能是 1876 年),恩格斯就尖锐地指出技术应用可能导致生态的破坏(见《劳动在从猿到人的转变中的作用》),直到过了半个多世纪,由于技术应用对生态的有害影响已相当明显(关于环境污染、能源和资源危机、动植物物种灭绝的实际资料已见诸许多著述,本书不重复),人们才把技术与环境、技术与生态放在重要地位。

一些学者认为技术发展只能起到破坏生态的作用。例如,英国的经济学家沃德和美国的微生物学家杜博斯在 1972 年所著的《只有一个地球》一书中提出,人类生活的两个世界,即他们所维系的生物圈和他们所创造的技术国,已经失去平衡,正处于深刻的矛盾之中,因而地球正面临深刻的危机。另一些人则认为,要拯救地球和人类,只有停止技术和经济的发展(所谓"零增长")乃至回到"田园诗般的生活中去"(所谓"负增长")。有的学者甚至说,人对于地球的关系,就如同癌细胞对人体的关系!

20世纪80年代以来生态问题已超出技术价值观的学术争论。在一些国家掀起了政治性的生态运动，建立了绿色和平组织、绿党，它们都把经济发展与生态平衡作为主要议题和纲领。

另一些学者也看到技术应用可能带来"负生态价值"，但他们主张尽力避免有害影响，并认为应当发展技术使之有利于建立符合人类需要的生态环境——不是消极地维持固有的生态，而是保持动态的生态平衡。对于技术的职能，不仅限于发展经济，而应把协调人与自然界的关系作为重要内容。对于资源技术，注重于综合利用。对于能源技术，注重于开发可再生能源。对于技术工艺，注重于零排放或低排放的循环工艺。对社会需求，注重于合理消费而抑制浪费经济。尽管建立生态型技术经济体系在目前还只是一种设想（它还与社会制度相关），技术的生态价值已得到重视，并已在技术选择中发挥作用，则是现实。

第二节 技术系统观

技术的各个要素之间、技术的发明和应用之间、技术的各个方面的价值之间，关系复杂，而且经常是互相矛盾的。谁也没有办法清除矛盾，也不能回避矛盾，却可以找到一种观点全面地认识它们，合理地解决问题，从方法论来说这就是辩证唯物主义。用辩证唯物主义来分析和解决技术发展的根本性问题，需要建立技术的系统观。使技术系统中的各个方面协调匹配，结构合理，功能优化，并使它在整个社会经济大系统中充分发挥作用，是技术选择的根本原则和实质内容。

一、协调匹配

技术是人类的创造，是创造出来为人们服务的。一种技术体系必须与使用者的特点相匹配，以保持人机系统的最佳状态，和使用时的有效、舒适、安全。各种技术体系之间必须互相匹配，使劳动密集型技术、资金密集型技术、知识密集型技术互相补充、协调统一。一种技术内部的各个环节也要互相匹配，使材料、能源和信息的输出输入的通道畅通，保持恰当的平衡。这里首先讨论特定技术系统自身的匹配问题。

任何产业，企业或部门，它所应用的技术都是成体系的。高炉冶炼技术能发挥作用，至少要有矿石的选别、球团、烧结技术，焦炭的炼制技术和鼓风技术等的配合。其中任何一个环节出毛病、"卡脖子"，高炉容积再大也无济于事。实际上，现实技术的存在总是已经匹配的，或已经以某种系统存在和发挥作用的。一般情况下，不发生只建高炉不建鼓风炉，或只造机车不修铁路的现象，现实技术似乎是天然匹配好的。

同时，任何技术的功能和效益又不可能绝对完美，一切技术都有其发展过程，而技术体系的变化常常是从其中的某个环节发生。当某个环节上出现了新的发明或进展时，新技术总是既有同原有体系一致的方面，又有不尽相容的一面。新技术不会凭空出现，它要以原有技术体系为基础，新技术在某个环节上产生，它又会打破原有技术系统的平衡状态，或者说与原有系统的其他环节不相匹配，否则它就不成其为新技术或更先进的技术。

在一个技术系统中有了某种新技术的时候，无论这种技术的命运如何曲折，它只要是先进的，就只可能有两种结局：一种是原有技术体系要作某些调整，使新技术能进入其中，或使调整后的系统能接纳新的技术。近代高炉炼铁是用焦炭作燃料（还原剂），由于发明了喷吹重油或煤粉（除了用焦炭，还向高炉喷吹燃料），能明显提高冶炼强度和高炉利用系数，是一项有重大意义的新技术。但这种技术的应用除了需添置喷吹装置，局部改变高炉结构，略为增加矿石和铁水的输送能力，并不能从根本上改变高炉炼铁的技术体系，与喷吹技术相匹配的困难相对不特别大。当然，要搞好喷吹，提高喷吹量，保证安全，本身也有较大难度。

另一种是新技术的应用与原有技术体系在根本上不相容，新技术无法进入，而只有打破原有系统，或用与新技术相匹配的新体系来取代旧体系。蒸汽机，内燃机的发明完全改变了依靠畜力，风力的交通运输动力系统，就是如此。如果喷吹燃料（还原剂）的新技术就能够炼铁而无需焦炭，也会导致原有技术体系的根本改变（那时将没有高炉、鼓风炉及相应的一套设施）。

一个新的技术体系的确立，除了内部诸要素必须趋于匹配，还需要其他技术体系的协调适应。瓦特发明蒸汽机并不足以改变交通运输的面貌，还必须有机械加工制造技术、铁路技术和造船技术的配合。爱迪生发明电灯，也不足以改变照明的面貌，还必须有电机制造技术、输配电技术、真空技术的广泛发展与之匹配。

新技术的应用要求原有技术体系作某些调整或根本改造，而原有技术体系又已经是匹配了的，正在发挥功能，这就会发生矛盾，相对稳定的原有技术体系及与之相关的人们可能不欢迎"客人"的光临或反客为主，表现出一定的"惯性"或排他性。一项新的技术发明从出现到实用化往往需要时间，或有个"暂停"阶段，一是要等待新发明本身的进一步完善，二是要等待初次应用的资金投入，三是要等待原有技术体系的"理解"、"转变"或"退休"，四是要等待相关技术的发展或朋友的支持。

任何技术的应用都要求匹配，构成系统，能够解释为什么某些在国外已应用的成熟技术何以在我国一时难以推广，也可以说明我们在应用某些成熟技术时何以会遇到挫折。这或是由于我们一时还无法实现匹配，或是由于在缺乏匹配下欢迎"客人"。

在机械加工中利用高性能的刀具，例如从采用高速钢材料刀具，硬质合金材料刀具到表面涂层材料刀具，可以大大提高切削速度，且无需从根本上改变原来的技术体系，似乎容易采用。但采用高速切削仍然是需要匹配的，例如要有抗振性强的机床，精密变速装置，消除切削热措施和高速驱动电机等，其中的某个环节我们暂且做不到（如我国机床多为带床腿结构，而不是箱形床身结构，前者抗振性能低），就难以提高切削速度。为此责怪机械厂厂长和工程师连高速切削都不积极采用，不一定公平。

在机械加工中利用机夹刀具（固定刀柄，只夹固刀片进行加工，刀片磨损后刀柄不废弃也不变动，只换刀片），当然比焊接刀具（刀柄与刀头连在一起）要好，也是成熟技术，我们正在推广，已有成效，但不很明显。一则未解决操作人员的适应性问题，二则是未妥善解决机夹刀具上的刀片在磨损后的再利用问题。

要注意匹配，或技术选择要有匹配原则，不能只看到一项技术好就采用、引进，不能只看单项优越性，道理不难懂，只是在实际生活中有时却忘记了，或者在几乎无法匹配的情况下强行匹配。

只顾单项技术，不问系统匹配，这种情况屡见不鲜。企业的加工系统在兴建乃至已建立起来，能源保证没落实，或运输条件未开通，这种情况略为少有。但对技术应用的设备、工艺中的配套考虑不周，则是常有的事。把电子技术和计算机技术用于生产过程的自动控制是很好的事情，做好这件事至少需要有五个方面的匹配：①受控对象特点、控制要求与机型选择协调（如八位微型机已可胜任，不可追求更高级的机种）；②计算机与其外部设备恰当连接（如软磁盘足已够用，可以不用硬磁盘）；③计算机硬件与应用软件的匹配（如把程序的结构清晰、易于理解和验证放在首位，可把程序的效率放在第二位）；④计算机与检测手段（传感器）的结合；⑤监测与反馈机构或前馈机构的互动，工艺过程的调节控制（如定点控制可满足要求，未必采用最优控制）。

计算机应用的这些方面没有协调匹配的情况经常发生。有时，具有算术运算功能，一般存贮能力和打印功能的微机系统已够用，却购买了有特殊运算指令并可用于实时控制的高级计算机，大马拉小车。在更多的情况下，则是计算机与检测手段（传感器）的不匹配。电子计算机不能直接参与到炼钢炼铁、纺织印染等工艺过程中去，必须有传感装置把温度、压力、化学气氛、物流速度等变成电信号（还要经过放大、模数转换）、使计算机能接收，才能起监测和控制作用。光买计算机乃至搞出应用软件，没有相当的检测仪器和检测技术，计算机就只能休息待命。我们的许多计算机太空闲，就是因为得不到行动命令，而不是它们太懒或有病。

除了无匹配、欠匹配，还有"硬匹配"、"强匹配"，也就是：在本来应当对原来技术体系动大手术时，却仍用原有体系略作修补去凑合。例如，用较长周期才间断出钢的平炉与连续铸钢配套，或用上课点名的方法来保证博士生的听课率。

技术发展中的不匹配是很难避免的，也很难说不匹配就是坏事，对不匹配的态度同样很难一下子分出伯仲。我们一再提到我国在20世纪50年代时就应发展转炉炼钢，未及时这样做是失误，其实这个问题并不那么简单。那时不主张搞转炉的一个重要理由正是匹配：在现代搞转炉是为了可用吹氧法，吹氧需要大量氧气，而我国在那时还没有大型制氧机。不能说这个理由毫无道理，对转炉持反对态度者就绝对荒谬，完全外行。就中国当时的状况看，一边建造转炉，一边研制大型制氧机，也是有可能的，以后的实践也证明了这点。我们说没有及时发展吹氧转炉，基本上是事后诸葛亮，并不高明。但在技术选择中要重视匹配，力争匹配，不要抓住一点不及其余，不要搞"拉郎配"，大致总不会错，也不是无的放矢。

二、社会支撑系统

技术选择依赖于价值标准，要考虑到技术本身的系统匹配，还取决于技术的环境条件，包括其自然环境与社会环境。前面讲到技术选择和技术活动需要支持力，社会支持力也就是社会环境条件的作用，或社会支撑系统的正效应。

技术是一个系统，是整个社会这个大系统中的一个子系统，社会大系统中还有其他的子系统；这个大系统及其他子系统是技术系统的环境，它可能有利于技术选择和技术活动，也可能妨碍合理选择和技术进步。无论怎样，技术活动和技术选择都必须估计到社会系统的支撑条件。

社会制度是整个社会系统的基础，不同的社会制度、不同的经济体制，技术选择的性质、形式和方法互不相同。资本主义制度和自由竞争，使技术选择完全听命于金钱，其活力、多样性和成果则远超出封建制度和自然经济。同时，利润第一的选择原则，又使某些不能赚钱或赚不到大钱的技术得不到应有发展乃至夕阳化，或因争夺利润而使某些技术过度发展和畸形化，这点在前面几章中均已论及。

社会环境对技术发展的影响，涉及公平与效率的关系。技术的应用是要提高效率的，如果效率的提高会导致更多的社会不公，技术应用的主体——劳动者就可能反对应用新技术，如破坏机器，如举行罢工来抗议因应用新技术导致的失业。颇有影响的美国社会学家凡勃伦主张"工程师革命"（当然是幻想），其理由之一是实业家为赚钱雇佣技术人员，从而造成贫富两极的分化。奈斯比特在《大趋势》中也提到（尽管他不赞同）。"在劳工眼里，新技术是资方驾驭工人的新工具。""如果劳工无法控制技术，那么公司的管理部门就会利用技术来控制劳工。"[1] 尽管现代条件下工人破坏计算机或捣毁自动化设备的例子不多，但公平与效率的关系问题必将对技术选择发生日益重要的影响。

　　社会环境对技术发展的影响，涉及经济体制中集中与分散的关系，在这点上经济要求与技术要求似乎是有矛盾的。经济实体（企业、农场）的相对分散，独立经营，自由竞争，对生产和技术发展可能是必要的，有好处的，但相对集中，社会化，又常常是技术发展的必要条件。推广沼气能源（选择沼气能源技术），对许多国家特别是发展中国家有益，但在完全私有化的农村就不易行得通（一家一户就建一个沼气发生池难以办到），农村小水电的发展也有类似情况。至于现代的"大技术"（生态治理、地区计算机网络等），只靠分散的私人企业更是搞不成的。

　　在社会主义发展的过程中难免有公平与效率的矛盾，但社会主义在本质上是要实现公平与效率的统一。技术效率的提高为大众服务，对大众有利，大众努力去提高技术的效率。我国的广大工程技术人员都清楚地意识到他们的工作是为人民服务的，是为社会主义事业服务的。他们选择一种技术，无需顾忌它只会使那一个人或少数人发财，而会使广大人民共同富裕，这似乎是"虚"的，但确是我国科学技术迅速发展的实在动力。我国的工人群众是为自己的幸福和利益选择技术，提出合理化建议，他们驾驭技术，而不是被技术所控制。当然，如何妥善解决好公平与效率的关系，如何充分发挥技术人员的积极性，如何发动和组织好合理化建议，仍是有待进一步解决的问题。

　　社会主义制度和相对集中的经济体制（指有计划发展而言），有利于技术的进步。在当今世界，没有哪一个人均收入只有300美元左右的国家，像社会主义中国那样既普遍地提高了广大人民群众的生活水平，又成功地在原子弹、氢弹、导弹、人造卫星等重大领域取得了一系列突破，在大型计算机、机器人、光导纤维等方面开展了高技术跟踪，在研制正负电子对撞机、南极探险、超导技术研究、农作物育种和显微外科手术等方面取得了举世瞩目的成就。我国在从事这些项目的技术选择时不是没有任何困难的，至今为止的技术水平也不是很高，但这

---

[1] 转引自奈斯比特：《大趋势》，中国社会科学出版社，1984年，第30页。

些项目的技术选择并没有遇到不可克服的困难,技术水平提高很快,则是无可怀疑的事实。

社会主义国家在选择技术项目和进行技术活动时,还有可能把各个部门的技术开发、技术引进加以协调,有效地进行技术交流。当然,在中国也会有某些技术封锁,以及遵守某些协议所规定的技术保密。但总的来说,在国营的大中型企业之间,例如,在宝山钢铁公司、武汉钢铁公司、鞍山钢铁公司、本溪钢铁公司等重点企业之间,可以相当顺利地选择应用对方的成熟技术。我们要发展技术市场、有偿技术转让,但技术协作、技术交流并非都以金钱为轴心的。许多先富起来的农民,在向他们的乡亲传授专业知识时,并非都是一手钱一手货的现金交易。

社会主义的公有制和共同富裕,为技术选择创造了良好条件,但并不会自然而然地、命中注定地导致最佳选择,这需要有组织地推动,认真研究选择的战略和项目,也要不断完善能保证顺利选择的体制和机制。如果实行过分集中和过死的统一,使企业没有自主性,企业就会缺乏技术选择的动力和活力。如果在知识分子政策上不充分考虑到他们的劳动特点,像对待流水作业线上的生产工人那样安排工程技术人员的工作,就会影响发明创造的技术选择。

技术选择的社会支撑系统,不单是社会有技术上的需求和提供了技术发展的可能性,不单是有某种激励的精神支持和文化环境,还具体表现为国家、地区、企业在各个方面为技术活动(包括发明、研制、开发、引进、应用等)所提供的(或所限制了的)种种条件。这主要是指资金条件(财政、税收、贷款、税收、奖励等)、人力条件(教育、技能训练、劳动组织、智力引进等)、信息条件(国内外书刊、设计资料,考察、联机检索等)、市场条件(外贸、国内配套能力、设备和原材料供应等)。只有立足于这些条件的有机结合,技术选择和技术活动才能可靠和有效地进行。

技术选择,无论是发明创造的选择、企业技术选择和技术战略选择,都有成功或失败的两种可能,都会付出代价。某些重大的、创新性强的技术选择还要冒较大的风险,而这是在进行选择时无法充分预料到的,即使预料到一些,也往往是事先难以作好应变准备的。新技术有经济价值,技术能赚钱,这是一个方面;另一方面,技术的起步,技术的完善,技术的付诸应用等又需要经济支持,需要钱。一些新技术的研制和应用,还必须要有未必能见效或回收的投入,即风险基金和基础研究经费。因此,我们不能只是讲科学技术是生产力,还要讲科学技术需要生产力的贷款和"馈赠"。不讲生产力发展的基础,以为只靠主义、制度或精神因素就是以赶超世界先进水平,或者反过来,不顾生产力发展的基础,把科学技术上的某些差距完全归结为主义、制度、体制、价值观、政策等方面不行,都是不符合实际的，不实事求是的。

各个国家、地区，企业的特点和发展水平不同，它们的技术基础和给予技术发展的经济支持也有较大的差别。有的主要靠出售资源或特殊产品的国家、地区或企业，它们可能相当富有，但基本上分光吃光，没有把工业和技术发展放在重要地位，前景难测。英美等国家也不是一开始就支持技术发展的，第二次世界大战以前，美国政府对科学技术的研究与开发基本上没有专门的投资，科技活动主要由企业资助。在战争和军备竞赛中为了发展新式武器特别是制造原子弹，才有了较多的政府投资并不断增加。1941年，由美国政府拨款的科学技术研究和开发经费1.8亿美元，占这项经费总投入的20％，其余为私人企业投资。政府的科技拨款在1951年达到19.8亿美元（占57％），1965年130亿美元（占63％），1970年153亿（占56％），1983年396亿美元（占46％）。第二次世界大战结束后，西欧和日本政府对科学技术研究的投资约占30％左右。由于有上百亿美元的政府拨款，美国、日本和西欧国家就有可能给特种飞机、大型电子计算机、热核聚变等研制以巨额投入，促进了这些方面的技术选择。我国在科学技术活动经费中的政府拨款的比例不低，但总额较小（我国在1983年国家财政支出给基本建设的拨款总共约100亿美元，科学技术研究和开发的政府拨款估计不足此数的1/10），不少有技术需求和前途的项目就无法"上马"。

企业的技术选择也需要有财力支持，前面已经讲过。如果全国的企业普遍地把销售额的0.5％～2％用于技术开发，企业的技术进步就会面貌一新了。但我国至今还有相当一部分企业（主要是中小企业）还没有或几乎没有技术开发投入，根据我们对辽宁311家企业的随机抽样调查，这些企业中在1981～1987年间属于这种情况的（技术开发经费占销售额比例年平均在0.1％及其以下）占36％，问题还是相当严重的，当然，大型企业的情况则好得多。

技术选择要尽可能以争取财力支持为基础，国家、企业要在生产发展的前提下增加对科学技术的投入，科技部门、科技人员要充分论证所选项目的必要性和正确性。另一方面，技术选择又要量力而行，充分估计到财力允许，不可盲目贪大求洋！

社会支撑系统中很重要的一环是人力，人才的数量和质量，人才的业务质量和政治质量。任何技术和技术选择，都必须充分重视人才。高技术需要人才，土法技术也需要人才，否则一样搞不成。我国在1958年大量兴建土高炉，得不偿失。如问什么原因，答曰头脑发热，似值得深入追究。从生理上，当时人们大都头脑清醒，体温正常，并未发热。如果说认识上发热，又热在何处，在什么问题上不清醒了呢？是土法根本炼不出铁，我国古代的铁器或铁器时代就是土高炉的功劳。说现代人比古代铁匠笨，情理不通。说土法炼铁成本高，当时是不得已，而且即使高成本也未达到普遍炼得合格的结果。我们认为，失败的原因之一乃是缺乏人力支持。土高炉也需要"总工程师"——熟悉土法炼铁全过程的熟练工匠的指挥，而且需要大批这样的工匠。在1958年，我们有上亿的群众，却没有成千上万的土高炉专家指挥，或不听内行指挥，仅这一点就使土法炼铁技术的选择必遭挫折。

在当今条件下，由于缺乏人才而使先进技术选择不能顺利开展的实例很多，经常出现操作事故，或以旧代新（把先进设备或控制方法搁置起来，仍用老办法），或因循守旧（只维持生产，不搞技术创新）。我们的许多学校目前培养的人才已较多，必将为今后的技术进步做出巨大贡献。但人才中又存在知识面偏窄，动手能力差的缺陷，特别是一些受过工程技术教育的人才不愿意搞工程、搞技术，尤其不愿意到企业去、到生产现场去。如何造成一种机制（要有宣传，又不单纯依靠思想工作），使大批优秀人才进入企业系统，乃是我国教育改革的关键问题。

三、统筹折中

技术选择要考虑到多种因素及它们的匹配，在这里必须要用系统的分析和综合的方法。在许多著作中，已介绍过了运筹方法、PERT法、GERT方法、系统动力学方法等等，列出了大量数学公式。我们不大懂，也讲不出什么新的东西，只是补充一点：所有这些方法都离不开"统筹兼顾，合理折中"的原则，其直接目的则是使整个技术系统有尽可能好的功能，满足尽可能充分的价值需求。

技术本来就是折中的产物，技术选择必须要折中，折中具有方法论意义。为了说明这点，有必要简略地区别"合理折中"与折中主义。折中与折中主义本来不是一个概念，按《辞海》的解释，折中（折衷）是指取正或调节过与不及，使适中，指协调不同意见，提出各方面都能接受的办法，折中主义是把各种不同的思潮、观点和理论无原则地、机械地拼凑在一起。从哲学上说，如矛盾的诸方面关系并不是对抗性的，水火不相容的，折中乃是解决矛盾的常见方法。在许多情况下，妥协也是折中。夫妻双方，一喜咸一喜淡，只能折中或妥协，未见因咸淡矛盾而离婚者。

技术是折中的产物，实际上是我们讲到的许多统一；在技术的各方面匹配中也要有折中。从理想情况说，把卫星送上天最好不用一次性报废的推进火箭，只用航天飞机，但这样做难度太大，结果折中：既用助推火箭，又用航天飞机。在只用火箭推进的场合，火箭的推进力大的（液体火箭），其稳定性低些，火箭稳定性高的（固体火箭），其推进力低些，结果是把两种火箭连在一起或绑在一起，也可看作是折中。通信（如广播接收）灵敏度提高则分辨率会下降，分辨率提高灵敏度会降低，结果是两者都别太冒尖，都过得去（当然总水平日趋高级）。我国的亚运会工程还可以设计得更精美、更宏伟，但这样就更费钱、更费时，实际采取的只能是既不绝对先进、又不过分花钱，还不拖长工期的设计方案即折中方案。

选择方法上的折中原则，有取有舍，关键是在特定情况下使整个系统的功能尽可能优化，做到这点就是合理折中。作为工程技术人员必须学会合理折中，或者说，只有学会合理折中的才是好的工程技术人员。有人说，好的工程师要会走钢丝，不无道理。我们说的是在特定情况下系统整体功能的尽可能优化，而不是一般地讲最优化。"最优化"、"最优化方法"、"最优控制"，或者是讲理想状态，或者是与定点控制相区别的特殊的模拟控制。就一般情况，只有在折中、妥协条件下的尽可能的优化或相对优化。

技术战略的选择也是要善于折中的。完全从保证国家实力考虑，必须集中力量发展尖端技术、知识密集型技术。完全从保证就业考虑，则要大力发展一般技术、劳动密集型技术。技术发展战略只能是统筹兼顾的决策。

在技术选择的实践中人们往往不愿意折中，做不到折中，提出各方面都很完美而实际上做不到的方案。常常是出于舍不得，只注意到博采众长而忽略了必有所弃，而这种兼顾，又往往是对整个系统的功能优化注意不够，或叫缺乏统筹全局的意识和能力。一个研制汽车的技术人员要设计出既有 A 型车的快速，又有 B 型车的节能，还有 C 型车的低廉、D 型车的舒适、E 型车的可靠、F 型车的载重、G 型车的灵活……各方面优点的新车，结果是什么也搞不出来。

折中，妥协并不是在各种因素中都取一点，都舍一点，当然是要分析的（从总体功能优化出发去分析）。如何折中取舍不能抽象而定，一切以时间、地点、条件为转移。

第三节 技术演化观

世界上的一切事物，大至整个太阳系，小至基本粒子，都有其生长、发育、成熟和消亡的过程，技术和技术系统也是如此。人们通常所说的技术发展，或泛指技术变化包括改进性技术革新，也包括重大的技术创新、技术革命，或专指技术由低级上升到高级，由简单过渡到复杂。技术演化则是一个更广泛的概念，它包括技术的萌发和起源，技术发展，还包括技术的成熟、消亡，包括由高级下降到低级，由复杂过渡到简单。正确认识技术演化及其规律性，对各方面的技术选择，都是必要的。

一、技术生长周期

在许多著作中已讲到，任何一种技术的演化，都有一个呈 S 形曲线的生命周期。图 12 中的横轴为时间进程，纵轴为技术（或技术系统）进步的状况，例如纵轴可能是高炉的容积、汽车的速度、半导体元器件的集成度、电灯的发光效率等等。A—B 段为一项技术的孕育期或新生期，在这段有新技术规范的出现，技术知识和经验的积累，但此时的功能特性进步缓慢（曲线斜率小）。B—C 段为快速成长期或加速期，由于有了突破性发明，技术的功能特性快速提高（曲线斜率最大）。C—D 段为成熟期或完善期，技术的功能特性继续提高，但其发展速度低于前段，呈减速增长（曲线斜率变小）。D—E 段为稳定期或饱和期。技术功能特性低速增长，在较高水平上保持稳定，进步缓慢（曲线斜率小）。到 E 点后，或继续相对稳定（1），或又孕育着新的飞跃（2），或衰退下去（3）。

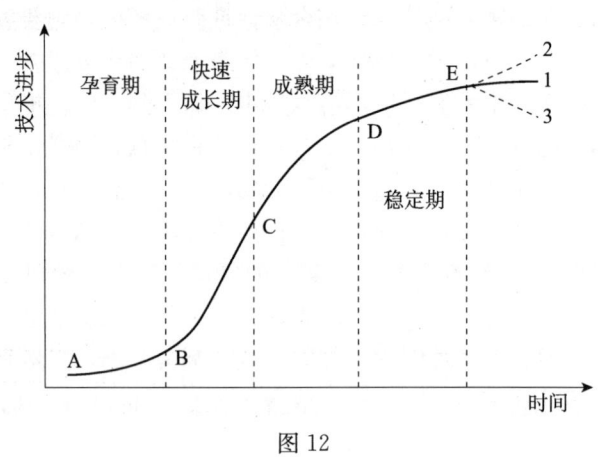

图 12

可以举出大量实例说明技术的演化也经历了幼年、青少年、中年和老年阶段，问题还不在给 S 形曲线提供例证，因为技术演化的 S 形曲线本身就是根据大量实例的统计资料概括和描绘出来的。技术演化与人的生长略有区别的地方是，有的技术（如打制石器、煤气照明、平炉炼钢、电子管整流等）在达到饱和点 E 后衰退下去，几乎绝迹。有的技术（如汽车运输、高炉炼铁、电话通讯和许多烹调手艺），则有相当长的稳定期。但有一点则可以肯定，任何一项特定技术，都不可能万世长存，在遥远的过去没有汽车、高炉、电冰箱技术，在将来（也许是比较遥远的未来），也会没有汽车（现在的汽车至少会因为石油枯竭而消亡），没有高炉（例如用融熔还原取代现今的高炉），没有电冰箱（例如用电磁杀菌保鲜来取代制冷保鲜)。对于特定的技术来说,一切的有曾经是无,并必将变为无;当然这是指特定的"有"或"无",不是抽象的无中生有,有化为无,也不是整个物质世界起源于无或归之于无。

技术有其生命周期,它经历了上述的有与无的互相转化,还不足以告诉我们怎样做好技术选择。但它却提醒我们:世界上的一切技术,都曾经不存在,无非是人创造、孕育出来的,不要只基于过去没有就不敢创造,世界上的一切技术,都不会永远存在下去,无非是寿命长短不一,不要只基于现在有用就不敢突破。

二、时效选择

具体地分析技术演化的生命周期,对于做好技术选择是有帮助的。在生命周期的每一阶段中,技术进步各有特点;各式各样种技术又各自处于生命周期的不同阶段,每种技术都有其特有的时效性——这些都是技术选择中要考虑,把孕育期技术当作成熟期技术来应用,把成熟期技术作为孕育期技术对待,都会导致选择失误。

技术演化生命周期的 S 形曲线是综合统计的结果。对这个曲线与许多因素有关,包括技术发明的数量和质量,技术的应用和效益,对技术活动的投入和支持,技术价值评估和预测等等,只有具体地分析这些因素才能解释这个曲线,或者说 S 形曲线乃是上述诸因素的函数。

在技术生命周期的每一个阶段,都有关于该技术的发明,各个阶段上发明的数量、水平和效益则有区别,大致如表 7 所示。

表 7

发明	孕育期	快速成长期	成熟期	稳定期
数量	少	较多	多	较少
性质	开创性发明	重大改进性发明	改进性发明	细小的改进性发明
效益	无或负效益	效益上升	效益增大	效益不大

孕育期的发明特别值得注意,尤其是生长曲线的 A,B 两点。A 是最初的开创性发明或叫"种子性发明"、"奠基性发明",没有它就不会有一项技术的产生、萌发。例如在前面讲到的 1903 年莱特兄弟发明活塞式螺旋桨飞机,尽管很幼稚,就属于第一个开创。首创是孕育期的开端,首创技术在若干关键性环节上不完善,离实用化的 B 点相距较远,还有待于在这些环节上的技术突破。这些突破也可以看作是对首创发明的重大改进,但由于它不是对已实用化技术的完善,由于它是在实用化之前的重大技术突破,因而仍具有开创性发明的性质。在莱特兄弟试飞之后,美、英、法等国的一些人对机翼的数量和形状、发动机重量功率比、螺旋桨结构等做出重大技术突破,到 1908 年在法国进行的飞行表演获得成功,

可算作孕育期的结束。1908年的飞机发动机动率约为70~120马力，比赖特飞机高出5~9倍，飞行速度80公里/小时，比莱特飞机高4倍，接近于实用化。在孕育期的技术发明虽有潜在价值，但由于不能实用化还不能发挥经济上、政治上（军事上）的效益，相反它们还需要有个人的经济负担或外来的资助（支持），也可以说那时只有负效益。

一项技术开始实用化以后，就会有较多的有重大意义的改进，技术的功能特性迅速进步。例如，1908年的飞机基本上是木结构的、双翼的，之后用钢或铝结构取代，双翼改为单翼，到第一次世界大战结束，发动机功率增至420马力，飞行速度提高到200公里/小时，飞行高度从510米升至8000米，航程达440公里。由于这项技术的完善和实用化，其效益迅速上升，远大于发明投入，在第一次世界大战期间，世界各国约生产飞机18万架。

从快速成长期到成熟期的界线不很明确，大体上说一项技术的基础部分基本完善是成熟期的开始，在技术的成熟期仍有相当多的发明，但大都是针对辅助性环节的改进性发明或匹配改进。例如在20世纪二三十年代之交，活塞式螺旋桨飞机进入成熟期，在此之后的技术发明主要把发动机空气冷却改为水冷，起落机由固定式改为液压操纵的收放式，座舱改为密闭式，把发动机安装在风道内，等等。由于一系列改进的配合，功能特性和效益继续增大，到30年代末，螺旋桨活塞式飞机的功率提高到2000马力，飞行速度750公里/小时，航程达到12 000公里。

技术的成熟，达到接近其功能限度，就进入了缓慢平衡发展的稳定期，尽管这时仍有一些发明，但主要是技术性和改进性的，对主要的功能特性提高不大，例如，螺旋桨活塞飞机的速度在1939年只提高10%左右。在一项技术达到稳定期时，如果有另一项达到实用化程度的新技术可以取代它，原有技术就会衰退乃至消亡，如果暂时没有或不能完全取代，原有技术就会持续稳定或在相当范围内继续稳定。

了解技术生长各阶段发明的特点，对于发明创造者正确认识自己的活动，对于评价新技术成果和社会对发明的资助、奖励，都会有启示。在前面已有一章讲发明创造选择，这里只需补充说：发明创造选择应当与技术生长的周期和阶段联系起来，要注意从总体上分析有关于技术目前正处于何种阶段，从而预见领域选择或项目选择可能达到的目标。

对发明创造的奖励比较难办。照理，应当更多地支持在孕育期中的技术活动，但这时的技术（潜在技术）还幼稚，没有效益或只有负效益，看不清它的前景，又很难给予较多的社会经济支持。因而，人们资助和奖励的通常是处于快速成长期或成熟期的技术的改进性发明。尽管如此，认真关注哪些技术发明活动正处于孕育期，力争适时地给予必要的支持，仍是应当注意的原则。我们应当鼓励已经成才的人们，更应当鼓励人们成才。支持处于萌芽状态的东西，支持幼年成

第六章 技术选择的原则和方法

长，需要远见卓识，S形曲线可以帮助人们看得远一些。

作为企业或地区、国家在采用和引进技术时，时效原则的应用比较复杂。企业是要讲经济核算的，国家、地区的经济发展要讲效益，不同于发明基金会的工作。引入孕育期技术，需要较大的投入、较长的时间，还有一定的风险（孕育期技术可能失败、夭折）。但适时引入某些已崭露实用端倪的孕育期技术，加以开发，可能具有战略意义。日本在半导体发展上可以说适时地采用了已趋形成的孕育期技术，从而形成了自己的优势。引入成熟期技术相对花费较少（指对技术的经济投入），可以立竿见影地获得较大的效益，但由于其功能已接近某种限度，潜力不大，寿命相对短暂。

在理想状况下，企业最好是适时采用快速成长期的技术，相对说花费不甚多，经济效益则迅速提高。日本发展电子计算机，大致属于这种情况。当然这也取决于企业能否支持和使得这项技术真正能快速成长起来，以及能否使这种技术的价值得以实现。

从时间效应来进行技术选择，困难不仅在于对技术生命周期性的辨识，主要还是要合理地解决经济投入和社会经济效益的关系，而这两者在同一阶段里常常是成反比的。投入多其近期效益差，而远期效益可能很好，投入少其近期效益可能好，而远期效益差。经济投入与近期效益的关系大致如图13，一个是正S形曲线，另一个是反S形曲线。在实际上应用的时效原则，基本上也是采取二者的折中。

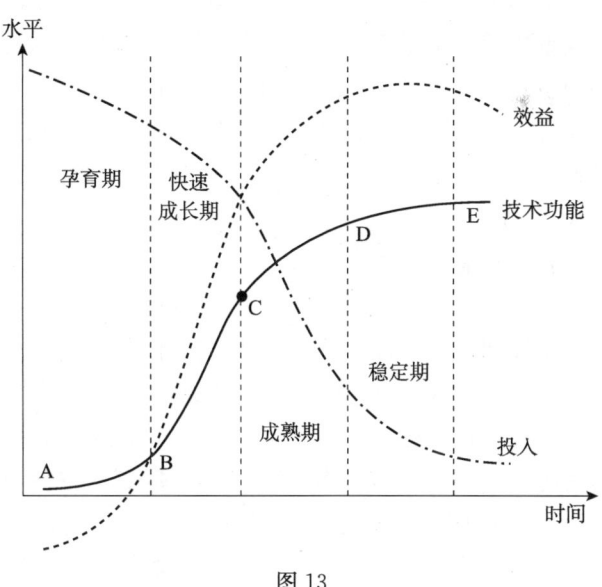

图 13

三、辨识与评价

坚持技术选择的时效原则，要求在技术选择时有足够的信息，来分辨某项技术正处于它在演化过程中所处的阶段。在技术生长的不同阶段，各种技术情报所占的地位和所起的作用也不一样，大致如表 8 所示。从它可以看出在技术发展应如何搜集和利用情报，也可以从所利用的情报看出某项技术是在孕育中或已趋于成熟。

表 8

阶段	孕育期		快速成长期	成熟期
	设想产生（A）	重大突破发明（B）		
情报（按重要性顺序排列）	①社会需求情报 ②事故、产品缺陷等机遇信息 ③外专业技术情报 ④其他一般信息	①专利情报 ②同行业研究开发情报 ③国外研究情报 ④外行业研究开发情报 ⑤原材料和生产技术情报 ⑥市场情报	①原材料和生产技术情报 ②市场情报 ③同行业和外行业技术开发情报 ④国外研究和开发情报	①市场情报 ②同行业研究开发和生产情报 ③国外情报 ④原材料和生产技术情报 ⑤研究情报

表 8 中的情报重要顺序是很不确定的，而且只从情报类型去判断技术演化的阶段是相当困难的事。这不仅是资料的来源和丰富程度受到限制，还由于价值标准的取向会产生偏好，从而使评价失之公允。人们喜爱自己的专业，自己作出的发明成果，会导致"情人眼中出西施"的评价，也会导致对他人的活动有眼不识庐山真面目或不识泰山。而且，科学技术工作者为了获得支持，例如要取得资助，也会发生夸大宣传的倾向。如果为其他目的故意贬低或抬高某种技术的意义，则影响更坏。

一般来说，对孕育期技术的社会反应常常是估计不足，其评价低于它的潜在功能和价值。在取得重大突破，有可能进入快速成长期的时候，则往往会过分夸大，把它抬到超出实际水平的程度，乃至认为新技术可以包治百病。但任何技术总是不仅有它的优越性，还有它的功能界限、不足和缺陷，在缺陷逐渐暴露，人们看到不足时，因为先前曾经有过夸大估计，反而失望（达不到原来的期望），其评价甚至低于该技术的实际功能。只是在经过一段曲折，人们的理解更全面深入以后，对该技术的评价才基本上与功能曲线相符。

对一项技术的辨识和评价，大体上也有 S 形曲线的周期，但由于辨识和评价

第六章 技术选择的原则和方法

涉及的因素较多（主体价值标准、主体心理状态等），这个S形曲线相对较复杂，大体如图所示。当然，这个图示只是大致的，并不排除过分夸大刚处于孕育期的技术，或过低估价正在快速成长的乃至已成熟的技术。图中的虚曲线为技术功能，实曲线为评价，阶段按评价特点划分。

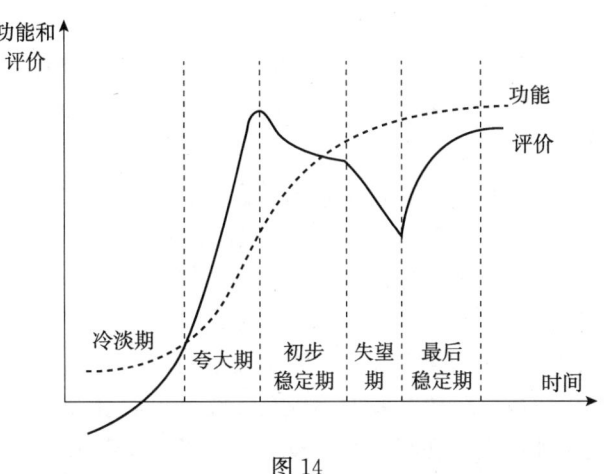

图 14

历史上的蒸汽机、内燃机、电动机和许多药物、疗法都经历过这样的评价过程。现代对核能利用、遗传工程、海洋工程的评价也经历过或正在经历这样的过程。在有人设想和着手研究核能利用的时候，人们对此表示怀疑、冷淡，连获得诺贝尔奖金的理论物理学家也曾说过："那些企图从原子转换中寻找某种能源的人，不过是痴人说梦。"而当核能利用开始实用化的时候，又有人认为它才是最有前途的、普遍适用的能源，不仅可以制造核动力潜艇，而且可以制造核动力飞机和成批生产核动力商船，并制定了大规模兴建核电站的计划。当人们暂时放弃了民用核动力运输工具的大发展意图，对核电站的评价趋于稳定的时候，由于若干起核渗漏事故，失望评价又多起来了，至今还没有达到最后稳定期。

对某种技术究竟处于演化生命周期的哪一阶段的分析和回答，与巨额投资的选择相关，是一件很严肃的事情。企业家要有点冒险精神，又要避免受夸大评价而冒险，这个界限很难把握。例如，对于基因重组技术的评价，在20世纪七八十年代实质上就发生了是属于孕育期还是快速成长期的分歧。一种意见认为，由于1972年美国成功地实现了基因重组，且已生产出干扰素等产品，它已进入了实用化阶段。一些人还认为，遗传基因工程将在30年左右的时间里彻底更新石油化学，能源、农业和医疗技术，并有十分广阔的市场。另一种意见则认基因重组技术仍处于研究的初级阶段，因为它只是采用大肠杆菌作宿主，且研究费用还大于产值，基因操作是否优于自然界微生物也值得怀疑。持前一种意见的人认为后一种意见保守，持后一种意见的人认为前一种意见夸大，虽未定论，但已对企业经营发生了影响。

在结束本文之前，我们将对技术选择究竟处于其生命周期的哪一阶段略作一点讨论。舒马赫在批评了否认技术选择的观点之后，曾讲过一段值得深思的话，他说：

"技术选择的重要性正在逐渐地进入经济学家和发展计划人员的意识中。有四个阶段。第一个阶段是讪笑和对任何谈到这个问题的人嗤之以鼻。现在是第二个阶段，人们口头上赞成它，但没有行动跟上，继续观望。第三个阶段将是积极工作，动员这种技术选择的知识。第四阶段是实际应用。这是一个漫长的道路，但是我不想掩盖这样一个事实，即存在着直接达到第四阶段的政治上的可能性。如果有一种政治思想把发展看作是关系人民的，那么就能立即利用亿万人民的才智，直接进到第四阶段。确实有一些国家正在直接走向第四阶段。"[1]

舒马赫讲的四个阶段与生命周期的四阶段不同，但技术选择在今天确已达到了应当实用化和快速成长阶段。我们不仅在实践上正从事着国家、地区和企业的技术选择，而且在理论上正在组织衡量技术进步指标体系的对策和研究，在此阶段正在编制有助于技术选择的决策信息系统。我们有优越的社会主义制度，需要大力发展技术，应当并完全可能把技术选择做得更好。

---

[1] 舒马赫：《小的是美好的》，商务印书馆，第146页。

主要参考文献*

1. 中国科学院自然科学史研究所近现代科学史研究室：《二十世纪科学技术简史》，科学出版社，1985年。
2. 陈念文，杨德荣，高达声：《技术论》，湖南教育出版社，1987年。
3. Charles Susskjnd：Understanding Technology, The Johns Hopkins University Press，1977。
4. 赵惠田，谢燮正：《发明创造学教程》，东北工学院出版社，1987年。
5. 林康义，刘则渊，王海山，等：《技术开发原理与方法》，大连工学院出版社，1987年。
6. 陶友之：《技术改造新论》，上海人民出版社，1987年。
7. 刘则渊：《发展战略学》，浙江教育出版社，1988年。
8. [日]野村综合研究所：《日本企业的世界战略》，中国展望出版社，1987年。
9. [日]斋藤优：《日本企业成长的技术战略》，科学技术文献出版社，1986年。
10. 夏禹尤，等：《领导与战略》，山东人民出版社，1985年。
11. 《经济·科技·社会发展战略文集》，中国社会科学出版社，1985年。
12. [美]查考斯·K.威尔帕：《发达与不发达问题的政治经济学》，中国社会科学出版社，1984年。
13. 丹尼斯·L.米都斯等：《增长的极限》，四川人民出版社，1984年。
14. 梅萨罗维克，佩斯特尔：《人类处于转折点》，三联书店，1987年。
15. 李德顺：《价值论》，中国人民大学出版社，1987年。
16. 汪应洛，黄麟雏：《系统思想与科学技术发展战略研究》，西安交通大学出版社，1985年。
17. 经济合作与发展组织（OECD）：《世界的未来》，哈尔滨工业大学出版社，1985年。

* 凡书中已引用的文献不再列入献

18. ［苏］杰缅丘诺克：《当代美国的技术统治论思潮》，辽宁人民出版社，1988年。

19. 赵家祥，梁树发：《新技术革命与唯物史观的发展》，河北人民出版社，1987年。

20. 国家统计局国际统计和外事司：《国际经济和社会统计提要》，中国统计出版社，1989年。

下 篇

科技与社会

应该用马克思主义观点撰写科学家传记 *

——评阎宗临著《巴斯加尔传略》

撰写科学家传记是一件很有意义的事情。分析历史上著名科学家的活动，有助于了解科学发展的历史过程，有助于批判地借鉴前人的科学成果、科学方法和治学态度。历史上许多科学家的活动常常是多方面的，他们不仅从事科学实践，而且，在社会政治、哲学以及文艺道德观点方面，往往也有一定的时代影响，正确地评价这些观点，也是有理论意义和实际意义的。

要写好科学家传记，必须解决材料和观点的统一问题。人物传记的写法不同于一般的理论著作，它所用的主要是历史的方法而不是逻辑的方法，因此，按年代全面系统地积累和记述材料是十分重要的；资产阶级学者在科学家传记方面曾作过不少工作，利用他们所提供的某些实际材料也是必要的。但是，人物传记终究不是历史材料的堆积，要写好科学家传记，必须辨明材料的主次粗精，必须对材料（特别是资产阶级学者所提供的材料）有所分析，有所评价，为此，就必须有马克思列宁主义观点的指导。离开正确观点的统帅，无取舍地列举材料，无批判地论述前人所提供的材料，是写不好科学家传记的。

我们认为，阎宗临先生著的《巴斯加尔传略》（商务印书馆 1962 年 12 月版，以下简称《传略》）正是在基本观点上存在许多原则性的缺点，本文仅就这些缺点提出一些意见，请著者和读者批评指正。

一

与其他历史人物的传记不同，科学家传记应当着重于人物的科学活动：一方面，要介绍科学家的科学成果，他取得这些成果的历史过程，他的治学态度和治学方法；另一方面，要正确地揭示科学家进行科学活动和取得科学成果的社会历史条件，揭示科学成果在科学史上的学术价值及其社会影响。

---

* 德侠，陈昌曙：新建设，1964 年 7 月。

巴斯加尔是 17 世纪法国著名学者之一，他固然在法国哲学史和文学史上也有一定的地位，但从其历史作用看，他主要是一位杰出的数学家和物理学家。在数学上，巴斯加尔发展了投影几何学，提出了新的圆锥曲线定理——巴斯加尔定理；他制作了第一台计算机；研究了代数中二项式展开的系数规律——巴斯加尔三角形；他的摆线研究对微积分学的萌芽作出了重要的贡献；他还是概率论的创始人之一。在物理学方面，巴斯加尔在托里拆利工作的基础上，预见新的实验证实了托里拆利定律；他发展了流体静力学，提出了著名的流体传压定律——巴斯加尔定律。

《传略》对巴斯加尔科学活动的介绍显然是很不够的，科学成果的内容和取得成就的过程说得很简略，对科学成果的学术价值也缺乏足够的评价。与《传略》出版前报刊上发表的有关短文①相比，《传略》对巴斯加尔科学贡献的介绍是更为贫乏的；在《传略》一书中，描述巴斯加尔的家庭、亲属关系、个人生活所占的分量，也显然多于对巴斯加尔科学活动的描述。

我们认为，产生这种缺点的原因是《传略》的作者没有从历史作用的观点去评价人物。巴斯加尔的活动固然是多方面的，但他之所以能在人类文化史上占有地位，主要是由于他上述的科学贡献。一部世界科学史是不能不记载巴斯加尔的科学成就，直到今天，在数学和物理课程中仍要讲授巴斯加尔的重大发现，许多中学生都知道巴斯加尔的名字。至于巴斯加尔在哲学、宗教、文学方面的活动，虽然对当时的法国有一定的影响，但这种影响是远低于他在科学史上的作用的。既然人物的历史作用是在于他的科学活动，人物的传记就应当着重于这种活动；一本巴斯加尔传记，首先应当是科学家传记。

《传略》对巴斯加尔取得科学成果的原因及这些成果的社会影响谈得不多，但却有一些不恰当的提法，表露了不正确的观点。

对巴斯加尔之所以能作出伟大科学贡献的原因，《传略》几乎没有从生产实践是科学的基础的观点予以说明。在书中第一部分第一节总括叙述巴斯加尔的科学成就之前，只是提到"巴斯加尔的天资十分聪慧，意外地早熟，有惊人的成就。"（《传略》第 3 页）。

我们并不否认年轻的巴斯加尔的聪明智慧：他在 16 岁时就发现了几何学的新定理，他的主要科学成就绝大部分是在 31 岁前作出的。但是，要说明巴斯加尔的科学贡献，第一，必须顾及到他继承和吸取了前人和他人的科学成果（如欧

---

① 参见叶企孙在《科学大众》1962 年 8 月号上的文章；李迪在《数学通报》1962 年 8 月号及《光明日报》1962 年 8 月 19 日的文章，王锦光在《科学画报》1962 年 8 月号及《文汇报》1962 年 8 月 12 日的文章。

应该用马克思主义观点撰写科学家传记——评阎宗临著《巴斯加尔传略》

几里得、阿波罗尼、伽利略、托里拆利、笛卡儿、费玛等人的数学和物理研究），而这些科学成果归根到底也是实践的产物；第二，更重要的，还必须注意到，巴斯加尔本人的科学发现和发明，也是在实践基础上才得以产生的。例如，17世纪关于大气压力的研究，直接决定于矿区抽水、城乡供水和控制山洪等实际需要。恩格斯曾提到，托里拆利"依靠着工业上的水利工程而第一个研究液体的运动[①]"这个提法的基本精神，对于继续托里拆利工作的巴斯加尔，也是适用的。包括巴斯加尔、笛卡儿、费玛等人成就在内的17世纪的数学发展，决定于天文学、刚体力学、流体力学等自然科学的需要，而这一切又归根到底决定于航海运输、机械制造、城市建筑、控制山洪等生产实践的需要。

《传略》在介绍巴斯加尔的科学贡献时离开了实践观点，是与《传略》作者在基本观点上的错误有关的。在说明17世纪自然科学发展的原因时，《传略》认为："由于资本主义的发生，对远程的航行，采矿冶铁的需要，科学技术的提高成为发展生产的决定条件。"（《传略》第16页）这里的意思是含糊的，似乎要触及实践对科学发展的决定作用，但结论却是科学成为当时生产发展的决定条件。在另一段文字中《传略》的观点就更清楚了，《传略》说："自然科学的成就，可以促进工商业的发展，如远程的航海，殖民地的开拓，决定于科学技术的改进。"（《传略》第9页）

姑且不管科学技术的改进决定殖民地的开拓这个不恰当的提法，从这两段话的实质看，《传略》是指出了科学对实践的作用，而没有强调实践对科学的作用。科学技术的成就固然可以促进工商业的发展，但特别是在17世纪，这不是问题的主导面；更重要的是，由于新的生产关系的逐步确立，要求自然科学迅速发展以适应时代需要，而生产实践又提供了自然科学可能迅速发展的基础。恩格斯说："资产阶级为了它的工业生产的发展，就需要有科学来研究自然物体的物理属性和自然力的表现形态。"[②] 马克思指出："17世纪机器的间或应用，仍然非常重要。因为，对当时的大数学家来说，这种反应就是使近代力学得以创造出来的实际的支点和刺激。"[③] 科学发展的根本动力和基础是社会实践，离开这一点，既不能说明科学何以发展，也不能说明科学对实践的反作用。

在说明巴斯加尔等人的科学贡献的社会影响时《传略》也有不正确的提法。如说："17世纪前半叶，开普勒、伽利略、托里拆利等在科学上的贡献，给新时代带来强烈的信念：社会制度是可以改变的"。（《传略》第9页）又说，巴斯加

---

① 恩格斯：《自然辩证法》，人民出版社，1955年，第150页。
② 恩格斯：《社会主义从空想到科学的发展》，人民出版社，1963年，第18页。
③ 《资本论》，第一卷，人民出版社，1963年，第370页。

尔在科学与文学上都有出色的贡献,"他表达了资产阶级的意图,促进了资产阶级的形成"(《传略》第9页)。开普勒、伽利略、托里拆利等在天体力学、数学、流体力学上的贡献使人类向自然进行斗争的经验总结,社会制度的改变是阶级斗争的结果,怎么能由自然科学知识带来社会制度可以改变的信念(而且是强烈的信念)呢?再者,阶级的形成是历史经济领域中的事,个别历史人物可以表达某个阶级的政治和经济要求而成为该阶段的代言人,但不能说那一个人促进(或阻碍)了那一阶段的形成。又怎么能说巴斯加尔以其自然科学和文学的贡献促进了资产阶级的形成呢?

二

　　撰写科学家的传记,还要求分析科学家的世界观和哲学思想。自然科学家的世界观不仅支配着他的科学活动;而且,某些著名科学家的哲学观点还在一定程度上有更广泛的社会影响。对自然科学家世界观的分析,必须坚持"一分为二"和阶级分析的方法。一般来说,历史上自然科学家的世界观有两重性,他们进行科学实验,与自然界物质发展过程打交道,使他们或多或少地、自发地倾向于唯物主义;另一方面,由于他们的社会阶级地位和文化教养,又比较容易接受或产生唯心主义观点。在自然观上,他们有较多的唯物主义倾向;而对社会问题(历史、道德、宗教等)的看法,则经常倾向于唯心主义。在自然科学家活动的不同时期,他们的世界观也有不同的特点。

　　巴斯加尔的世界观也正是这样充满了矛盾。他作为一个伟大自然科学家,特别在他更多从事科学活动的时期,具有唯物主义的、进步的观点。这一方面是取决于他的科学实践,同时也是由于他受了培根和笛卡儿哲学的进步影响。巴斯加尔认为经验是物理学中唯一的原理,"经验是真理的导师"(《传略》第18页),认为理论不及经验,概念不及事实,假说不能与事实有矛盾;他认为必须服从理智的后果,遵循"只能判断显明的事实,禁止承认不显明的事实"的格言(《传略》第13页)。巴斯加尔说:"在科学上只能相信感觉与理智,这才叫做原理。凡是根据原理得出的结果,这才叫做结果。"(《传略》第20页)这些观点显然是与培根和笛卡儿的影响有关的。

　　巴斯加尔的这些观点,对于他的科学活动,对于他反对经院哲学的陈腐见解,起了进步的、推动的作用。例如,巴斯加尔在大气压力的研究中坚持了实事求是的科学态度,批判了"自然界害怕真空"、"真空是虚无"的传统观念,运用了从实际出发的科学方法。他在知道了托里拆利的实验后,亲自多次重做了这项实验,在实验基础上借助理性推论提出了大气压力随高度加大而减小的假说,而

应该用马克思主义观点撰写科学家传记——评阎宗临著《巴斯加尔传略》

后又用严密的实验检验并证实了这一假说。这种科学态度和科学方法是同巴斯加尔进步的世界观分不开的。

但是，巴斯加尔的世界观中同时又有着唯心主义的方面；特别在他一生的后期，则更多地宣扬了宗教唯心主义观点。

巴斯加尔生活在宗教唯心主义占统治的社会，本人是上层知识分子，受着宗教的社会影响和家庭教养，这是使他陷入唯心主义的一个认识上的原因。而笛卡儿哲学的不良影响，对巴斯加尔的唯心主义观点也起了不小的作用。巴斯加尔的自然科学唯物主义是不能抵制并克服这些因素的作用的。

巴斯加尔把数学看做最高级而完备的方法，认为几何学的定理可以解决一切问题，而数学的原则是来自人心的理智，这已经是唯心主义的观点；然而要用数学和自然科学来把握世间的全部真理毕竟是不可能的，在巴斯加尔越来越多地接触社会现象，并企图探索人和人心的问题时，更觉察到自然科学的无能为力，于是他离开了对理智的推崇而求助于信仰，认为理智同信仰并无矛盾，以致抬高上帝而贬低知识。他说："上帝显现于我们的心上，不是显现于我们的理智"，"心有它自己的理智，这个理智不为理智（普通理智）所知"[1]。

巴斯加尔陷入了对科学的怀疑论，认为"我们对于不论何事何物，不能明确知道，也不能彻底知道；我们唯有在空旷中彷徨，从一个目的游移到另一个目的。"[2] 以致终于基本上停止科学活动而入了修道院，他企图证明上帝的可爱，企图用概率论证明上帝的存在（《传略》第59～60页）。对巴斯加尔的这种宗教唯心主义观点，历史上的唯物主义哲学家就曾作了批判。狄德罗说："如果他（指巴斯加尔）能让当时的神学家们去负责解决他们的争论；如果他能充分利用他从上帝得来的智能，献身于追求真理，毫无保留并且不怕冒犯上帝……那该多么好！"[3]

《传略》对巴斯加尔世界观的进步方面有所评述，指出了"他是一位科学工作者，观察事物，分析现象，一切是从怀疑态度出发的。他重视经验，在那封建意识笼罩的时代，起着进步的作用"（《传略》第4页）。但整个说来，《传略》对巴斯加尔世界观中的唯物主义倾向是估计不足的，上述的评价也不够确切。对于巴斯加尔的宗教唯心主义观点《传略》除了简单地提到他脱离不了唯心的范畴，"思想中有浓厚的唯心因素"（《传略》第4页），就更缺乏分析批判，而且还不时给予不恰当的赞扬。《传略》在评述巴斯加尔对人、人心、情欲的看法时，这个

---

[1] Levy-Bruhaha：《法国哲学史》，商务印书馆，1934年，第3章。
[2] 转引自夏炎德：《法兰西文学史》，商务印书馆，1936年，第19页。
[3] 《马克思恩格斯全集》，第3卷，第5页。

缺点更为明显。

巴斯加尔在后期就人的问题发表了不少意见，他认为每个人应当懂得自己以便确定自己的生活，因此解决人的问题是最重要的。他对人的本质的看法大致可以归结如下。他认为，人的身体是一个具体的实体，人是实体，既是实体，它便占有一个位置。他说，这个位置是宇宙的中心；但有形世界是一条看不见的线，我们的身体与之相比只是一个微弱的小点，人与宇宙相比几乎只是虚无，这样，我们的身体就成了一个难解的谜，一个不可思议的怪物。他认为，人是有思想、有意志、有欲望的，因而经常陷入苦恼，人希望幸福，得到的却是不幸，人要求快乐，得到的却是苦痛。巴斯加尔甚至得出这样的结论："对一切事物，我是在可怕的无知中"（《传略》第55页），"无尽空间永久的沉静使我恐怖"，"我是可恨的"（《传略》第59页）。在他看来，"人是充满错误的东西"（《传略》第58页）。

显然，这种人性论的观点是唯心主义的。巴斯加尔的出发点只是抽象的、孤立的人类个体，并把人归结为有身体的因而是"具体的实体"，归结为"有思想、有意志、有欲望"的动物。这种观点抛开了人的社会性，歪曲了人的本质。马克思早就指出："人的本质并不是单个人所固有的抽象物，实际上，它是一切社会关系的总和。"在阶级社会中，这种社会关系在根本上就是阶级关系；因而只有从属于一定阶级的人和人的阶级性，没有也不可能有抽象的人和人性。巴斯加尔接触到了人们的动机和效果的矛盾，但他把这种矛盾的产生归结为因为人有思想和欲望，并对人作出了"恐怖"、"可恨"、"充满错误"等悲观主义结论，在他眼里人类是没有希望的。至于说人是"虚无"、"难解的谜"、"不可思议的怪物"，则只能导致神秘主义。

《传略》不仅没有用唯物史观和阶级分析的方法批判地对待巴斯加尔的上述观点，而且还加以赞扬。说什么"巴斯加尔继承了优良的传统，敢于正视人的弱点和残缺，不将人美化"（《传略》第34页），"巴斯加尔以生动简洁的言辞，准确的分析人心，给事物做了综合，说出耐心细致的、却又是剧烈的苦痛"（《传略》第60页）。这种评价是十分错误的。巴斯加尔根本没看到人和人心的阶级性，怎么可以说他"准确地分析人心，给事物做了综合"呢？又怎么可以离开人的阶级性去议论"敢于正视人的弱点与残缺，不将人美化"呢？巴斯加尔关于人的"剧烈的苦痛"的论调本来是悲观主义的，这种论调说得越"生动简洁"，危害性也越大，对此，又怎么能给予称颂呢？

《传略》对巴斯加尔对情欲的观点的评价也是不恰当的。巴斯加尔企图从欲望使人痛苦等悲观情绪中寻求解脱，结果只能求助于信仰上帝（他所谓的独立长存、含宏万有的善），并陷入了禁欲主义。他认为，去掉情欲便产生信仰（《传略》第60页），"要从情欲的对象上逐步解脱"（《传略》第40页），"贫穷是解救

应该用马克思主义观点撰写科学家传记——评阎宗临著《巴斯加尔传略》

自己的唯一办法"(《传略》第50页)。不管巴斯加尔本人是否做到了这一点,这种宗教式的禁欲主义观念本质上是封建社会束缚劳动群众的思想的反映。而《传略》却以赞美的口吻说,巴斯加尔"要人克制情绪的冲动,以彰伦理道德的伟大"(《传略》第36页),称颂"巴斯加尔认识到贫穷是锻炼道德品质最好的方法"(《传略》第49~50页)。

《传略》在从哲学上批评一些错误观点时,还有一些不准确的提法(如第57和第60页有关矛盾法则的表述,第8页有关宿命论的表述)。这里就不多谈了。

三

作为科学家的历史传记,适当地介绍科学家所处时代的社会情况、科学家的家庭及社会关系,这对于了解科学家的活动是有帮助的。在这些方面,《传略》的介绍除了又过于繁琐和不准确之处,其主要缺点仍是离开了马克思主义的阶级观点和阶级分析,而这种缺点的产生也是同作者无批判地利用资产阶级学者所写的文献材料有关的。我们只简略地说几点意见。

《传略》巴斯加尔所处时代的法国说成是"受封建残余势力的统治"(《传略》第4页),实际上,在17世纪的法国,资产阶级的经济关系和政治地位虽日益增长,封建制度虽正在瓦解并日趋衰亡,但那时并未发生资产阶级革命,封建剥削关系在农村中仍占统治地位,君主制度主要地仍是封建贵族的专政,决不能说封建主义在那时已成了残余势力。

在这样的社会条件下,农民群众和手工业者多次举行起义反对封建贵族统治,1639年的所谓"赤足者"的起义是其中规模最大的一次。而《传略》在述及这次起义时却说:"这年,诺曼底省的农民掀起暴动,社会经济受到严重的破坏,产生了尖锐的阶级斗争。'赤足者'与政府的斗争虽未获得胜利,却给诺曼底的社会留下阴暗的景象。"(《传略》第15页)农民起来反对使他们陷于贫困破产的统治者,这种斗争是社会发展的动力,怎么可以把社会的阴暗和经济的破坏归之于因无法忍受剥削压迫而产生的农民起义呢!

对于17世纪法国的社会精神面貌,《传略》也表述了缺乏阶级分析的提法。如写道"礼节、和谐、完美等特点成了时代的风尚……这是十分可贵的"(《传略》第23页)。又说,由于17世纪30年代法国的天灾与瘟疫,"法国的精神动向走上享乐与悲观的道路"。我们不能理解,所谓礼节、和谐、完美等特点到底是些什么内容?又是如何地成了时代的风尚,又是如何十分可贵?说一个国家而不是哪一个阶级的精神动向走上享乐的道路,而且是由于有天灾与瘟疫才如此,那就更离奇了。

《传略》在述及17世纪法国的精神动向时,很多地方介绍了任塞尼教派(荷兰神学家科尔奈琉斯·任塞尼的信徒)。任塞尼派对巴斯加尔的思想有重大的影响,巴斯加尔是任赛尼派的重要成员之一,评价任塞尼派是必要的。但在这个问题上,《传略》也做得未必正确。《传略》把任塞尼派同当权的耶稣会的斗争看成是"以宗教反对宗教"的斗争,是法国反宗教运动的一种形式,给任塞尼派以很高评价(《传略》第23~24页)。《传略》以肯定的语气写到:"任塞尼派胸中抱负,要以禁欲思想,挽救将要沉沦的人类"(《传略》第24页),"任塞尼派是禁欲思想的发展,其目的在表彰道德生活的伟大"(《传略》第8页)。《传略》还认为,任塞尼派的思想是"有益的",它在17世纪法国有广泛的影响,是使"17世纪的法国避免走上西班牙精神衰落的道路"的"主要力量"(《传略》第54页)。

"将要沉沦的人类"和"法国的精神衰落"之类的说法,显然不对,我们不再分析。必须指出的是:任塞尼教派不是反对传统的宗教的一种形式,它同耶稣会的斗争也不是进步同保守的斗争,而是贵族教派的内部矛盾。在17世纪的法国,天主教会虽仍是保卫封建制度的重要力量,但它的信仰权威已显衰落了。在60~70年代人民起义频繁的时期,曾屡屡出现"神行为",人民群众开始怀疑宗教学说的真实性,无神论已有萌芽。面对着这个宗教危机,耶稣会竭力号召"天主教的复兴",特别是用"慈善事业"来影响群众,但这一切并不发生什么效果。于是,在贵族支持下的另一部分僧侣则反对耶稣会的取悦人心的办法,力求用""革新"天主教即篡改教义的办法来恢复人民的宗教感情。这就是任塞尼教派,它在人民中间并没有什么广泛的影响。而且,从《传略》的介绍中我们也可以看出任塞尼派并不是进步的,它宣扬禁欲主义,要求人们过"严肃的生活,树立精神的纪律"(《传略》第24页),只不过是为正统天主教献策,束缚人民群众。《传略》把享乐主义和禁欲主义的"区别"看成是道德堕落和道德彰明的对立,看成是落后和进步的对立,而缺乏基本的阶级分析,这是《传略》对任塞尼派作无原则赞扬的重要原因之一。

《传略》在介绍巴斯加尔的亲属朋友时,问题暴露的更明显。在第12页提到:巴斯加尔的曾祖父"以经商为业,为人十分正直",父亲"承受了法国传统的教育,爱体面。能吃苦……为外鸟尼省的议员,为人谨慎,善于经营,累计了约有60万弗朗的资产",母亲"仪表很庄严,虔诚而仁慈,言谈间表现出高贵的风度",姐姐"长得十分大方",妹妹"贤而多慧,性格十分顽强,到二十六岁上,便入皇港女修道院出家了"。而巴斯加尔的朋友洛奈兹公爵"虽是知名的贵族,却没有封建传统的习尚"(《传略》第29页),另一个朋友麦来骑士"有丰富的生活经验,懂得如何满足人的要求"(《传略》第32页)。

看来在巴斯加尔周围的都是正直、谨慎、仁慈、高贵、大方、贤惠、懂人情

应该用马克思主义观点撰写科学家传记——评阎宗临著《巴斯加尔传略》

的人,尽管是议员、公爵、骑士也不例外。我们不禁要问,这些旧社会的上层人物是那样值得称道吗?议员的体面,累积了60万佛朗资产的人的谨慎,年轻人修道院者的顽强都是值得赞许的吗?试问,这里所说的正直、仁慈和懂得满足人的要求,其真实含义是什么,又是对什么人说的呢?一个知名的贵族在那时又怎么没有封建传统的习尚呢?

我们并不是说上面提到的那些人物一律毫无值得称道之处,而是说对这些人物(特别是议员、公爵)必须有阶级分析,在观察任何个人时都不能撇开他们所处的阶级地位和阶级关系。马克思在分析经济关系时说:"我决非要用玫瑰的颜色来描绘资本家和地主的面貌。这里被考察的人,都不过是经济范畴的人格化,是一定阶级关系和阶级利益的体现。无论个人主观地说可以怎样超出这各种关系,社会地说,他总归是这各种关系的产物。"① 这里所揭示的真理是值得我们牢牢记取的。

对于巴斯加尔的家庭,《传记》一方面说:"巴斯加尔的家庭是古老封建的,受到地方上的敬重"(《传略》第11页),"巴斯加尔的家庭属于中上层类型,自然受当时习尚的约束"(《传略》第37页);另一方面,又说:"巴斯加尔的家庭没有封建贵族的色彩,却又古老传统的风味,自认为是有教养的"(《传略》第12页),"巴斯加尔的家庭是克来蒙中等富有的家庭,生活简朴,没有浮华的习尚"(《传略》第49页)。这里是相当混乱的:既是古老封建的家庭又没有封建贵族的色彩,既没有封建贵族的色彩和浮华的习尚又受当时习尚的约束——不知究竟该相信哪一个。而且,笼统地说封建古老家庭受到地方上的敬重而不分析是受哪个阶级的人敬重,也是很不恰当的。

《传略》对上述人物的错误介绍,看来是同《传略》对巴斯加尔的哲学观点的不正确评价相通的;总的来说,就是无分析地沿用资产阶级学者所提供的文献,背离了马克思列宁主义的阶级分析法。

---

① 马克思:《资本论》,第1卷,人民出版社,1963年,第XII页。

科学技术的发展要求我们做些什么？*

——谈自然辩证法工作中的几个关系

自然辩证法的生命力主要看它是否适应科学技术发展的现实需要，也就是应当起到为实现四个现代化特别是科学技术现代化服务的作用。三年来，我们在教学和学术研究等方面作了一些努力，但是，我们的工作目前还处于开拓和探索的阶段，存在的问题还很多。从自然辩证法要真正实现其所肩负的历史使命看，从自然辩证法工作要继续前进的要求出发，我们必须充分正视自己工作中的缺陷，清醒地看到在我们面前还存在着巨大的困难。目前，在科技工作者中间已有一些人正在努力学习和运用自然辩证法，然而，相当多数的科技工作者仍然对它不大关心、缺乏兴趣，少数人则抱有反感。如果我们对这个问题的尖锐性和严重性估计不足，不去认真分析其原因并采取切实措施改进自己的工作，如果我们的自然辩证法工作久久对科学技术的发展不产生实际的有益作用，得不到更多的科技工作者的信任和支持，这种工作到底有多少存在的价值，就真正可以怀疑了。

科学技术工作者为什么会对我们的自然辩证法工作表现淡漠呢？问题就在于：他们所需要的是深深植根于科学技术的实际又富于哲理的自然辩证法，它应当在观点方法上对于解决科学技术问题有所启示，可是，我们目前进行的工作恰恰在这一点上存在着很大的差距。

当前的任务就是要努力缩小这个差距。为此，我们认为，必须具体分析和正确处理自然辩证法工作中以下几个方面的关系。

第一是自然辩证法学科发展与科学技术实际需要的关系。自然辩证法作为一门发展中的学科，它的理论本身如何建设和完善化当然是必需的、重要的，自然辩证法的教学更要求有一个比较妥切的学科体系。问题是学科的发展可以有两种方法：一种是把工作的重点放在注释和解说有关的经典著作上，或大体上应用已有的文献资料编写讲义，或就学科的总体性质、内容、结构作纲领性的考究，而不大注重于回答现代科学技术发展提出的问题；另一种是花更多的气力去了解和

---

* 关士续，陈昌曙：自然辩证法通讯，1980，1。

科学技术的发展要求我们做些什么？——谈自然辩证法工作中的几个关系

研究科学技术的实际状况，深入到科技工作者、科技管理工作者中间去，同他们一起探讨和解决在实际的科技工作中遇到的自然观、科学观、方法论等方面的问题，帮助他们掌握和运用自然界和科学技术发展的一般规律，并在这个基础上使自然辩证法本身的学科内容得到充实和发展。前一种方法在前几年是难免的，但却不能长此下去，专门在学科体系自身上打主意未必真正对学科的发展有益。

现在，是把自然辩证法工作的重点转到从科学技术的实际出发并为科学技术现代化服务的方向上来的时候了。例如，我们应该具体地研究外国实现科学技术现代化的历史，研究20世纪以来的科学技术革命，研究我国30年来有哪些重大的科技项目取得了成功，为什么会成功，哪些项目走了弯路，为什么会失误，并在国内外的经验教训的对比中，了解科学技术发展的规律、结构、特点、趋势，从而为确定今后的科技战略提供借鉴，这就比抽象地议论科学观要有用得多。

强调自然辩证法工作要深入到科学技术的实际中去，似乎没有把自然辩证法学科本身的建设放在重要地位，实则不然。自然辩证法本来是在马克思主义哲学和自然科学的结合中产生的，它也只能在这种结合中才能不断成长，而这个结合的基础就是科学技术的实际。我们不能只是在口头上讲结合，在认识上承认要结合，还必须真正去实行结合，致力于使自然辩证法对科学技术的发展有用，学科本身也就有了广阔的前景。

第二是指导和服务的关系。我们工作的基点是坚信马克思主义哲学通过自然辩证法这个中间环节能更好地指导科学技术的发展。讳言指导，就会放弃自然辩证法的职责。同时，我们又不能空谈指导，而要解决怎样指导、靠什么去指导、如何使科技工作者承认指导的问题。马克思主义哲学在我国具有特殊的地位，这决不等于说可以挥动警棍指令科技工作者应该走向哪里或不允许走向哪里，或者可以充当哲学法官去宣判哪项科技成果是唯心主义、形而上学。要指导，必须服务，马克思主义哲学对自然科学的指导作用只有在自然辩证法为科学技术发展的服务中才能实现。

我们要为科技工作者服务，同他们交朋友，了解他们在科学研究中的要求，帮助他们从观点方法上解决所遇到的问题。实际上，在科技工作者中间并不是没有问题需要用辩证思维去分析解决，而是没有或很少从自然辩证法工作者那里得到这方面的帮助。我们一定要努力改变这种状况，虚心向科技工作者学习，同他们一起总结科学研究中的经验，一起讨论科学研究的方法论，使科技工作者感到自然辩证法对他们抓准方向、扩展视野、打开思路有益。自然辩证法不能代替具体的科学研究，我们的自然辩证法工作至少要做到对科技探索在思想上有些启示，这也就是为马克思主义哲学发挥其指导作用作了贡献。我们不但要为科技人员做好科研工作服务，帮助他们勇于创新，善于思考，还应当代表科技工作者讲话。要从理论上阐明科技知识分子在社会进步中的地位和作用、科学研究的劳动特点、科学活动中人和物的关系等问题，从而更有利于科技工作者充分发挥他们的才智。如果我们对所有这些服务工作都不做，对科技人员的痛痒不闻不问，指导作用必定会成为空话。

我们的自然辩证法工作还要为科技管理干部服务。从事科技管理工作的同志迫切要求弄清楚什么是现代科学技术的结构，掌握发展科学技术的战略战术，制定迅速实现科学技术现代化的最佳方案，充分发挥科学潜力，这里，有许多问题需要自然辩证法工作者同科技管理干部共同研究。如果对科技管理干部面临的问题不作认真的分析，而只去责备某些干部不按科学规律管理科学，这是自然辩证法工作者的失职，也无助于自然辩证法对科学技术管理起指导的作用。

第三是科学技术之"的"和哲学之"矢"的关系。自然辩证法工作要从科学技术的实际出发，为科学技术的进步服务，对科学技术的发展起指导作用，必须要学习科学技术。马克思主义哲学之"矢"，要对准科学技术之"的"。要有的放矢，首先要知道"的"。研究自然辩证法的人在科学技术问题上总讲外行话或皮毛话，同科技工作者很少有共同语言，就既不能服务，更谈不到指导。

不仅要知"的"，而且要有"矢"。自然辩证法工作者的哲学素养也不能太差，如果哲学这条"腿"太短，走起来也不会顺利。实践表明，有些科技工作者愿意同我们交朋友、建联盟，其主要原因并不是由于我们也懂得一些他们的专业知识，更不是由于我们的专业知识比他们还丰富，而是因为我们多少具有哲理方面的长处，他们可以从这些哲理中得到在专业范围内难以获取的思想上的启示。科技工作者对只有抽象的哲学词句而不分析科学技术实际问题的论著望而生厌，他们同样也不欢迎只是罗列科技材料而没有哲理启示的自然辩证法讲演和文章。然而，我们的自然辩证法工作在提供生动的、深刻的哲理上是做得太差了，我们必须要提高哲学水平，锻炼自己的理论思维能力。例如，认真研究黑格尔的哲学著作，学习列宁的《哲学笔记》，对于自然辩证法工作就是非常重要的。如果我们只是注意弥补科学知识不足的短处，忽视发展和发挥哲理上的长处，自觉或不自觉地认为传统哲学对自然辩证法无用，同样也是片面的。

最后，是在自然辩证法工作中坚持马克思主义哲学的基本原理和发展马克思主义哲学的关系问题。必须发展，才能坚持。一成不变的哲学之"矢"是难于射中飞跃发展的科学之"的"的。100 年来，尤其是 20 世纪以来。科学技术日新月异，而我们在对科学技术的最新成果作哲学概括上却工作甚少，收效甚微。自然辩证法的经典著作中许多材料需要更新，某些个别论断需要充实或修正。现代自然科学向哲学提出了新的挑战，要求作出回答。我们搞自然辩证法的人应当肩负起丰富和发展马克思主义哲学的任务。如果我们只责怪哲学落后于现代科学，

科学技术的发展要求我们做些什么？——谈自然辩证法工作中的几个关系

认为哲学贫困只表明哲学家不中用，而搞自然辩证法的只是伸手向哲学家要新的哲理，那就错了。总结现代科学技术的新进展，发展马克思主义哲学，首先就是自然辩证法工作者的事情。

　　自然辩证法要丰富发展，必须要解放思想，敢于创新。任何一门自然科学都在不断放弃旧的结论，吸取新的营养，解释新的事实，提出新的见解，而且每一个自然科学工作者都可以对此做出贡献，人们对此不以为奇。说到哲学和社会科学也应该如此，对我们来说还算一个新问题。正因为这样，我们更需要活跃学术思想，克服思想僵化，重新研究似乎已成为定论的观点。例如，我们通常只讲资本主义国家中的科学家可以有自发的唯物主义、自发的辩证法，不讲他们当中的某些人也有可能通过科学实践并吸取历史上的哲学思想得到接近于辩证唯物主义的自觉的哲学见解。只讲资本主义国家的大科学家是渺小的哲学家，不讲普朗克、爱因斯坦、维纳等人同时又是大哲学家、大思想家。只讲哥本哈根学派是唯心主义，不讲它是否有辩证法。只讲现代西方的科学哲学需要批判，不讲是否还有可批判地吸取的内容。只讲从感性认识上升到理性认识需要逻辑思维，不讲直觉、幻想在认识过程中有何作用。只讲高级运动形式不能归结为低级运动形式，不讲用低级运动形式的理论和方法去分析高级运动形式的必要性。只讲社会主义的科学事业需要有统一计划，不讲在社会主义条件下也需要有科学研究的自由。只讲"三大差别"的消除所需要的社会条件，不讲消除这些差别主要取决于生产力的发展和科学技术的进步。如果我们不能按实践标准检验诸如此类的定型意见，大胆地发表新的看法，自然辩证法的研究和宣传就不会生动活泼，甚至会作茧自缚，把推广辩证法的有利因素变成不利因素。

　　自然辩证法面临着运用马克思主义哲学指导科学技术发展，以及在科学技术的实际的基础上丰富马克思主义哲学的双重任务。这两者又是密切联系、相辅相成的。对自然辩证法工作来说，哲学的发展仍然是为了促进科学技术的进步，为了实现科学技术的现代化。紧紧从科学技术发展的实际出发，认真研究和解决科学技术的发展向我们提出的实际课题，才能指望在完成上述两方面任务上有所进展。

谈科学劳动的特点[*]

科学研究的劳动是社会总劳动中不可缺少的一个重要组成部分,同时又是其中一个特殊的部分。科学的发现和发明要以物质生产条件为前提,并受生产实践的检验;但从科学劳动的性质看,基本上仍属于精神生产的范畴,它的主要"产品"通常表现为试验数据、概念、定律、公式、设计图纸等。

同物质生产的劳动相比,科学劳动具有明显的探索性,其劳动方式带有个体性,并要求有充分发挥创造性的广阔天地。在科学劳动的过程中,有许多特殊的矛盾。认识科学劳动的这些特点,对于正确看待知识分子,更好地发挥知识分子的作用,做好科学管理工作,促进出成果、出人才,有着重要的意义。

一

科学劳动的一个突出特点是探索性强,它比物质生产更带有不确定性。在物质生产的过程中,虽然有时也会出现事先难以预料的情况,但在一般情况下,可以比较确定地进行。人们对生产什么,怎么生产,生产多少,能够提出明确的目标,特别是工业企业的生产,基本上可以做到按计划指标安排,按图纸施工或制作,按预定规范检验。科学劳动要服务于实践的需要,要有正确理论的指导,也有确定性和可预见的一面;然而,科学研究的主要任务是探索未知的领域,在探索的过程中,人们往往难以具体预计会得到何种发现或发明,甚至不能保证一定会取得成果。如果一切都在意料之中,就无需进行科学探索了。

由于科学研究的项目不同,科学劳动探索的广度和深度也有区别。其中以研究自然规律为目的的项目探索性较强;而以利用自然规律为目的的技术的发明或改进探索性可能相对差一些。尽管这样,技术的改进(包括新产品研制)仍然是一个探索的过程,只有经过反复的构思、试验,并且在探索取得成果之后,才能转入目标明确的物质生产。某些大型工程项目的研究,既要考虑到对种种自然因素和条件可能产生的影响,也要做出合理的技术设计,确定最佳的施工方案,这些问题往往涉

---

[*] 陈昌曙:红旗,1980,(12)。

及成千上万的未知数，需要进行及其艰巨、复杂的探索活动才能解决。

随着科学理论的成熟，科学发现和发明的预见性增强了，科学劳动不确定的成分有所减少。在现代的一些科学研究中，人们有可能比较具体地估计自己的研究将达到什么目标，并根据这种目标去建造相应的实验手段。显然，如果人们事先完全不能估计利用巨型加速器，设计师和高能物理学家即使能预计利用新设备可能发现某种物理现象，也不能保证必然会得到特定的发现；而且，利用了新的实验手段仍然得不到新的发现，也是完全可能的。

科学劳动的这种特点使科学管理的计划工作成为比较复杂的事情。科学管理不可以没有计划。科学劳动既有确定性的一面，就有可计划的一面。明确科学研究的方向，合理安排人力、物力、财力，提出研究工作的步骤和大致进度，督促检查研究计划的实行，都是必要的。同时，科学劳动的计划管理又必须有一定的灵活性。科学劳动应当允许失败，而不应当把科学探索中的挫折都认为是背离了科学研究的目标而加以指责。总结科学劳动中的失败教训，抛弃某些旧的假说，建立新的假说，纠正错误的设计方案，提出更加合理的方案，是科学劳动的必由之路。在科学史上，寻找"热素"、"燃素"之类的实验都失败了，这些失败的探索对于科学发展仍有一定的贡献。在科学管理上，我们应当尽可能加速研究的进程，但不能制定即日成功的计划，对那些探索性较强的项目，尤其不能死板地提出在限定时间内必须完成的要求。科学研究的计划还需要根据研究的进展及时加以修改或补充。在按预定步骤进行的科学探索中，也难免碰到始料不及的问题，它启发人们提出新的见解或确定新的研究方向，乃至改变原定的研究项目或增加新的项目。此外，还要十分重视和关心计划外的科学活动，实际上不少重大的发现和发明并不是计划内的产物，而往往是在计划外的某些科学活动先出现某种苗头以后才列入计划的。如果我们只注重完成计划内的课题，而不能及时发现和支持计划外的有价值的研究项目，就会把科学劳动局限在较狭窄的领域，缺乏生动活泼的气氛，以致客观上限制科学的进步。总之，科学劳动的计划管理应当区别于物质生产的计划管理。要符合科学本身的发展规律；它同样要有探索的态度，不能一切照章办事，更不能采取行政命令的手段来管理科学。

二

科学劳动的另一个特点是难免要带有个体性，即以个体的方式阅读文献资料，进行观察、分析、计算、独立思考，提出自己的看法、建议、方案等。在近代机器生产中，人们的劳动无论在本质上或形式上都是集体性的。科学的发现或发明在本质上也是集体协作的产物。马克思指出，科学研究"这种劳动部分地以今人的协作为条件，部分地又以对前人劳动的利用为条件"（《资本论》，《马克思恩格斯选集》第25卷第120页）。然而，科学研究的协作却不同与物质生产中直接协作的共同劳动。这种协作可以不是许多人同时在一起共同研究，而是个别的或少数的科学发明家在前人成就的基础上作出新的贡献。同时，科学劳动方式难免有个体性的特点，新的科学规律和新技术往往是由少数人首先发现或发明，尔后才为多数人多承认或利用。由于劳动方式的特点不同，物质生产的产品一般不打上个人的印记，而精神生产的成果上则往往写上个人的名字，科学论文或著作要注明谁是作者，科学奖金或技术专利要授予有独创的个人，有时还要用科学发现者本人的姓名来命名定律、定理或学说。

19世纪以前，科学劳动的个体性十分明显，那时，科学的发现和技术的发明基本上是个别学者或工匠独立钻研的产物，科学研究的规模狭小，仪器简陋。19世纪中叶以后特别到现代，科学研究日益集中于各种研究机构、工业实验室和高等学校，科学探索的课题越来越多，越来越复杂，科学的发现和发明往往需要许多学科的大量人员参与，于是，直接协作的共同劳动成为现代精神生产的条件之一。

科学劳动的方式还受到社会条件的制约。在资本主义社会中，资产阶级不断加强对科学劳动者和科学活动的控制，以适应他们经济竞争和军事上的需要。资本主义发展到帝国主义阶段，"竞争变为垄断。结果，生产的社会化有了巨大的进展。特别是技术发明和改良的过程，也社会化了"（《帝国主义是资本主义的最高阶段》，《列宁选集》第2卷第748页）。社会主义把科学劳动从资本主义私有制的桎梏中解放出来，可以按照社会的需要合理地组织和调节科学研究事业，从而使科学劳动者之间的协作有可能更加广泛，更能有效地发挥集体研究的长处。

尽管这样，现代的、大规模的科学劳动，在某些活动方式上，仍然那面带有个体性的特点。诚然，综合性的实验研究和大型的应用研究，整体性强，必须有集体的分工合作，不能各行其是。然而，集体研制某种新兴的电子计算机同集体生产定型的电子计算机毕竟有所不同。在定性生产的条件下，把许多劳动者制作的各种部件加以组装就能出成品；在科学劳动的集体协作中，虽然分工承担各自任务的人的活动要服从整体的目标和需要，但他们的活动方式并不完全相同，以个体的方式独立地研究自己所承担的某些课题，仍然是必要的。而且，把每个人的研究成果加以拼装并不能造成精神生产的成品，在这里，科学劳动协作的组织者和指导者（例如，课题组长、总设计师、总工程师等）的个人作用相当重要。至于现代数学、基础科学，以及技术科学方面理论性较强的研究工作，更是主要靠个人钻研，创造性的见解依然要由个别人首先提出。科学理论著作的编写，与许多人同炼一炉钢也不一样，即使事先充分研究讨论过的集体创作，仍不免在有关章节染上作者的个性色彩，因而要由主编来作适当的协调。

正确处理科学劳动中个体同集体性的关系，是科学管理要解决的重要课题。要根据不同的研究任务恰当地组织集体协作，例如同意学科内部和不同学科之间的学术交流，建立综合性的研究社团，搞好复杂项目的集体攻关等。目前，我们在这方面的努力还是不够的，一些本来要靠集体协作才能更好地完成的研究任务，常常只有个别人分散地进行工作；或虽有协作的组织机构，实际各行其是，连起码的学术思想交流也办不到；或者在科学技术研究的开始阶段能协作，在研究取得一定成果以后，就为名次排列之类产生意见分歧，乃至不能继续协作下去。

科学研究中协作的困难是同科学劳动难免有个体性的特点相关的。如果把这个特点绝对化，片面夸大科学劳动的方式可以是非共同劳动，看不到现代科学整体化加强的趋势，把科学成果只当做个人活动的产物，甚至热衷于在精神生产的成果上刻上个人的标记，自觉或不自觉地轻视他人的劳动，那就不可能搞好协作。为了促进科学劳动中的集体协作，需要加强思想政治工作，克服只顾自己出成果而不顾整体的倾向。

我们要组织好科学研究中必要的协作，同时也要重视发挥个人的特殊作用。没有个人的独创性，协作也不会出多大成果。我们不可能也不应当取消科学劳动的个体性特点，在精神生产的领域搞机械的平均、划一。在现代科学劳动集体性增强的情况下，既要注意克服妨碍协作的倾向，也要避免过分强调统一而忽视个性的倾向。要着重表扬和奖励有突出贡献的个人，支持以个人名义著书立说发表自己的创见。总之，要提倡科学劳动中的整体观念，鼓励科研人员的劳动热情，但不应以死板的、形式上的集体化措施来管理科学劳动。

三

科学劳动的特点，还表现在要求有充分发挥创造性的广阔天地。

创造是科学劳动的生命。在物质生产中也需要创造性的劳动，但在正常情况下，物质生产劳动必须具有重复性，要在保质量的前提下生产足够数量的产品。科学劳动虽然也有重复性，但尤其要求有较高的质量，因为只有精神生产的"第一号产品"才能称得起是发现或发明。生产别人生产过的物质产品有意义，重复研究别人发明过的东西则很少有意义。科学研究总是要有所创新，有所建树。

科学劳动中的创造，重要的是提出新见解、新设计。对于技术发明来说，仅有设计图纸而做不出实际可用的"样机"当然不行；但更重要的还是新的设计思想，"样机"就是设计思想的具体体现。科学劳动中的创造首先是思想上的新观点、新见解，这种创见只有在自由劳动的条件下才能产生。

物质生产的劳动在特点的社会条件下是自由的劳动，但在阶级社会中有相当一部分物质生产劳动是带强制性的、非自由的劳动。精神生产的劳动情况就不尽相同了，一方面，从事科学活动的大多数劳动者在资本主义社会中是被雇佣的，他们不能自由地确定研究方向，更不能自由地中断劳动；另一方面，他们所从事的科学探讨这种劳动本身具有不可强制性，任何人都无法用棍棒或鞭子强迫他们必须提出某种创见。科学上的发现和发明必须靠独立思考，靠科学劳动者自己开动脑筋，从这个意义上讲，科学劳动又是自由的劳动。

我们要充分发挥科学的创造性，并使科学创造服务于社会主义建设和生产实践的需要。应当对科学事业有统一的要求，保证科学活动的正确方向，使科学的战略和规划符合科学发展的状况和我国的实际条件；同时，又要保证科学劳动在学术上的自由。要允许科学劳动者在一定范围内自选科研题目或自由结合，不能笼统地批评"从兴趣出发"。人们对科学研究没有兴趣，怎么能作出贡献？要使各种不同的学术见解充分开展讨论、争鸣，不能用政治标准去判断科学内容的是非，也不要用行政命令去仲裁何种学术见解为合理。科学上得一些发现或创见，开始往往不易被多数人所理解，甚至被一些人指斥为异端邪说。因此，多数人的意见、某个权威的著作都不能成为检验科学真理的标准。对于科学本身的问题，尤其是学术上的是非曲直，主要应靠科学劳动者自己通过科学实践去判断和解决。

承认科学劳动是自由的劳动，绝不是说可以削弱或取消党对科学工作的领导，也不是可以取消科学管理和一切约束。恰恰相反，为了推动科学创造，促进学术上的独立思考和自由探讨，必须加强、改善党的领导和科学管理。这是因为科学自由不可避免地要受到生产力发展水平、物质条件及主观因素诸方面的制约。因此，应该引导科学工作者把个人爱好同国家的需要和可能结合起来，使他们的研究最有效地为实现四个现代化服务。那种认为自己愿意干什么就干什么，愿意怎么干就怎么干，以及认为现在就应当实行自由选择职业的想法，是不正确或不现实的。

科学劳动需要自由，但这种自由并不是可以胡思乱想，而必须以踏实的研究工作为基础，以正确的世界观和方法论为指导。科学工作者应该自觉地学习辩证唯物主义和历史唯物主义，运用科学的认识论和方法论，有分析地吸取历史上有重大创见的科学家的哲学思想，认真总结科学技术发展中的经验和教训，把科学研究搞得更好。否则，就难以在科学劳动中提出重大创见或作出重大贡献。

科学劳动的管理是相当复杂的事，其中涉及战略性的问题，也涉及需索具体措施问题。我们要研究带全局性的战略，也要做好日常事务的管理。要使我们再科学管理上有战略的眼光、战略的安排和正确的战略指导，就要了解科学技术的历史和现状，掌握科学技术发展的规律，其中包括认识科学劳动的特点。只有这样，才能做到用科学的方法管理好科学。

技术科学的发展 *

自然科学在19世纪主要是认识宏观世界。19世纪末和20世纪初主要是认识宏观世界。19世纪末和20世纪初发生的物理学革命，标志着人们进入微观学革命，标志着人们进入微观世界的领域。20世纪中叶开始的生物学革命，发现了生命现象的遗传奥秘。近三四十年内，自然科学的基础学科（天文学、物理学、化学、生物学、地学）继续取得重要进展，人类的视野已可伸向100亿光年的广漠宇宙，考察比秋毫之末还细小的多的物质结构。现代自然科学以物质运动的各个层次为研究对象，形成包括众多分支学科的庞大体系。例如，现代物理学按照所研究的层次，可以大致分为基本粒子物理、原子核物理、凝聚态物理、地球物理、天体物理。其中，基本粒子物理学是人类探索物质结构的前沿之一。到20世纪60年代，科学家不仅知道有电子、质子、介子……发现的基本粒子多达二三百种，并且正在深入探讨基本粒子的内部结构，提出了夸克模型和层子模型。由于各门基础学科及其分支的互相渗透乃至"远缘杂交"，产生了许多边缘学科，例如化学热力学、量子化学、生物化学、地质化学等。除了数学继续进展外，还出现了涉及或贯穿于许多领域的控制论、信息论、系统论等新的科学门类。

现代基础科学的发展，一方面更显示其相对独立性，不仅有重要的认识价值，并能导致生产技术上划时代意义的变革；另一方面，它又变得更加需要有技术条件和社会经济的支持。在这里，既有"科学——技术——生产"在起作用，又有"生产——技术——科学"的作用。现代科学是在这种"双向作用"中才得到发展和应用的。

从近三十多年科学技术大战的情况来看，特别是从自然科学对国民经济所起的实际作用来看，更引人注目的是技术科学的兴起及其职能的发挥。在自然科学中，基础科学所研究的是自然现象本身的奥秘，它要阐明不依赖于人类的社会活动的自然界的规律性，工程技术中具体的应用研究，涉及特定对象的生产或制作，例如，确定某种特殊钢的冶炼措施，设计万吨水压机，拟定南水北调方案等；而自然科学中的技术科学，则主要研究的是生产技术。工艺过程的规律性。

---

* 陈昌曙，远德玉：光明日报，1981年1月9日。

它利用基础科学的原理,又要探讨技术过程的特殊机制;它与工程技术密切结合,更能带来明显的经济效益。同基础科学相比,技术科学带有应用研究的性质;同具体的生产技术中的研制和发展相比,技术科学又带有基础研究的性质。技术科学也有重要的学术价值,并能向基础科学提出问题和提供资料,推动基础科学的发展。

技术科学在科学技术和社会生产的体系中扮演着重要的角色。人类改造自然,不仅要认识自然界本身,还要认识由人类创造的"自然"或叫"第二自然"。冶金、机械制造、化肥、农药、建筑、航空运输、电子计算机等都是自然界本身原来没有的,大量的高分子材料、特殊合金也不是天然存在的自然物。科学必须研究人类改造自然的过程和规律性,科学能够而且应当经过这种研究使基础科学的成果转化为实际生产力,这就必须要有以考察"第二自然"为主要内容的技术科学。

技术科学是在生产需要的基础上,在自然科学基础理论取得重大成就的情况下,应运而生的。在17~19世纪,自然科学的进展主要表现在基础科学方面,对于工程技术的实际应用问题较少涉及,表现为科学家关心的是学说、定律、精确的推导,工程师所依据的往往是经验、手册、和大致的估算。在19世纪后期和20世纪初,有些科学家才更多的认识到:只有牛顿力学还不能解决工程中材料能够承受多大的负荷,只有电磁理论还不能回答什么样的电力系统能发挥最大的效益,只有拉瓦锡的氧化还原学说还不能说明炼钢过程中应加入何种熔剂和燃料;在基础科学理论和实际生产实践中还需要一个中间环节,这就是技术科学。当时自然科学的发展也已经有条件去研究生产技术的本质。在这种情况下,材料力学、冶金物理化学、机械工艺学、电力工程学等一批技术科学就相继问世了。

近几十年内,由于经济的发展更加迫切要求实现科学向生产的转化,由于基础科学已成熟到可以揭示宏观现象与微观过程的相互联系,这就更促进了技术科学的兴旺发达,并对经济的发展发挥显著的作用。战后各中亚国家的技术进步很大,现代技术所依据的基本原理(主要是热力学、电磁理论、空气动力学、原子结构学说、电子学)在20世纪中叶就已奠定了基础,现代生产所利用的主要发明(电机、内燃机、雷达、电视、电子管、半导体、电子计算机、核能、喷气发动机、塑料、人造橡胶、化学农药、青霉素等)也已在20世纪中叶以前完成,某些具有重大前景的技术项目(如可控热核聚变、分子设计)尚待突破。当然,这并不是说战后经济的迅速发展,只是单纯地利用在20世纪50年代就已经取得的科学发现和技术成就。近三十多年中,既有技术上的完善、转移、和创造,又有科学上的深化、充实和创新。一大批技术科学——核能、计算机、自动控制、宇航、遥感、材料、超导、激光、仿生等,就是在这个时期形成并日臻完善的。

技术科学已经或正在显示出它对工程技术和国民经济的重要作用。合成化学的状况可以作为一个例证。人类可以凭经验利用天然染料，从矿石中分离出钢铁，但却不能凭经验去生产合成橡胶、合成纤维和特种塑料。只是在20世纪30年代高分子合成化学取得重要进展的基础上，化工技术和化学工业才出现了崭新的局面。

在现代科学技术发展史上，既有片面注重应用研究，忽视基础科学研究的教训，也有片面注重基础科学理论，忽视技术科学和应用研究的教训。20世纪30年代以前，美国的科学技术研究具有浓厚的实用色彩，它在那时工业比较发达，但基础科学落后于欧洲。美国的一些有识之士呼吁要扭转这种局面，以保持和发展在经济上的领先地位。第二次世界大战结束后，美国在基础科学研究上显示了它的长远价值。英国是基础科学比较发展的国家，获得诺贝尔奖金的人数不少，第二次世界大战前多于美国，第二次世界大战后仅次于美国。但它的科学技术实力却相对较弱，在西欧各国中经济地位下降。从科学技术这个侧面看，其原因就在于英国有轻视技术科学和工程技术应用研究的倾向，对于发挥科学技术的经济效能注意不够。最近，英国的一些政界人物、知名学者指出，要加强工程技术研究，要把基础科学同工程技术的实际结合起来。英国政府增加了对技术发展的投资，理科大学也趋向于注重技术科学。

科学必须经过技术才能转化为生产力*

一、两种提法

关于科学技术与生产力的关系可以有两种提法：一种是讲科学技术是生产力，另一种是讲科学是生产力。这两种表述都有其理由，但它们的含义是不完全相同的。在前一种提法中可以包括着科学要经过技术才能转化为生产力的观点，至少它是把科学与技术并提的。在后一种提法中技术的作用比较模糊，当然，人们也可以用科学要物化为技术才成为生产力来解释它。

无论哪种提法，都涉及科学是否必须经过技术，以及如何经过技术才能成为生产力的问题，这就是本文要讨论的内容。

二、技术是联结科学与生产的中介

各门科学的进展情况和各项科学成果的价值是互有差异的。有的科学成果目前还不能预料其应用前景和经济价值，但它们对认识世界和文化教育有意义。有一些科学成果虽然已经可以估计其应用前景，但目前仍处于研制、试验阶段，对技术和生产力还没有起到多大作用。有许多科学成果则已经并正在技术上和生产中广泛应用。

然而，不论科学知识对于生产力水平的提高有多么大的重要性，它总是要通过某种"中间环节"才发挥出这种作用的。

第一，科学转化为技术取决于科学体系的内在结构。一般来说，可以把科学体系划分为基础理论学科、技术基础学科、工程应用学科三大门类，相应于学校中设置的基础课、专业基础课和专业课。这三个门类的学科的相互作用、相互转化是科学发展的条件，也是科学转化为技术的前提。

基础理论学科（如自然科学中的普通物理学、化学、生物学、天文学、地学）探讨天然自然界事物的属性和发展规律，它主要回答自然过程"是什么"和

---

* 陈昌曙：工程师论坛（双月刊），1985，(3)。

"为什么",而主要不是有关人应当"做什么"和"怎么做"的知识。基础科学可以对技术发展有影响,但它本身并不是技术,并不能直接作用于生产过程。

技术基础学科（如材料力学、热工学、电工学、冶金物理化学、自动控制理论）探讨人类改造自然的较一般的规律,它依据着基础理论学科的原理,回答共同性的关于"做什么"和"怎么做"的知识。技术科学对技术发展有较大影响,它本身也不是技术,只有技术科学仍不能直接影响生产——生产总是以特定客体为对象的。

工程应用学科或称工程学科（如桥梁工程学、内燃机设计原理、电机制造学、炼铁学、轧钢学、可控硅调速理论、小麦栽培学）探讨人类改造自然的特殊规律,它依据着基础理论学科和技术基础学科的原理,回答与特定对象有关的"做什么"和"怎么做"的问题。工程科学对技术发展有更大的作用,乃至使人们把技术等同于工程科学,但这并不完全正确。工程科学仍然是科学,正像在大学中的专业课仍然是课程,作为科学主要还是只是形态的东西,只有这些知识还不能在改造自然的实践中发挥现实的作用。

基础理论科学转化为技术基础科学再转化为工程应用科学,当然是科学体系中的事情,但这种转化也可以看作是解决必须经过技术才能转化为生产力的一种反映和表现。

第二,科学转化为生产力要经历由理论过渡到实践的飞跃。技术科学和工程科学提供了改造自然,创造人工自然的基本原理,但知识、原理还不是现实的技术过程和生产实践,从原理到应用必须有一个由可能性转化为现实性的过程。桥梁工程学告诉人们,要跨越山川可以造拱桥、桁架桥、悬索桥,炼钢学告诉人们,要变铁为钢,可以用平炉法、电炉法、转炉法,而在某一场合究竟建何种桥、用何种炉子炼钢,就不仅要知道可以如何,而且要在多种可能中确定其一并付诸实施。这种选择和实施,只靠桥梁工程学或炼钢学的知识是不能完成解决的。

由理论到实践、由可能到现实,与由普遍到个别有一致性。技术、生产或某工程上的实际项目都是个别性的,都是"这一个"。建桥的实际活动总是在某一个山谷或一条河流的某一个地方进行,要建的桥的型式、长度、宽度等也是一定的。炼钢的实际活动总是在某一个地方的炼钢厂进行,要用的炉子的类型、容积、结构等也是一定的。任何科学都不能完全回答所有这些个别性的问题。前已讲到,桥梁工程学、炼钢学之类学科,相对于力学、物理、化学等来说是反映特殊规律的;但相对于技术和生产的实际过程来说,前者又具有其普遍性。我们可以有桥梁建造学乃至于架桥工程学,但很难认定有黄河桥梁学、长江桥梁学,更不能有南京长江大桥学、武汉长江大桥学。我们可以有炼钢学乃至转炉炼钢理论，但很难认定有 300 吨转炉学、50 吨转炉学。

正因为具体的生产活动有实践性、现实性、个别性，只讲科学是生产力就把事情简单化了。讲科学对生产的作用，还需要考察由理论到实践、由可能到现实、由普遍到个别是怎样实现的，在这个过程中，应当有哪些主客观条件。在这里，就离不开技术。

首先，科学知识必须要由生产技术人员（技工、工程师等）掌握，并与他们的生产技术知识、经验、技能结合起来起作用。这里所说的"生产技术知识"是指通过调查研究得到的、关于某一项生产技术项目所需要的实际知识。例如，要在南京建造长江大桥，就要了解南京长江的水深、水速、通航、通车的数量、南京大桥区的地质条件，建桥所用的各种材料的数量和成本、施工队伍的人数和素质，工期要求等。这些数据对南京大桥和别的大桥是不同的，它们并不直接构成科学学说和科学原理；但没有这些实际知识，只靠桥梁工程学是不可能在南京长江面上建桥的。

其次，科学知识必须物化为技术手段和生产手段，才能对生产力的发展起作用。有了桥梁工程学的知识而没有打桩机、沉箱、起重机和其他造桥设施，就没有造桥过程；有了炼钢学而没有转炉、氧气机、氧气喷枪，就没有吹氧炼钢。

再次，科学转化为生产力需要广大科技工作者、工人、教师、管理干部的共同努力，需要科学院、研究所、工矿企业、学校、领导机关的共同努力。缺少哪一个环节，这种转化都不会实践或不能顺利实现。技术发明家、设计工程师、工艺工程师、生产工程师则是在科学技术转化为生产力第一线工作的战士。要充分了解科学必须经过技术才能转化为生产力，就需要对工程师的职能、劳动特点、素质等有足够的认识。

一个合格的工程师当然应具备必要的科学知识，要懂得数学、物理学等基本理论。他们还要掌握与某项工程技术活动有关的实际知识（生产技术知识），要对实际情况作调查研究。他们还要对专业以外的学科有所了解，要学会运用计算机，要有点经济学（如成本会计、经济核算）、法律（如专利法、资源法）、管理学（如行为科学、决策理论）、工程心理学、技术美学、环境科学和安全保护等方面的知识。工程师不仅仅是某一门学科的专家，而且还应当能综合的运用多门学科的知识，结合实际的运用知识。

一个合格的工程师还应当具备处理技术和生产力问题的能力，包括检索情报的能力、编制设计方案（如绘制工程图表）的能力、制造试验手段、从事现场试验和编写实验报告的能力、处理急迫事件和排除事故的能力、既与工人相结合又能知道工程项目的能力、开发新工艺、新产品的能力等。工程师的知识结构区别于科学家，工程师的能力，要求也不同于科学家。科学家应具备的能力与工程师有相似之处，区别在于工程师的能力更密切的与解决实际问题有关。例如，极而言之，一个人主要靠自己的刻苦奋斗，有可能成为大科学家，而如果不会正确处理人与人之间的关系（没有交往能力），就很难成为有杰出贡献的工程师。

一个杰出的工程师必然有着丰富的经验，这里主要是指在长期实践中所得到的体验。经验对古代技术来说是首要的，在现代技术活动中也很有必要和重要。有一种说法认为，现代技术发展的特点之一是"经验技术（技能）"已让位于"科学技术（科学化的技术）"，经验在今天已不起多大作用。我认为，这种说法强调了科学对现代技术发展的指导作用，这是对的；然而，如果认为经验在目前已无足轻重则不符合实际。谁都无法否认，同样的计算机科学原理，对于有经验的软件编制人员来说，可以更快、更合理的编出计算机软件程序；同样的计算机，对于有经验的操作来说，可以更快、更有效、更少失误的得出运算结果。现代化的飞机，需要有经验的驾驶员。有丰富手术经验的外科医生更值得我们信赖……现代工程师仍然需要有多方面的经验并把经验与科学知识结合起来。他们需要有估算安全系数的经验、组织施工的经验、从材料色调判断它的性能的经验、操作经验等。科学知识需要与工程师经验相结合才能在生产中充分发挥作用，这也是科学必须经过技术才能转化为生产力的应有之理。

三、尊重技术，提高技术工作者的地位

承认科学必须经过技术才能转化为生产力，也就是说我们既要重视科学又要重视技术，既要尊重科学家，又要尊重工程师。

近几年来，工程技术人员的地位在我国有了很大的提高，他们的作用日益受到重视。但是，我以为问题还没有完全解决。在我们的宣传工作中，对于在科学上作出重要贡献的人有所报道（这是应该的），对于在技术上有杰出成就的人则相对鼓励不足。在相当一些青年中，认为学数理的更高级，学工科农科的似乎差一些。在理工农医科的大学毕业生中，更愿意分配到研究部门、学校，分到工厂、农村、医院去就有低人一等之感。对于工程技术人员的晋升考核有时侧重于科学水平（论文、外语当然也必要，尤其是对研究部门的技术人员）。而对综合运用科学知识的本领、各方面的能力解决实际问题的经验则估计不足。

因此，如何提高我国的技术水平和技术是一个有现实意义的、迫切的问题。只要我们提高工程技术人员的地位，认真解决工程技术人员实际问题，一定会有助于生产力水平的提高。可以说，一个国家的经济发达程度是与工程师在这个国家的地位和作用，与工程师们的素质直接相关的。

科学必须经过技术才能转化为生产力，也对技术人员和技术教育提出了要

求。工程师不同于科学家，他们尤其不能只在一门学科领域里有造诣，而是必须学习多方面的知识并能综合地运用它们，工程师还要特别注重能力的培养，在深入实际，不断实践转送注重积累经验。有了工程师职称而不搞工程，理论知识再多也不会成为名副其实的工程师。同样，工科专业的教育也应与理科专业有区别，工科院校要培养未来的技术员和工程师，应当考虑技术人员特有的素质，更加重视实践环节，处理好专业知识与专业以外的知识的关系，书本知识与动手能力的关系，并且在课程体系、教学安排上落实。对于已有的工程技术人员，则要抓紧对他们的急需教育工作。

科学必须经过技术才能转化为生产力，如果这个观点能够成立，看来，还是采用"科学技术是生产力"的提法较为妥切。

科学必须经过技术才能转化为生产力，只是有关科学技术作用的一个方面，主要是从科学技术的经济价值的角度讲的。科学还可以经过军事技术转化为部队的作战能力，科学可以经过医疗技术转化为对病人的治疗和保健，科学也可以经过环境保护技术转化为生态条件的合理化，使人（社会）与自然之间保持良好的协调关系。在这些转化中离不开科学家，也必须要有机械工程师、医师、环保工程师等技术人员的作用。只有科学家与工程师的通力合作，现代化建设事业才有希望。

技术与生产的联系和区别 *

近些年来，技术与科学之间的联系和区别已得到人们的重视，对于技术与生产之间关系的理论探讨则相对不足。

描述科学同技术的差异难，说明技术与生产的区别也不易。技术与生产都属于实践或人类改造世界的领域，从来都密切结合着，不以生产为基础的技术和没有技术的生产都是不可能的。无论从世界历史、某个国家或某个行业看，技术水平的发展均大体同步或一致。

但这并不是说技术与生产是完全同一的东西，是无法加以划分的同一活动或过程。如果这样，就不仅会没有技术论（而只有生产力研究），也没有技术的相对独立性和技术向生产转化的问题，作出在理论上谬误和在实际上有害的结论。

区别技术与生产，有必要考究推敲有关论著（如辞书）上的定义，有必要用规范化的语言说明什么是技术、什么是生产。本文不拟从这个角度研究，只按通常的理解来讨论二者的区别；或许，这类讨论能有助于界说的明晰。

大致可从下述的五个方面来考察技术与生产的差别：

第一，范围（外延）不同并因而效益（功能）各异。很明显，技术并不都是生产性的，还有种种非生产技术。生产技术对提高社会或企业的产品质量和性能，开发新产品和增加物质财富有直接的经济效益，生产技术的应用是能够"赚钱"的，与"收入项"直接相关。而军事技术、医疗技术、环保技术，与体育或其他文化活动有关的技术等有重要的社会价值，从根本上说也有维护和促进生产的意义；然而，这类技术的应用终究并不直接导致物质产品的增多和财富的积累，而是以"花钱"为前提，首先与"支出项"相关。如果只从生产的经济效益出发去看待技术，只讲技术在推进生产上的现实功能，就会低估技术的社会价值及其间接的或长远的经济效益。如果看不到某些技术的消耗性，只从需要出发去发展和应用对社会有好处的技术，也会因超出生产的承受力而难以实现。

第二，技术（这里指的是生产技术）表明了生产的可能性和质的方面，而不是现实的生产和生产的量的方面。要进行某种产品的生产，当然要懂技术，知道

---

* 陈昌曙：科学、技术与辩证法，技术论，1987，(4)。

工艺上该做什么和如何做，还要有一定的技术装备（工具、机器等）要有掌握工艺和设备的技能、经验，否则，就没有实现生产的基本条件或可能。但是，尽管生产技术上人的因素和物的因素俱全，还要有钱去购买原材料、有能源供应、有流动资金、有劳动力的组织管理公有市场信息，生产的可能性才能转化为生产的现实性。

一个国家、一个企业能够生产某种规格和质量的产品，就可以认为有了相应的技术能力，产品的品种、性能是生产技术状况的主要标志。而现实的生产不仅涉及技术的优劣，并且要有产品的连续和批量。一个机械厂能够加工制造出一台数控精密车床，一个国家能够生产一两架飞机，我们不能说这个厂家或国家没有相应的技术能力，却不能全然由此判定该厂该国的生产状况。产品数量的多少是生产的一个很重要的方面，生产的量既与技术高低有关，又有一定的区别。

第三，技术与生产的发展规律性不同，各有特点。新技术始于发明，成于研制，"终"于推广。在这个过程中要有机制的构思、方案的设计，要进行试验（从模型试验、计算机仿真到半工业试验），寻找诀窍，调整加工制作条件等。尽管技术发明、技术研制、技术开发同科学（特别是物理学、化学、生物学等基础科学）发现、科学理论的确立有着原则性的区别，但在技术活动中也有较大的探索性、不确定性、创新性，是与科学活动接近的。新的生产过程则始于技术的推广，成于设备和工艺规范的定型，"终"于批量产品的产出。在这个过程中要有操作规程的制定，劳动条件和安全措施的完善，成本的核算，产品的检验，设备的保养维修等。生产活动中有更大的计划性、确定性、重复性，现场的生产工程师的任务和劳动特点，有别于发明家的设计工程师。还有，各项技术通常要综合地运用多门科学知识，大部分产品的生产通常要综合地运用多项技术。

第四，管理的内容和方式不同。就一个企业来说，技术科与生产科分工职责有别，前者主要从事技术管理，并与研究部门（如企业的研究所）接触较多，后者主要从事生产管理，常与销售、财务部门打交道。就一个行业或国家来说，也有以技术管理为主的机构（如专利局），及以生产管理为主的机构（如经委）。问题不仅仅是组织机构有分工（又要相互配合），而且还因为技术管理与生产管理的眼界是不完全一样的。从技术管理的角度对待技术引进，会较多地考虑利用国外专利，在购入国外先进设备时也主要地从推动本国技术进步出发，只从生产管理对待引进，着重用国外设备来进行生产，就会放松消化吸收或造成重复引进——当然，有的情况下，也可以主要为了生产购买外国设备（乃至某些二手设备）。再如，从技术管理看待专利，发明的新颖性（"前人所没有"）乃是专利的首要条件，而从生产管理看待专利，发明的实用性头等重要。

第五，由于以上各种原因，一个国家、一个企业的生产水平与技术水平是不平衡的。日本的钢铁工业拥有相当高的技术水平，有大型高炉、复合吹氧转炉、连续铸钢、快速轧制，从技术上看可以保证每年生产近一亿五千万吨钢，但由于销售不景气的限制，目前的年产量不到一亿吨。同样，我们也可以看到，某些技术水平不高的产品却在大量生产着。

技术与生产的不等同，表明可以从非生产需求出发来发展技术。否则，某些实验技术、环保技术、军事技术就会没有应有的地位。技术就会丧失其作为认识工具、作为协调人与自然界的关系的手段、作为增强国家实力和改善社会生活质量的武器的功能。

技术与生产的相互区别，表现为人们的技术活动有其相对的独立性。一项新技术的产生，有时很密切地取决于科学上的创见，对新兴技术（如核能技术、激光技术、遗传工程技术）来说尤其如此，这类技术活动在更大程度上与科学活动相渗透。某些新的技术进展，主要是已有技术的改良或革新，或者是在新的条件下使"过时技术"恢复青春，这类技术活动在更大程度上依赖于经验和技术史知识。无论哪一类技术活动都不单纯是物质产品的直接生产，还需要有技术科学家、工程技术人员的工作和努力。在不少场合，人们的技术活动还是为增加技术潜力作贡献的，它的着眼点主要不是今天的生产和社会价值，而是为明天服务，完全从现实生产出发去规划技术活动是不恰当的。

我们应当充分尊重发明家、工程技术人员的创造性劳动，为他们进行构思、设计、试验提供必要的条件，帮助他们掌握技术活动特有的规律性和方法论。在提倡把企业生产同技术活动结合起来的时候要防止用生产挤掉或吞没技术活动，不要轻易指责工程技术人员脱离生产实际，在这方面我们是有过教训的。

正因为技术活动有别于直接生产过程，也就发生了如何使二者衔接和结合起来的问题。或者说，如果不作任何引导，某些技术活动确有可能向生产不协调。技术发明本来是为了对生产和社会有用，注意了发明而忽视把发明转化为产品。虽拿到了发明奖仍无济于事。引进技术也是为了消化应用，注重了引进最先进的技术而难以用上，尽管先进的很却得不偿失。技术研制主要地要为生产服务，技术应当向生产转化，而把许多本来应作为企业组成部分的应用性研究机构独立化，有了技术成果也难以推广。现场技术人才应当增加，应当到生产第一线去，如果工科大学生、研究生较少分配到生产现场，分到生产部门也不深入现场实际，生产水平的提高就没有保证。技术研究项目并不都来自现实生产，这是对的；从生产需要出发寻找技术研究的课题，这更为根本。把技术活动的相对独立性变成了绝对的独立性，就迷失了方向。

生产不同于技术又要求有技术，也就是应当依靠技术来发展生产。那种只顾产品数量而忽视质量的做法，只求生产得多而不求工艺精的倾向，是无法长久维持下去的。在现实生活中常常会发现这样的现象,当生产不景气时急切要采用新工艺、新材料,靠新技术开发新产品;当产品有了销路,就固守成规,搞十几年或几十年"一贯制"。还有,现实生产同技术改造并不是没有矛盾,要进行较大范围的技术改造,可能使生产过程不能按原状持续进行,这个矛盾不能恰当处理,技术改造难实现,生产面貌难改观。某些企业的领导人在任期内缺乏长远打算,或过分注重于发奖金,也可能只关心生产而置技术进步不顾。

生产水平区别于技术能力,要求企业不仅开发和利用技术,还要解决持续生产所面临的问题或困难,不能以为有了新材料、新工艺、新产品就万事大吉。有的企业可以做出新的样品、展品或礼品,但却不能正常地生产批量产品,重要原因之一是未能解决好生产过程的特殊矛盾。有的产品的技术性并不低,但是,或者外观不美、包装不佳,或者使用不便、维修困难,或者价格太贵、耐久性差,都会影响生产发展。

总之,技术与生产是既有区别又有联系的,正如技术与科学各有特点又相互渗透、相互依存。科学、技术、生产之间唯其有联系,才需要证明它们的区别,完全是一个东西就谈不到依靠、面向、结合和转化;科学、技术、生产之间又唯有其差异,才需要注意它们的关联,对截然不同的东西讲依靠、面向、结合和转化也很少有实际意义。问题的关键是在分析区别的基础论证联系,联系内在地包含区别。所有这些理论观点都同现实生活相通,是现实的反映,又有助于分析实际过程,促进科学、技术、生产的进步。

关于中日技术发展比较研究的几个问题 *

本文指出中日技术发展比较研究的必要性和可能性，分析了中日两国在技术发展过程中的相似点和差异点，从社会历史分析的角度探讨了其差异点进行深层研究的基本方向。

一、出　发　点

比较研究是分析认识事物的重要方法。在考察中国技术发展的历史过程、经验教训和方针政策时，如果有其他国家作为参照物进行对比，许多问题的研究就会更为深刻。

中国、日本两国的社会制度不同，技术目的各异，技术水平有相当大的区别，地理环境、资源等自然条件互有特点。然而，对中日两国的技术发展作比较研究并不是无意义和不可能的。从方法论的角度说，一切事物都是可比的，最有价值的比较，是对非常接近的事物发现其间的分野（同中见异），或对泾渭分明的事物发现其间的同一（异中见同）。何况，中日两国的技术发展条件和历程并不是截然不同的，它们之间也有着不少相似的方面。

中日技术发展的比较研究具有重要意义。为什么在近百年里日本的技术和生产水平发展到发达国家的水平，而中国至今仍然是技术和生产相对落后的发展中国家，只有通过比较，对此才会有正确的理解。人们常说，在中国的技术发展、工业建设中可以借鉴日本的经验，实际上，世界各国都在探寻日本成功的奥秘。通过比较会有助于具体地分析日本的技术政策、企业战略、技术发展模式、技术教育和技术观，深入地理解影响日本技术发展的社会背景。中日技术发展的比较研究不仅是理论性的课题，而且是有应用价值的工作。

---

* 陈昌曙，远德玉：科学学研究，1987，5（3）。

二、相似点

中日两国技术发展之间存在的相近之处大至表现在以下的 10 个方面。

第一，两国在 19 世纪上半叶以前，都经历了长期的封建统治，并且是以闭关锁国为特征的。日本社会进入到封建制大体在公元七世纪下半叶（相应于中国的唐代），到德川时代（1603~1867 年相应于中国的明末清初）日本，开始出现资本主义萌芽。整个来说这段时期中的日本是一个封闭停滞的封建统治国家。1639 年，日本当权者发布了"锁国令"，规定除可与中国、荷兰船只在长崎港作有限接触外，禁止与外国通商。中国的封建制度为期很长，在 19 世纪中叶以前也只有很少的对外交往，清初的统治者曾规定了"片板不准下海"的锁国政策。1757 年，又规定除广州外，禁止外国船只来华通商。也就是说，在 19 世纪中叶以前这段时间中，中日两国都只有封建自然经济条件下的手工技术，而很少了解西方的产业革命和近代技术。

第二，两国都是在 19 世纪中期被帝国主义的炮舰打开大门的，都在外国压力下被迫开放门户。1853 年 6 月，美国海军准将佩里率四艘军舰开入日本的浦贺湾，炫耀武力来逼迫日本放弃锁国传统，开放门户。1854 年又再次率舰到日本的江户湾，日本幕府统治者害怕江户会在美舰大炮下化为烟海，与美国缔结亲善条约，开放了下田、函管两港。1856 年美国派哈里斯为第一任驻日总领事，在他的强硬要求下又签订了日美通商条约和贸易协定。几乎与之同时，中国的清政府在帝国主义炮舰政策下与英、法、俄、美等国签订了一系列不平等条约，割地赔款，开放商口，沦为半殖民地半封建社会。到十九世纪中叶以后，中日两国开始看到近代技术的威力，并逐步知道了西方的产业革命。

第三，在帝国主义压力下，基于国内有资本主义萌芽的基础，两国在十九世纪下半叶均出现了"兴洋务"与"排夷族"的斗争，并进行了资产阶级革命性质的社会变动。锁国的日本被打开门户后，国内矛盾日益激化。广大日本人民仇视侵略者并对引狼入室的幕府不满，面临民族危机，有些官方人士也主张击退外国船只和拒绝开港，或在赶走洋人之后根据自己意愿开港。另一些人则认为除了开港别无他途，主张通过开港接受西方的技术和经济。总之，更多的人认识到，原封不动地保持幕府统治的封建制度是不能与外国侵略者抗衡的，而幕府当权者仍固守传统制度。在这种形势下，日本在 1868 年爆发了"倒幕战争"，并导致了明治维新。中国的太平天国运动、戊戌变法、辛亥革命也是在民族危机深重和封建专制腐败的条件下发生的，在这个过程中也有"排夷"和"师夷之长技制夷"的争论。然而，无论是日本的明治维新还是中国的戊戌变法，背后都有富国强兵、兴办工业和发展技术的要求。

第四，两国在经济、工业和技术的发展上，政府的控制或调节有较明显的作用。日本在明治初期，曾对工业实行官营和官营民助的政策。开始由国家直接经营军工厂、制铁所、造船所、矿山局，以及纺织、造酒、玻璃等企业，私营工厂或给官营工厂加工产品或向官营工厂投资。以后，政府除经营一部分军事工厂外，把大部官办工厂出售给私人，并通过银行贷款，发放补助金来影响民营企业。这种情况，与中国洋务运动时期的官办和官督商办企业有某些类似之处。在日本变为民营企业为主之后特别是近几十年里，国家对私人的工厂矿山的经济和技术已不再实行直接控制，但与欧美相比，日本政府仍以各种方式来干预经济和技术的发展。明治政府曾提出优先发展战略性工业（重工业、机械工业、矿业、造船业）的方针，在两次世界大战期间日本政府对工业的统制更为突出，先后发布了军需工业动员法、产业团体令、战力增强企业整备要纲等。战后，日本政府制订了三次钢铁合理化计划，以及煤炭合理化计划、电源开发计划、硫铁工业合理化计划、电力五年计划和国民收入净增计划，这些计划对日本技术发展的方向和水平都有较大影响。当代中国是以生产资料公有制为基础的社会主义国家，国营工矿企业占主导地位，国家计划对经济和技术的发展有非常重要的作用。社会主义国家对企业（包括集体企业等）的管理、控制与资本主义国家对企业的干预有本质的不同，但在两国的技术发展均受到政府的较明显的影响这一点上，二者有可比性。

第五，两国在工业上都有大量的中小企业与大企业并存发展，有多层次的技术结构。日本在明治年代就既兴办大工业，又注意保留和指导中小工业的发展。直到20世纪二三十年代，大工业工人数占25％、中等工业工人占36％、小工业工人占39％，中小工厂的总数远超过大工厂。在第二次世界大战后，一些中小企业在竞争中成为大企业，一些中小企业被兼并，又新出现了更多的中小工厂，它们大都成为大公司的委托企业。职工只有几人或几十人的中小企业在资本竞争上不及大企业，受到大企业的中间盘剥和支配，但中小企业的职工工资相对较低，生产更加专业化，因而在竞争中有立足之地，有的中小企业还因更易于进行技术改造而可能超过大企业。但一般来说，中小企业的生产技术装备落后于大企业，中国工业也是大企业为数少，中小企业多，实际上是大中小企业并举。当前中国的许多中小企业的生产技术装备（主要指生产和加工产品的机器）与日本中小企业的装备性能相距并不大，有些装备还比规模接近的日本中小企业先进。

第六，两国在工业发展上都有一个大量引进国外技术的过程，并力图用国外先进技术武装自己。日本在明治时代就耗费巨额资金大量输入欧美的技术和设备，乃至一度造成财政枯竭。之后，日本限制了直搬外国的移植主义倾向，但仍很注重吸收欧美的先进技术。日本在钢铁、汽车、造船、电器等部门广泛利用欧美技术的事实是众所周知的。汤浅光朝在 1971 年讲到，日本在第二次世界大战以后的经济有了很大的发展，生产技术水平也很高，但是，"关于科学技术创造性活动的成果，日本仍然是一个绝对的输入国。"他还讲到，20 世纪富有代表性的 50 项发明，其中没有一件是日本人的。战后，引进技术是日本成为经济发达国家的重要因素。大体统计，从 1950 年到 1973 年，日本共花费 40 多亿美元引进了外国的两万多项技术，占世界第一位。中国洋务运动时期也花费巨额金银移植欧美设备，国民党政府统治时期仍有少量的技术输入。在新中国成立后，曾倡导学习苏联技术，购入苏联设备或成套项目。目前，对外开放和技术引进，已经成为振兴经济和实现现代化的重要国策。尽管经济目的各异，从努力引进国外技术并主要靠引进来缩小与外国的技术差距来说，中日两国有着类似的历程。当然，日本现在已是一个重要的技术输出国了。

第七，两国工业企业中的分配制度，工人、技术人员与企业的关系，在本质上是不同的，但在现象上却有某些相似之处。与西欧和美国的资本主义企业相比，日本企业中的职工工资更多地随其服务年限加长而增多（所谓"年功序列"），具有某种"小大锅饭"的因素。而且，日本企业中的工人、技术人员还相对长期地在一个固定企业中工作所谓（"终身雇佣"），人员流动较少。不少日本人士还认为这种年功序列、终身雇佣的办法是有利于企业的经济和技术发展的。至少在表现形式上，这与中国曾经存在（至今仍远未绝迹）的"大锅饭"和人员流动困难并不是毫无共同点的。

第八，在第二次世界大战到结束时，两国同样面临着严重的经济困难，经济技术水平是较为接近的。日本帝国主义在第二次世界大战中给世界人民首先是中国人民造成了巨大损害，包括经济上的灾祸。同时，战争也给日本人民带来严重损害，人员伤亡，工厂设备毁坏，运输中断，工业生产显著下降。长期的战争（包括内战），给中国的工农业生产和经济技术发展造成了无法估量的破坏。1949 年的中国是一个一穷二白的国家，技术水平总的来说低于同时期的日本，按人口平均的工业产量也低于日本。但是，战后日本 1946 年与战后中国 1949 年的工业总产量较为接近。这两年相应的产量以万吨计，中国与日本的原煤产量比为 3200∶2036、生铁 25∶36.7、钢 15.8∶56.4、水泥 66∶92.7、烧碱 1.5∶2.86、纯碱 8.8∶3.12、棉纱 33.78∶5.82、糖 20∶3.1 差距大的是发电量，中日之比为 43∶296.6。也就是说，仅就第二次世界大战结束后工业总产量看，两国几乎是在同一起跑线上。那时两国的某些技术水平（例如高炉炼铁的技术经济指标）也相差不太大。

第九，两国经济和技术发展的社会文化背景相似，并同样出现过如何处理传统文化与西洋文化关系之争。日本很早就受到中国文化的影响。公元一世纪，日本列岛上的部族国家就与汉朝建立了外交关系，汉字传入日本，公元七世纪的日本当权者更竭力想使全部生活中国化，并先后十九次派遣使节到中国（当时为唐代），移植隋唐的政治制度与科学文化，在日本确立了中央集权的郡县体制（大化革新）。在德川时代，幕府尊崇宋儒朱熹学说为官学，规定所有日本人归属于一个佛教寺院。儒家的"三纲五常"、"忠孝节义"、"安分知足"等思想成为日本武士的道德准则。在日本开放门户，引进欧美的科学技术，接触西洋文化后，一些人认为应当继续保持日本固有的文化传统，主张和魂洋才，或要有"东方的道德、西方的技术"或"日本的精神、西方的学识"，把追求利润视为不道德的行为，把西洋文明视为奢侈文化，乃至认为日本学习西方文明酿成了风俗紊乱、道德恶化的弊害。另一些人则提出"欧化主义"，主张"脱亚入欧"，要求废除汉字和儒家教育，乃至与欧美人结婚来改良日本人种。欧化主义的带头人之一、日本外相井上馨就提出，要把日本国家变成欧化帝国，宣扬"外国万能主义"。中国在接触欧美科学技术和西方文明时，也有人主张"中学为体，西学为用"，有人主张"全盘西化"，而以马克思主义为指导的中国共产党人和进步人士则既坚持批判地继承传统文化，又有分析地对待外国文化，反对复古主义与虚无主义。当代的中国文化与日本有重大区别，但在引入国外科学技术时伴随着文化倾向上的论争则是共同的。

第十，两国在经济和技术发展的历程中都不是一帆风顺的，有着类似的经验教训。日本近代的经济发展可以大体上分为几个阶段，开始以军事工业为重点（1868～1885年），继之是纺织业、轻工业的兴起（1886～1903年），然后是以造船、钢铁、机械、电气等重工业为核心（1903～1955年），在上述重工业发展的同时，大力发展汽车工业、化学工业和电子工业（1956～1976年），进而把发展技术密集型产业摆在突出地位（1977年以来）。这个进程与洋务运动以来中国工业发展的历史有某种相近之处。在日本经济发展中，工业与农业的关系、重工业与轻工业的关系、积累与消费的关系都受到过畸形干扰。为了强化工业，日本曾大量从国外输入粮食，免征棉花进口税，打击和损害了本国农业。在第二次世界大战结束前的约半个世纪里，日本的重工业特别是军事工业片面膨胀，乃至占制造业的70%，轻工业和民用工业则受到压制。农、轻、重的这种关系不能不影响到日本的技术发展，这种情况在近10年来才有转变。在较长时间里，日本经济还实行高积累战略，从1955～1973年实际国民生产总值增加4.4倍，国内积累增加10.1倍，工资则增加2倍，高积累使得日本经济高速度发展，但消费水平的提高明显低于生产水平的增长。中国近现代经济发展中，在农、轻、重的比例和积累与消费的比例上也存在过不协调的问题，并因而影响了农业技术、轻工技术的进步，尽管这种问题的产生有着与日本根本不同的原因。日本在引进国外技术时有成功，又有挫折和失败。工业上曾引进不适应日本资源特点的设备，农业上曾照抄美国大农业的模式，日本也是在吸取教训后才做到正确对待欧美技术的。中国在技术引进上的教训可能更多些。上述这些相似点说明，无论从历史上、社会经济条件上、技术政策和文化背景上，中日之间技术发展的比较研究都是可行的、应当的。

三、差异点

相似点意味着可比。然而，只讲相似还不是比较。中日之间有着上述那样的类似或接近的方面，但如何解释中日在近百年经济和技术发展中所出现的巨大差距？

实际上，通过日本社会经济等方面的特点（包括日本与中国的区别）来说明日本何以成为发达国家是问题关键所在。这也是比较研究的重要基础，同时，在论及日本特点时，只涉及近二三十年的情况，仅研究表面上的、初级本质的东西，显然是不够的。从技术发展比较研究的角度考虑，或许可以把经常提到的日本特点（日本成为发达国家的条件和原因）列举如下：

（1）日本在战后得到美国援助，在美国发动的侵朝、侵越战争中大发其财；

（2）日本企业更加重视经济效益，否则就会在竞争中破产；

（3）日本的生活节奏快，工人劳动紧张；

（4）日本工人的失业率低（与欧美相比），劳资矛盾相对缓和，工人更关心企业（会社）的命运；

（5）日本的技术人员与生产现场有密切联系，技术人员与工人的界限不甚分明；

（6）日本的大中小企业之间有机结合，中小企业高度专业化并按大企业技术标准生产；

（7）日本善于把欧美的发明应用于生产，制造出高质量的产品；

（8）日本十分重视组织管理，有完整的、相当严格的管理制度；

（9）日本的技术研究、技术开发的机构和力量植根于企业，技术改造和新技术成果能及时顺利应用；

（10）日本重视文化教育，社会成员和工人的素质好。

诸如此类的特点还能讲出一些。进行中日技术发展的比较研究需要用具体材料来说明这些特点。但列出一些特点，还不是比较研究的全部和本质。为什么会有这样的特点呢？不知道"为什么"，就难以真正理解日本的特点，难以把中日之间的相似和差异结合起来认识，也难以真正借鉴日本的经验。

例如，美国援助确实是日本战后迅速发展的重要条件，但为什么战后也有具有类似条件的国家未能像日本那样快地取得成功？再者，美援要通过日本的社会经济机制和技术机制才能起作用，又是如何和为什么能起作用的？

诸如重视经济效益、工人劳动紧张、大企业利用中小企业等特点是同日本作为资本主义国家有关的。如果只从表面形式上看这些特点，甚至会认为日本成功的奥秘就在于它是资本主义国家。实际上并不是世界上每一个资本主义制度国家都取得了像日本那样的经济成就；日本的经济技术发展之快，不仅远高于实行资本主义制度却尚未发达的国家，而且高于许多老牌的资本主义发达国家。这是不能用日本实行资本主义制度的原因就能圆满回答的。

日本企业中的劳资矛盾与欧美相比确实是相对缓和的，工会组织的地位和作用亦有别于欧美。这又是为什么呢？

在日本确有"现场优先主义"，即技术人员与生产现场联系密切、重视应用、技术研究开发植根于企业。这很可能是日本企业技术水平高和产品质量好的重要原因之一。为什么日本会具有这种原因呢？只用日本人的国民性或"现场第一的观念"是无法解释的。

日本的大中小企业的相互关系确有其特色，它们在较大程度上有着委托隶属关系。绝大部分企业并不独立生产完整的产品，而是按照中型或大型企业的技术规范加工产品中的某一部件或零件。这种高度专门化基础上的生产组合，这样的企业结构和技术结构，在日本的大规模生产中起重要作用。看到这一点，而不是把日本的小企业视为小而全的生产实体，对于了解日本成功的奥秘是十分重要的。但是，日本大中小企业之间的结合是如何形成的，为什么设备相对落后的小企业有可能按大企业的技术标准加工生产，小企业的专门化、标准化的基础是什么？

日本重视经济管理、企业管理、技术管理是众所周知的。精打细算、职责分明、工艺严格是日本取得成功的突出原因。欧美国家也承认日本有较高的管理水平。那么，日本的管理制度和管理方法又是如何形成的，为什么日本人能够做到高水平的管理，为什么日本的工人、技术人员能够接受和遵循权威性的管理体制？

在中日技术发展的比较研究中，应当针对日本特点中更为深层、更为重要的东西去追根究底，对事情的原委作较为深入的分析，而不只是一般地列举或就事论事的描述。

四、社会历史分析

要进行中日技术发展的比较研究，分析日本不同于中国的特点，是一件相当困难的事情。这涉及国际关系、政治制度、经济体制、文化背景、民族心理等等方面。这里仅从社会历史分析的角度，对上面提及的日本特点做粗浅的分析。

通过对日本技术和经济迅速发展的初步考察和思索，我们认为，在日本特点中更为深层、更值得注意的是：第一，普遍的危机感；第二，强烈的内聚力；第三，彻底的现场优先主义。

在这些方面日本不同于世界上的许多国家，也明显地有别于中国。日本的这些特点的形成有其深刻的历史根源。为此，需要进行社会历史条件的比较，并把它作为中日技术发展比较研究的一个重要内容。

中日两国相似点之一是两国都经历了长期的封建社会，然而，同中国的封建社会相比，日本的封建社会不能算是高度发达和足够完善的。

第一，日本的封建社会在政治上、经济上主要不是中央集权制的，而是有着浓厚的分封制和领主式的色彩。日本历史上曾经有过中央集权的天皇制封建贵族专政，但在12世纪后，就分裂为以庄园制或领主制为基础的幕府政权统治，幕府通常是局部地控制着全国性的权力，而许多权力则分散在众多的藩主手中（德川幕府时代全国减藩260多个）。一方面，幕府用各种手段力图控制各领地上的藩主，另一方面，分封的藩主在自己的领地上全力维护其政治地位和经济利益。幕藩体制下的日本封建社会是以集权与分权相结合的体制为特征的。

第二，日本封建社会中的阶级关系更多地被各种等级关系、宗族关系所掩盖。封建制度下的日本农民受幕府藩主的压榨，但这种剥削与被剥削的关系往往与其他的关系相交错，显得不那么分明。不仅藩主有级别之分，在一个藩内又分为士、农、工、商四个等级，各级世袭，互不通婚，生活也不同。藩内的士又分为大名、家臣和下级武士。下级武士虽有佩刀称姓乃至格杀平民的特权，但他们的经济状况和生活条件则不比较富裕的平民优越。世袭的藩主为了保持本藩的存在，往往更多地依靠家臣和下级武士。

第三，作为日本封建制基础的藩主领地经济，大都是相对薄弱的。为数不少的藩主拥有的财产并不很多，德川时代除最大的藩主（前田氏）占有产米百余万石的领地外，更多的藩主只占有产米万石或十几万石的领地。经济不很富裕限制了藩主的挥霍，下级武士也不能完全成为"食客"，而往往还要参加一些劳动。而且，随着商品经济的发展，藩主武士不仅在财政上依靠商人，下级武士也卷入到手工业和商业活动中。割据性的、实力不很强的藩主制，不像中央集权制那样在政治上高度统一，财富高度集中。这种差异，在19世纪中叶以前两国缓慢发展和未遭外国侵略时，并未导致中日在经济技术上的显著区别。但在帝国主义打开双方门户之后，却产生了以后的有决定性的不同。表面看来，中国中央集权的清朝郡县制有利于统一对抗帝国主义的侵略，统一地发展经济和技术。但天高地远的皇帝或太后并不对地方的权力和利益承担直接责任，更加关心的是自己的宝座和享乐。短期任期制的郡县官僚要在其势力范围内维护其权力和利益，却对所统治地区没有领主关系，也可以不对原地的主权、经济和技术发展负责。实质上清代的封建制在政治上和经济上又是分散的，皇帝与郡县官僚之间、官僚与百姓之间缺乏相互依存来维护主权和发展经济技术的基础。

在日本的分散的、割据性的封建社会中，藩主只能在自己的领地上当官发财，不得超越藩境活动。由于日本藩主的领地本来就不大，又不能易地为官，他们同与之共命运的武士们不得不经常关心本藩如何存在下去，努力经营领地事务，唯恐更多地受幕府控制，也担心自己的领地被侵占，生怕自己垮台而走投无路，也就是有较多的危机感。他们在外国侵略时表现得较为坚决，也是这种危机感的一种表现。

当然，近现代日本社会中的普遍危机感并不都是这种历史的积淀。会社关心自己会发展还是破产，职工关心自己会继续干下去还是失业。破产、失业的威胁是造成危机感的现实因素。日本社会的历史渊源是产生和加深现实危机感的一个原因。日本社会中这种很强的危机感，可以部分地解释会社的经理、职员为何更为精心地经营企业事务，社会生活节奏何以快速紧张，何以更为重视经济效益等。

第四，日本的藩主与家臣、下级武士间有更密切的依赖关系，藩主不像中国皇帝或知府那样威风，家臣、下级武士也相应不像中国吏卒那样口头上自我卑贱实际上各怀心腹。日本的藩主还力图摆脱幕府的盘剥、控制和监视，同时又担心被幕府剥夺或削减领地，在与幕府抗衡中，不仅武士与藩主荣辱与共，许多平民往往也站在本藩一边。也许正因为这点，在欧美势力侵入日本时，日本除了被迫开放口岸和通商，未见有割地投降者。

藩主、武士、平民间的这种相对缓和的关系表现着人们之间的内聚倾向，以及以团体为重的意识。这种历史的状况或许也同现实有某种联系。尽管当今的日本仍然存在着资本家与工人在本质上的对立，但会社中的职员乃至工人也关心会社的兴衰，劳资矛盾被掩盖，而相对缓和了。这种情况有着多方面的原因：工人、工会的斗争使资本家增加了工资、改善了劳动条件；政府调节了高积累战略，会社和工人的危机感，历史的状况。会社首领与藩主之间，职员工人与武士和平民之间，难道没有任何共通之处吗？日本企业能够制定和实行严格管理，而其职工又能够接受和遵循这种管理体制,从而使企业能立足于竞争之林,这与历史上的内聚倾向和团体意识有着密切关系。

日本藩主的财源不丰,善于精打细算,更需要利用工商业,乃至经营工商业。这与挥霍浪费且压抑工商的中国封建贵族又不尽一样。在这里特别要注意到日本的下级武士,这是了解日本历史、了解日本的资产阶级革命和产业革命的关键性问题。武士是为藩主服务,依附于藩主,在平民之上的等级。同时,下级武士有些文化知识,参加一些劳动,在经济上、生活上较为接近平民,对政治活动还有些实际体验。他们同只读圣贤书、脱离实际的中国秀才也不相同。在日本商品经济发展、资本主义萌发时,下级武士们更直接感受到新的生产方式的潜力,对"殖产兴业"感兴趣而经营工商业。有些下级武士因藩主衰落破产,而投身到资本主义行业里去。在日本面临着美欧侵入被迫开放门户时,下级武士们又更直接感受到外来压力和屈辱,意识到幕府的软弱无力,有富国强兵、变革幕藩统治的要求。具有资产阶级革命性质的日本明治维新运动,正是在以下级武士为主的领导者发动下进行的。新建立起来的明治政府的各级领导的实权,几乎都掌握在武士出身的人手中。

明治政府采取了多种措施来进行产业革命,发展近代工业,进一步扩大和加强了出身于武士的人们的作用。政府采取各种奖励手段,尽量把散居的下级武士吸收到各个产业工厂、企业和公司中,使他们成为产业大军的骨干。要求各岗位上武士出身的领导者和公务员学习近代科学技术和管理大工业生产的知识,提出"把刀剑换成算盘"的口号。在明治初期日本官营产业中的大部分工程师、技术员、职员,以及相当一批留学生、大学生,都出身于旧时的武士阶层。政府还鼓励武士出身的官员争当经营和管理近代工业的内行,最先从事移植欧美技术和引进先进设备的领导人和骨干力量,大都是下级武士出身的人。

因此,在整个国家机关中、各个产业部门中都渗透着武士的势力。他们在日本社会中就有广泛的、举足轻重的影响。明治维新以后的旧时武士已不再佩刀带剑,但他们的政治经济要求、思想作风和习俗传统等却在很大程度上延续下来,并得以传播。

武士传统的影响是复杂的,无条件地效忠主上、无限制要求富国强兵,在一定意义上也导致了侵略战争。旧时武士中也有相当一部分成为军国主义者。"武士道"本来是日本武士道德观念的统称(属伦理范畴),在中国人民心目中几乎成为发动侵略和杀戮无辜的代名词。

武士传统在日本国内的影响还有另外的方面。公司企业中的职工为本单位和上级尽力听命,与这种传统影响不无关系。下级武士接近和参与实际活动,重务实而轻空谈,影响着早期由武士出身的领导者、管理者、工程师、职工。例如,日本的工程技术人员大都亲身参加实践，以解决现场实际问题为己任，以手上有油污为本分。会社重视职业训练，大学毕业生要接受企业教育才能上岗，工程技术人员重视应用研究，能解决实际问题者则受到高度尊重和奖励，日本的工科教育面向企业。科研机构大都属于企业。凡此种种，都是现场优先主义的表现。人们经常讲到日本的"技术立国"，称道日本特别重视提高产品可靠性的技术和低成本的技术，重视生产工艺研究和对设备进行技术改造，重视发展综合技术。显然，这与现场优先主义是一致的。

  武士传统中的现实主义胜于唯理主义，并不是说这种传统排斥学校教育。日本的下级武士大都受过一些教育，有一定的文化知识，在他们当权和进行产业革命的进程中又学习了现代科学技术和西方文明，因而更能懂得教育、人才和"求知于世界"的价值。明治政府的历届当权者都颇为关注兴办学校，出高薪聘请外国教师，派人出国留学，大力培养科技人才、管理人才和领导人才。重视教育和人才培养是日本在战后能较快地恢复经济的重要因素，也使日本在战后继续重视文化教育、科技教育和人才培养的基础。

  可见，要作中日技术发展比较研究，要认识现代日本的特点，不能不追溯日本的过去，分析其社会历史。

五、意　义

  中日技术发展比较研究的根本目的是为中国的现代化建设，特别是技术进步提供借鉴。这种研究具有现实价值和实际意义。

  可以按若干重要行业（如钢铁、电力、机械等）来进行中日技术发展的比较，首先是企业战略比较。这种研究对我们的行业发展有益，也对制定国家的技术方针有益。例如，钢铁业在中日两国都占重要地位，但日本钢铁业在资源和能源利用（主要靠从国外进口矿石和煤）、炼铁炼钢设备（大多是大型高炉，淘汰了平炉）、产品结构（往往既生产钢材，又生产机械设备）、企业经营（以出口钢材和钢铁制品为重点目标）和经济指标消耗低，（质量高）、行业处境（目前严重的不景气）等方面又区别于中国的钢铁业，从而使两国的钢铁技术和技术战略不尽一样。其间的同异既是独立的研究课题，又是整个中日技术比较研究的组成部分。

  可以按若干重要方面（如技术改造、技术引进、技术开发等）来进行中日技术发展的比较。这种研究与国家的技术战略、技术政策密切相关。中日两国的企业（包括日本的某些大企业）都程度不一地存在着老的技术设备和工艺流程，需要进行技术改造，进行技术革新。要顺利地进行技术改造，就要恰当地提出和确定改造的任务,正确处理原有技术与新技术的关系、技术改造与生产的关系,充分发挥管理者、技术人员和工人的积极性与创造性。

在这类问题上,中日两国均有可比之处。我们在技术改造中,新技术与原有技术的衔接往往不够好,致使效益较低或造成浪费,在比较研究中会找到借鉴。在技术管理、工程技术人才培训、工程技术教育等方面都可以进行中日对比,吸取经验教训。

可以按重要的历史时期和发展阶段来进行中日技术发展的比较。例如上面讲到的社会历史分析就属于这种类型。技术发展的社会历史条件不同是无法改变的,但这方面的对比却具有现实意义,研究日本特有的情况也会给我们某些启示。中国没有日本那样的危机感,似乎无需以危机感来激励奋发和技术进步。但实际上,我们对许多事情并不能高枕无忧。我们通常习惯于从一个统一的大国角度来思考问题,例如认为中国地大物博,但如果从离散的观点看,中国的很多地方又是地少物欠、资源不丰的,这难道不值得担心并促使我们向技术要潜力吗?何况我们在国际关系、经济技术发展上值得忧虑的东西还不少。我们应当看到希望,奋发向前,也需要有自己的忧虑或危机感,使整个民族都清醒地意识到除了进步别无出路。

中国没有日本那样的劳资关系,不存在劳资关系尖锐化或相对缓和的问题。但如何使企业加强内聚力,使企业成员都与企业命运休戚相连,也需要认真解决。我们要有为国家贡献力量的观念,也要有相对分散的团体意识。至于日本的现场优先主义传统,就更应拿来参考和利用了,秀才不出门不动手是不能实现工业化和现代化的。

总之,中日技术发展的比较研究,有着宽广的领域和重要的现实意义,进行这种比较的方法也是从现实的问题和要求出发,追溯其历史渊源,并且把技术发展的对比,放在广泛的社会经济条件和文化背景中来考察。

论科学精神*

所谓科学精神,就是人们在科学活动中应当具有的意识和态度,在不断解决已知与未知的矛盾、经验与理论的矛盾、正确与谬误的矛盾、认识与实践的矛盾过程中科学工作者所具有的信念、意志、气质和品格,都属于科学精神的范畴。科学精神是知识生产领域内取得成功的保证,也是我们在各项活动中作出正确决策和取得成绩的重要条件。

无数自然科学家力图使自己的探索和研究有益于人类,他们是坚持用科学精神进行工作的榜样。马克思主义的创始人都兼有学者和革命家的品质,在马克思主义的理论中,革命性和严格的科学精神是内在的、不可分割地结合在一起的。自然科学的精神与马克思主义的科学精神在基本点上是一致的。二者的区别在于,前者主要表现在认识自然现象的过程中,它与科学实验、数学分析有更密切的联系,形成的历史也较早;但自然科学家在观察自然现象上有科学精神和重大成就者,在分析社会现象时却未必能把科学精神坚持到底。马克思主义的科学精神形成于19世纪中叶以后,它继承和发扬了自然科学的科学精神,并主要表现在认识社会现象的过程中。在我们的工作中,既需要自然科学的科学精神,也需要马克思主义的科学精神。本文主要考察前者及二者的共同点。

一

研究人类前所未知的新情况和新问题,作出新发现或提供新知识,是科学活动的首要任务。但是,人们并不是在头脑中一无所有的条件下进入科学殿堂的。而总是要用已有的知识去确认什么是应当研究的或可能研究的,用已有的知识去确定考察未知领域的方向和方法。科学家的知识和经验越丰富,越有可能看到何处是新发现的源头,越有本领找到获取新知识的途径。科学成就在本质上是累积的结果,科学是继承性最强的文化形态之一。

卓越的科学家都有虚心接受科学遗产的精神。牛顿有一句名言:"如果我看

---

* 陈昌曙:求是,1988。

得更远一些的话,那是因为我站在巨人的肩膀上。"科学活动中虚心接受知识遗产的精神,绝不单纯是某一学者的自我道德修养,而是符合科学发展规律性的意识。科学活动犹如阶梯式递进的攀登,新一代人不继承先辈们的成就,不虚心向前代人请教,就无法前进。

已有的知识和经验为科学工作者考察新情况、新问题提供了线索,但终究不能完全指明新征程上可能遇到的困难和险阻。不能具体地提供有关未知领域的确凿答案。正因为这样,科学家们在自己的活动中总是既有方向和信心(已有知识的预见和指导),又有认真谨慎的探索精神。基于奥斯特在1820年发现电流磁效应,法拉第在1824年意识到磁体也应当对电流有反作用。他设计并进行了各种各样的实验,屡经挫折,直到1831年才查明:磁场变化会产生感应电流。达尔文的生物进化论,得益于赖尔的地质渐变论的影响,更主要的是基于他在几十年中对自然选择和物种起源的不懈考察。

锲而不舍地进行探索,也是马克思主义的科学精神。马克思在19世纪40年代,在批判分析黑格尔和费尔巴哈的哲学的基础上提出了唯物史观。这个天才思想在当时还只是一个假设,经过马克思对资本主义社会发展的过细考察,直到写出《资本论》,唯物史观才被置于最坚实的科学基础之上。

在科学活动中要有认真接受前人知识和坚韧探索的精神,但更重要和更本质的则是创造精神。科学从根本上说乃是新知识的创造,发现已有知识所未曾料及或无法解释的新现象、新规律,才称得上是科学成果。从这点看,继承已有的知识与对未知的探索,不仅是统一的,还是对立的,完全沿袭已有的理论和经验,就会限制、阻碍新见解的形成,就不可能有新发现。

创新是科学的生命,创造精神是科学活动的灵魂。哥白尼勇于向被神化的地心说挑战,牛顿首先提出万有引力定律,爱因斯坦突破经典物理学的传统观念,这些都是自然科学创新精神的典范。马克思、恩格斯批判地改造了黑格尔、费尔巴哈、亚当·斯密和圣西门等人的学说,在人类思想史上第一次创立了唯物史观和剩余价值理论;列宁接受并发展了马克思、恩格斯的见解,作出关于社会主义可以在一国首先胜利的论述;毛泽东根据中国革命的实践,创造性地提出关于新民主主义和农村包围城市等思想;在新的历史条件下,中国共产党又从国情出发,把马克思主义基本原理同中国实际结合起来,在实践中开辟有中国特色的社会主义道路,在哲学、政治经济学和科学社会主义等方面,丰富和发展了一系列科学理论观点。科学需要虚心领会,也要有"标新立异"。完整地提出一种新理论或新原理是创新,对已有的成就增添新的成分或颗粒,从而使不够确切、不够全面或不够深刻的原理更加完善,也属于创新的范畴。

科学上的创新与独占钻研、独立思考的精神分不开。科学只承认"第一产品"是新发现,"复制品"只有很小的价值乃至没有价值。"第一产品"只能是独立思考的产物,而决不会来自因循守旧。爱因斯坦说过:"科学的发展,以及一般的创造性精神活动的发展,还需要另一种自由,这可以称为内心的自由。这种精神上的自由在于思想上不受权威和社会偏见的束缚,也不受一般违背哲理的常规和习惯的束缚。"(《爱因斯坦文集》第3卷第180页)

二

科学活动是一个断实践、不断创新的过程,也是一个由经验认识层次,科学假说、原理、学说则是理论层次的认识;当然,这两种认识层次的划分是相对的,二者又互相渗透。经验知识通常是零散的、杂乱的、肤浅的,只有经验知识还不是近代的科学,而且可能把人引入歧途,科学在本质上是理论形态的东西。把经验的认识提高到理论的认识,要经过科学抽象,要重视理性原则,重视总结概括,或者说要有一种理性化的精神。

杰出的学者从来都反对科学中的在教条主义和经验主义。教条主义就是没有创新精神,经验主义所缺乏的则是理性化精神。爱因斯坦主张,知识不能只从纯粹的逻辑思维中得到,而要以经验为背景;但他更加强调科学理论不是从经验材料直接推导出来的,对自然规律的认识只能来自"理性的构造"或"理智的发明","只有大胆的思辨而不是经验的堆积,才能使我们进步"(《爱因斯坦文集》第3卷第496页)。众所周知,马克思主义历来反对唯书和空洞的概念游戏,同时也反对貌似唯实的现象罗列,认为科学的任务是把可以看见的、仅仅是表面的运动归结为内部的现实的运动,必须经过理性的思维和科学的抽象才能更深刻、更正确、更完全地反映客观现实。

科学研究中这种理性化的精神,是取得新发现特别是提出新理论的重要条件。爱因斯坦创立狭义相对论,固然有以太实验和光速测定的前提,但关键的一点是他大胆地否定了以太的存在并假设真空中光速不变,以这种新的观点解释了前人的经验。在马克思、恩格斯创作《共产主义宣言》的时候,人们已经有了在资本主义社会中生活的经验,许多人也描述过无产者所受的苦难,但无产阶级革命和社会主义制度毕竟还不是当时的现实,没有理性的思维就不可能作出资本主义必然灭亡、社会主义必然胜利的科学结论。

敢于提出假说或大胆假设,是科学中理性化精神的表现。大胆假设当然是有条件的:一方面,假说的提出要以科学事实为依据,不能毫不客观基础地胡思乱想或主观捏造;另一方面,提出假说又需要充分发挥思维的主观能动性,包括以有限材料为背景进行想象、猜测、构思及幻想。假说可能有片面性或错误,但假说毕竟是科学发展中理论思维的一种重要形式。

马克思主义历来强调科学是老老实实的学问,同时又肯定理性活动中要敢于提出假说和运用想象。恩格斯指出:"只要自然科学在思维着,它的发展形式就是假说。一个新的事实被观察到了,它使得过去用来说明和它同类的事实的方式不中用了。从这一瞬间起,就需要新的说明方式了——它最初仅仅以有限数量的事实和观察为基础。进一步的观察材料会使这些假说纯化,取消一些,修正一些,直到最后纯粹地构成定律。如果要等待构成定律的材料纯粹化起来,那么这就是在此以前要把运用思维的研究停下来,而定律也就永远不会出现。"(《马克思恩格斯选集》第3卷第561页)列宁不止一次讲过,革命的现实主义不仅要看到眼前的事情,还应当有对客观必然性认识和对未来发展的想象,包括赶过事变自然进程的幻想。不仅诗人需要幻想,科学也需要幻想,幻想是极其可贵的品质(《列宁全集》第33卷第282页)。

以有限数量的事实和观察为基础,运用思维的研究,敢于提出假说,并认真验证和补充修正,对于我们的工作也有必要。没有这一点就难以把经验理性化。然而,认为只有经验材料十分丰富和完全正确以后才允许提出设想,未免太书生气了。我们再总结历史经验教训和敢于提出改革设想着两方面,应当向自然科学家崇尚理性的精神学习。

三

科学要正确反映客观现实,追求真理。无论是勤于探索创新,还是敢于作理性思考,都要力求从实际出发,实事求是,力求避免和克服谬误。求实(实事求是)和求真(坚持真理),是科学的基本精神。

许多创造性强和推崇理性的科学家同时又特别重视求实。爱因斯坦认为科学需要思辨,但坚决反对某些人把他创立的相对论曲解为纯粹思辨的产物,着重指出,相对论的创造完全是想使物理理论尽可能是应用观察到的事实。达尔文认为,努力保持思想自由是他取得成就的条件;但他把思想自由理解为不拘泥于形成的假说,一旦事实证明与假说不符就丢掉它,即把思想自由理解为完全尊重事实。

坚持真理与修正错误,是求实精神的表现。哥白尼的日心说、哈维的血液循环理论、阿伏伽德罗的分子学说、达尔文的物种进化论,在提出之初都曾遭到许多人的反对,甚至在一个时期里被否定。但这些科学家以及布鲁诺、赫胥黎等支持者都坚信新见解的正确性,在巨大压力下为真理而斗争。同时,科学家又有求知的诚实,一旦发现谬误就改正。哥白尼曾相信地心说,达尔文曾怀疑地质学,卢瑟福曾创立太阳系原子模型,当他们看到新的事实或认识到新见解的正确性以后,就毅然放弃或修正自己原有的观点。

由于自然现象并不包括人的主观意愿因素,自然知识的内容并不反映人们的利害关系,自然科学认识的真理性易于通过特殊的实践活动——科学实验作出验证,在自然科学研究中做到求实和坚持真理、修正错误的困难相对较小;而社会过程总是通过有主观意志的人实现的。社会知识与人们的利益密切相关,要检验社会观念的正确与否通常又颇复杂费时,因此,在认识社会现象和社会规律上做到实事求是和坚持真理,要困难得多。在社会生活和社会认识领域,主观主义和谬误之见长久流传,时至今日,社会知识科学化的广度和深度仍相对不足。也许正因为对社会的认识具有上述特点,马克思主义特别强调实事求是的科学精神。

要坚持马克思主义的求实精神,很重要的一点是必须从人民群众的根本利益出发,或者说只有从无产阶级和人民群众的根本利益出发,才能正确地反映社会现实,才能做到坚持正确意见,修正错误观点。要坚持马克思主义的求实精神,必须真正把科学社会主义和社会科学当作科学来研究。"科学愈是毫无顾忌和大公无私",它就愈加"符合于工人的利益和愿望"(《马克思恩格斯选集》第4卷第254页)。要坚持马克思主义的求实精神,还需要有正确的方法论,力戒由传统观念或局部经验带来的主观性、片面性,力戒把真理夸大而导致谬误。

四

归根到底,理论是为现实服务的,科学是为实践服务的。科学家应当有为人类谋利益的精神,有功利主义的精神。

历史上一些杰出学者注意到了科学的应用价值,并自觉意识到科学家要以自己的成果使他人更幸福。近代实验科学的创始人培根批评那种"能够谈说,但不能生产"、"富于争辩,而没有实际效果"的科学,明确宣布:"科学的真正的、合法的目标说来不外是这样:把新的发现和新的力量回赠给人类生活"。(《新工具》,商务印书馆1984年版第58页)居里夫妇在接受诺贝尔奖金的演说中讲到,镭的发现可能对人类有益,也可能被罪犯用来造成祸患,并表明自己是站在希望人类将要从新发明中取得幸福的那些人中间的。爱因斯坦既讲到科学家的使命是要追求宇宙的和谐和简单性,同时又再三强调科学家要尽到自己的社会职责,要关心怎样组织人的劳动和产品分配这样的重大问题,以保证科学思想的成果造福于人类。但是,由于19世纪末之前社会条件的局限,由于那时的科学着重于探讨天然基本规律,更多的学者不大赞成把科学同功利联系起来。他们更强调科学要满足人们的兴趣、好奇心,要追求"科学美",乃至主张"为科学而科学"认为讲功利、讲价值会妨碍科学进步。

20世纪以来，现代科学已经发展为包括基础科学、技术科学、工程科学在内的完整体系，科学的社会功能也有了新的内容。在今天，个人的兴趣和好奇心的满足固然仍是激励科学家进行探索的因素，科学家（特别是从事基础科学或"纯科学"研究的学者）固然仍应有追求科学美的精神，而人们更加关心的则是科学的潜在的和现实的应用价值，更加清楚地认识到科学技术是生产力，科学是增加社会财富、提高社会生活质量的巨大杠杆。100多年来，有实际应用价值的科学发现大量涌进，技术科学、工程科学进展迅速，门类增长齐全，"为科学而科学"已不是当代科学的时代精神。

社会主义条件下的学者们更应当有功利主义的科学精神，努力使自己的工作有益于经济和社会发展。我们的许多科学家以强烈的社会责任感，在超导、生命物质探索、卫星和导弹研制、育种、生产技术开发等领域做出了巨大的有实际意义的贡献，在基础科学的研究中为国争光，为技术科学的长远发展开辟道路。一些原来从事"纯科学"研究的学者同时投身于应用数学、应用物理、应用化学的事业。更有大批的知识分子在技术科学、工程科学领域奉献力量。不少哲学社会科学工作者对现实生活中的新情况、新问题提出了有益的见解。

可惜的是，有一些同志并没有充分认识科学精神的新的时代特征和社会特点。他们往往一般地论及科学的创新精神、求实精神、理性精神，而不大关心或不特别强调科学的功利精神。我们有的自然科学家往往更加赞赏成果的学术价值，低估其应用价值。在评价科学著作、科学论文时更多地注意理论上是否有新见解或创造性结论，忽视可用性和实际意义，笼统地认为有功利效益的研究成果水平低。有的哲学社会科学工作者更愿意探讨过去，不大乐于分析当前的情况；更喜欢摘引国外文献上的新提法，不能下苦功夫去研究改革、开放中的实际问题。看来，培根所批评的能够谈说、富于争辩而没有实际效果的倾向仍是值得注意的。要振兴我国的科学事业，必须重视科学，同时也要提倡和发扬科学的功利主义精神。

五

科学精神对认识世界和改造世界有重要的意义，但它毕竟只是科学的一个方面，它与科学知识、科学活动、科学方法是密切联系的，或者说，只有这几者的结合，才会有真正的科学精神。科学精神不是独立自在的东西，也不是可以拿过来就用的现成工具，它的产生、形成和发展有一个历史的过程。

在科学知识贫乏、文化落后的古代社会中，多有宗教迷信而含有科学精神，君权神授、富贵在天、轮回转世之说占上风，祈天、辟邪、冲喜之举盛行，蒙昧主义精神居于统治地位。随着近代科学的产生和发展，许多人摆脱了愚昧无知，同时形成和发扬着科学精神。无知和不科学不是绝对同一物，却经常是同时并存和互为一体的。我们在实际工作中缺乏科学精神并由此带来的许多损失，在很大程度上也是由于无知乃至违反科学常识。普及科学知识，破除各种迷信，仍是思想文化战线的现实任务之一。

科学精神是实践和科学活动的产物。科学精神的培育要靠宣传，靠学习，包括学习自然科学和社会科学的历史。然而，任何精神（包括科学精神）都不是只从书本就能学来的，也不是只靠下定决心就能具备的，必须参加实践活动和调查研究。

掌握科学方法与培育科学精神相辅相成，缺乏科学精神会导致主观主义的方法，不采用科学方法也难以坚持科学精神。从实际出发去辨识事物是科学的态度，而辨识、鉴别总是通过比较实现的，不掌握比较的方法就难以辨识或恰当地鉴别。全面地认识对象是科学的态度，而全面性是与对象各方面的数量关系、结构形态相关的，不掌握数学的方法、系统论的方法就难以总揽全局。因此，努力学习科学知识，投身实践活动，掌握科学方法，是按科学精神办事的必要条件。

技术更新与企业技术改造*
——中日企业技术发展战略思想比较

企业的技术改造从根本上说就是用新技术代替老技术，这里确有许多具体问题需要解决，更有一些战略性问题值得思考。

一、企业应该是一个自我更新的有机体

把竞争机制引入企业之后，人们惊奇地发现，许多企业由于设备、工艺、人员素质等严重落后，如不进行技术改造就将难以维持其地位，甚至会很快衰落下去。然而，当要下决进行技术改造后，则又发现企业本身已无能为力。这是因为长期以来由于僵化的计划体制，把企业变成了一个只会生产产品的"机器"。对骨干企业甚至不惜采用"杀鸡取卵"的办法，让企业去完成指令性的产值任务。似乎一个企业一旦建成就像造出一个产品一样，只要使用或者顶多加以维修一下就可以了。但是现在突然让企业更弦易辙，既要它更多地创造经济效益。又要让它加速进行改造，以适应商品经济条件下的竞争机制，显然是无法很好做到的。企业不能转到以内涵式扩大再生产的轨道上来，加速实行新老技术的更替，根本原因是由于我们的企业还没有形成在技术上能够进行自我更新的机制。

一个企业能够坚持不断地进行技术上的自我更新，这是企业发展的常规。企业的技术改造不是特定历史条件下出现的暂时现象，而是企业的生命所在。这样的观念在日本的企业中是非常强烈的。

在日本，新企业从其建成之日起，就开始了技术改造的过程。日本图像制造公司的洛西工厂是1985年建成的。这里有最新的生产设备、精密的检测装置，是一个以生产电子装置所需的半导体、薄膜制品等的制造设备为主的工厂，就技术来看，今天仍然处于相当先进的地位。然而它从建成起不是以维持已有的生产系统作为企业的指导思想，而在一开始就用很大的努力去研究、开发新产品、新

---

* 远德玉，陈昌曙，刘玉劲：《机械工程》，1988，4。

技术、不断促进产品、技术的更新。他们不是在某种产品生产了一个时期之后，发现产品技术落后了再搞改造，而是生产产品和技术更新同步持续进行。

在日本人的观念中，一个新技术达到成熟并投入生产应用之后，马上就认为它需要改进。因此，日本的企业，生产出一个新产品之后，在技术上一般并不保密。他们认为，已经形成产品的技术是不能保密的，最好的保密办法'不是保持已成熟的技术不变，而是马上开发新技术，制成更新的产品。

在日本的大型企业中，大致有三种力量推动企业的产品和技术更新。一是在公司下属事业部中均有技术室，主要是从事生产设备和工艺过程改造的战术研究，技术室里多半是现场操作人员，二是公司直属或在技术开发本部之下设有若干研究所和研究中心，主要从事企业发展和技术改造战略研究，有专门的研究人员，他们与事业部的技术人员分工不同而又互相沟通，互相协作，人员可以互相流通，把技术发展中的自下而上与自上而下的两个方面的活动结合起来，三是企业职工的群众性技术革新活动。正是这三种力量上下结合推动着企业产品的质量、数量的提高和产品、技术的不断更新。

近年来我国的企业为推动企业的技术开发与改造，也开始建立了企业研究所，设置技术开发部、技术改造处，但它们今天究竟在企业中发挥了多大的作用呢？这是值得分析的。严格地说，我们的企业多数工程技术人员还只是为现行生产的工艺完善化服务的没有真正进行企业技术开发的研究机构和人员。但技术工作的任务还不饱满，出现了技术人员到外面去揽活干的现象，这种状况不能认为是正常的。再者，企业技术开发与改造的活力还必须来自群众。至于自下而上的群众性技术革新活动本来是我们创造的，过去夸大了它的作用，不尊重科学是其缺点。但现在却又不那么重视群众性的技术革新了。谈论技术改造，似乎就是上大的项目，对发动职工提合理化建议则淡化了，这也同样是不正常的现象。

技术不等于设备，企业的技术改造绝不仅仅是设备、工艺的改造，还应包括企业人员素质和企业本身素质的改造。后者既是前者的条件，又是技术改造的结果。

二、产品开发与技术开发应相互促进

在怎样进行技术改造的问题上，有关部门提出要"以产品为龙头"，带动技术改造，但是，必须明确，产品开发与技术开发、技术改造是不完全相同的。前者以产品品种增多——产品的研制为标志，或采取已有技术可能并不带动技术改造，或采用革新了的技术，这时产品开发才带动了技术改造，后者则以工艺和设备的完善化、效率的提高为标志，可能是用以生产已有产品，也可能用以生产新开发出来的产品。这样，产品开发与技术开发、技术改造就出现了两种结合形式一种是从产品开发着眼，使原有技术改造变得适应新产品生产的要求即通过产品开发带动技术开发和技术改造，二是通过技术开发、技术改造不仅完善已有产品，并有可能开发出新产品。

一般来说，企业的技术改造、技术开发首先从提高已有产品和新产品的质量和数量出发，这是正确的。但是如果把这一点绝对化，忽视技术的开发与改造可能带动新产品的开发，甚至当企业的某项技术已进步到可能生产另一种新产品，或附加一些条件就可能开发出新产品而不能意识到这种可能性，以至出于某种原因，限制将这种可能变为现实，把技术改造、技术开发同产品开发分割开来，这就不利于企业的发展了。

我国企业目前可能有四种情况：一是很少或基本不进行技术改造、当然也就没有产品开发，老规格的产品几十年一贯制地生产着，二是利用原有技术基础，或较少引入新技术，生产新产品，如军工企业生产民用产品，三是从提高原有产品的质量、数量或降低原有产品的成本出发，或者出于原有产品系列开发的要求，对已有的技术进行改造和完善，这可能是多数企业的情况，四是在技术改造、技术开发中既注意改善现有产品及其系列产品，又能把技术上的延伸转化为产品品种上的延伸，在技术进步的基础上实现产品品种的多样化。用日本人的话讲就是从技术的周边展开过渡到企业的周边展开，这在我国的企业中恐怕是极少数的情况。

在日本，上述第三、第四种情况是交互进行的。比如神户制钢是1905年建立的一个老企业，现在已经成为钢铁、焊接、工业机械、成套设备、铸锻钢、建筑机械、切削工具、钛、铜、铝制品的综合企业。它的成功经验是随着技术延伸，有了生产新产品的可能，就设法使之实现，即进行产品开发。企业由产品开发促进技术开发，技术开发和完善又促进了更新产品的开发，由此循环前进。这里实际上产品的开发既是"龙头"，又是"龙尾"，技术开发、技术改造则是属于中心地位，这才真正体现了以技术进步为中心推动企业发展的方针。只讲"龙头"，不讲"龙尾"恐怕也是一种片面性。

当然企业之间是应当有分工的，像神户制钢那样的复合经营可能并不完全适合于中国的国情。但企业的技术进步与产品更新终究有它内在的规律性，技术的水平提高了，产品水平就可能也应当要提高，品种也可能和应当要多样化，对此缺乏自觉性，将不利于企业的发展。有人可能以为这样会更加使企业"大而全"。实际上，以技术为中心发展起来的产品多样化，并不妨碍专业化，而是在专业化的基础上生产多种产品。像神户制钢那样也并不是靠一个大企业生产其多种产品的所有部件，许多部件是靠它的下属委托企业加工的，这些委托企业的专业化程度很高。因此，由企业独有技术发展起来的产品，不仅会加速技术成果的产品化，而且会增加企业的竞争力。必须认识到这也是企业的重要技术储备，遗憾的是在我们的企业中由于体制上的原因未能加以充分的利用。

三、新技术必须在原有技术基础上发展

技术改造总是在原有技术的基础上进行的，是用新技术包括新的设备、工艺改造原有技术。这一点与新建企业不尽相同，当然新建企业也要考虑与原有的技术基础相适应。因此，采用何种新技术改造何种原有的技术就成了技术改造项目选择中经常遇到的一个重要问题。这里的关键是要找到新技术与原有技术的"接合点"和实现"接合"。

有人也许以为现在日本的企业中恐怕只能看到用最现代化的技术进行生产了，难以找到原有技术的踪迹了。实际上并不是这样，比如，现代化的转炉炼钢技术已通常采用氧气顶吹或顶底复合吹炼，底吹转炉绝大部分已被淘汰，然而川崎制铁、千叶制铁所改造了吹氧风口，改进操作，不仅缩短了停炉时间，降低了耐火砖和其他修炉能耗，还开发了新钢种，所以至今仍然还靠两座底吹转炉炼钢，并因此而获得了日本技术改造奖——大月奖。

日本是从原有技术的基础上经过多年的改造，才有了现代化的技术与装备。至今仍存在着新老技术并存现象，正是这一过程的真实写照。

日本企业的管理者提出引进或新开发的技术与行业本来的技术有关易见效，无关不易成功，在原有技术基础上开发出来的新技术既有安全性，又能较易于得到实际应用。用日本人的话来说，新技术与原有技术要有接点。对于技术引进来说，所谓接点可以理解为引进的技术要与本国、本企业的原有技术能够结合，能在母体上生长，也可以理解为引进的技术要与本国的环境结合，能适应本国的土壤。新技术与原有技术没有接点，将使新技术逐渐失去作用，并被消融在传统技术的体系之中。就像在一个小县城里盖起一座高级大宾馆，表面上富丽堂皇，沙发、地毯、洗澡间应有尽有，与城市大宾馆不相上下，但其经营思想还是自然经济思想，服务人员没有交接制度，食堂里做土豆烧茄子连土豆皮都不削去，狭隘的农民意识和传统的经营方式融消了高级宾馆，使其无法发挥应有的作用。有的日本人说，中国的企业代表在技术谈判中，就是要买先进的设备且是越先进越好。他们对此提出，这是中国工程技术人员的虚荣心，领导者应该限制这种虚荣心，这里并不排除有些日本人确实拒绝出卖最 先进 的技术设备，但是另一方面我们是否可以思考一下，我们是否存在着不顾自己的家底情况盲目求新、求先进的情况呢？

知识分子是工人阶级中
有自己特点的部分*

为什么说我国知识分子是工人阶级的一部分

知识分子阶层的社会地位和作用较为复杂。不管是历史上的知识分子,还是当代大多数国家的知识分子,都有其特殊的两重性。一方面,他们是脑力劳动者、精神生产者和社会财富的创造者;另一方面,他们又为所处的时代和国家的统治阶级服务,并受社会上占统治地位的思想的支配。当然,在剥削阶级占统治地位的社会里,知识分子中有御用文人,也有贫苦书生,情况相差甚多。而本文所讨论的主要是就一般知识分子,特别是多数中高级知识分子而言的。

列宁在十月革命胜利后不久,就多数资产阶级专家还未转到无产阶级方面来的问题,曾论述了知识分子的这种两重性以及如何正确对待他们的政策。列宁说,苏维埃政权必须在政治上使专家们隔断与资产阶级的关系,精神上折服于无产阶级,并吸收他们参加社会主义建设,使他们具有比资本主义制度下更好的工作条件。列宁指出:"这些人习惯于文化工作,他们在资产阶级制度范围内推进了文化工作,就是说,他们使资产阶级获得了巨大的物质财富,使无产阶级所得微不足道。但他们毕竟推进了文化,这是他们的职业。"(《列宁选集》第3卷第786页)在列宁看来,正因为他们推进了文化,是文化工作者,因而有必要和可能使他们为社会主义建设服务;正因为他们是由资产阶级培养出来的知识分子阶层并曾为资产阶级服务,大多数浸透了资产阶级世界观,因而是资产阶级专家,并有必要在政治上和思想上帮助他们。

在旧中国,知识分子不多,中高级知识分子则更少。由于中国社会和中国革命的情况不同,解放初期知识分子也区别于俄国十月革命刚胜利时的资产阶级专家,中国的广大知识分子在解放初就是爱国的、拥护共产党领导的。然而,他们也难免具有即是文化工作者又曾为旧社会服务并受资产阶级思想体系支配的双重性。除了一些已投身于革命的知识分子外,他们或曾在官僚资本和民族资本的企

---

* 陈昌曙:光明日报,1990年9月21日。

业中从事工程技术管理工作,或在旧政府或旧政府允许的机构中从事政法、社会学研究和文化教育工作。这固然是受生活驱使,然而在他们中间许多人的心目中也认为应使资本家增加利润,应按旧政府法规办事,应是"万般皆下品,唯有读书高",应把美国视为救星,也就是说他们在为旧社会服务时有一定的自觉意识。在解放初期,一些人对何谓社会主义,为何要坚持社会主义和为人民服务,对于劳动和与劳动人民结合,则是不了解和不身体力行的,有的还有抵触情绪。

很可能是针对上述情况,毛泽东即论述了社会财富是工人、农民和劳动知识分子创造的,又谈到知识分子的资产阶级世界观。党的政策是既要团结广大知识分子为人民服务,又要教育、改造知识分子使之确立无产阶级的世界观。只要认真回顾多数知识分子在解放初的实际状况,就不难理解这个政策。

断言近代知识分子从来是并且只能是工人阶级的一部分,或只看到他们曾为资产阶级服务,而只是资产阶级的知识分子,都有片面性。对于后一方面,要看到为资产阶级服务和受资产阶级世界观支配是密切相关的。资本主义国家和旧中国的知识分子为旧社会服务,固然有受时代限制和一定的被迫性,但由于他们长期受到资产阶级教育,在收入和生活条件上较接近于社会上层或可能成为上层,以及由于文化知识的创造和传播有着明显的自觉性,因而许多知识分子不仅在事实上为资产阶级服务,还往往有着为资产阶级社会服务的自觉思想。在任何社会中,知识分子从来不是一个独立的阶级,而是从属于(或依附于)一定社会阶级的阶层。人们只能从事实上和思想上为谁服务来分析知识分子的属性。如果不在确定知识分子的属性上来考虑其世界观,认为这样就是按思想意识来划分阶级,那就无从区分资产阶级知识分子与无产阶级知识分子。

新中国成立后经过对生产资料所有制的社会主义改造,以及对群众进行社会主义教育,我国知识分子的状况的发生了很大的变化,新中国成立初期的种种问题也在根本上得到了解决,广大知识分子不仅在科技文化战线上辛勤劳动,而且自觉的为社会主义建设服务和接受共产党的领导,努力用马克思主义武装自己和指导行动,其中许多人经受了考验而成为共产主义战士。这时,知识分子才成为工人阶级的一部分,从根本上不在具有上述的两重性。

广大知识分子已是工人阶级的一部分,是社会主义建设中重要的依靠力量,那么,为什么在目前仍要提出党的知识分子政策呢?这时因为,除了知识分子有其特点外,很重要的一点是知识分子曾有着从两重个性到转化成为工人阶级一部分的过程。因为有这个过程,加之人们的认识往往落后于实际以及工作中的失误,我们曾对知识分子改造问题讲的多,而对他们创造和传播文化、知识的意义看得少,并且这种影响至今仍然存在。因此需要强调贯彻党的"尊重知识、尊重人才"的政策,努力为知识分子创造提供良好的工作条件和生活条件,要按工人阶级的自己人（一部分）来看待和对待知识分子。

二、知识分子是工人阶级中有自己特点的部分

在强调知识分子是工人阶级的一部分的时候，必须同时看到知识分子在工作目标、劳动方式、成果价值判断、生活要求等方面虽与产业工人有着共同之处，但又有较明显的差异。不重视这种差异，就无法充分发挥知识分子的作用。知识分子与体力劳动者、物质生产者相比，主要有以下几点值得注意：

知识分子主要从事脑力劳动和精神生产，他们为人类创造、传播文化知识和思想观念。比如，科学技术工作者是探索、研究未知的领域，而不是按已有的规范和程序提供已充分预计到的产品。因此，知识分子的工作比产业工人有更多的不确定性、意外性以及曲折和挫折。我们知道，通常人们可以生产别人已经生产过的物质产品，在一定范围内，重复生产的东西仍有一样的价值；但在科学技术研究上，却不能去发明别人已经发明过的原理和器物。

在现代科学技术活动中，知识分子的探索与创造，虽然要依靠社会的协作和一定范围的共同劳动。但科学活动中知识工作者的独立钻研、独立思考、独立判断仍然是非常重要的，他们的工作有着明显的个人独创性。在物质产品上通常不刻上生产者的姓名，不打上个人标记。在知识产品上则往往要在学说、原理、定律和其他发明上打上个人标记，或以某人来命名某一单位、论著要表明作者（还要表明第一作者）、主编，文艺作品要注明编剧、导演、演员。工程要有总设计师、总工程师，等等，诸如此类都不仅仅是为了明确职责。

知识分子的探索与创造，要受社会的制约，不可能超越时代的人力、物力、财力和思想文化条件的限制。但是，知识分子的工作又有着相对自由的特点。人们可以强制或硬性规定某人去完成一项体力活动，但不可能强制或硬性规定某人必须发现新的原理或发明新的工艺。因此，为了有利于充分发挥知识分子的作用，必须制定和符合工人阶级这一特殊部分特点的指导思想、方针和政策。我们党历来提倡在文化艺术和科学研究中，要"百花齐放、百家争鸣"，反对用强制的办法去解决思想问题、是非问题，既以正确的世界观为指导，又要勇于探索、勇于创新。既主张组织协作和联合攻关，又倡导给有突出贡献的知识分子授予自然科学奖、技术发明奖、技术进步奖和文化教育奖。对某些探索性强、需要个人独创性更突出的部门或场合，也并不一律地、绝对地要求按工厂式制度安排活动。在我国实行的总工程师负责制、主编负责制，在高校和研究院所充分尊重教授、研究员的意见，乃至在住房标准、书报补贴上，都体现着党的知识分子政策。

列宁在批评所谓"思想自由"时，曾指出："无可争论，文学事业最不可能

作机械的平均、划一、少数服从多数。无可争论,在这个事业中,绝对必须保证有个人创造性和个人爱好的广阔天地,有思想和幻想、形式和内容的广阔天地。这一切都是无可争论的,可是这一切只证明,无产阶级的党的视野的文学部分,不可能同无产阶级的党的事业的其他部分刻板地等同起来。"(《列宁选集》第一卷第648页)精神生产的其他领域,也与文学活动有许多相似的地方。因此,在确认知识分子是工人阶级的特殊部分的同时,应进一步完善知识分子政策。

三、知识分子应注意克服自己的弱点,取长补短

知识分子是工人阶级的特殊部分,还包含着另一方面的意义。这就是帮助知识分子克服自身弱点和推动他们思想和工作进步的特殊性。在这方面,既不能夸大知识分子的弱点和用简单化态度对待他们,又不应讳言知识分子已经是工人阶级的一部分,就不存在弱点和问题的看法,是不符合实际的。如果认为知识分子是工人阶级中的一部分甚至是最高明的部分,不讲弱点和问题,党的知识分子政策似乎不再有必要的看法,则更是错误的。

应当肯定,当前我国绝大部分知识分子存在的弱点和问题,在根本上不是由非无产阶级的阶级根源决定的,更不是指他们还是资产阶级知识分子或仍带着资产阶级知识分子的尾巴。同时,我们也不是在人无完人这个最一般意义上谈论知识分子有缺点。这里主要指的是,知识分子作为脑力劳动者、精神生产者所特有的弱点和矛盾。当然,知识分子也会受到国内外资产阶级思想的影响,或对某些错误观点分辨不清、抵制不力。这点也是与知识分子的特点密切相关的。或者说,如果对知识分子的劳动特点缺乏自觉认识,往往就不能克服资产阶级世界观的影响,甚至自发的倾向于资产阶级世界观。

知识分子的劳动有明显的创造性特点,不满足于重复已有的东西。在科学技术、文化艺术活动中刻意求新、"标新立异"、推陈出新是非常必要的。知识分子对新事物、新观点、新方法敏感,是他们的长处。但是,他们可能对某些传统的东西重视不足,而欠分析地赞赏一切新思想、新体系,乃至把冒充新事物的陈词滥调尊崇为最高明的见解。在极少数所谓"精英"那里,更是把传统的东西否定的越多,就越被认为是"英雄好汉"。实际上,闻所未闻的新思维未见得都正确。只靠传统和抛弃传统都不会有所创造的,还应是知识分子注意的问题。

知识分子劳动的价值、生活的价值,主要不在于直接提供了多少优质的实物产品,而是他们提出的概念、原理、学说、方案、计划得到社会的承认。因此,有见解、有思想对知识分子来说十分重要。要知识分子放弃自己的见解,接受和服从他人的观点,常常会碰到困难。相反,他们说服别人接受自己的见解、思

想，则会带来满足和愉快，这种情况也是知识分子的思想，要求别人一定要承认自己，而不愿意或不乐于接受和服从他人的意见，以追求真理和思想上的自由为由而不要组织纪律的约束。某些人在思想上受"天赋人权"、"自我实现"观念影响，只要自由不讲服从，只要民主不要法制，与他们自身的弱点也是分不开的。我们固然不能提倡盲目服从，但知识分子也需要注意对思想自由的片面化认识，要加强组织纪律修养，善于倾听组织上和其他同志的意见。

知识分子的劳动往往要刻上个人的标记，企图取消达尔文学说、欧姆定律的人物命名。都用"群言"、"众说"来发表论著，是愚蠢的。但既然要打上个人标记，就有如何打、怎样对待的问题。如果对精神生产中的个人独创缺乏正确的认识，就有可能不适当地估计个人的作用。在工作中不大愿意与他人协作或难以把协作坚持下去，就会出现一个人本事很大而合力很小的状况。把打上个人标记放到过高的位置，就有可能导致学风不正，贬低他人，乃至为了自己的个人标记和利益侵占他人成果的情况。这方面的教训还是很多的。

知识分子式脑力劳动者，他们重视对理论观点的探讨，经常阅读各种文献资料，从原理和逻辑上思考问题，注意概念和准确性，这也是他们的特点。但是，如果不正确地夸大这一特点，就可能坐而论道多，不重视社会实践，脱离实际，甚至崇尚空谈。一些人认为书本知识特别是外国论著才真有水平，或喜爱构思包医百病的药方，从抽象的概念出发进行批评指责和提出战略方案，而不是认真地、具体地了解中国社会的历史实际和现实状况，难免会陷入生硬套或空想主义。知识分子在研究中应特别注意理论与实践的统一、逻辑与历史的统一问题。

知识分子作为工人阶级的特殊部分，有着一些现实的特殊问题。这就要求我们既要尊重知识、尊重人才，又要重视知识分子的思想和工作特点，而不应停留在知识分子已是工人阶级的一部分这个总的提法上。每一位知识分子也应发挥自己的长处，克服弱点，不能满足于自己已是工人阶级的一部分。知识分子作为工人阶级的一部分应与工人阶级的其他部分和人民群众密切联系，应以中心爱护、诚恳尊重的态度对待本阶级的先锋队——共产党，当然包括对党的工作、党的干部提出善意的、建设性的意见和批评。同时，也要像江泽民同志在国庆四十周年讲话中诚恳希望的那样，要"认真学习马列主义、毛泽东思想，坚持同社会实践相结合，同工人、农民相结合，不断从人民的历史创造活动中汲取营养，在祖国社会主义建设中充分发挥自己的聪明才智"。

对资本主义制度下科学技术发展的一点认识[*]

本世纪以来,若干资本主义国家的科学技术有了高度的发展,在科学技术的总体水平特别是新兴技术上,它们比当前的社会主义国家占优势,这是事实。

对于现代资本主义制度下科学技术的高度发展可以作各种解释,有一种解释看来是言之成理的:

1. 理论前提——只有现今的社会制度和出于上升地位的阶级才能促进生产力和科学技术的发展;

2. 事实——科学技术在现代资本主义条件下取得了巨大进步;

3. 结论——现代资本主义仍是现今的,现代资产阶级仍是出于上升地位的社会力量。

这种解释似乎使唯一合乎实际和逻辑的,需要认真对待和深入研究。这里或许还有许多值得考虑的问题,例如:生产力和科学技术的发展是否唯一的由社会制度决定;如何理解生产力是最革命、最活跃的因素;科学技术是否有其自身积累、不断发展的相对独立性;现代资本主义条件下生产力和科学技术的发展是否还有受阻碍的方面;现代资产阶级利用科学技术的社会目的何在,等等。总之,事情不像上述的三段式那么简单。

在这篇短文中不可能逐一讨论这些问题,只想就社会制度演化与科学技术大战的关系谈一点认识——社会制度的兴衰与科学技术的发展完全不同步,他们之间有一定的时间差或"相位差"。

从表面上看,矛盾好像是我们自己造成的,我们说资本主义制度从本世纪以来开始走下坡路(尽管承认它还没有完全失去生命力),我们又说资本主义国家(不是全部,而是若干)的经济和科学技术在20世纪以来有了明显增长和巨大进步。在同一时期里(20世纪以来)制度下坡,经济和科技上坡,岂不自找困惑,令人费解?

这个"矛盾"很可能不是那么奇怪的,社会制度的上坡、下坡,与科学技术

---

[*] 陈昌曙:辽宁日报,1990年9月27日。

的上坡、下坡，虽然有密切联系，但并非简单的——对应：制度上坡同时必然有经济和科技的盛世，制度下坡同时必然伴随经济和科技低下；经济和科技发达必然是制度兴旺，而经济和科技水平不高必然同时是制度衰落。

在历史上就不乏制度下坡或面临下坡，而科学技术却达到高峰的先例（甚至可以说是通例）。在古代，曾有科学技术高度发展的奴隶制国家，如古希腊，它的科学技术最兴盛阶段乃是奴隶制度开始走下坡路的时候。大约在公元前20至15世纪出现希腊的奴隶制，至公元前8世纪形成奴隶社会。就人类历史发展看，奴隶制的产生是一个进步。到公元前5世纪，古希腊经济发展处于极盛时期，公元前4世纪古希腊奴隶制日趋衰落，至公元前2世纪灭亡。古希腊科学文化取得辉煌成就的时候却不是在奴隶制兴起的最初一千年，而恰恰是在此之后，古希腊最著名的学者生活的年代就表明了这点。亚里士多德（公元前384～前322年）、欧几里得（公元前4～前3世纪之交）、阿基米德（公元前287～前212年）、阿里斯塔克（公元前3世纪等是他们的代表）。

也曾有科学技术高度发展的封建制国家，如古代中国，它的科学技术最兴盛阶段乃是封建制度开始走下坡路的时候。中国在秦朝之前一出现了封建制，到秦代形成封建社会。经历汉、晋、隋到唐代经济发展处于极盛时期，但古代中国科学技术成果最辉煌的时候，却是在封建社会开始趋向衰落的宋代（唐代科技成果不少，但不及宋代）。在宋代完成了具有实际意义的指南针、印刷术、火药的三大发明，在数学上宋代被称为数学家的时代（如秦九昭、李冶、杨辉、朱世杰），还出现了中国科学史上最杰出的代表人物沈括，他完成了被称为"中国科学史上的坐标"的百科全书式著作《梦溪笔谈》。至于李时珍、徐光启、徐霞客和宋应星等杰出科学家《天工开物》、《农政全书》和《本草纲目》等巨著。则出现在封建制度已走向衰落的明代。

资本主义制度在15、16实际萌发，形成于17、18世纪，在19、20世纪有了经济上的迅速增长，在本世纪高度发达，科学技术成果辉煌，至少不是什么稀奇古怪的事情。当然，描述不等于分析，事实还不是论证。科学技术的兴盛滞后于某种社会制度的确立，二者之间有"相位差"，需要说明，也不难说明。一个国家的政权或制度的更迭，包括改换国旗或国名，可能在短时间里完成，但经济和技术的发展却必须有世代的积累，很难出现"一天等于二十年"的奇迹。在一个新制度刚开始建立的时候，这个制度及与之相关的社会阶级，迫切要求生产力和科学技术的进步。在那时，生产力和科学技术摆脱了旧制度的束缚，也可能有迅速的提高，有较快的发展速度。然而，任何制度在刚开始建立时的生产力和科学技术基础又总是相对薄弱的，尽管发展速度快，发展水平却不够高。新制度、新的生产关系建立后，只有经过相当时间，生产力和经济的积累才会达到较高水平和繁荣阶段，进而为科学技术和文化的昌盛打下基础。

概言之，下述两个观点都是正确的：第一、先进的社会制度会促进生产力和科学技术的发展；第二、任何社会制度下生产力和科学技术的发展都需要一个积累的过程。在一个制度建立的前期或制度趋于下坡的阶段，生产力和科学技术发展的速度减小，但达到的水平更高，"相位差"就很自然了。一个社会有这种情况，一个人也有类似情况。人的知识、智力增长的加速度减小，而水平则较高。

正因为这样，就不能简单地用科学技术水平高低来断定当时的社会制度的优劣。制度优未必同时科技高，制度劣未必同时科技低，同样，科技高未必同时制度优，科技低未必同时制度劣。如果不是这样看问题，不承认有"相位差"，就会认为亚历山大帝国瓦解时的希腊奴隶制更有朝气，明代中国的封建阶级处于上升时期。

人们或许会问：如果制度优劣同科技水平高低不对应，岂不就失去了判别制度好坏的尺度了吗？这种担心是不需要的，一种制度（包括资本主义制度和社会主义制度）是否处于新兴或上升阶段，是否有优越性和进步性，要看它能否给生产力和科学技术发展开辟广阔的道路和前景，能否推动生产力和科学技术以更快的速度提高，也就是说，不是只从静态、而是要从历史演化的过程具体地分析社会制度与科技进步的关系。而且，制度的优劣不仅涉及科技进步速度的快慢，还要涉及社会集团财产和财富分配，人们的社会政治地位，国际交往的性质和内容，失业、犯罪、吸毒的状况，人们的平均寿命、文化教育等内容。

这篇短文只想说明一点：科学技术的繁荣滞后于社会制度的建立，不能只从科学技术水平某时有了高度发展，就断言那时的社会制度高度先进。至于现代资本主义在今天是否已有许多论著作了详尽的分析。

社会主义制度的建立与科学技术的发展，也有其"相位差"。社会主义需要科学技术，科学技术在社会主义条件下是为人民服务的，社会主义制度的建立为科学技术蓬勃发展提供了广阔天地，推动科学技术以前所未有的速度前进，不断取得新的成就。然而，这一切并不等于说社会主义制度一建立就有高水平的生产力和科学技术，就会在生产力和科学技术水平上比资本主义占有实际优势。相反，社会主义制度刚建立时，只能有相对较低的生产力和科技水平。这里讲的"相对较低"，一是指相对于社会主义以后的发展来说较低，例如与未来的2049年相比，我国在1949年的生产力和科技水平必然是较低的；二是指相对于若干资本主义国家来说较低，由于社会主义首先在经济较落后的国家取得胜利，这种差距也有必然性。

刚开始建立和建立不久的社会主义国家在经济和科技的水平上不占优势，可能使某些人基于赶超，也可能在赶超不及或发生失误时一起疑虑，而在经济和科技实力上还未占优势的社会主义国家还有被"优势国家"颠覆和演变的危险,这一切都值得警惕。

但是,社会主义制度的建立有历史必然性,这种新制度具有其历史的优越性,只要我们努力奋斗,经历想当一个阶段,必然会在生产力和科学技术上达到高度的发展,从社会主义的初级阶段过渡到更高度的发展,直到过渡到更加优越的社会制度——共产主义。科学技术的繁荣也会滞后于社会主义制度的建立,我国的科学技术正在迅速发展,已取得了许多成就,举世瞩目,我们还将迎接科学技术高度繁荣的明天,这是历史发展的必然。

关于振兴辽宁的几个认识问题[*]

辽宁的振兴主要是实践问题。实现技术改造需要筹措资金，但也涉及诸多理论性的、战略思想的问题。大体有十个值得深入研究的问题。我们在这些问题上的基本观点是辽宁的振兴必须实行产品经营战略。

一、老工业基地的衰退是否不可避免

我们认为，老工业基地的衰退有其必然性，这是由技术和经济发展不平衡的规律决定的。资格最老的工业地区英国衰退了，现代美国的匹兹堡地区、德国的鲁尔地区、法国的洛林地区都经历了衰退。

老工业基地的衰退有其必然性，我们必须正视这一点，也只能正视它，不能抛开技术和经济发展的不平衡去想问题，为当不成"永久冠军"而抱怨。同时，地区经济的发展并不是受唯一必然性支配的；而且，人们可以认识必然性，从而创造条件走出困境。实践表明，德国的鲁尔、法国的洛林已逐步摆脱衰退而走向振兴。

结合辽宁的情况来研究历史的经验，认识某种必然性决不意味着无所作为。

二、辽宁这个老工业基地的位次后移或面临衰退是否有
　　特殊的必然性，振兴辽宁的特殊困难是什么

辽宁有老工业基地的共性，在国内，它与上海有相似之处，又在历史基础、振兴前景上区别于上海。认真研究辽宁的特殊性，特别是历史传统上的特点，并有针对性地采取对策，对振兴辽宁至关重要。

辽宁解放前有相当的工业基础，解放后对国家作出了重大贡献，然而，它们的经济风土和企业性格却与上海等地有原则性的不同。在解放前，辽宁就缺乏产

---

[*] 陈昌曙，远德玉：咨询文摘，1990年10月19日，中共辽宁省委办公厅。

品经营传统，基本上是统制经济，是帝国主义强迫推行的集中产销，解放后长时期的统购包销，有形式上的某种延续性，掩盖了历史上缺乏产品经营的传统。上海及南方的一些地区（乃至四川、山东），在解放前有相对发达的产品经营，较为重视竞争、重视质量、重视服务，解放后的统购包销则压抑了较为重视产品经营的历史传统。

无论是掩盖，还是压抑，在统购包销下，辽宁和上海的经济都表现为缺乏活力。然而，一个掩盖，一个压抑，在改革开放的情况下则日益显示出它们的分野。被压抑着的产品经营传统逐步发挥出来，一些原来工业基础不足的地方（如江苏、广东的一些城市），既有利用新技术的优势，又更倾向于注重产品质量，更善于经营，经济地位上升。即或是南方的老工业基地上海，亦因有产品经营的历史传统而较快振兴。与之对照，被掩盖的缺乏产品经营的传统也日益"发挥"（暴露）出来，辽宁在产品质量、经营（经营首先是注重质量）和服务等方面不断拉大与南方地区的差距，也不及上海，位次后移。

不能离开历史过程来看现实差距，这对认识省情极为重要。可以说，什么时候辽宁的缺乏产品经营的传统有了根本性改变，什么时候才有辽宁的振兴和腾飞；必须充分认识这一点，并采取系统措施在辽宁人中增强竞争意识，质量意识和服务意识。

三、调整产业结构会在多大程度上使辽宁摆脱困境

辽宁的产业结构需要调整，调整产业结构是振兴辽宁的一个根本途径。但是，至少在三五年内，或许更长时间内，产业结构的调整不可能成为辽宁振兴的主要出路。

产业结构的调整需要巨额资金，从整个国家的要求和布局出发，辽宁现今的骨干产业仍然是很需要的，不允许也不应该作根本性的调整。辽宁与德国的鲁尔地区或法国的洛林地区不同，它是整个社会主义计划经济大系统中的一个子系统，我们必须也只能从大系统的结构来想问题、想主意。

值得认真研究的一点是：在近十年中辽宁的产业结构已有了较大的改变，但为什么并未起到明显作用。这也与缺乏产品经营传统密切相关，或者说，不把产品经营抓好，产业结构的调整并不能奏效。辽宁有设备不错和规模不小的轻工业，但辽宁的手表、自行车和家用电器等总的来说质量不属上乘，市场占有率不高。总之，没有产品经营意识，任何产业结构都无济于经济振兴。

四、高技术产业化在振兴辽宁中能起多大作用

发展高技术并努力使之产业化,对振兴辽宁有重要意义。但至少在五年内,高技术产业化在辽宁经济发展中只能居较次要的地位,不能主要靠它来实现经济腾飞。在辽宁目前的经济发展中,高技术产业的产值不高,到1995年,按最乐观的估计也难以达到10%。考虑辽宁的经济振兴,不能把主要之点放在不足10%的方面(尽管必须认真抓),而要以更多的力量去搞好占到90%以上的方面。

高技术产业的发展同样有产品经营的问题,而且很大程度上取决于辽宁整个产业(包括传统产业)的产品经营。辽宁有可能做出一台较先进的机器人并通过鉴定,而有批量的生产十台、几十台高质量机器人则相当难。

五、用高新技术武装传统工业能在何种程度上成为技术改造的指导方针

技术改造不仅有技术内容,首先是要使企业真正转到产品经营上来。从技术上说,要搞好技术改造,有必要积极利用高新技术成果,以及实行技术引进。但技术改造的内容(不是讲目标)需要讲两句话:一是要更新各个产业的基础技术,使产业基础技术不断完善化;二是要利用高新技术,使产业基础技术得以现代化。更新产业基础技术与利用高新技术不是一回事,前者是后者的基础。只讲利用高新技术,少讲或不讲完善产业基础技术,不利于技术改造的顺利开展,使技术改造走偏方向。

辽宁已有规模甚大、资格较老的基础产业,这些产业的基础技术比世界先进水平大约落后20~30年。对许多企业来说,最突出的是要使自己的技术达到70年代的世界水平,再进一步有所提高;在这个过程中当然可以利用80年代末或90年代初的最新技术和高技术,但主要的是努力用较早已成熟的技术来更新现在的产业基础技术,例如在炼钢中发展转炉和连铸,在机械加工中发展箱形机床、高速切削和精密铸造等。传统产业的基础技术的完善化,是高新技术得以进入传统产业并使传统产业技术现代化的重要前提。用计算机控制平炉炼钢是没有多大意义的,计算机本身又不会炼钢。

六、科技兴农与科技兴工相比有什么区别,辽宁在科技兴工上能有多大作为

无论是科技兴农还是科技兴工,在原则上都是必要的,但是,一个产业与科学技术的关系并不是抽象的、始终如一的。从历史和现实情况看,可否大致分为三个阶段。在自然经济时期,农业和手工业主是生产型的(缺乏经营,也缺乏科学技术);在资本主义前期,工业和农业主要是生产经营型的(有产品经营,技术上变化不甚大);在现代条件下,工农业是生产经营和技术开发型的(技术逐步明显)。

相对来说,辽宁的科技兴农有更大的现实性,这主要是因为农村经济已基本上从生产型过渡到生产经营型,有了科技兴农的较好基础;而且,科技兴农所需的投入相对较少。

工业企业的发展大体上也要经历上述阶段。辽宁的一些企业已基本上实现了从生产型到生产经营型的过渡,正向着生产经营和技术开发型方向发展(如少数科技先导型企业)。但辽宁的相当一部分企业还没有成为名副其实的生产经营型企业,技术开发的基础、动力不足,知识科技兴工对这些企业的实际行为影响不大。再者,科技兴工需要较多的投入,否则提法仅仅是提法。

七、"科技兴辽"能否以及如何成为有现实力量的战略决策

振兴辽宁当然要依靠科学技术,但把科技兴辽作为领导机构的突出战略决策(以及"科技进步年")不仅要考虑它的必要性,而且要估计到它的可操作性、现实性和可检验性,特别是提科技兴辽应与不提科技兴辽应有较明显的实际区别。

辽宁的振兴必须依靠科学技术(这与科技兴辽不尽相同),但不应对科学技术提出过高要求。真正要把科学技术放在首位,一是要有产品经营为基础,二是要给科技以较多投入。科学技术是第一生产力,科学技术是第一生产力,科学技术也第一需要生产力。

科技兴辽,有科技立省的意思,使人想到日本的科技立国。但日本在战后较长时间并未提科技立国,而是在教育立国、贸易立国(实际上是产品经营,而且是面向世界市场的经营),只是到了80年代才提出技术立国。日本为什么如此,值得研究、借鉴。

八、科技工作的重点究竟是什么，科技成果产业化在辽宁应占何地位

辽宁的科技工作，既要鼓励作出开创性的发明和重大的研究开发，也要不断完善产业技术，包括鼓励企业技术革新和使科技成果产业化（这里泛指各种科技成果而不是专指高技术成果），我们认为重点是后者。

辽宁的科技力量不少，科技水平也不低，不乏"专利技术"、"论文技术"、"鉴定技术"和"获奖技术"（在这些方面居国内首列），但如何使潜在技术转化为现实技术，转化为高质量的产品，则很不够。科学技术是第一生产力，但科学技术并不能自动地进入经济，不会自然而然地成为生产力。科学技术也需要经营，要使技术、产品市场和经营投入结合起来，要有足以促进科技成果产业化的政策、措施和组织。在当前的辽宁，酒精主要是科技成果太少，还主要是科技成果（包括高技术成果）没有转化为企业技术，很值得研究。

九、应形成怎样的企业集团，怎样促成企业集团的形成

搞好产品经营和振兴辽宁必须有经济体制的改革，包括劳动结构、企业结构、产业结构以及政府职能结构的调整，其中，企业集团的形成对经济发展有重要意义。

实践表明，企业集团至少有两种形式：一种是把几个企业合起来统一指挥，例如把三个机床厂合并为一个机床公司，下设三个分厂；另一种是形成有专业化分工（首先是分工）和协作的企业联合。前者可以是类似产品企业的兄弟联合，如组成洗衣机企业集团、电视机企业集团、风机集团。后者通过是不同产品企业的主从联合，类似于日本的大公司与其委托企业（中小企业）的关系。

我们可以主要靠行政手段使一些类似产品企业合并；在需要这样做时态度要坚决，但只注意企业之间的兄弟联合（合一）是不够的。企业之间专业化分工协作的集团更符合技术和经济发展的规律，而要形成这种有主导与服从关系的企业联合，主要靠的是产品经营的完善，当然也要有行政调控。

辽宁的企业和产业众多，配套能力很强，居各省之首，但却未真正配套，未在产品质量、经营和创利上真正发挥优势，很值得研究，汽车是需要许多企业专业化分工协作来生产的，辽宁本有可能靠自己的配套生产出高质量低成本的汽车，但并为做到。

十、辽宁的振兴能否跳跃式实现

辽宁的振兴可以有两种考虑，一种是要迎头赶超，"起点要高，步子要大，速度要快"，另一种是不断完善、积累，逐步提高。我们认为，辽宁的振兴只能是渐进式的，而不能是跳跃式的。

振兴辽宁必须有紧迫感，只争朝夕，但技术（特别是生产技术）和经济（生产力）通常只能积累式发展，不可能会出现社会制度变革那种一天等于二十年的局面。从现实情况看，辽宁的振兴不可能在三五年内办到或大见成效，即使位次再有后移，也不能急于求成。

振兴辽宁的紧迫感，应当主要表现在切实抓紧产品经营上，抓紧不断提高产品质量，抓紧逐步增加经济效益和资金积累，抓紧日益完善产业基础技术。渐进、积累，积以时日，可望振兴和腾飞。

# 老工业基地的发展与辽宁的振兴*

辽宁的经济特别是工业发展的速度和水平曾多年居全国领先地位，但近几年来却相对落后，与一些兄弟省市相比位次后移或有后移趋势。有人认为辽宁作为老工业基地正面临衰退或已在衰退，必须大力调整产业结构，开展技术改造，振兴辽宁。我们对此也提出一些看法，提供讨论、参考。

一、老工业基地的衰退

世界上有一批老资格的工业地区，如英国、德国的鲁尔地区、法国的洛林地区、美国的匹兹堡，都曾有经济上兴旺发达的一页，又都曾经历过经济衰退，发展滞缓，位次后移。如果说辽宁面临或正在衰退的话，它与上述诸地区的衰退是根本不同的，但是也有某些共性，这是首先要辩论清楚和不容回避的。

老工业基地的衰退有多方面的原因，其中固定资产和科技优势的转移，是造成经济发展不平衡的一个重要的有普遍性的因素。在老工业基地曾有过的辉煌年代中，都曾利用当时较先进的科技成果，拥有当时较先进的设备和工艺，生产出高市场占有率的产品。鲁尔的钢铁和煤炭开采企业，洛林的纺织和冶金企业，在技术和经济上都曾称雄于世。然而，由于不断积累形成的庞大的固定资产却不是可以轻易更新的，加之资本家在投资于新产业更有利可图时也不愿意做略微的更新，或不乐于投资于难以短期见效的更新，因而，在科学技术不断进步的过程中，鲁尔、洛林的许多企业都普遍存在机器设备陈旧、工艺落后和劳动生产率低下的问题。与之对照，一些后发展的工业地区，由于新兴企业没有即成的庞大固定资产的负担，它们在开始创业时就可能利用更为先进的科技成果，采用更为先进的设备和工艺，生产更为价廉、更高质量和更新品种的产品，从而使老基地老企业失去销售优势。新兴的钢铁企业可以直接采用吹氧转炉和连铸，而无需考虑淘汰平炉和锭铸等问题。新兴的工业地区可以依托于已有的传统工业，专注于发展更有潜力的电子、化纤等新产业。老工业基地有巨大的固定资产是一笔财富，

---

* 陈昌曙，远德玉：中国工程师，1991，2。

而更新这些固定资产又是一个沉重的负担，新工业地区没有这种负担。

地区经济发展的不平衡也与企业结构有关。任何一个产业部门和工业地区，都是从相对较小规模的企业起步的，经过一段时间才逐步形成一批大中企业。大企业有规模经济效益可保持其经济优势，控制乃至吃掉中小企业，但大企业在固定资产更新和利用新技术成果上又相对不够灵活。新兴地区的中小企业缺乏规模经济效益，却有灵活运用新技术成果，转换工艺和产品的优势，而且还有经营商的灵活性。

工业的发展与资源密切相关。老工业基地在发展中还会遇到资源开发难度加大乃至某些资源面临枯竭的特殊问题。

可见，由于地区经济发展不平衡，老工业基地的衰退是有必然性的。在若干方面，辽宁为老工业基地也难以避免衰退的危险。在我国各省市中，极少有辽宁这样面对极为艰巨的技术改造任务，正说明巨大而陈旧的固定资产既是财富又是负担。

二、辽宁的特殊性

辽宁作为老工业基地的特点，至少要从三种比较中去分析：一是与国外老工业基地对照，二是与国内新兴工业地区（如江苏、广东、山东等）对比，三是与国内其他老工业基地（如上海）比较。而后两种比照分析，会更有助于具体把握辽宁的省情特点。

辽宁同国内新兴工业地区相比，在自然资源、工业基础、科技力量等方面有优势，辽宁生产的大部分产品特别是原材料对其他地区至关重要；而且，辽宁的产品大都是以国家计划价格供应外省，以这种价格计算产值来同某些省市（其产品大都按市场调节计价）相比，未必能充分反映辽宁的经济实力地位；再者，我国近十年来有突出进步的新兴地区大都地处沿海，在与国外和港台地区的交往上（包括投资、技术引进、合作经营及人才流动等），它们有很大的优势，辽宁无法比拟，而这点并不完全取决于辽宁的工作。但辽宁在近10年来的发展与新兴地区相比又确有差距。我们认为，这种差距主要地还不能从工农业总产值的增长速度或总产值的位次去看，而要看辽宁主要产品的国内市场占有率的变化，看辽宁产品的水平和质量与外省市相比的位次变化。从一定意义上说，产品的水平和质量决定市场占有率（还要包括国际市场），市场占有率决定有效总产值。

辽宁的一批主要产品特别是机械类产品在近十年中的确出现了水平相对下降（我们也在进步，但别人进步更快），质量相对不高，因为市场占有率降低的情况。这可能是振兴辽宁要解决的最主要的问题。

为什么辽宁的一批产品的水平相对下降？固定资产缺乏更新，设备和工艺落后，是重要原因。我们认为，辽宁缺乏产品经营传统，对产品经营重视不够（不单是少数几个人重视不够），乃是更深刻的原因。辽宁是我国第一台自制电冰箱诞生地，生产手表、自行车的资历并不短，但这些产品没搞上去；与南方相比，辽宁并不缺乏大豆、木材、面粉，但豆制品、家具和面粉制成品（如饼干、挂面）则多是质次价高、粗放经营，罕见精益求精，其市场多被南方商品占领。

克服产品经营上的差距对辽宁极为重要，也相当困难。与江浙广东等新兴地区相比，辽宁好像有另一种经济风土和企业性格，而这种差距不是在十年八载之内才开始形成的。在解放前，辽宁就缺乏产品经营传统，基本上是统制经济，是帝国主义强迫推行的集中产销，无需中国人经营。新中国成立后长时期的统购包销，从表现形式上看，地方和企业也很少需要经营，历史上缺乏经营的传统又延续下来，或掩盖了缺乏产品产品经营的历史传统。

无论是掩盖，还是压抑，在统购包销长期占绝对地位的情况下，辽宁和南方沿海省市的经济都表现为缺乏活力。然而，一个掩盖，一个压抑，在改革开放的情况下则日益显现出它们的分野。被压抑着的产品经营传统逐步发挥出来，一些原来工业基础不及辽宁的地方，既有利用新技术成果的优势，有更倾向于重视市场，注重创新，注重产品质量，更善于经营和服务（经营首先是注重产品的品种和质量，提高产品的市场占有率），其经济地位日趋上升。与之对照，在近10年来，辽宁的被掩盖着的缺乏产品经营的传统也日益暴露出来，在产品水平、质量、服务等经营商日渐拉大与南方一些省市的差距，位次后移。

辽宁与上海的比较，同样值得重视。二者在都是老工业基地这点上有不上相似点，当然还有许多不同。其中很重要的一点是上海在我国最富有产品经营传统，因而上海在遇到的困难的大小和性质上，尤其是在经济振兴的条件和前景上，与辽宁有较大区别。振兴上海这个老工业基地的任务亦颇艰巨，振兴辽宁这个老工业基地大概要艰巨得多。

要正视差距，而且不能离开历史过程来看现实差距，这对认识省情极为重要。可以说，什么时候辽宁的缺乏产品经营的传统有了根本性改变，什么时候才有辽宁的振兴和腾飞。充分认识这点，采取系统措施在辽宁人中增强经营意识，增强市场意识、竞争意识、质量意识和服务意识，是有战略意义的。

三、辽宁的振兴

辽宁的振兴要有针对性，要有综合治理，要抓住最关键的问题。

调整产业结构对振兴辽宁是非常必要的，近10年来辽宁产业结构"过重的缺陷"已有改观，今后还要优化结构，努力发展轻型的、新兴的产业。振兴辽宁要调整产业结构,这是重要的一条。然而,在考虑辽宁的产业结构时又必须注意到,辽宁的大部分产品仍然是国家急需的,某些机电产品的市场占有率下降只表明需要有高水平产品。辽宁无需像鲁尔、洛林那样压缩并转钢铁、煤炭行业,从整个国家的要求和布局出发也不允许辽宁对已有骨干产业作根本性的调整。因此,不能把产业结构调整放在过于突出地位。再者,轻型、新兴产业更需要经营,不把产品经营抓好,产业结构的改变难以奏效。

努力发展高技术并使之产业化,对振兴辽宁有重要意义。从长远的观点看,辽宁必须使高技术产业及其产值不断增加,这件事必须认真抓好。但至少在三五年内,辽宁的高技术产业产值充其量只能达到总产值的10%(在认真抓的前提下),辽宁的振兴仍要把更多的精力放在占90%以上产值的产业上。

大力开展技术改造(我们也可以把它叫做"再工业化")是振兴辽宁的关键。这是一个值得大做文章的题目。我们对此认为:

一是企业的技术改造不仅是设备更新和工艺革新,而且还是企业素质的改变,从不大会和不认真搞经营到"切实抓"和"善于搞"经营。这种改变需要做许多事,例如,要造就一批懂销售的技术人员和懂技术的销售人员,要使销售部门中有技术上的内行等。

二是企业技术改造要有正确的方针,要更新各个产业的基础技术,使产业基础技术不断完善化;要利用高技术,使产业基础技术更加现代化。必须利用高新技术武装传统工业,又必须更新完善基础技术,这两者并不是一回事,且后者又是前者的基础。只讲利用高技术,少讲乃至不讲完善基础技术,不利于技术改造的顺利进行。辽宁已有规模甚大、资格较老的基础产业,这些产业的基础技术比世界先进水平大约落后20~30年,在技术改造中要努力利用较早已成熟的技术(未必是最新技术或高技术)来更新现在的产业基础技术,例如,在炼钢中发展转炉和连铸,在机械加工中发展箱形机床、高速切削和精密铸造等。用计算机控制平炉炼钢,把数控装置安在低速切削机床上,没有多大的必要。

依靠科学技术,对振兴辽宁至关重要,也值得大做文章。对此我们认为:一是科技兴辽要以搞产品经营为前提,二是辽宁的科技工作要把鼓励企业技术革新和科技成果产业化为重点,当然也要鼓励作出开创性的发明和重大的研究开发。辽宁的科技力量不少,科技水平也不低,不乏"专利技术"、"论文技术"、"鉴定技术"和"获奖技术",但如何使潜在技术转化为现实技术,转化为高质量的产品和市场效益,做得还很不够。科学技术是第一生产力,但科学技术不会自然而然地成为生产力,科学技术离开经营不能自动地进入经济。科学技术要有研究、传授,还要经营或叫经营科学技术——例如,把科技成果、产品市场和自己投入三者有机结合起来,要有促进科技成果产业化的政策、措施和组织。

对老企业技术改造的分析及相应对策*

目前，高技术产业的发展已成为人们关注的中心，但与此同时，作为我国国民经济建设主导力量的大中型企业，特别是老企业的技术改造问题也应引起我们足够的重视。

我们知道，我们的许多大中型骨干企业都是"一五"期间由苏联和东欧援建的，目前这些企业普遍面临着产品老化、工艺老化和设备老化的局面，所以急需技术改造。据我们调查，目前大中型企业约有一半的产品和工艺是处于20世纪70年代水平，80年代50~60年代水平的产品和工艺各占四分之一。设备情况更为严峻，70~80年代的设备与50~60年代的设备比为4:6，这就是说，我们还有相当一部分的旧设备在超期服役。上述情况表明，目前在大中型企业中，我们主要是以50年代和60年代水平比较落后的技术设备，按照70年代水准工艺去生产70年代和80年代的产品，有人曾把它形象地比喻为用"小米加步枪"去打"面包加大炮"。这种设备与工艺产品水平不同步的现象虽然在某种程度上足以使人欣慰，并以此来宣扬用落后的设备也可以生产较高水平的产品。但实质上，它却是以付出了昂贵的材料和能源消耗为代价的。因此，要彻底解决我国目前材料、能源供应紧张的局面，除了国家要进一步"开源"以外，老企业本身通过技术改造来降低材料消耗也是极为重要的"节流"措施之一。

首先，老企业要以产品换型带动技术改造。产品是企业的生命，企业的活力主要表现在它对产品的开发力及产品的竞争力上，所以企业应把产品的更新换代作为技术改造的突破口。鉴于企业的现状，当前应迅速提高技术开发能力，即提高20世纪80年代产品和工艺的比例，使它成为企业产品工艺结构的主体，并加速淘汰大部分60年代的产品工艺，降低70年代产品工艺的比重，同时大力开发90年代的产品工艺，逐渐形成以80年代水平为先头，以70年代和90年代水平为两翼的机翼型产品结构，以适应国外市场激烈竞争的需要。

其次，老企业要以技术引进来促进技术改造。我们要努力改变过去那种"重硬轻软"目标单一的引进方式，实行多样化的技术引进。第一，除了引进用于企

---

* 陈昌曙：中国企业报，1991年3月11日。

业设备除旧更新的改造型技术外，还要适当引进填补空白型的先进技术和出口创汇型的产品技术。第二，把以往一次性的"静态引进"变为连续性的"动态引进"，即结合外向型经济的发展，建立中外合资企业，利用其有效期，在若干年内由外方系统连续地提供先进技术，使企业设备的更新改造和产品的升级换代都能与世界先进水平相一致。第三，变"全盘引进"为"拼盘式引进"，即利用走出去、请进来的机会，进行多方位的择优选择和博采众长的拼盘式引进，以避免全盘引进所带来的片面性和单一化。

最后，作为国家主管部门，也应投入适当的"技术增量"，以调动老企业的"技术存量"，来加速大中型企业的技术改造。因为一般来说，老企业都是技术人才较多，生产手段较完备，技术水平相对较高的国内各行业的骨干企业，所以其技术存量较多。但要使这些存量充分调动起来，发挥其重要作用，则还需添加一些"活化剂"，这就是我们所说的技术增量，在当前它主要体现在技术改造的资金和政策上。特别是对那些经济效益较好，产品适销对路的国家骨干企业和能源、材料、交通等部门的大企业，更应采取倾斜政策，以促进这些老企业焕发青春，为我国经济的发展做出更大贡献。

"高技术与社会"若干问题引论[*]

"高技术与社会"是一个跨学科的研究课题。本文试从对高技术的哲学思考入手,来探讨高技术社会的劳动前景,技术园区与大学城的关系,以及发展中国家如何选择高技术等问题。

一、引言:关于高技术的哲学思考

高技术的研究正在引起世界各国的关注。但什么是高技术呢?大家的说法不一。以往人们大多是从经济的角度去看待高技术,如美国劳动统计局通过对全美制造业的平均水平比较,用技术人员的数量和研究发展费用这两项指标来定义高技术,即一种产业要达到高技术的水平,它所拥有的研究人员和花费的研究费用必须比全国平均水平高出两倍。在977个符合美国标准工业法规的产业部门中,有36个是名副其实的高技术产业.(如计算机及其软件、电子、航空、医药和数据处理部门),还有56种产业部门是高技术密集型产业,即它们的技术人员和研究费用均超过了全国平均水平(例如,在电子、印刷、医药和纺织等产业的装备制造部门)。但我们认为,仅仅用数量化的静态经济分析来研究高技术及其产业是不够的,因为高技术与低技术的区分是相对而言的,如在20世纪50年代,美国的汽车制造业被称为"高技术",而美国的农业则被称作"低技术"(尽管美国的农业部门以比世界上其他任何国家都要高得多的技术密集度进行生产)。但进入70年代后,新兴的电子工业等又取而代之,成为高技术产业,而汽车和钢铁工业则落伍为"夕阳工业"。所以高技术产业的概念也表现了技术本身不断变化、不断创新、不断替换的动态过程,对此我们除了经济的分析外,还应有些哲学思考。

当然,高技术的出现是有其深刻的社会经济背景的。第二次世界大战以后,发展中国家风起云涌的工业化浪潮使世界经济格局发生了新的变化,巴西、墨西哥、韩国和新加坡等一批新兴的工业国在纺织、造船、钢铁和日用消费品等传统

---

[*] 陈昌曙,陈凡:自然辩证法研究,1991年。

工业上向发达国家提出了挑战,在 1975 年的"利马宣言"中,发展中国家曾要求到 2000 年,世界制造能力的 25% 由第三世界掌握。面对这种咄咄逼人的气势,发达国家一方面采取贸易保护主义的政策进行防御,另一方面通过努力发展高技术来抗衡,使自己免受第三世界竞争的威胁,所以提高经济竞争地位和能力是西方发展高技术的主要目标之一。但随着高技术的发展,人们对这些领域的哲学问题也日益关注。正像技术哲学家 C. 米切姆所说,"对计算机和信息技术的哲学思考从一开始就是技术哲学的首要问题之一,特别是在英美哲学界。"米切姆还把技术哲学研究信息技术的问题归纳为以下几个方面:①概念问题,即讨论信息的本质。他们认为,关于信息有两个不同的概念,语义的和数学的。语义学上的信息技术是指那些电子通讯装置,信息的数学概念则为信息科学理论指出了发展方向。这两个概念都涉及信息的定义和技术领域中信息技术的独特性。②伦理问题。这个问题涉及计算机专业人员与那些经常利用计算机和信息技术的人的道德责任,经常争论的两个问题是战争和隐私。③社会政治问题。它集中在经济、政治和文化这三个方面上。社会经济的关键问题涉及信息技术和计算机对经济制度的监督和管理的影响,更紧密地联系社会经济问题的理论。④贝尔对后工业社会信息经济中劳动性质变革的描述。社会政治问题是以国际和国内两种形式出现的。国际问题主要是战争与和平,国内问题是,信息技术促进了民主或集权主义吗?还有一个未被讨论的问题是信息技术社会政治后果潜在的危险是所谓的"信息恐怖主义"。另外社会心理问题也涉及计算机对个人的影响,特别是人的尊严和计算机的社会精神气质。关于社会文化,关键的哲学问题涉及计算机可以影响或改变文化艺术的传统部门和由高技术产生的文化态度这些方面。⑤形而上学-认识论问题。尽管人们对这个问题进行了大量研究,并在 70 年代初达到了哲学上的相对一致,但关键的形而上学问题仍旧保持了人造物的本体论地位,简单地说就是"计算机能思维吗?"、"人工智能真的可能吗?"不过这样的问题更多是由科学哲学家来讨论的。在认识论方面,注意焦点更多是聚集在计算机和信息技术如何能改变我们的认识能力的问题上。所有影响我们对世界感知的技术都会表明,信息技术的功力潜含着巨大的能量。⑥宗教问题。这就是计算机和信息技术如何影响人们的信仰或创世说以及上帝和人类的联系,影响人类的希望或末世学以及对未来的幻想,影响人类的博爱精神或基督教会的日常生活。

虽然高技术、特别是信息技术的发展带来上述这些问题,但技术哲学家总是从各自感兴趣的不同角度去研究技术与社会的关系的。正如美国技术哲学家 P. T. 杜尔宾所说:"什么是作为技术哲学焦点的计算机、自动化和信息理论的中心问题呢?"不同的哲学家会有不同的回答。法国的技术哲学家 J. 埃吕尔及其追随者会说,它是应用基本技能到"技术现象",以便创造一种包含一切、无法逃避、支配当代现实的技术系统。与此相反,热衷于 AI(artificial 即人工智能)的人则确信,他们的努力将在人工智能和天赋智能之间建立一种模糊的分界线,原来的精神和物质的哲学问题将被永远抛弃。科学和技术共同体的成员——从设计工程师到计算机诊断医师,从仪器的制造者到卫星的设计者、发射者、追踪者和使用者以及所有领域的"纯"科学家——他们发现计算机和自动装置是他们专业工作必不可少的工具。东欧的 STR(科学技术革命)理论家,系统论哲学家或社会实用主义者对待计算机或信息技术也采取了和科技共同体成员同样的态度。至于那些来自英美的技术哲学家.(特别是科学哲学家),无论他们的兴趣是在技术评价、决定论,还是在风险-价值-利益分析上,他们都将发现自己想要分析的实际技术和方法几乎总是体现在当代的计算机程序上。

由上述分析可以看到,技术哲学家们主要是从本体论、认识论和方法论等方面来研究高技术的一些问题的。他们这种形而上学的思考对我们弄清高技术的概念及其本质无疑是十分有益的,但若想从更深的层次、更广的视角去探讨高技术与社会的若干问题,还需要技术社会学的实证分析,下面本文将就几个具体问题进行初步探讨,这或许更具有实际的意义。

二、高技术社会及其劳动前景

罗马俱乐部主席佩切伊认为,微电子学的发展可能是人类历史上最伟大的革命,但社会发展的现实又使人们对高技术产生的后果忧心忡忡。我们应该怎样认识这些问题呢?

的确,高技术的发展会给社会带来一些政治经济后果。如亚历山大·金就认为,技术可以通过军事作用和经济作用显示出它的政治影响。军事上的高技术应用改变了全球的权力分配,而在经济方面,它也必然会对国际劳动的分工产生影响。另外,随着机器人技术和自动化技术的发展,以及计算机辅助设计和加工方法的运用,企业的制造系统和生产结构将大大改观,柔性生产线和非定型化的经济势必成为一种发展趋势,这无疑要对生产结构的变化产生重要影响。

但英国的 T. 福雷斯特认为,在高技术社会,对大多数人来说,劳动的前景如何是首当其冲的问题,也就是说,由于高技术的发展。劳动的进一步重新组合将足以对社会产生巨大的影响。关于高技术与劳动就业的关系,在微电子学进化论者和革命论者之间的争议差别最为显著。前者认为,微电子学等高技术像早先一切技术发展一样,在引起一定数量过渡性失业的同时,最终会扩大产品需求,开辟新的市场,并创造新的职业。与此相反,革命论者则提出,高技术对一切经济部门的影响,就是大大提高生产率,并对所有职业都提出减少劳动力需求的警告,因此处理失业的传统办法作用很小或根本不起作用。这两种观点谁是谁非是需要分析的。

首先我们应该承认,高技术的发展确实在西方国家造成了劳动就业危机,这一方面因为高技术本身是低就业率产业,许多技术部门和传统产业相比,规模狭小,而高度的自动化又减少了大量的简单劳动,所以在过去的几年间,欧洲共同体内失业数高达3500万人,而高技术产业部门却只创造了2500万个就业机会,关于它能否继续大量提供工作职位,许多人尚存疑义。另一方面,人们虽然承认制造业目前也在发展,它在发达国家的经济和职业结构中仍起重要作用,美国仍拥有世界上最庞大的产业大军,但由于自动化技术的采用,在制造业扩展的同时非但不能增加劳动就业,反而要减少劳动力,这就是在西方国家普遍存在的"无职业增长"现象。由此可见,发达国家要向电子时代过渡,在支持高技术工业的政策之外,再制订出一些解决社会性失业的政策也是十分必要的。

但与此同时,我们要看到高技术所带来的失业问题是一种结构性失业,正像一些学者指出的那样,机器人等高技术的应用可能会使部分行业就业减少,但整个社会就业不会减少。因为在美国,虽然一台机器人可以替代2.7人,而安装一台机器人则会在国民经济其他部门创造2~4个就业社会,所以在高技术发达的美国,全国就业总数从1970年的7500万人上升到1982年的9970万人,而在英国等一些欧洲国家,由于不努力采用自动化技术,不仅高技术发展缓慢,就是在制造业内部,也由于产品无竞争力而导致市场萎缩、就业率下降。这个现实已为世界权威人士所公认。英国首相撒切尔夫人在参观国际机器人展览后指出,日本的机器人数量世界第一,但其失业率在西方世界却是倒数第一,而英国应用的机器人最少,但失业率在西方国家中却最高,见表1,由此看来,那些不紧跟电子技术的国家,将会比那些紧跟该项技术的国家失去更多的就业机会的说法,绝非天方夜谭。

表1 各国机也人数与失业率

国家	机器台数	失业率%
日本	14 200	2.2
联邦德国	1 400	5.5
美国	4 700	7.6
英国	713	11.3

从高技术造成的上述影响看,社会结构性失业是有得亦有失,同样,与此相关联的劳动技能也是有失亦有得。如果我们把技能理解为是人的动作技能与智力技能的统一体,那么我们就会发现,在高技术社会,一方面,工人单纯的动作技能更多地被自动化装置所取代,如在连续、重复的装配、喷漆工作中,由于使用

了微电子技术和机器人,人们的机械活动已完全成为不必要的劳动。另外,高技术的出现,也使某些劳动技能变得简单化,如计算机数控机床代替了普通机床,使工人高超的操作技能转变为主要是监视计算机控制设备的工作,这对工人的技能要求就大大降低了。可是在另一方面,虽然自动化机器的出现使工人的职能发生了变化,使他们从生产过程的主要当事者转变为站在生产过程旁边,作为监督者和调节者来同自动装置发生关系,但工人这种神圣的职能只能建立在对技术过程深刻理解的基础之上,建立在更加发达的智力技能的基础之上,而且随着高技术的发展,对某些以分析和逻辑能力为基础的智力技能也提出了更高的要求,如计算机数控机床的操作者不仅需要监控技能,而且还要进一步掌握编制操作程序的技能。

也许有人会说,在知识密集的高技术社会,只能使智力技能得以保留,而动作技能则日趋衰亡。对此种观点我们不敢苟同。

如前所述,高技术的出现尽管使动作技能日趋简化,但这并不意味其消失,而智力技能的作用虽不断增强,这也不表明其独立,动作技能与智力技能作为主体活动的一种能力,它们在现代高技术社会中的地位与作用都是不可忽视的。比如像掌握计算机技术这种新的劳动手段,除了必须具备逻辑分析等智力技能外,如果没有一定的动作技能,也是很难保证快速准确地得出计算结果的。功能齐全的机器人在很多方面已取代了人的劳动技能,但如果机器人出了故障,恐怕还得修理技师的高超技艺才能使其起死回生。所以在高技术迅速发展的发达国家,机器人技师、工业激光技师、能源技师和遗传工程技师这些既有理论又有经验的高级技能人员应运而生、供不应求,也是并不奇怪的。

当然,就像当年工业革命初期发生工人破坏机器的现象一样,高技能的出现也使得计算机专家破坏计算机系统的事件屡屡发生,如"计算机病毒"。正像福雷斯特所指出的那样,"高技术已创造了一种以前从未存在的犯罪机会,这就是具有计算机技能的人数急剧增长意味着更多的潜在的计算机犯罪活动"计算机犯罪被定义为主要是利用计算机为工具的一种犯罪活动,它包括偷窃金钱(把存款转移到其他帐户)、信息窃取(没有支付便接通数据传递线路或数据库),为个人目的滥用公家的计算机装置或一些程序员和操作员的胡闹破坏行为。在英国,每年通过计算机犯罪失窃的金额达到,5亿~20亿英镑,美国也损失严重,高达30亿~50亿美元。所以高技术带来的技能变化不仅表现在生产领域,它对社会稳定也造成了一定威胁,但不管怎么说,高技术、高技能对社会的影响总是利大于弊,这一点是有目共睹、毋庸赘言的,我们分析上述事例无非是想指出,高技术发展给人们带来的不仅是阳光和欢乐,同时还伴随着阴郁和忧虑。

三、技术园区与大学城

技术园区是近年来高技术发展造成的社会产物,它正在日益引起人们的关注。国外高技术园区一般都是在大学附近,靠大学吸引企业,所以有人说,它是大学与工业合作的摇篮。可是在我国著名的北京中关村电子一条街这个高技术密集区内,却是以中科院创办的高技术公司为主体,而素有大学城之称的海淀地区高校科技企业却不足5%,于是有人认为高校科技企业不能迅速发展的主要原因是旧的教育体制所致。

当然,我们并不否认这是一个重要影响因素,但分析这一现象的关键问题是"高技术园区是否一定要设在大学城了。"诚然,在西方一些发达国家,大学是科学研究和技术开发的主力军,所以技术园区设在大学城情有可原。但正像R.奥基指出的那样,"技术大学与当地工业发展之所以能联系在一起,究其原因主要是它们之间具有共存关系,并非直接的因果关系"。也就是说,由于当地公司有技术需求,大学有相应的专业人才,彼此能紧密配合,相依共存。但是在英国,奥基认为,有关高技术公司与大学之间联系的详细材料表明,它们之间的联系并不多,即使有,也是低技术辅助性的联合。就是在美国的硅谷,斯坦福大学对高技术公司的作用也只是提供熟练的研究与发展人员、新毕业生和职业企业家。

可是一旦这人离开当地的大学受聘或就业于高技术公司,它们之间的接触似乎就很少了。因为大部分高术公司都有自己的研究与开发部门,这是它们维持技术竞争的主要手段,而外部的技术资源(人员和信息)只起支持性的作用。而从美国技术产业的发展来看,有一些高技术园区也不是以大学为依托,它们是围绕着一些著名的政府实验室或实力雄厚的大型工业公司建立的。如达拉斯的高技术产业是以得克萨斯仪器公司为依托,休斯敦地区的航天工业是围绕国家宇航局的约翰逊航天中心建立起来的,西雅图地区的高技术产业是依靠波音飞机公司发展的。

从另外一个角度讲,高技术园区即使设在大学城,也并非是所有的大学都会对高技术产业的发展起到应有的作用。从一些发达国家的技术园区来看,它们主要是依附于一所或几所研究实力雄厚的工科大学。如美国硅谷的发展以斯坦福大学为背景,波士顿128号公路地区高技术的发展则以麻省理工学院作为依托,北卡罗来纳大学、北卡罗来纳州立大学和杜克罗来纳大学也为北卡州的三角研究园的建立起到较大的作用。而像波士顿地区的哈佛大学和硅谷各地区的加利福尼亚大学伯克利分校这些综合大学虽然名声显赫,但它们对高技术公司的创建实际上并无多大的贡献。英国的"剑桥奇迹"(高技术在大学城的成长)之所以发生在剑桥而不是牛津，主要原因也是由于牛津强调理论科学，剑桥侧重工程科学所致。

另一个值得研究的现象是，为什么同属工科院校，剑桥能崛起许多计算机公司，而曼彻斯特大学则不能（曼彻斯特大学是英国计算机技术的另一个全国中心）。奥基认为，除了两校的计算机技术起点不同外，主要是因为曼彻斯特大学实际上被"淹没"并"消失"于整个城市之中，它缺少实现高技术产业化的必要条件——良好的社区环境。

我们知道，高技术产业与传统产业不同，它是知识密集、技术密集、信息密集的新型产业，对社区的软硬环境都有较高的要求。如美国通用电气公司的微电子研究中心曾经在全国各地选择过三十几个地址，最后决定在北卡罗来纳州的三角研究园建所，其主要原因除了三角地区的几所大学在微电子和计算机领域有较强的科研力量和良好的研究设施这些学术因素外，三角地区的交通运输便利，通讯条件良好，房租便宜，生活方便，环境美，气候宜人，工资水平较低都是吸引高技术公司的重要条件，对研究人员来说，也是比较理想的工作环境。与此相似，日本的技术密集城市也提出了"产、学、住"一体化的目标，其目的也是要从技术开发、工业生产和生活居住环境这些方面去建设高技术社区。

但相比之下，我国的电子一条街不仅表现出单一化的倾向。电子计算机企业、公司占大多数，同时也具有某种重贸经商的商业街模式（贸易性收入占50%以上）。所以，我国技术密集区的"技、工、贸，"一体化目标在创办初期尚属可行，但从长远来看，还必须加强和完善高技术社区环境的建设，否则将很难推进高技术产业的进一步发展。

四、高技术——发展中国家如何抉择

高技术与社会的关系表现在很多方面，作为我们来讲，探讨微电子等高技术如何影响第三世界的发展前景则是尤为必要的。

首先我们应该看到，在高技术面前，发展中国家既有不利的因素，这就是它们在科学技术基础方面不占优势，自动化技术又使廉价劳动力的优势削弱，技术引进还要受外援国的制约，但与此同时它们也具有变革的机会，这主要表现在技术的转移可以使其跨越某些发展阶段而后来居上。

但是目前大多数发展中国家对高技术还存有一些顾虑，这种担心也并非没有道理。因为随着高技术的发展，发达国家众多工业部门的生产自动化将会侵蚀发展中国家廉价劳动力这个相对优势是有目共睹的。另外，高技术发展所带来的"马太效应"则可能进一步扩大富国和贫国之间的差距，这也是众所周知的。虽然过去的一些技术转移加快了发展中国家技术进步的速度，但高技术不像传统的适用技术，如果没有适当的科学技术基础，高技术的转移是很难进行的。另外接受发达国家的高技术是否会使发展中国家增加对西方的依赖程度，能否带来新的技术殖民主义，这也是发展中国家普遍关心的问题。

不过在另一方面我们也应看到，由于发展中国家发展水平的不平衡性，所以不同类型的发展中国家面对高技术的挑战，其处境的差异决定其做出的抉择也应不尽相同。

对于印度、巴西和墨西哥这些社会文化比较进步的高技术水平的发展中国家来说，它们有较多的科技人员和较好的技术基础，它们应当有可能利用计算机和电子技术等来发展现代化工业。对于石油资源丰富的高收入的发展中国家来说，尽管它们在石油勘探和生产方面有水平较高的技术部门，但由于社会文化的适应性较差，所以它们除了借助于跨国公司整套进口一些集成电路工艺设备外，一般来说阿拉伯产油国在发展高技术过程中的能力是有限的。

亚洲一些新兴的发展中国家则面临着特殊的问题，它们很可能会在第三世界中最先感受到电子技术的影响。因为像新加坡、韩国和中国的香港、台湾这些新近起飞的国家或地区，它们与美国、日本和欧洲的电子工业发展有较直接的关系。目前，一些发达国家为了克服生产成本较高等不利因素，它们利用跨国公司，把电子元器件的制造和组装，应用软件的技术开发等工作转移到亚洲一些劳动工资较低的国家或地区，待加工成品后贴上本国商标在国际市场上销售，通常这种作法被称之为"空心化"，亚洲新兴的工业国就是它们实施这种战略的良好伙伴，亚洲这些国家和地区可以利用这个时机为本国高技术的发展奠定良好的技术基础，并由此带来经济上的收益。至于其他类型的发展中国家，由于它们的政治、经济和文化比较落后，其首要的任务应是发展适用技术，高技术产业对这些国家来说，其前景较为遥远。

中国是一个具有高技术水平的发展中大国，其中在某些地区又具有亚洲新兴工业国的某些特点，所以我们不仅可以利用西方"空心化"的战略引进一些计算机和电子技术来发展外向型经济，同时在高技术的各个领域也应占有一席之地，甚至在一起高技术的发展上积极参与国际竞争也是完全可能、十分必要的。不过，对于尚未完全实现工业化的我国来说，利用高技术来加速传统工业的技术改造，恐怕是当前更为迫切的任务。总而言之，高技术在我国具有广阔的前景，它的进一步发展无疑会对我国的社会进步和经济起飞起到巨大的推动作用。

高技术及其社会化问题分析 *

一、高技术社区特点

所谓高技术社区，是指近年来新出现的一些科技园区和高技术开发区等，因为它们不仅是高技术生存和发展所处的自然和社会环境，同时也体现了高技术对自身区域定位或环境定位的要求，所以我们才把科技园区和开发区这些高技术密集的"社会区域"称之为高技术的社区。高技术社区虽然也是由自然、政治、经济和文化这些不同的区位所构成，但它们和一般的传统技术社区相比，还是有自身的某些特点的。

1. 高技术社区的规范度较低

由于高技术是一种新兴技术，高技术社区是一种新兴技术社区，所以社区对高技术的社会规范化程度较低，社区的自身建设也不够规范化。社会尽管已做出若干规定，但还不够明确、完善。如我国目前已建成的40多个高技术社区，其中有的是新技术产业开发试验区（如北京），有的是科技开发区（如沈阳），有的是高新技术产业园区（如大连），还有的是科技工业园（如深圳）等。另外，高技术社区的建设也没有规范，如在各省市建立了众多的高技术密集区，甚至某省的一市就建立了几个开发区，力量比较分散、不够集中。上述情况说明，我国目前的高技术社区究竟该怎样建设发展，尚无规范模式，同时要求高技术扮演什么样的社会角色也不够明确，即在高技术社区到底是以高技术的开发为主，还是侧重于高技术的产业化，目前也没有明确的规范要求。这种状况一方面虽然在高技术社区的建设初期不可避免，给高技术的社会角色塑造和高技术社区的发展留下很大的选择余地，但另一方面它对高技术的社会调适却带来诸多不便和潜在的隐患。所以，为了促进高技术的社会化，当前应当适时抓紧高技术社区的规范化建设，使高技术的社会角色从"不确定性"向"规范性"转化，并利用这些规范对其进行调适。

---

* 陈凡，陈昌曙：中国科学院院刊，科学与社会，1992年。

2. 高技术社区对自然区位的要求层次较高

高技术社区不像传统技术社区那样过多地依赖"天然自然区位",而是更多地依赖"人工自然区位",比如它和传统技术社区相比,更加强调社区环境自然优美、交通发达、通讯良好、公用设施完善。另外它也不像传统技术社区那样,更多地依赖于自然资源的蕴藏量丰富、能源和原材料供给充足,而是要求技术社区的人才资源丰富,技术知识密集。像美国的硅谷和英国的剑桥科学园等一些著名的高技术社区,都是周围环境优美,建筑布局宽疏,交通和通信状况良好,位置靠近科学人才密集区等。我国一些高技术社区的建设,目前一般也遵循这个原则。

3. 高技术社区受政治区位的整合较强

国外的高技术不像传统技术那样,动力主要来自民间,它更多是靠政府来推动发展的。各国建立高技术社区的初衷不仅是为了迎接技术和经济的挑战,而且还着眼于进行相互间的政治较量。所以政府一方面利用大众传播媒介,强化社会对高技术的公众意识;另一方面也利用法律、政策和行政机构职能来调控高技术的发展,特别是在人、财、物的投入和政策优惠上,倾斜性明显。如英国是欧洲最早建立科技园区的国家,早在20世纪60年代末,当时的首相威尔逊就曾催促大学帮助工业界发展新兴工业,鼓励大学兴建科技园区,以后历届工党和保守党政府也都对大学建立科技园区寄予厚望,并在1986年召开的英国首届科学公园会议上宣布,将主要由公共部门提供7亿英镑,用于全国27个与大学有联系的科技园区。不过从国外的情况来看,较强的政治区位整合虽然有利于高技术社会化的发展过程和高技术社区的成熟完善,但同时它也容易使高技术及其社区在强化的政治氛围中,出现"过度社会化"的倾向,即脱离了客观条件和实际可能去建立和发展高技术社区,其结果则可能是欲速则不达。如美国各地在仿效硅谷的150次尝试中,竟有50%的失败记录,我们应当引以为鉴。

二、高技术社区与大学城

国外的高技术社区一般都建在大学附近,靠大学吸引企业,所以有人说它是大学与工业合作的摇篮。我国高技术社区是否一定要建在大学区周围,诚然,在西方一些发达国家,大学是高技术研究和开发的主力军,所以高技术社区设在大学城情有可原。但正像R.奥基指出的那样,高技术社区与大学城之所以能联系在一起,主要原因是它们之间具有需求上的"共存关系",而并非是区位上的

"因果关系"。也就是说，正是由于社区的高技术公司有技术需求，大学有相应的专业人才，所以彼此才能紧密配合，相依共存。但是在英国，奥基认为，有关高技术公司与大学联系的详细材料表明，它们之间的关系并不十分重要。其实就是在美国的硅谷，斯坦福大学对高技术公司的作用也只是提供熟练的研究一与开发人员，新的毕业生和职业企业家等。可是一旦这些人离开当地的大学受聘或就业于高技术公司，它们之间的接触似乎就很少了。因为大部分高技术公司都有自己的研究与开发部门，这是它们维持技术竞争的主要手段，而外部的技术资源人员和信息，只起支持性的作用。另外从美国的实际发展来看，有一些高技术社区也不是以大学为依托，它们是围绕着一些著名的政府研究机构或实力雄厚的大型工业公司建立的。如达拉斯地区的高技术产业是以得克萨斯仪器公司为依托，休斯敦地区的航天工业是围绕国家宇航局的约翰逊航天中心建立起来的，西雅图地区的高技术产业则是依靠波音飞机公司发展的。德国的一些技术园区和苏联西伯利亚的科学城也大多如此。

从另外一个角度讲，高技术社区即使是设在大学城，也并非所有的大学都会对高技术产业的发展起到应有的作用。从一些发达国家的高技术社区来看，它们主要是依附于一所或几所研究实力雄厚的工科大学。如美国硅谷的发展以斯坦福大学为背景，波士顿128号公路地区高技术的发展则以麻省理工学院为依托，北卡罗来纳大学、北卡罗来纳州立大学和杜克大学也为北卡州的三角研究园的建立起到较大的作用。而像波士顿地区的哈佛大学和硅谷地区的加利福尼亚大学伯克利分校这些综合性大学虽然名声显赫，但它们对高技术社区的创建实际上并无多大的贡献。此外像英国的"剑桥奇迹"即高技术在大学城的成长之所以发生在剑桥而不是牛津，主要原因也是由于牛津强调理论科学，剑桥侧重工程技术所致。

另一个值得研究的现象，是高技术社区对大学周围区域环境的要求和选择。如前所述，高技术社区对自然区位的依赖主要体现在"人工自然区位"上，这里面既包括智力密集区等软环境要求，也包括智密区周围的条件等硬环境的选择。如在英国，剑桥和曼彻斯特大学同属工科院校，都是全国计算机技术的研究中心，但在剑桥科学园内能崛起许多计算机公司，而曼彻斯特大学则不能，原因之一就在于它实际上被"淹没"并"消失"在整个城市之中，即缺乏良好完备的社区人工环境。所以大学城虽具备智力密集区的优势，但它周围的区域环境对高技术社区来说也是一个至关重要的选择条件，像美国通用电气公司的微电子研究中心曾经在全国各地选择过30多个地址，最后决定在北卡罗来纳州的三角研究园建立中心，其主要原因除了三角地区的几所大学在微电子和计算机领域有较强的科研力量和良好的研究设施这些因素外，三角地区的交通运输便利，通讯条件良好，房租便宜，生活方便，环境优美，气候宜人等都是吸引高技术企业的重要条件，对研究人员来说，也是比较理想的工作场所。与此相类似，日本的技术密集区也提出了"产、学、住"一体化的目标，其目的也是要从技术开发、工业生产和生活居住环境这些方面去建设高技术社区的。

通过对上述国外情况的分析比较，我们认为，我国高技术社区的建设虽然可以把大学城作为一个比较理想的选择区域，但却并非一定要设在大学城，这是因为高技术社区的区域环境定位，其基础主要和智力密集区有关，而不一定非是大学城不可。特别是由于我国的科技力量分布与国外不同，目前是"多路大军"并存，其中对高技术的研究除了高校外，主要还有中国科学院系统和部属科研机构，可以说在大部分高技术领域，中科院的实力都相当强。另外在国内的各个地区，情况也不一样。如在北京，中国科学院实力最强，但在其他省区，则可能两方力量相持，或高校的实力略胜一筹。

所以，我国高技术社区的建立，不应一概追求"高技术社区设在大学城"。与此同时我们还应注意到，即使高技术社区设在大学城，亦不能要求所有高校都建立高科技公司或企业，应视高校的类型和基础实力不同而区别对待。再就是我们发展高技术社区，不仅要依赖于高校的智力密集优势，更要注重高校周围社区环境的建设和改造，否则智力密集的优势也会被社区环境的劣势所"淹没"，英国曼彻斯特大学就是一个很好的实例。

三、高技术社会角色的实现过程及其社会化

技术社会角色的实现过程体现了技术的社会化，一般来讲，它是分为三个阶段的，即人们对技术社会角色的期望，对技术社会角色的领悟和对技术社会角色的实践。高技术社会角色的实现过程也是如此。

1. 高技术社会角色的期望

如前所述，现代的高技术具有表现性和功利性这两种社会角色，它们既能够产生政治效益，如表现国威、显示国力；又能够产生经济和社会效益，如促进产业结构进步，提高社会生产力水平，改善人们的社会生活质量，所以目前各国一般都对高技术的发展寄予厚望。但由于社会背景的不同，人们对高技术社会角色的期望又带有各自的特点，如美国现在主要是在日本和西欧咄咄逼人的挑战面前，希望利用高技术的发展，继续保持领先地位，维护世界超级大国的形象。而日本对高技术社会角色的期望更多，它一方面由于已无更多的西方先进技术可以借鉴，所以自己必须通过发展高技术来创新；另一方面日本已不满足"经济巨人"却是"政治、军事侏儒"的世界形象，期望借助高技术来实现自己从经济大国走向军事大国、政治大

国的战略。当然,摆脱亚洲"四小龙"(韩国、中国台湾、中国香港、新加坡)和东南亚"四小虎"(马来西亚、印度尼西亚、泰国和菲律宾)的追随,实现产业结构的高技术化,也是日本发展高技术的目的之一。对于发展中国家中一些科技实力较强的大国(如巴西、印度、墨西哥等)来说,它们也期望通过发展高技术来跨越常规的发展阶段,摆脱等距离追赶模式而后来居上;而一些新兴的工业化国家则想利用美国、日本等发达国家的技术"空心化"战略来实现产业结构的跃迁,即从劳动密集型向技术密集型的转化。在上述不同社会环境的国家或地区,人们对高技术社会角色的期望尽管有些差异,但有一点却是共同的愿望,这就是不失时机地发展高技术,促使本国经济和社会的进步。

2. 高技术社会角色的领悟

社会对高技术社会角色的期望表现了各国发展高技术的目的,而社会对高技术社会角色的领悟则表现了在高技术社会化的过程中,人们对它的认识和理解,即对高技术这一角色的功能层次和功能性质的认识和理解。

在功能层次上,高技术既与人们发展高技术的直接目的相关,因而有被人们明确认识到的社会后果及意义,即通常所说的显功能;同时高技术也有与人们发展高技术的直接目的关系不甚密切,因而被人们所忽略的社会后果及意义,即通常所说的潜功能。

在功能性质上,高技术社会功能实现的后果与其社会目的相一致,即实现了它的政治效益、经济效益和社会效益,此种功能即是它的正功能;同时,若高技术社会功能的实现后果与其社会目的不相一致,即与它的政治效益、经济效益和社会效益偏差较大,此种效能则表现为反功能。

由于各个国家或地区发展高技术的起点先后不同,高技术社会化的进程也不一样,这就势必影响它们对高技术社会功能的形式及后果的认识和理解。一般说来,在技术社会化的初期,人们对技术社会角色的领悟主要是对其显功能和正功能有比较明确的认识和理解,只有随着技术社会化过程的不断深入,当技术社会角色的潜功能和反功能逐渐显露时,人们才能对其有深刻的领悟。

如美国高技术社会化的进程起步较早,现在自称已步入"高技术社会",它对高技术这一社会角色的领悟也较多,即它不仅体验到了航天飞机上天这样的政治效益,生产力高速发展这样的经济效益,以及家庭生活自动化这样的社会效益,同时它也体验到,高技术除了上述的显功能和正功能外,还有潜功能和反功能,这主要表现在以下几个方面。

第一,高技术与产业发展问题。①发展高技术,忽视传统产业,使美国在工业基础方面更加落后于日本。日本在工业方面的成功,使美国重新意识到制造工业的重要性,即它是高技术产业的工业基础,因此为了取得竞争优势必须重振工业基础。②高技术产业增长与社会就业率下降问题。因为高技术产业本身是低就业率产业,许多技术部门和传统产业相比都规模狭小,据美国劳动局提供的数字,在未来10年中,美国高技术工业仅能在全国新增75万至100万个工作岗位,而这一数量还不到80年代初美国制造业裁减的200万工人的一半,即使到了20世纪末,高技术为美国创造的就业机会也不会超过总数的1/6。另外高技术向传统产业的渗透,由于自动化技术提高了生产率水平,所以在制造业等恢复和扩展的同时非但不能增加劳动就业,反而要减少劳动力,这就是西方国家普遍存在的"失业性增长"现象。③对高技术"空心化"的担忧。美国为了克服生产成本较高等不利因素,便利用跨国公司把电子元器件的制造和组装,应用软件的技术开发等工作转移到亚洲一些劳动工资较低的国家或地区,待加工成成品后贴上美国商标在国际市场上销售,通常这种作法被称之为"空心化"。日本索尼公司的董事长认为,"空心化"的结果实际是挖空了美国的工业,使美国正在放弃作为工业强国的地位。美国经济学家约翰·威尔逊也承认,"空心化"的战略使美国的高技术公司不再能够不断地运用它们所掌握的技术生产出具有竞争力的产品,这使得美国的电子工业现在有逐渐沦为外国制造商产品销售部的危险。

第二,高技术与社会技术主体失衡问题。①男性失业率增加,女性就业率上升,这是高技术发展所带来的后果。据统计,从1985年至2000年,美国男性劳动力将由56%降到35%,而女性劳动力则由44%上升到65%。但与这一趋势形成强烈反差的却是男女同工不同酬,妇女的平均工资只有男性的64%,这对妇女比较集中的高技术岗位或行业将造成不良影响。②白领增加、蓝领减少是高技术造成的"结构性失业",但这种劳动力社会流动的调整却由于职业技能转换的困难而遇到了强大的阻力,在新的就业需求和工人技能之间形成了差距,正如A. 伯恩斯坦所说,技能差距已超出了经济的范围而对美国社会造成新的威胁,美国现在正处于就业机会和美国人所承担这些工作的能力之间严重的不协调状态。

第三,高技术与社会秩序问题。①弹性工作制造成非常规经济现象,即由于高技术缩短劳动时间和弹性工作制的实行,使人们的空暇时间增多,许多人便在家中从事"灰色经济"(如自我生产、自我服务)活动,或者在社会从事"黑色经济"(如无照逃税经营)活动,这些都超越了国家对社会经济活动的常规控制,影响了家庭劳动社会化的服务经济并减少了国家的经济税收。②计算机技术的普及提供了新的犯罪手段,正如T. 福雷斯特所指出的那样,"高技术已创造了一种前所未有的犯罪机会,这就是具有计算机技术的人数急剧增长意味着更多的潜在的计算机犯罪活动",它包括利用计算机偷窃金钱(把存款转移到其他账户),

信息窃取（没有支付）便接通数据传递线路或数据库，为个人目的滥用公家计算机或一些程序员和操作员的破坏行为以及计算机专家破坏计算机系统的所谓"计算机病毒"事件等。

以上我们分析了高技术社会角色的潜功能和反功能的诸多方面，当然，这些问题的出现不能完全归咎于高技术的发展，它在本质上与资本主义社会的基本矛盾有不可分割的联系，但从技术社会功能的角度去分析，它也能给我们一些有益的启示，即高技术除了向人们展示光明的前景外，同时还伴随着种种阴霾，这就要求我们对高技术社会角色的功能有比较全面的了解和领悟，以便促使高技术社会化过程的良性运行。

3. 高技术社会角色的实践

(1) 高技术社会角色领悟与实践的一致性。一般说来，对高技术社会角色的领悟制约着对高技术社会角色的实践。如法国认定高技术中计算机及信息技术的重要性，因而发表了高技术的白皮书《社会的计算机化》，提出了两大主题。在国际方面，法国的经济命脉取决于计算机技术的发展；在国内方面，法国社会政策的制订很大程度上也要根据计算机技术的发展。所以在对高技术社会角色的实践上，政府也一直致力于建立计算机与半导体生产的第一流国有公司。而日本、韩国和我国台湾则认为，高技术的发展应是以改进现有的制造、管理和市场技术为基础，进而提高其产品价值，在高技术领域占有一席之地，所以在实践上采取了"递进发展战略"，即从消费性电子产业向半导体产业，然后再向信息化逐渐过渡。又如印度和巴西认定高技术的发展象征着尖端技术及产品的掌握，所以在实践上采取了"逆向发展战略"，即追随国外的高技术发展，以刺激计算机生产为开端，并以半导体为过渡，再向集成电路发展。由此可见，上述这些国家对高技术社会角色的领悟与其发展战略基本是一致的。

(2) 高技术社会角色领悟与实践的不一致性。高技术社会角色的实践除了受其领悟的影响外，还受其他因素的制约。①受社会阶级利益的制约。由于社会各阶层成员所处地位不同，从高技术社会功能中受益程度差别也较大，所以有时候，尽管高技术社会角色的潜功能、反功能已被揭示，但出于统治阶级的根本利益需要，它只能做局部或表面的社会调适，不可能也没有能力进行根本的改变。美国的情况就正如国外评论家所描述的那样，它现在一方面拼命争夺高技术的制高点，另一方面又对高技术造成的社会问题忧心忡忡，美国目前正处于十字路口，对此，政府却保持"沉默"，没有什么锦囊妙计。②受社会客观条件制约。因为高技术是人才、资金和技术知识密集的产业，尽管很多国家已领悟到高技术发展对本国或地区发展的重要性，但限于人、财、物等社会基础条件的制约，在实践上却难以起步或步履维艰。

四、对我国高技术社会角色实现过程的初步分析

1. 我国对高技术社会角色的期望

①在社会期望上，由于我国是一个社会主义国家，又是发展中的科技大国，因此必须在技术乃至高技术的发展上能够自立于世界民族之林。②在社会领悟上，随着改革开放和"四化"建设的深入，人们已认识到科技是第一生产力，领悟到技术落后就意味着在经济上受制于人，在军事上被动挨打，在政治上成为强权政治的附庸。③在社会实践上，由于我国已初步建立工业化的技术基础，因此完全有可能进一步发展高技术，并在某些高技术领域居于世界先进水平。

2. 我国高技术社会角色实现过程中存在的问题

问题主要是对高技术的社会期望有过高的表现，对高技术的社会领悟有偏向的端倪，对高技术的社会实践有过热的趋势。这些问题在报刊的宣传和一些同志的谈话中随处可见，这里就不再例举。究竟应如何看待高技术社会角色的实现呢，我们认为，我国现在还不是发达的工业国家，达到中等发达国家水平也还需要半个多世纪，所以目前还不宜把高技术的发展摆在第一位。即使是为了实现这个目标，根据我国的现实条件，当今也只需在世界高技术领域占有一席之地即可，大可不必非取得与发达国家有相互竞争的能力，从国外许多中等发达国家的情况看，它们至今也都不具备这种能力。另外，是否抓住了高技术及其产业化，中国的科技和经济系统就全盘皆活了呢，从国外的经验教训来分析，也未必如此。如美国的高技术产业虽首屈一指，但传统技术产业却日趋下滑，经济和社会问题也积重难返。所以，在美国都承认要回过头来继续开展"再工业化"运动的今天，我们却把高技术浪潮的追逐看成头等大事，是否有失偏颇呢。

另外，对高技术的期望过高，在实践上过热，也容易使高技术社区有发展过滥的趋势。似乎美国的各个州都能搞什么硅山、硅谷、硅草原、硅森林，那么我国各省市也可搞什么高技术园区、开发区等。其实就是在美国，高技术社区的成功率也不是很高的，据美国1988年对全国207个科学园的调查，其中取得生存的有50个，已巩固的约有20个，已成熟的只有6个，这还包括世界著名的斯坦福研究园、北卡罗来纳三角园和田纳西技术走廊等。有鉴于此，美国学术界也正在批评其发展过热的问题。可是相比之下，我国高技术社区的建设却一浪高过一浪，各个省市都不甘落于人后，如山东省就兴办了五个高新技术产业开发区，其

中某某市的开发区建设两年来,只兴办了七家高技术企业,规模效益较差。另外如河北省是棉纺工业基地,高技术发展并非所长,而且又毗邻京津地区,在这样狭窄的地域空间,要建立三个高新技术开发区,是不是真有必要、又能否实现呢,在当前的条件下,我国的各省、各市都要另辟新区,画地为牢,都投资去建一个开发区是否有必要、有可能呢?从当前的实践来看,过多的开发区建设,已导致人财物分散,资金严重不足,因此国内的开发区便自相竞争、竞相优惠降低条件去争夺海外投资,使外商从中渔利。另外在各个开发区内,高技术产业趋同化也比较严重,即基本上都是以电子技术为主,没有形成本地的战略产品和产业,这也不大符合国家的产业区位政策。所以我们应及时对上述高技术及其社区的发展过热现象进行必要的调适,摆脱用大跃进的方法发展技术的模式,以避免类似前几年"经商热"造成公司泛滥,然后再缩减整顿的局面再度发生,这样的教训应牢牢记取。

STS 研究与中国国情问题 *

　　STS 问题有它的普遍性，在不同时代、不同国度又有它的特殊性。中国的 STS 研究应当重视这两个方面，尤其要注意结合当今中国的国情。这不仅是指把 STS 发展的一般原则运用于我国的具体实践，而且还要从我国的国情引出需要探讨的新课题，获取有实践意义的新见解。这当然是困难的，但应作为努力的方向。中国的 STS 问题涉及许多重要的方面，例如科学技术与社会经济体制、科学技术与社会文化的关系等。本文只就资料所涉及对个别问题提出一些粗浅看法。

一、科学技术与人口

　　有近 12 亿人口，经济不够发达，是我国目前的基本情况。我国的人口占全世界的比重同我国国际经济地位的不相称，已引起普遍的关注。现在的问题是要加深这种认识，并且把人口同科学技术发展联系起来研究。

　　我国地大物博，物产丰富，有较强的综合国力。按世界银行计算 1986 年的国民生产总值在世界上占第 8 位。然而，如果按人口一平均，情况就不同了，1986 年的人均国民生产总值只占第 86 位。其他许多领域都有类似情况，例如我国的耕地总面积在世界上占第 1 位，但人均耕地面积（1985 年计）则只有 9.2 公亩（10 公亩约相当于我们通常说的 1.5 亩），不仅低于总耕地面积占前 3 位的苏联（人均 82.1 公亩）、美国（78.5 公亩）、印度（22.2 公亩），也低于总耕地面积比中国少的澳大利亚（人均 307.3 公亩）、加拿大（184.1 公亩）、巴西（47.2 公亩）、法国（31.9 公亩）、意大利（15.9 公亩）、英国（12.4 公亩）、原联邦德国（12.2 公亩）。我国的许多部门的总产量居世界前列，或有相当大的数量，但从人口平均看差距就大了（见表 1）。

　　与生产力发达程度相关，各国在世界贸易中所占份额也有较大差异。1986

---

　　* 陈昌曙：自然辩证法研究，1992 年增刊。

年世界各国的出口额共计 24 563 亿美元,其中,中国为 395 亿美元,只占 1.6%(中国人口约占世界的 22%),人均年出口值约 37 美元。其他国家的这一百分数和人均出口值则分别约为韩国 1.9%、1130 美元,澳大利亚 1.1%、1650 美元,加拿大 3.8%、3680 美元,意大利 4.7%、2030 美元,法国 5.8%、2580 美元,英国 5.3%、2300 美元,联邦德国 8.3%、3440 美元,日本 9.7%、2080 美元,美国 10.3%、1040 美元。最近几年,中国的外贸出口额有较大增长,但仍远未达到世界经济活动体系中的应有地位。

从经济发展水平的比较中可以看出科学技术应用程度的差距,更能说明问题是消耗同样多的能源所提供的价值。当然,一个国家的能源消耗并不都用于生产过程,家用汽车、空调等也要耗费能源,但大体上可以说,一个国家的科学技术应用水平高,则其产品就相对高级化,单位能耗提供的价值大。在 1985 年,我国的能源消耗量折合标准煤为 77 020 万吨,国民生产总值约 2500 亿美元,即每吨煤耗提供的产值约 325 美元。其他国家吨煤耗的相应产值约为美国 1800 美元、日本 4180 美元、联邦德国 2480 美元、英国 1660 美元、法国 3210 美元、意大利 3100 美元、加拿大 1250 美元、澳大利亚 1760 美元、韩国 1400 美元。靠经济发达程度来说明科学技术与人口的关系是不全面的,就人口对科学技术发展的要求来说,上述的种种统计甚至还没有反映中国的某些特殊国情。

其一,科学技术与农村人口问题。我国在 1952 年有农业劳动者 17 317 万,1986 年农业就业人数则达 31 311 万人,农业劳动力增加约 1.4 亿,而我国的耕地面积自 1952 年以来总量却没有增加。增加的农业劳动力投入到精耕细作(1983 年的粮食亩产量比 1952 年提高 1.6 倍,棉花亩产提高 2.3 倍),多种经营(1986 年的猪、牛、羊肉总产量比 1952 年提高 4.7 倍),兴办乡镇企业或其他事业。但考虑到农机、化肥、农药的应用减轻着农业劳动,考虑到农村人口和劳动力还会继续增加,耕地面积还只有那么多且会趋于减少,如何把人口压力变为推动工农业以及服务业的动力,是一个亟须认真研究和解决的重大课题。

最近几年,已出现了几万乃至几十万农村劳动力涌向一个城市寻求工作的情况。为了保持经济增长和社会稳定,搞好计划生育和农民进城的疏导工作,非常重要,而把人口压力变为发展动力,也是必要的,乃至是根本性的,为此就必须兴办新的产业,首先是发展乡镇企业。

表1 1986年各类物资人均产量

国家	粮食/千克	牛、羊、猪肉/千克	铜/千克	煤/千克	原油/千克	发电量/千瓦时	化纤/千克	纸/千克
中国	372	18	49	839	123	422	0.96	9
美国	1 559	74	302	3 260	1 772	10 680	15.9	267
日本	143	17	809	132	5	4 586	14.6	173
联邦德国	458	85	608	3 300	92	6 657	16.7	159
英国	462	41	259	1 905	2 135	5 254	5.1	69
法国	946	72	322	333	53	6 192	3.8	97
意大利	356	37	397	27	44	3 303	12.4	81
加拿大	2 403	78	560	2 228	2 814	18 298		596
澳大利亚	1 638	149	428	12 203	1 492	7 996		100
印度	238	1	15	227	41	264	0.41	2
韩国	212	15	98	583		1 203		67

要搞现代化，要提高能源利用的经济效益，要有助于解决农村人口问题，乡镇企业的发展就必须依靠科学技术，使之在农副产品的深加工上有创新，与国有大中型企业能有专业化分工协作，乃至成为生产高新技术产品的基地。乡镇企业只应用淘汰技术、高能耗或高污染技术，就不会有生命力。为此，就有必要深入探讨乡镇企业的地位与发展方向，乡镇企业同农林牧渔业的关系，乡镇企业同城市产业的关系，乡镇企业如何在高新技术的应用上发挥作用等问题。只统计乡镇企业的产值是不够的，从长远的观点看，必须把科学技术同乡镇企业和解决农村人口的就业联系起来。

其二，科学技术与企业人口问题。我们经常有企业职工人数的报导，但这并不能全面说明企业的"负担"。与一个国有企业有关的大约有三部分人，全民职工及其供养的人口，集体职工及其供养的人口，这部分往往与前者相当，退休职工及其供养的人口，这部分大约是在职有关人员的40%左右。这三部分就是当今的企业人口，企业要对他们的衣食住行和生老病死承担社会职责。随着改革的深入，企业人口的构成会有所变化，但这个问题的根本解决也依赖于新产业的形成、原有产业的发展和经济的繁荣，依赖于科学技术的进步和科技成果的应用。企业的劳动服务部门（集体职工）只生产技术含量很低的产品，只在流通领域活动乃至靠吃所属企业为生，不是发展的方向。据统计，我国1986年全民所有制部门职工人数共12 809万人，其中工业（不包括建筑业）就业人数8980万人，但各企业的劳动者和企业人口总数远大于此。怎样把科学技术与解决企业人口问题联系起来，也是应当充分重视的。

其三，科学技术与人口控制问题。我国的总人口由1949年的5.42亿到目前已翻了一番多,当然要控制人口,这就需要发展与优生优育有关的科学技术。但人口控制也带来一些产业部门的就业问题,例如独生子女的增多会使某些特殊行业(如矿业)的劳动力来源更为困难。目前,在这类行业中已较大比例地采用临时工、季节工,来一批新手干两三年或一二年,再换一批新手,较难积累经验和提高效率。随着一对夫妻一个孩子的普遍化,这种矛盾会更突出,在这类行业中临时工也难招到。我们当然要继续坚持计划生育政策,同时又必须靠发展和应用先进的科学技术来缓解这种矛盾。为此,我们应当把提高采矿、采煤、采油和其他较为艰苦行业的技术水平作为重要的社会任务。例如井下采煤就不能只靠人工打眼放炮和装煤,就不仅要有采掘机械化,而且要有包括支架、采掘和工作面运输在内的综合机械化。而在1985年我国煤炭的综合机械化开采比重只有21.9%,澳大利亚为99.0%、英国为98.0%、苏联为72.2%。与此相关,还涉及我国自动化技术的发展方向。为了有效地利用装备,保证产品质量,满足国防、航天等需要,必须不断提高自动化水平。但自动化技术的发展又要与人口和人口控制联系起来,使技术进步与解决人口问题互相协调。

总之,研究中国的STS要着眼于后一个S(社会),就不能只考虑体制(当然这是最重要的,经济体制、政治体制、科技体制、教育体制对科学技术发展关系重大),还必须包括人口。从一定意义上说,科学技术历来就是在人口压力下发展起来的。我们要有经济人口论、医学人口论,也要研究科学技术人口论。

二、科学技术与产业

有人说,科学技术落后是我国目前的基本情况。对国情的这种判断有道理,但并不全面和具体。至少,只讲这点还没有充分注意到我国科学技术水平与产业技术的不相称。诚然,我国的科学技术目前落后于世界先进水平,但与经济水平相比并不完全统一。如果仅看科技论文的数量和质量,其落后程度并不特别明显。我国的多数博士论文、硕士论文质量不低,有些高于外国。按中国科技情报研究所统计,世界上四种权威的检索工具(《科学引文索引》等)在1990年度共收录中国大陆科技论文12 221篇,居世界第15位。在国际科学技术会议上我国的学者专家显示了很高的才能。中国的技术发明也为举世瞩目。中国首次于1986年参加日内瓦国际发明与新技术展览会,送展项目有80%获奖,共获得6枚金牌、11枚镀金牌、16枚银牌、3枚铜牌,并有两个项目同时获得两项大奖(日内瓦金奖和世界知识产权组织奖),获奖数居所有参展国之首。1989年中国第一次参加巴黎区际发明展览,获得唯一的一枚共和国总统大奖,共得到11枚金牌中的9枚,10枚银牌中的4枚,10枚铜牌中的4枚,8个专项奖中的3项,获得数再次居参展国之首。我国在核能、导弹、卫星、超导、计算机软件等高科技领域也居于世界前列或接近世界先进水平。

但是，如果从与企业生产应用看科学技术，特别是与批量生产有关的产业技术看，情况就不同了。在这里，总的说是可以用明显落后来描述的。拿工业发达的辽宁省来说，到1987年，国营大中型的万余种主要产品，达到国际上80年代水平的产品比率只有10.1%，达到70年代水平的占32.9%，60年代水平的40.9,%；如果不计石油、有色金属等原材料产品，只计制成品行业，产品水平还要低（机械行业的80年代产品只占4.4%）。其他省市的情况与辽宁不尽相同，但差别不很大。据1987年仅有的调查，本届工业产品的规格、质量大都落后于世界先进水平。我国钢材品种中多为型材、线材，板材只占27.1%，最高水平的中厚板长27米厚3900毫米，而板材比在美国为38.9%、日本48.8%、联邦德50.4%，且可以生产长60米厚5300毫米的中厚板。我国的大型电焊用钢，石油钻采用管、化工、化肥、化纤工业用钢，冷轧硅钢片、镀锡板等主要依靠进口。我国自行生产的汽车首修、故障里程一般在一千公里左右，国外先进水平则达到1~1.5万公里以上。我国生产的电力变压器最高电压等级为500千伏，最大单台容量360兆瓦，国外最高为1785千瓦和1800兆瓦。我国能生产2600伏、1000安的晶闸管，国外在1984年已把4000伏、4710安的晶闸管商品化。普通的电灯也有差距，我国生产的40瓦普灯的光通量比国际水平低28.2%，60瓦的低27.2%。某些精密产品的差距就更大了，我国生产的仪器的平均无故障时间只有500小时，国际水平为一万小时。我国生产的电子表机芯的误差一般为±0.5秒/日，国外一般为±3~4分/年，高级的为±3秒/年。产品品种和质量落后的直接原因不是"论文技术"、"专利技术"的低下，而是体现于主产设备、工艺流程和操作技能上的技术水平不高，即现实的产业技术落后。这在产品的物耗和成本上也表现出来。把钢水连续浇铸成材是已经成熟的先进工艺，在1984年日本钢铁生产的连铸比达89.10%，联邦德国达76.9%，我国到1987年才达12.9%，主要由于连铸比不同，我国的轧钢成材率低（日本在1982年为92%，我国只有80%），损耗大。由于缺乏超高温烧成设备和原料提纯技术，我国的耐火材料上产的能耗高且产品不够耐火，每生产一吨钢铁平均耗掉40千克以下（日本在1985年为13.5千克）。国外采用超临界压力参数大机组较多，发电厂的供电煤耗低，1983年日本每千瓦小时供电标准煤耗335克，法国为330克，我国1986年6000千瓦以上电厂的煤耗达432克。由于炉型和保温工艺等不同，国外玻璃器皿熔炉每吨玻液油耗为200千克，炉龄72个月，我国的油耗平均为380千克，炉龄平均为36个月。由于回收工艺差，我国生产1吨纸耗水170~300立方米，国外为30~150立方米。

产品的质量差、品种少、数量缺、成本高，与加工精度和作业效率密切相关。仍据1987年的调查，我国机床的切削速度仅为80～120米/分，国外则可达2～50米/分。且我国的加工精度低，例如，我国主轴箱体加工的孔距误差为±0.05毫米，国外为±0.02毫米，轴承套圈加工的位置误差我国为±0.03毫米，国外为±0.01毫米。正因为机械加工的精度低，产品的寿命也低，我国的轴承寿命大约只有国外的一半。材质差和加工精度低不仅影响到汽车、风机、泵、电机、变压器等机电产品，而且关系到全部工业产品的质量。当然，每个行业还有它的产业基础技术的效率问题。由于采用的提取工艺不同，我国味精生产的转化率为40～45%，发酵罐每年每立方米的生产能力只有6～8吨，日本的转化率为50～55%发酵罐生产能力为24吨。

1987年以来，我国的科学技术研究水平和产业技术水平都有了很大提高。例如，1990年我国钢的连铸比已达22%，比1987年增加9.1%，钢材成材率则提高到82%。但整个来说，我国产业技术落后的状况仍未根本改变。在STS序列中，T处于中间地位，中国的STS研究要非常重视其中的T（技术），而且主要是产业技术。这里有许多值得探讨的理论问题和实际问题。

只在一般意义下研究技术的本质，给技术下定义是不够的，需要考察产业技术的特点、意义、类型和发展的规律。发电机是很重要的技术成果，但只有发电机还不是产业技术。能实现物质、能量或信息的转移是技术的功能，而产业技术必须以能赚钱为标志。尽管只要求年年都只生产同样多的铁矿石、煤炭或石油，不扩大产量也不提高产品质量，产业技术的难度就必然越来越大。

只在一般意义下科学与技术的统一，讨论科学技术化或技术科学化也是不够的，需要分析科学与产业技术的相互关系。由物理学、化学到宝钢或鞍钢的产业技术，中间有一个复杂的过程和转化的环节，包括基础研究、应用研究发明、研制、工业试验、风险资金、原材料供应、市场开拓、组织管理、员工素质等许许多多问题。

以产业技术为核心来研究STS问题对我国社会主义现代化事业有重要的现实意义。科学技术是第一生产力，直接作为第一生产力起作用的，直接促进社会经济发展的是产业技术。我们讲科技成果转化，主要是指转化为产业技术。技术成果的商品化，不是只把发明专利卖出去，关键的是要把技术成果产业化，且不只是出产品，还要把产品卖出去即成为市场上的商品。我们的技术引进，大部是引进产业技术，消化吸收引进技术要有个标准，也要从发展自己的产业技术，有利于自身产业技术的创新来考虑。我们要发展高技术，一个重要出发点是为了改进和完善产业技术，而不是为了高新而高新。总之，我们要把产业技术放在应有位置，科学技术的社会保证体系主要应从有利于产业技术的发展出发。当然这并不是说基础研究、国防科技、医疗卫生和环境保护技术就不重要了。STS 研究有其丰富的内容。

三、STS 的国际性、地域性和民族性

STS 是一个大系统，它不单纯是 S、T 或 S。但如果分别地看，第一个 S（这里指自然科学）有很明显的国际性。这就是我们通常所说的科学无国界，科学原理的普遍性、通用性，科学成果的非阶级性等。没有也不可能有山区特有的物理学或中华民族特有的化学。

从 S 过渡到 ST 即科学、技术（工程技术、生产技术），仍有较明显的国际性，不同国家的技术过程的性质大致相同，或可以采用大致相同的技术。但是，由于技术与资源、能源或语言条件相关，它又程度不同地具有地域性的特点。各国的矿冶技术、动力技术或计算机技术，从它们包含的基本的科学道理看并无二致，例如，各地各国的炼铁都遵循同样的氧化还原原理。而作为现实过程，不同地域的技术内容又有相当的区别。中国的采矿、选矿、冶炼和金属加工技术就不同于美国、日本和澳大利亚，中国的铁矿、铜矿不少，却大都为贫矿，且多埋藏深，多有共生矿，为此就必须有自己的特殊的采选技术（如处理红矿）和冶炼技术（如钒钛铁利用）。中国的稀有金属丰富，又应有符合这种情况的提取技术，以及利用稀有成分来加工特殊合金的技术，建立中国特有的合金钢体系。再如中国的煤相对较多（据 1979 年颁布的实测储量 60 000 百万吨，居世界首位，苏联为 276 000 百万吨，美国 1974 年公布的煤实测储量 415 728 百万吨），中国的动力技术更多地以燃煤为特点，相应地在环境技术上也有特殊的要求。中国的计算机技术也不能完全照抄别国，至少它有处理汉字的必要。这里讲的技术的地域性，大体是指由自然环境和自然条件造成的特点，与社会制度、社会生活条件和社会意识形态无关。

从 ST 过渡到 STS 即科学、技术与社会，也有一定的国际性。不同社会制度国家中的科技管理和社会管理的体系、方法和政策也有相通之处，例如都要鼓励科学发现和技术发明（都有科技奖和专利制度），都要处理计划调控与自由研究等。各个国家还都要关心与科学技术应用有关的全球性问题，都需处理与科技进步有关的伦理问题（如安乐死等）。对 STS 问题一律作社会制度的划分，认为如不姓"社"必姓"资"，或只能或姓"社"或姓"资"，不符合实际。然而，只要一涉及社会，就不可免地与国界、阶级与民族的利益、经济制度的本质和政治文化传统相关。在这些方面，就相对地少有国际性、普遍性，多有民族性、特殊性。某些科技成果难以转移应用，并不是因为科学技术本身不合理，也不是因为

自然地域条件不相容，而是由于社会利益造成的保密、禁令或附加政治约束，由于缺乏社会需求的动力或社会经济支持。某些科技活动得以大步发展，不是它在先进性上有特殊优点，而是基于社会经济乃至是政治上有迫切需要。

各个时代、各个国家的 STS 都有其国际性、地域性和民族性。用"民族性"来表征并不很确切，应当说这是 STS 作为一个系统的社会特殊性，但 STS 中已有一个 S 表示社会，再讲 STS 的社会性要费解些。

正因为这样，我们就要按照 STS 的国际性、地域性和民族性来开展研究。由于我国曾有较长的相对封闭阶段，对 STS 的国际性普遍性问题接触太少，因而今天要下更大工夫去研究诸如技术悲观主义与技术统治论、现代科学技术与后工业化社会、微电子技术的社会影响等问题，并作出自己的评价和结论。这里研究对处理我国的 STS 关系也十分必要和重要，脱离 STS 的国际性研究是没有前途的。同时，我们又要下工夫去考察 STS 在当今中国的特殊性或中国特有的 STS 问题，这件事是我们应当做，也只能由我们来做，做好这件事可能有国际性的意义。

如果作不大严格的划分，当前我国面临的 STS 问题大约有两类：一类是与社会经济（主要是生产力）相对落后有关的特殊性问题，这类问题的解决应该而且可能以达到国外先进水平去要求，或者说以达到国际性的水平来消除这种特殊性；另一类是与中国社会的本质特点（主要是社会关系，中国特色的社会主义道路），与中国独有的条件（如近 12 亿人口）有关的特殊性问题，解决这类问题很难借鉴别国的经验，主要应根据本国固有的国情和特色要求去处理。当然，这两类问题在现实生活中经常是交织在一起的，构成综合的特殊性。研究中国的 STS 不能离开人口问题，不能离开国有大中型企业的产业技术，前面已有涉及。我国的重要科学技术研究机构属于全民所有制，重大科技成果的应用部门也属于全民所有制，解决 STS 问题就要同发挥社会主义制度的优越性联系起来，同所有制基础和共同富裕的方向联系起来。我国的社会主义所有制还包括集体所有制，这种所有制经济对科学技术的发展和应用又有它的特点，有它特殊的要求、灵活性。同时，集体经济的产业技术与国有企业的产业技术又有一定的矛盾，也需认真研究。我国的社会主义还处于初级阶段，还有多种经济成分，如何使"三资"企业在推动产业技术发展上更好地起作用，亦有待探讨。我国的学校是全民所有制的，如何使科技人才的培养与复杂的社会经济成分协调，并没有真正解决。我国科学园区如何实现技术、工业和贸易的结合才刚起步。可见，STS 的中国特殊性问题是很多的，深入研究大有可为。

四、小　　结

《自然辩证法研究》的科学、技术与社会（STS）增刊问世之时，也正是由中国自然辩证法研究会、中国科学院研究生院自然辩证法教学部、清华大学社会科学系举办的中美科学、技术与社会讲习会即将召开之际。我们希望这本增刊的出版和这个讲习会的召开会对在我国已经开展起来的科学、技术与社会的研究和教育有所帮助，有所推动。

科学、技术与社会是一个新兴的研究领域，它只有大约20年的历史。它是新生的，充满朝气的。在短短的大约20年的时间内，它有了那么迅速的发展，引起了各方面的关注，这实在是时代的潮流和趋势使然，是各种内外因素协同作用的结果。

美国这样的科学技术先进的国家在科学、技术与社会这个研究领域中领先迈步，取得了引人注目的成果，中国学者和有关人士自然要密切关注他们的进展和成果。要向先进者学习，研究和借鉴他们的成果。

值得高兴的是，中国的科学、技术与社会的研究和教学也已起步和发展。在科学、技术与社会这个领域，有世界面临的共同问题，有新时代出现的崭新问题，也有各国、各地区面临的"各自的"问题。在这个领域中需要格外注意不同的国情所带来的问题。我们相信：各国学者愈是有独创性地研究本国的科学、技术和社会方面的问题，也就会愈加鲜明地形成有独自特色的学术方向和学派。我们愿同全国已经从事和有志于在今后从事科学、技术与社会研究和教学的同志们一起，同愿意以不同方式帮助科学、技术与社会研究和教学发展的同道一起，为踏踏实实地推动我国的STS事业的前进而努力奋斗。

我们相信，随着目前和未来的中国改革开放浪潮，中国的STS事业也一定会出现新的面貌。

促进科技成果向现实生产力转化 *

坚持科学技术是第一生产力，把经济建设转移到依靠科技进步和提高劳动者素质的轨道上来，是一场广泛而深刻的变革，具有重大的战略意义。为此，我们既要充分认识科学技术是第一生产力，也必须认真研究怎样使科学技术发挥第一生产力的作用，把科技成果转化为现实生产力。

一、科技进步与经济增长之间的不平衡现象

科学技术是第一生产力，现代科学技术对于当代生产力发展和社会经济发展具有第一位的变革作用。我们一定要最大限度地发挥科学技术的作用，推广应用先进的科学技术成果。同时又应当看到，科学技术是第一生产力乃是把现代科学技术作为一个系统，着重就其社会经济功能而言的总体性结论。在这个系统中，有已经体现在生产或工程活动中的科学技术，有已经创造出经济效益的科学技术，还有在一定阶段上只是研究成果而尚未在物质生产或实际工程中推广应用的科学技术。后者总的说也属于第一生产力的范畴，但要真正把它变为现实的生产力或物质生产力，真正成为推动经济增长的现实力量，需要有一个转化过程，而且通常是一个复杂艰巨的转化过程。把科技进步完全等同于经济发展，把一切科技成果都等同于现实生产力，是一种简单化的观点。

对于科学技术和一个国家的科学技术水平，可以而且应当从不同角度去考察。所谓尚属于研究成果的科学技术，主要是指它来源于研究院所、大专院校或企业的技术开发部门，它的创造者是科学家或发明家，这种科技成果表现为科技论文、课题报告、发明专利、方案设计和样品样机等，基本上是知识形态的东西，以及以知识论证为主要目标的物质载体。一个国家拥有这种科学技术成果的数量多、质量高，当然可以认为其科学技术水平高，而且在不少情况下其生产水平和经济水平也较高。美国、德国的诺贝尔奖金获得者数分别居世界首位和第三，至 1983 年分别获诺贝尔物理学、化学奖达 76 项和 36 项，它们的独创性技

---

* 陈昌曙：求是，1992 年第 8 期。

术发明也多，经济水平高。从人类历史发展的总趋势看，科学技术水平与生产和经济水平是同步提高、相辅相成的。

然而，就特定时期、特定国家看，在科技水平与生产水平之间、科技进步与经济增长之间，却未必就是简单的正比关系，这里往往有相当的不平衡。英国获得诺贝尔奖金者数相当多，至1983年有物理学化学奖44项，按人口平均在世界上首屈一指，英国的独创性技术发明也居世界前列，但其国民经济水平在近百年中却未达到相应水平，人均国民生产总值在1986年仅居世界第17位。日本至1983年共获得诺贝尔奖4项，独创性技术发明也相当少，却是经济大国。

人们经常谈论我国科学技术水平的高低。诚然，由于近代的历史原因，我国当前的科技水平总的说还是落后的，同时，我国的经济发展水平也较低，据世界银行和按外汇比价计算，我国现时人均国民生产总值在世界上的位置是很低的。但是，这里也有相对的不平衡。如果从科技成果来看，我国科技水平就不那么落后，有些方面还相当先进。我国的科学技术工作者写出了一批出色的研究论文。1990年，国外的四种权威性检索工具（美国的《科学论文索引》、《工程索引》等）共收录我国科技论文13 352篇，论文数据世界第15位。在许多重大的国际学术会议上，我国的专家教授都显示出很高的科学技术才能。我国在超导研究、生物大分子结构研究、高能物理研究、软件研究等领域已步入世界前列。我国的技术发明专利数量不少，质量也很高。中国于1986年首次参加日内瓦国际发明与新技术展览会，送展项目有80%获奖，共获6枚金牌、11枚镀金牌、16枚银牌、3枚铜牌，获奖数居所有参展国之首。1989年中国第一次参加巴黎国际发明展览，获得11枚金牌中的9枚、10枚银牌中的4枚、10枚铜牌中的4枚、8个专项奖中的3项。在若干可能集中优势力量、必须有高度创造才智的工程技术领域（原子弹、氢弹、导弹、航天等），我国也取得了举世瞩目的成就。

为什么在科技水平与生产力水平、经济水平之间有上述的不平衡呢？简单说，这是因为科学技术成果同科技成果的应用并不是一回事，或者说科技成果有待于应用。英国的科技成果水平高，由于未能顺利应用，经济发展相对较慢。日本成功地引进应用了外国的先进科技成果，经济快速成长。我国当前的一个突出问题，就是要使科技成果得到更为广泛和有效的应用。据统计，我国的科技成果至少有70%以上仍是未被应用过的"论文技术"、"鉴定技术"、"专利技术"乃至"获奖技术"，其余的30%中也有相当部分并未带来理想的经济效益。据对辽宁省1986～1988年三年获科技进步奖的项目（获奖成果不仅是科技成果中的佼佼者，而且是以曾被应用为条件的）调查，在总共340项工业类获奖项目中，至1991年形成产品或实现商品化的有125项（占36.8%），有115项（占33.8%）因遇到各种困难而未能继续应用。

当然，要使全部或大部分科技成果（包括专利）都得到应用并见诸经济效益，这是不切实际的。有的科技成果有长远的意义，有学术价值，或有社会效益，不能只用生产应用或增加收入一项来衡量，但努力提高科技成果的应用率，使之不仅出产品、出产值，而且出商品、出效益，则是我们的当务之急。因此，对于我们自己创造的科技成果，对于引进的国外科技成果，都应当进行推广应用的开发或"二次开发"。

二、科技成果变为现实生产力需要转化

在现实生产中发挥作用的科学技术来源于研究成果。许多研究成果可能有重要的应用前景和经济价值，但在被推广应用前还不是体现于物质生产活动中的现实力量。就这点说，"科学技术是生产力"中的"是"，只能理解为转化，是转化意义上的同一性。

科学技术成果之所以必须经过转化才会成为现实生产力，在根本上决定于成为现实生产力的科学技术具有以下一些特点：

第一，它是现实的产业技术。作为现实生产力的科学技术的最突出的特点是它的直接现实性，它不再只是科学发明家手中的成果，而是由生产部门的工程师、技术员和技术工人掌握和驾驭的科学技术，是蕴含于机器装置、工艺流程和操作方法中的科学技术，是提供着物质产品和经济效益的科学技术。在活生生的生产过程中发挥着实际作用的技术，只能是产业技术、企业技术。

这里再回到我国当前的科学技术水平的问题。我国科技研究成果的水平不很高，也不很低，明显落后的则是现实生产中的科学技术，特别是同批量化生产有关的产业技术、企业技术。我国人均国民生产总值低，乃至低于一些在科技成果上远不及我们的国家，除了人口、资源和汇率计算等因素，重要的原因就是现实的产业技术落后。拿辽宁省来说，在1987年，工业企业主要技术装备达到国际先进水平的平均不及7%，产品按国际标准的工艺要求组织生产的约为17%，达到国际80年代水平的产品约占10%（其中机械行业这一比例为4.4%，防治行业为14.8%）。当然，一些新兴工业地区的产业技术要比辽宁先进，我国的高技术产业已经起步，传统工业产业的技术改造有了较大进展，但从根本上改变我国产业技术落后的状况，把国内外的先进科学技术成果转化为现实生产力，仍是一项迫切而艰巨的任务。

第二，体现于物质生产过程中的科学技术总是作为系统存在的。在一个企业内部、各个企业之间及不同产业之间，多种科学技术环节必须互相匹配，连成一体，人才、生产技术的完善、更新乃是一个技术系统的改进或变革。一项科技成

果要进入或被纳入生产系统,必须有其他的相关环节与之匹配,从而转化为现实生产力。发明发电机的科技成果在19世纪中叶已经完成,但直至20世纪初才有了生产商的电气化产业技术,大约有半个世纪在等待匹配。只有在照明材料、输电、变压器、三相交流、电器开关等一系列技术环节支持下,发电机的发明才迎来了现实的电气时代。

科技成果进入生产系统并不是轻而易举的。有的科技成果(如某些检测手段、防护手段)只需对原来的生产系统做不大的改动就会被容纳,有的科技成果(如某些配料方式、控制方式)要对原来的生产系统做较大变动后才得以进入,有的科技成果(如某些新工艺、新设备、新流程)只有在对原来的生产系统做重大改变的条件下才会被接纳,形成新系统。无论对原来的生产系统做怎样的变动,都不是只靠单项科技成果就能办到的,需要其他环节的协调匹配。

我们在科技成果推广应用上遇到的困难,常常就是因为缺乏匹配。一项先进的科技成果,往往由于没有相关的支持而被卡住无法进入系统,出现所谓"瓶颈现象"。钢铁生产中的连铸(不待钢水冷却直接浇铸成钢材)是成熟的科技成果,我国对它的研究也不少。要连铸就应有吹氧转炉、转炉等相关的各种配套技术。在鞍钢,目前仍有较大比例采用平炉炼钢(1985年鞍钢钢产量中有62.7%是用发达国家已淘汰的平炉法生产的)。在这种情况下,连铸的顺利应用就难以实现。发明了可作高速切削的精密刀具对我国机械加工业当然是重要的科技成果,因为我国机械加工的效率和精度目前一般仅为国外先进水平的40%~50%。但高速精密刀具的应用必须有高效动力、高稳定机床结构和高灵敏的控制的配合,缺其一则新刀具仍会游离于生产系统之外,它只能继续以专利或样品的成果形式存在。

第三,作为现实生产力的科学技术必须讲求经济性,是需要认真计算采用成本和利润的科学技术。人们在科学技术研究中也要考虑到经济因素,但一项科技成果能否成立,首先未必是用起来是否合算,而是它有多大的正确性、精确性,是否反映客观规律性,是否能够实现自然界的物质变换、能量转化或信息处理。在一篇科技论文乃至专利说明中,通常并不附有应用条件的经济合算,而注重于阐述科学上的真理性和技术上的可能性。

实际上,一些科技成果不能进入生产系统成为现实生产力,并不是由于缺乏,而是应用时的投入不能在相当时间内回收并带来更多的收益。从海水中提取黄金,尽管在科学技术上已有一定成果,但提取一克黄金的耗费相当于一克黄金的价值,这种科技成果再神奇也不会成为产业技术。我国的一些科技成果未被应用或暂时未被应用其原因就是应用成本高,难以定期回收和增加利润。

科技成果首要的是先进性,科技成果应用首要的是经济性,是效益,是获得效益所需的产品品种增加和质量提高，当然还要考虑到应用时的安全性、操作上的适应性等。

以上几点，主要是从科学技术自身（或从工艺学的角度）说明作为现实生产力的科学技术的特点，它同一般科技成果的区别。从产业技术的现实性、系统性和经济性可以看出，由科技成果到现实生产力必须经过转化。

三、努力创造科技成果产业化的条件

科技成果进入生产系统，转化为产业技术，产生经济效益，才能实现科技成果产业化。科技成果转化为现实生产力，当然要以这种成果正确、有应用前景和符合应用要求为根据，但这种转化的条件却不在于科技成果本身，而是在科技成果之外，主要在于社会经济条件。新的科技成果需要匹配，不单是要有其他科学技术环节的协同，更需要有社会经济系统中各方面的支持，社会经济体制上的保证。

（1）要有企业技术创新的活力和能力。作为现实生产力的科学技术以企业为基础，企业自主经营，参与市场竞争，既负盈又负亏，才有应用新的科技成果使之变为新产品、新商品和新效益的积极性。这样的企业会主动地建立和强化技术开发机构，主动地增加技术开发的财力，主动地与研究院所和大专院校进行科技合作，主动地捕捉市场信息来进行技术创新。

（2）要有中间试验的机制。科技成果能否及时产业化，不能只从企业找原因。一项科技成果通常以试验室的试验或模拟性的小型试验为依据，究竟能否在实际生产条件下有效应用，并没有完全解决，还必须通过生产条件下的中间试验（如工业试验）。除了少数特大型企业或大企业是无力进行中间试验，因而就有必要建立一批中间试验基地——例如工程研究中心，靠它来加速科技成果的产业化。

（3）要有风险资金的投入。科技成果的取得和应用都需要资金，应用具有先进性、合理性的科技成果一般会在相当时期内得到报偿。但是，科技成果的应用未必能一一带来预期的效益。中间试验可能受挫折；即使经过中间试验的确认和充实，由于市场变化等原因，某种科技成果应用时也会遇到风险。这就需要有一笔即可能带来收益又可能受蒙受损失的资金投入。科技成果转化为军事战斗力的风险资金相对容易解决，许多先进的科技成果首先在军事上得到应用。为了加速科技成果的产业化，需要有促进新技术在生产上应用的风险资金，风险资金总的来说也会得到报偿。

（4）要有国家政策的支持。这主要是指有利于科技成果应用的信贷政策、人才政策、利税政策、商业外贸政策，以及对国有企业的技术改造、设备折旧、大修等方面的政策。拿人才政策来说，我们应当提倡搞科技成果的人把工作延伸到科技成果的有效应用，也应当允许和支持一部分人着重于搞科技成果，另一部分人着重于搞科技成果的应用，并使者两部分人在工资待遇、职务、职称等方面各得其所。

创造和改善这些条件需要做很多事情，要一件一件认真落实，这比一般地提出一些不切实际的口号要复杂得多。而且我们必须把这些条件看做一个系统，比科学技术系统更大的系统，从而有效地推动科技成果产业化的进展。一家外国公司在同我国某单位联系时明确表示，他们愿意在科技成果产业化方面与中方合作，并表明他们同时具备三个条件：一是在科学技术上懂得中国的成果（如专利）何者是真正有独创性的、先进的；二是了解这种科技成果应用后的市场特别是国际市场的销售走向；三是有一定的资金可以投入到科技成果的生产应用。其实，在不少场合下，我们也是具备这三个条件的。我们许多科研院所、大专院校的专家教授懂得何种科技成果真先进，商业外贸机构对市场情况有所了解，银行也有一定的信贷资金。遗憾的是，这三个条件往往不能互相结合，同时具备，常常是互相分离的。把这些条件统一起来，及时有效地发挥作用，需要做很多工作。

为了促进科学技术成果转化为现实生产力，各级主管科技工作的部门、主管企业生产的部门和主管经济工作的部门，有必要更加紧密地协调一致，加强对科技成果产业化的领导、研究和落实，共同创造依靠科技进步振兴经济的条件。这些部门在工作上的密切配合，是实现科技成果产业化的最重要的组织保证。如果这些部门互不通气，甚或互相扯皮，科学技术是第一生产力就难以在实践中充分体现，科学技术与经济和社会发展的结合也难以顺利实现。

我国的科学技术工作者有杰出的创造才能，改革开放以来我国的科技事业更有了长足的进步，随着搞好大中型企业和农村经济的发展，科技成果的产业化必将生气勃勃，社会主义的中国必将更加繁荣富强。

企业技术创新的呼唤*

《技术创新——企业腾飞之路》这本论文集,在多方的努力下,终于同读者见面了。它既是学术研究成果的汇编,又是对振兴经济的工作建议。文集围绕科技成果产业化的主题,提出了极为重要的论点:企业应是技术创新的主体,技术创新乃是企业的生命,从一定意义上说,这本文集也是对企业技术创新的呼唤。

技术创新与我们以往经常使用的"技术革新"不是同义词,它不仅是指技术本身的创新如发明,而是一个包括生产过程创新。科学技术成果才能转化为直接生产力,企业在技术创新上的动力、活力和能力,决定着它在市场竞争中的胜利和效益。技术创新的能力和水平,已经成为一个国家工业发展水平和经济实力的标志,成为其国际竞争力的关键。日本的《日经产业新闻》在最近发表的一篇评论文章中有一段话说:"如果中国现在不抓紧时间赶上西方国家具有的、以市场机制为基础的商品技术开发能力,今后对西方的依赖性会越来越强",这里所说的以市场机制为基础的商品技术开发,也就是技术创新。

技术创新的研究在我国学术界还是近三五年以来的事,对技术创新的宣传普及也开始不久。一些人还不知技术创新为何物,乃至以为提出和提倡技术创新知识在名词概念上做文章。因此,我们既面临着继续深入研究技术创新的任务,又要更加广泛地宣传技术创新,从而进一步推动技术创新。这本文集也是关于技术创新的宣传普及材料。如果它多少有助于促进人们对技术创新的了解,特别是有助于企业家和工程技术人员更加关心企业的技术创新,这将是重要的贡献。

当前,我们不仅要探讨和介绍关于技术创新的一般原理,尤其要考察和阐明在社会主义市场经济条件下如何开展企业技术创新,也就是要在新的起点上深入具体地进行技术创新的研究。由于明确了社会主义市场经济的体制和运行机制,整个国民经济已处于从计划经济向市场经济过渡的阶段,在这种情况下,分析计划经济对技术创新的制约是必要的,更为必要的是研究过渡时期条件下如何进行技术创新,如何在市场经济条件下开展技术创新。

为要在新的起点上开展技术创新的研究,就要引进国外的技术创新理论和方

---

* 陈昌曙:自然信息(增刊),1992年。

法,并通过比较研究吸取其精华,由于经济的国际化发展,由于经济发达国家在技术创新上先行于我们,进行国际性的比较研究和借鉴尤其重要。例如,日本的企业特别是企业集团早已成为技术创新的主体。日本企业内实行的开发、设计、中试、生产和销售一条龙体制,促进了发明成果的迅速产业化。这个经验就很值得我们吸取和借鉴。再如,日本有的学者还认为,不仅资本主义经济优于社会主义经济,而且,"计划色彩多些的"资本主义市场经济(如日本)又优于"自由色彩多些的"资本主义市场经济(如美国)。这个观点也值得分析,从而加深对不同经济模式下技术创新过程的认识。

技术创新理论发源于欧美,经济发达国家有进行技术创新的成熟经验,但这决不意味着我们只要做翻译和临摹的工作,只是照抄照搬也是学不好的。对我们来说,最为重要的是要总结我们国家在企业技术经济发展上的经验教训,是要具体分析我们在市场经济条件下企业技术创新遇到的特殊问题,提出符合我国国情的技术创新措施。例如,目前我国的企业(包括相当数量的大型企业)的技术开发力量还较薄弱,大都没有力量来进行较大的技术开发研究,还难以按理想的创新模式行事,而必须为开展技术创新准备多方面的条件,包括企业中试基地的建立,既懂销售又懂技术的人才的培养等,再如,我国的一些研究部门包括企业的研究所还比较习惯于提供可鉴定或展出的样机、样品,而较少提供可实用的配方和可操作的工艺,为了推进技术创新,就必须使研究开发同生产部门有恰当的分工结合关系,使企业研究所不再是摆设陈列用的"佛龛",而是为企业提供营养源的"厨房"。在我国搞好技术创新,还要解决官、产、学的结合,我们应当发挥善于组织协作和联合的优势。

当前最需要研究的,是如何才能使企业真正成为技术创新的主体,这不仅是指企业要有自己的技术开发机构或组织,更重要的是企业要有自主技术开发的目标、动力、活力、财力、物力、人力、信息、规划和措施。只有企业真正成为技术创新的主体,而不仅仅是科研部门和大学在那里搞发明创新,也不仅仅是部委或者省市机关在那里定项目,才会有科技成果的产业化和经济振兴。

关于技术创新的理论研究,应当同经济和企业发展的实际密切结合起来,使技术创新的研究成果真正成为企业活动的指导性原理,而不仅仅停留于界定技术创新的概念和剖析技术创新的模式上,这里也有一个技术创新的研究成果要产业化的问题,研究科技成果产业化的人,首先应该努力使自己的研究成果产业化,为此,技术创新的研究必须深入到创新的过程中去,研究其在各个阶段的特殊规律,才能真正指导创新的实践活动。

技术创新的研究需要多方面力量的共同努力和配合。技术创新研究不仅限于对技术本身的创造发明研究,而是涉及技术、经济、社会诸多领域的综合性的理论与实践，在技术创新的研究队伍中，不仅要有专门从事学术研究的人，还要有企业家和工程技术人员以及从事商业外贸和银行工作的专家，研究技术创新的学者中，又不仅要有哲学家、社会学家，还要有经济学家、管理学家。只有从各方面人士的协同作战，才会使技术创新在理论和实践上取得进展。

  技术创新的研究正方兴未艾，我国在社会主义市场经济的推动下，急需技术创新研究的理论成果，中国的技术论学者应该而且能够用自己的研究成果来满足社会进步提出的新需求，应该而且能够为企业技术创新呐喊呼唤、鸣锣开道。

立足矿业特点加强矿山开发 *

本文从三个方面说明了矿业的特点，并就六项常规指标品种、质量、劳动生产率、投入产出、成本、效益等进行了阐述，还提出了一些有关矿山开发的意见和建议，值得各方面重视和研究。

从技术的、经济的、社会的诸方面深入地研究和把握矿业特点，对确定矿山开发的战略方针和政策措施，有极为重要的意义。已有一些文献对矿山特点作了很好的分析，但还有从总体上继续探讨的必要。本文试图从三个方面说明矿业的特点，并提出一些有关矿山开发的意见和建议。其中的某些观点可能是有争议的，供研究参考。

一、矿业是积累性技术密集的产业

直接向天然自然索取资源，是矿业的最根本特点，矿业的重要性和其余特点都植根于此。农业也是向大自然索取的，但它面对的大部是可再生资源，在农业过程中除了采取（捕捞、砍伐），还要创造资源（种植、养殖），且这些过程基本上只涉及地表。矿业面对的是未经人类劳动过滤的非再生资源，矿业活动不仅在尺度上深入自然（地下），还在许多方面与天然自然状况深深地纠缠在一起，产生了许多日趋复杂的技术问题。

人们通常把采掘业与农业放在一起，统称第一产业，并认为是劳动密集型的产业。这种观点也是有理由的，至今为止，矿山开发不仅远未达到卫星发射、光纤通信那样的科学性和精确性，与普通的车床作业、平炉炼钢的知识性、准确性相比，也相去较远。当今的采矿理论及其基础岩石力学，尽管已有了重大进展，其科学预见性还是相当有限的。矿业占用的劳动力仍很多，其劳动生产率仍不够高。

然而，从根本的、长远的或战略的观点看，又不能只把矿业看作劳动密集型产业，而应当看到它同时具有相当突出的、不断地技术密集化的特点。计算机、

---

* 陈昌曙，罗蒨：金属矿山，1992，(4)。

核电站的开发,其难度也日益加大,但这类开发一开始就需要多方面的高级人才和前沿科学理论,要有同时性、并存性的技术密集。矿业在开始就存在相当难度,也需要多方面的知识和人才。然而,它在一个时期里可能是技术水平不甚高的,乃至主要地可以靠经验技能作业,但随着时间的延续,矿山开发的难度却急剧增加着,技术问题以指数函数密集化,矿业是以积累性技术密集为主要特征的。

(1) 矿业一开始和在任何时候都是极为复杂的。采掘的对象充满着非均质性、各向异性和几何形态的多样性,是一个遍布非线性关系、几乎无法作实体性模拟的真正的黑箱,而矿业技术只能从大自然本身造成的极为复杂的矿岩结构和性质出发;其难度始终是相当大的。世界上的汽车厂,发电厂、炼铁厂的技术大同小异,而各个矿山的采矿工艺、选矿工艺虽有共性,却又有很大的差别,在这个矿山适用的工艺到另一个矿山可能要作原则上的修正,乃至无法应用。

(2) 矿山开发总是先在交通、水文、气候等条件相对较好的矿区进行,再逐步转向条件更为恶劣的矿区。矿区条件恶化,技术难度也增加,交通不便,运输困难,在高寒地区露天开采,对付矿岩冻结就是一大难题。矿业开发不仅先易后难,而且总是先富后贫,即先去开发有优质矿石的矿山,再转向低品位矿石的矿区。美国曾大力开采苏必利尔湖一带含铁50%多以上的矿石,开采量比巴拿马运河所挖出的全部泥土还要多得多,但现在优质铁矿已经枯竭,矿石品位降到20%~30%。美国当今也不得不开采低品位铁矿,并大量购买国外富矿。我国重点铁矿开采的原矿品位在1950年平均为40.7%到1988年只有30.8%。美国在1950年开采铜矿石品位平均为4%,逐步降低,到1980年平均为0.55%。低品位矿石的开采增加了采矿的难度,更增加了选矿的难度。现在人们已在研究如何重新开发利用过去废弃了的尾矿,这更需要有技术上的突破。

(3) 对于一个矿山的开发来说,采掘只能由浅到深地进行,由中心矿体向周边矿体展开。我国的露天铁矿开采有的距地面几十米,目前已有多座超过百米,设计深度有的超过500米,井下开采则可达更深的地下。由于日趋向深部开采,需要剥离的岩土量大增(我国重点铁矿在1960年每采一吨矿石需剥离岩土0.92吨,1998年增至2.37吨),矿石运距和能耗大增。而且,深部地下压力急剧加大,还给矿井和矿山建设带来一系列技术难题,矿山的排水通风等也更为艰巨。在向深部和周边开采时,矿石的性质也会变化乃至较重大的改变。因此,不仅在开始开发每一座矿山时要分别地作采矿工艺和矿石可选性的研究,同一座矿山在逐步向深度和广度开发的过程中,也要不断地作这种研究,只要资源还没有枯竭、矿山开发要进行下去,就有永无休止的,通常是难度越来越大的研究。

(4) 在某一层次上的矿业生产也不能像机械加工产业那样可按相当严格的规

程进行。最高明的地质矿产勘探,也只能粗略地估计出地层和矿岩的分布。而且,矿山开发中施加的工程措施、凿岩、爆破、开挖、建井和工程载荷又在地下造成了新的变动。矿井或露天开采每推进一步,即或在相近深度的矿岩层,都会遇到难以充分料及的情况和问题,需要不断研究和解决新的矛盾,在不断调整、修订方案中前进。采掘的进展是生产过程,当然有作业规范,采掘同时又是一个连续不断地探索过程,必须有积累性的研究报告。矿业的生产和研究相对较少有独立性,更多有合二而一。

(5) 天然矿岩总是以多种成分共生的状态赋存着,矿山开发是以着重利用其中某种成分为出发点的,因而分为铁矿、铜矿、铅锌矿、稀土金属矿等,矿业的发展必然要从相对单一地利用过渡到矿产资源的综合利用,例如铁矿同时要大力开发利用矿石中的稀土金属钒钦、铜钴镍等。共生矿的分离,也是当今世界的技术攻关难题。

(6) 矿山开发由于经常碰到断层、地下水、爆破震动、粉尘、烟气等,在安全防护技术上有特殊要求,而且是难度越来越大,要求越来越高的技术。

总之,矿业不仅是一个非常需要技术的部门,而且是一个必须连续不断地追加技术投入和技术力量的产业。矿业不是高技术产业,但却是技术难度很大,且越来越大的产业。使矿业技术日趋密集化,这才符合矿山开发的规律性。为此就要认真研究矿山技术政策,下大力气组织矿业技术的攻关,培养足够的矿业技术人才,而这一切又有赖于解决与开发矿山有关的经济与社会问题。

我国的铁矿的赋存特点是短而深薄而陡贫矿多、共生矿多,至今为止还未发现像苏联美国、加拿大、澳大利亚、巴西等国那样的特型的、相对较浅的优质铁矿。而我国的矿业术,除了在钻机和爆破技术上有较大成果,总来说还处于相当落后的状态,在发展陡帮开采和边坡稳定控制技术,提高矿山运输装备水平改善劳动环境条件,开发贫铁矿、共生矿选矿工艺等方面,还有大量事情要做。

二、矿业是超常规性的经济部门

矿业的性质特别是它在技术上的特殊性决定了它在经济上的超常规性,或者说,对其他许多产业适用的技术经济指标、投入产出规范产品的性能成本(价格)比等,将其用于矿业时常需附加若干特殊说明,乃至不尽恰当。我们应该也只能从矿业自身的经济特点来看待矿业和对待矿山开发,从它的特点出发来评估常规指标。

(1) 品种。采矿产品的品种在很大程度上是人力不可控的。选矿在解决共生矿综合利用上有进展,可能增加个别的或少数的新品种,但其难度很大。

(2) 质量。采矿不可能提高天然矿石的原有质量，只能尽力避免因开采而降低质量，即减少贫化率（这也就是提高了采矿的质量）。选矿产品的质量在很大程度上决定于原矿品位，而且要考虑到冶炼的综合效益，不能说选矿产品的质量（精矿品位）越高越好。

(3) 劳动生产率。地质条件接近的矿山，其劳动生产率有可比性，矿业生产中的某些单项指标，如电铲、汽车的效率等也有可比性。但是，如果一个矿山是较难开发或深部开发的，如果它的原矿品位较低或难选，尽管它的管理水平较高，其劳动生产率也难免较低。单项指标也有类似情况，对不同硬度、强度的矿石，矿石破碎和研磨的效率必然有较大差别，只用单位时间处理多少吨来衡量就难以对比。

(4) 投入产出。对于一般的工厂、铁路，一旦建成投入生产或营运，在相当一段时间，如不再追加固定资产和流动资金，通常可以维持原有产出（简单再生产）。矿山是生产与建设密切相连的产业，是连续地边建设边生产的产业，抛开为扩大再生产的基本建设不谈，矿山要维持简单再生产，就必须以不断追加资产、资金乃至人力的投入为条件。攀枝花冶金矿山公司的经营状况不错，但其生产系统在基本保持年产出 700 万吨的近十多年中，固定资产增加 35%，人员增加 58%。

(5) 成本。矿山在降低成本、减少能耗上可大有作为，但由于矿山开发随时间推移而发生的许多变化，即使没有外部的涨价因素，矿山产品的成本总是趋于提高的。我国重点铁矿的铁精矿成本在 1960 年每吨 1.81 元，1980 元，37.6 元 1988 年 66.5 元（这里含外部涨价因素）。

(6) 效益。各个矿山的情况特殊，成本相差较大，但相近质量的产品却只能有一样的价格，不可能因难采难选而优价，这样，各矿山的人均效益必然会有较大差异，有的矿山利润相对较高，有的较低乃至亏损，而对矿石的总需求又不允许将亏损矿山关停。不仅如此，矿山效益还制约于冶炼加工，众所周知，矿山乃是整个工业的基础，但矿石除了供应冶炼厂之外却不能投放消费市场，处于工业源头的矿产在利益分配上却处于尾端。矿山只能从冶炼加工部门分得效益，如何分和分多少，较少有自主性和独立性。

基于这些特点就有必要研究和确定更加符合矿山特点的技术经济指标体系。这当然是一件很难的事情，我们无能提出具体意见。作为设想，例如既然矿山效益与矿石品位高低正相关，与剥采比反相关，能否把这类因素综合起来，建立起矿山效益的综合指标，使不同的矿山有更好的可比性；既然矿山的大小、贫富和采选的难易有较大区别，能否通过分类加权对指标体系作某种修正；一个矿山也应当有自身纵向比较的技术经济指标。不管怎样，总不能完全搬用常规性的指标系统，包括把冶炼厂的指标简单地用于矿山——由于大中型矿山附属于冶炼加工企业，这种情况常易发生。

基于这些特点更有必要研究和调整对矿山的经济政策。即使在资本主义国家，政府对矿山开发也是有特殊政策的。美国法律就规定矿山的"折耗减免"，即一个矿山公司可以从它的应税收入中扣除总收入的一定百分比，对金属矿这一比例为15%~23%。假定一个矿山公司总收入为10万元，可扣除的开支为2万元，剩下应税收入为8万元，从这8万元中还可再扣除1.5万~2.3万元的折耗减免，总的应税收入为6.5~5.7万元。折耗减免的理由是为弥补被损耗掉的矿产储量，必须提供一定的资本，勘探开发新资源。我国也有对矿山开发的鼓励政策，如政策性亏损补贴，但各方面的政策的配套、调整、完善仍有待解决，如价格政策、税收政策、投资政策、人才政策等。

现在人们在议论要向矿山作政策上的倾斜，或要给矿山优惠政策，从具体内容说是有理由的，但我们认为这种提法并不适当，应该说矿山应当有其合理政策，而不是要求有分外的倾斜或优惠；如果说要有什么倾斜，那也是以往没有搞正，造成了矿山行业的资金利税率低于钢铁企业的平均数，造成了矿产品与钢铁产品的比价脱离国际比价关系，现在应当把已经倾斜过去的再倾斜回来，达到合理状态——摆正。矿山的资金利润率本应略高于钢铁厂（国外钢铁厂的资金利润率大约11%，矿山资金利润率15%~20%，这不能都归之于资本主义制度），而我国钢铁厂的资金利润率却平均是矿山企业的近三倍（20%：7%），又该如何倾斜呢？在我国，莫如不讲倾斜，只要使矿山资金利润率有同等地位已很好了。

向矿山的投资本应逐步增加，这不是要求优惠拨款，而是符合矿山开发的客观规律性，不如此就无法在较长时间保持产出。我国在第二、三、四个五年计划期间，每产出一吨铁矿石平均相应有4，5元、6.8元、7.7元的矿山基建投资，到第五、六、七个五年计划期间，这一数字却下降到5.3元、2.2元、2.7元。矿山占钢铁总投资的比例，在第二、三个五年计划期间为14.7%，第四、五个五年计划期间为20.3%，在第六、七个五年计划期间只有5.9%。矿山基建投资的减少可能不会产生多大的近期效应，钢铁产量仍在增加，但没有追加投入总会造成难以维持简单再生产的长远后果。那时再投资也来不及了，一个稍大点的矿山要三五年才能建成投产。

当然，近10年矿山投入虽减少，仍有年产约6000万吨钢的矿石，这是与群采矿山和矿石进口有关的。群采矿山的评价另当别论，至少今后其产量不可能大幅度增长。进口矿石不仅有外汇、运输等问题，像我们这样的国家可以在多大程度上依靠国外矿石，这本身就是一个值得研究的战略问题。何况，即使我国把年进口矿增到2000万吨（1981~1988年平均每年近800万吨），即使到1995年钢产量为 7500 万吨，平均每年要递增 1000 万吨的铁矿石才能补上缺口——值得注意的是，在 1989 年时讲这个递增数为每年 700 万吨，1990 年讲时为每年 800 万吨，1991 年讲时就是每年 200 万吨，如果再讲下去而未能在实际上增加矿山能力，到 1993 年或许要每年增加 4000 万吨矿石才能满足钢产量的计划要求！再何况，我国的老矿山每年消失采矿能力 200～300 万吨。

三、矿业是社会矛盾最集中的领域

矿业是人们直接与天然自然界打交道的产业，正因为这样，它又成为社会矛盾相当集中的地方。矿业所碰到的社会问题，远比机械加工业、轻工业多得多，也在很大程度上比农业复杂。由于我国的国情条件，矿业的社会问题更有特殊性。作为矿业部门，有可能主要靠自己的努力去解决技术问题，但较难靠自己去解决经济问题，最难主要靠本部门的力量去解决与开发矿山有关的社会问题。而从战略上看，解决矿业发展的社会问题，要比解决其技术问题更重要。只有妥善处理矿业社会问题，矿山开发和其他问题才得以较顺利解决。

（1）矿业只能在自然成矿的地区发展起来，除了个别矿山（如梅山铁矿）是在离大中城略近的地区兴建，多数矿山都处于交通不便的偏远山区；尽管因矿山开发会导致新的城镇建立，矿区仍然远离城市。在城乡差别还是一个突出问题的时候，矿区基本上位于乡村一端。当前矿业职工工资虽大体上高于城镇职工，但在子女就学，家庭就业和文化生活等方面，与城镇相比，尤其与大中城市相比，差距较大。

（2）由于矿区远离城镇，在矿山开发中必然要同时兴建住宅群、医院、中小学、商店、交通运输网等，形成一个小社会，从而要处理一系列社会问题。而且，因为矿山总有一定的服务年限，矿区建设又不能按百年大计行事，例如居住条件就难免相对简陋，其他服务设施也大体如此，很难有舒适方便的生活条件。

（3）即使在当今的发达国家里，矿山开发的劳动条件与其他行业相比也艰苦得多。尽管当今的矿业已基本上进入机械化生产，却少有自动化，手工劳动仍不少，体力消耗大。而且还有烟尘危害及其他的不安全因素，只有矿业当今还有降低百万吨伤亡事故的指标要求。在脑力劳动与体力劳动的差别上，矿业更多地偏于体力劳动。我国矿业的自然条件恶劣、矿体大都陡深薄，技术水平不高，劳动条件就更艰苦。

（4）我国的大中型矿山属全民所有制企业，而在它的周围多为集体所有制的农业和农村，矿业的发展又必然牵涉进两种所有制关系、工农关系之中。由于矿业发展必然要占用土地（尽管在矿山寿命终了后相当部分可以复种，乃至会造成新的可耕面积），由于所有制不同的利益区别，以及法制不完善或法制观念不强，常会产生颇为棘手的问题。

主要因为矿区在偏僻山区和矿业劳动艰苦，矿山招工有其特殊困难，导致劳动力缺乏，只得多用临时工。他们在矿山生产中有重要作用，但却不稳定，农村临时工在农忙季节要回乡，不少人当矿工一、二年离去，又换来缺乏矿山操作技能的新工人，使矿山生产经验难以不断积累。在实行计划生育的情况下（这从整个国家看完全必要），以青壮年男子为主要招工对象的矿业，劳动力短缺可能会日趋突出。

基于同样的原因，本来很需要技术力量的矿业却较难吸引技术人员，离大城市越远地区的矿山工程技术人员更缺。一些在矿山工作的工程技术人员、管理人员和技术工人，由于种种原因工作不大安心，乃至较多外流，矿山职工文化技术素质难以提高。在大专院校，采矿专业的招生分配困难，录取分数线也偏低。矿业的技术力量不足和后继乏人，矿山工程技术人员的积极性、创造性不能充分发挥，这可能比缺资金少设备更不利于矿业的长远发展。

我们不可能把矿山搬到市中心，也不可能让矿工穿上白大褂采矿，但我们可能也应当认真研究和解决矿业发展有关的社会问题。不仅要有合理的工资政策，还要有子女升学和就业的特殊政策，奖励矿业技术成就的特殊政策，保护矿山权宜的法令，治理矿区污染的条例，以及鼓励攻读矿业专业的措施等等，当然还要有行之有效的思想政治工作，以及通过多种途径提高矿山职工的社会地位。

# 知识分子是先进生产力的开拓者*

党中央确认知识分子是工人阶级的一部分，就已经指明了知识分子是生产力发展的推动者。江泽民同志在党的十四大报告中又指出，知识分子是先进生产力的开拓者。这一论断更确切地反映了现代知识分子的社会作用、历史地位和应尽职责。

一、生产力发展中的伟大转折

社会生产力的发展经历了以石器、铁器、蒸汽和电力为标志的多个时代。近百年来，特别是近半个世纪以来，在社会经济和生产力领域里出现了一系列极为重要的转折，发生了许多人包括伟大人物也始料未及的变化。我们必须充分估计到现代经济生活中的创新过程，必须用新的眼光看待人类历史和社会进步，以新的姿态对待科学技术和知识分子，使我们的思想认识和方针政策适应当今时代的形式和要求。

19世纪末以来，物质生产过程中的一个重大改变是以经验技能为基础开始转向以科学原理为先导。原来的"生产→技术→科学"的关系开始被"科学→技术→生产"的关系所补充，或被"科学——技术——生产"的关系所取代，而且科学技术对生产力发展的先导作用越来越大，越来越明显。这一转折的标志主要是：以法拉第、麦克斯韦为代表提出的电磁感应理论和以爱迪生、西门子等为代表开发的电力技术，开创了生产力发展的新时代——电气时代。他们率先给人类带来了由知识开拓的、威力巨大而且先进生产力——电，影响了整个20实际世界经济的发展。

20世纪中叶以来的另一个重大变化，是科学技术不仅走在生产前面成为生生产过程的先导，而且成为起最重要作用的生产力或第一生产力。对生产力发展来说，劳动力的数量、资金的投入和科学技术知识都是重要的、不可缺少的，只是在不同时候和不同部门它们的意义有所不同。在相当长的时期里，劳动力的数

---

* 陈昌曙：求是，1993，18。

量和资金的投入曾是影响生产力发展的主要因素,科学技术几乎没有明显的作用。到本世纪初,科学技术进步对经济增长的贡献也只有5%~20%,起主要作用的仍然是资金和劳动力,这时尚不能说科学技术已经是第一生产力。而到20世纪50年代以后,科学技术进步(包括管理水平的提高)对经济增长的贡献已达到60%~80%,超过了劳动力增加和资金增加所起的作用。科学技术已成为主要的、决定性的因素,成为名副其实的第一生产力。

同科学技术的先导作用和第一生产力地位密切相关,社会生产力的产业结构和劳动结构也发生了重大的改变。只是密集型产业日益增加,资金密集型产业和劳动密集型产业退居次要地位。在社会总劳动人口中,从事科学技术活动的脑力劳动者的人数迅速增多。根据联合国教科文组织的统计资料,全世界科技人员的概略数在1800年只有1千人,到1850年增加到1万人,1900年为10万人,1950年增至100万人,到1970年达到320万人,即几乎每50年增长10倍。从事科学技术、管理等工作的人员的增长速度远高于社会总人口和总劳动力的增长速度,1956年美国的"白领工人"在绝对数量上首次超过了"蓝领工人"。据联合国国际劳动组织的有关资料,到1983年,美国的白领工人占自立人口的比例为60.2%,蓝领工人只占37.2%(另2.6%为失业及其他人员)。英国、法国、加拿大、瑞典等国的白领工人也超过了蓝领工人。日本在该年的白领比例与蓝领比例分别是48.3%和48.8%。

白领工人数量超过蓝领工人,是本世纪下半夜社会经济生活出现的有特殊重要意义的变化,是人类劳动方式、生活方式、历史性转折的关节点。在以往的漫长岁月里,占劳动者绝大多数的人们直接从事物质产品的生产,人们普遍认为,靠多数的体力劳动者去生产粮食和制造物品乃天经地义之事。而现在呢,从事物质产品生产的知识相对少数的劳动者,多数人的工作并不是在提供衣食住行的用品,他们的任务知识处理信息和提供各种服务。尽管只有少数人在种植、采掘、加工原材料,人们的生活却相当丰裕。这种情况是人们曾无法想象的,但这已是现实。

白领工人数量占总劳动人口的50%~60%,科学技术进步对提高劳动生产率的贡献占60%~80%,这是反映当今时代和当代世界的两个最重要的百分比,很值得我们深思和研究。它们反映了知识分子、科学技术和第三产业在社会生活中的地位,也表明知识分子已经在发挥开拓先进生产力的先锋作用。

高技术和高技术产业的兴起,是当代生产力发展和社会生活中的又一重大转折。这里所说的高技术,不同于通常意义上的高水平技术,如高水平的冶金技术、建筑技术等,而是特指当代的一类知识密集技术、高智力技术,是由微电子技术、计算机技术、人工智能技术、空间技术、激光技术、生物技术等构成的技术圈或技术群。高技术的突出特点是以科学创新为源头,例如肖克利等的固体量子论的研究导致了晶体管的发明和微电子技术,图林等对存储程序的研究发展了计算机技术,沃森等对DNA分子的研究导致了基因工程(生物技术),爱因斯坦的受激辐射理论走到了激光技术之前。杰出的科学精英是高技术的尖兵。

以高技术为基础的产业与传统产业有很大的不同。一般产业主要是生产和经营,其技术开发资金通常只占其销售额的1%～3%,高技术产业的研究与开发费用则要高得多,可占其销售额的5%～15%。高技术产业的明显标志是它的工作人员中除熟练技工外,40%～60%的人是有学位的科学家、工程师和有大专文化水平的技术人员。知识分子、科技专家是高技术产业的骨干和管理力量。

高技术及其产业的发展在很大程度上决定着当今世界的格局,一个国家的经济实力、政治实力和军事实力主要取决于它所掌握的高技术和拥有的高技术潜力。高技术还是新一代社会生产力的技术基础,它标志着智能时代的到来。在以往的技术发展中,机器解放了人手和人的体力,而计算机的广泛应用,知识工程、机电一体化和自动化的发展,才开始解放人的脑力劳动。

当代生产力发展中的一系列转折是人类劳动世代积累的结果,它首先得益于知识的力量。现代生产力主要是物化的知识力量。马克思说过,"自然界没有制造出任何机器,没有制造出机车、铁路、电报、走锭精纺机等等。它们是人类劳动的产物……是物化的知识力量"(《马克思恩格斯全集》第46卷下第219页)近百年来涌现出来的发电机和电动机、喷气机和宇宙飞船、计算机和机器人、光导纤维和核电站等等,更是知识的物化和知识分子的开拓性贡献。

二、生产力开拓过程中的知识构成

生产力是一个复杂的社会系统,先进生产力的开拓是一个复杂的创新过程。大致上可以把生产力的开拓创新分为技术开发与经济开发两个阶段。在每个阶段上各有不同的创新内容和知识构成,不同类型的知识各自在各个阶段上承担的职责也有所不同。

技术开发或科学技术的研制与开发,是生产力某个开拓过程的第一阶段。先进生产力之所以先进,就因为它立足于先进的科学技术成果。科学技术开发这个阶段的主要内容是研究、发现、发明、设计、试验、试制。科学原理的建立和技术可能性的确认是这一阶段的开始。新产品的试制、样品的生产和新工艺的成熟是这一阶段的完成。

在这个阶段上所起开拓作用的知识分子主要是自然科学家、研究员、发明家、设计师和工程师。应当看到,自然科学家同工程技术人员既有密切的联系,又有较大的区别：科学家着重于回答自然对象本质上是什么。自然过程是如何发生的和为什么会发生；工程师则着重于解决人们在实践中应当做什么，能够做什么和怎样去做。我们必须充分重视科学家在基础研究上的创新，又要充分重视工程师在技术应用上的创新。只强调早见实效、快见实效的应用研究。轻视基础研究的根本性意义和长远价值，指望科学原理一下子变成直接生产力，是片面的；另一方面，如果在提及知识分子时只看到科学家、研究员、教授，低估了工程师、农艺师、医师的贡献，以为科学可以不通过技术就成为生产力这也是一种片面性。

经济开发或社会经济领域的开拓与创新，是生产力某个开拓过程的第二阶段。有了发明成果、样品或经过中间试验的工艺方案，是这一阶段的起点。实现产品的批量化生产，取得应用的经济效益和社会效益，是这一阶段也就是我们通常说的科技成果产业化，更确切地讲，是科技成果的市场化、效益化。

经济开发以科学技术开发为基础和条件，它是生产力开拓的必经阶段和重要环节。现实生产力是现实的物质力量、经济力量。有了科学论文、设计方案或专利证书，还只是潜在的生产力，甚至有了样品、样机也不等于有了现实的生产力。只有使科技开发的成果得到实际应用，创造出有一定批量的产品，并且使新产品有了新市场。取得新的盈利或新的效益，才算真正在生产力和经济上有所开拓。完全没有批量或虽有批量而没有效益，例如产品积压在仓库里，就不能算作开拓。

经济开发的内容是多方面的，包括产品创新（开拓适应现实需求和潜在需求的新产品）、原材料创新（开拓新的原材料种类和来源）、市场创新（开拓新的销售渠道和销售方式）、管理创新（开拓新的管理方法和管理手段）、组织创新（开拓新的组织形式和机构，形成联合）和社会支持系统创新（开拓新的产权体制、营运体制、社会保障体制）等等。就一定意义说，经济开发的问题比技术开发更复杂，任务更艰巨，意义更重大。

社会经济领域的开发与创新有其特有的知识构成。现代的经济开发是高文化的活动，涉及多方面的学科知识，需要高智能的人才，包括科技专家、企业家、会计师、统计师的参与。以为搞经济开发只要投机取巧而无需学问，这是一种误解。

在知识分子队伍中，教育工作者尤其是中小学教师占相当的比例，他们的基本职责是传授知识、教书育人，而大多不直接从事技术开发和经济开发。然而，开拓先进生产力的各类人才都离不开教育，都是在教师培养下成长起来的，教师对生产力的开拓也有重要贡献。至于大专院校的教育工作者，他们不仅肩负培养下一代新人的职责，而且还比较多地投身于技术开发和经济开发。大学教师已成为高新技术创新和高新技术产业化的突击队和极为重要的方面军。

三、尊重知识分子，发扬开拓进取精神

我国的知识分子已在社会主义物质文明和精神文明建设中作出突出贡献。如何进一步发挥他们的积极性和聪明才智，已有许多有益的论述，例如要重视知识价值，保护知识产权，搞好知识教育等。这里，很重要的一点是，要根据知识分子的劳动特点来发挥知识分子的作用；尊重知识，尊重人才，首先是尊重知识劳动或曰脑力劳动。

开拓进取，本是知识分子的天职，是知识分子的本性。知识分子主要从事脑力劳动和精神生产，他们的活动是有目的、有计划的，又少有物质生产中那样固定的流程和严格的规范，而多有不确定性。知识劳动必须依据已有的文化成果，又总要研究新情况和新问题，探索未知，不断创新。知识劳动需要有社会的协作，但更明显地表现出个人的独创性，在其活动和成果上往往刻上个人标记。知识劳动要受到资金、政策等社会条件的制约，又必须有学术思想上的自由，好主意、好办法不能靠强制的办法产生。

只有充分顾及知识分子劳动的特点，才会有助于知识分子发扬开拓精神，作出创新贡献。但是，在我们的实际工作中，对知识分子劳动特点考虑不够的情况并不罕见。例如在科学技术的研究上要求按刻板的计划行事，要求指日成功；对知识分子的待遇和职称较多地看工作数量和年限，对是否提供新思想新器物、工作上有无特色估计不足；对知识分子的奖励和日常工作制度的规定过于平均划一，与个人独创性要求不相适应。凡此种种都不利于科学技术事业的发展和创新。

尊重知识的价值是发挥知识分子开拓作用的重要条件。这不仅是指要保证知识分子有应得的工资和生活待遇，更重要的是要保证知识分子学有所用，人尽其才。为此，只解决认识问题是不够的，只是在观念上重视知识，而缺乏必需依靠知识的经济机制和社会机制，发扬开拓精神便很容易成为空谈。如果我们的企业只是搞既定产品的简单再生产，或只搞外延式的扩大再生产，不搞技术开发和经济开发，即使有知识分子也很少有用武之地，也无从开拓创新。随着经济体制的改革，社会主义市场经济体制的建立，我们许多企业已开始从单纯生产型走向生产经营和技术开发型，企业之间的技术竞争日趋激烈，相应的对知识分子的需求增加，知识分子也在经济发展和经济竞争的大潮中显示其开拓创新作用。已经开始出现的重金聘用和重奖知识分子就是对这种作用的一种肯定，是对尊重知识、尊重人才政策的一种经济支持和落实。

知识分子要发扬开拓精神，还要不断提高自己的开拓能力。现代科学技术的发展日新月异，新科学、新理论、新手段层出不穷。应用电子计算机在十多年前可说是高级技术，现在已是科学技术工作者的基本技能，在社会科学研究中也开始大量应用。现代知识分子如果不会运用电脑作为开拓创新的辅助工具，就很难大有作为。

提高开拓能力，还要求有知识结构的完善，要求有较渊博的知识和综合性的知识。如果只在一个狭窄领域里有专门知识，搞工程技术而数理基础不足，搞理工的不懂社会经济，搞社会科学的对理工不感兴趣，也难以作出创新性的贡献。只靠一种知识不足以在工作中打开新局面。当然，从事不同工作的人才的知识结构是不完全相同的。根据国外管理学家对企业人员应具备的知识所作的分析，企业工人的知识中有70％以上是生产技术知识，大约10％是管理知识，约15％是商业、会计和安全知识；车间工人的知识构成中30％以上是生产技术知识，其余是管理知识及商业、会计和安全知识；厂长经理的知识构成中大约有20％的生产技术知识，50％以上的管理知识，约10％的商业知识，其余为财政、会计和安全知识。不管这种知识划分是否确切，工程技术人员要多懂得一些经济知识和管理知识则是应当努力做到的，厂长经理更应当具有广泛的知识。当然，作为企业领导人也必须有相当的生产技术知识，只懂经济和管理还不是优秀企业家。

知识分子作为个体要努力完善自己的知识结构，但一个人要很好的具备各方面的知识是有一定困难的。要提高知识分子的开拓能力还必须依靠集体，即组织具有各种专业知识和专长的知识分子的个人创造性，又要重视组织协作，对于具有重大创新意义的科技项目或大型工程活动这点尤为重要。

要发挥知识分子在现代化建设中的开拓作用，要依靠知识分子的群体力量，还要有知识分子同工人农民的结合，要提倡知识分子学习马克思主义、辩证唯物主义和历史唯物主义是助人聪明、助人开拓的学问和方法，对科学技术工作和经济工作有重要的指导作用。

关于技术社会化过程的分析*

——兼论我国技术社会化的若干问题

技术社会化是技术社会学中一个重要的研究课题,而对我国技术社会化过程中若干问题的分析,又对在我国实现"科学技术是第一生产力"的功能具有直接的现实意义。为此,本文在大量调查研究的基础上,对技术发明的社会化、技术应用的社会化、技术改造的社会化和技术引进的社会化这些基本过程进行了较为全面的深入分析。我们相信,这些研究一方面会推动我国技术与社会的协调发展,另一方面也有助于使 STS 研究具有中国的特色。

引言:技术的社会化及其过程

技术社会化是技术社会学理论中一个新的研究课题。

在人与自然相互作用的过程中人利用技术手段作用于自然,使天然自然变为人工自然。因此,在人与自然的相互作用中,实际是存在着三种形式的社会化,即人的社会化,自然的社会化,同时还有一个更重要的就是作为中介手段—技术的社会化问题。

自然的社会化,即人工自然问题在哲学界已讨论了很多,人的社会化问题也在社会学领域得到了广泛的研究,但对于体现人与自然之间能动关系的中介手段——技术,其社会化研究目前基本上还是空白。

以前,人们对科学技术的社会化也曾有过若干论述,但一般都是泛指科学技术研究规模的扩大化,从个人、集体扩展到社会。当然,技术社会化的前提条件首先是技术的研究发展已涉及社会生活的各个领域,技术活动已成为一种社会现象和社会建制,但这只是技术社会化的表层现象,而不是技术社会化的真实内涵。技术社会化的实质应是通过对技术的社会整合和对公众的社会调适,使技术被社会所接受,被公众所认同,成为社会相容技术的过程,即技术与社会的一体

---

* 陈昌曙,陈凡:自然辩证法研究,1993,9(10)。

化。具体地说，就是一方面在社会的整合下，使技术满足和适应社会规范的要求，另一方面，通过对社会的调适，使公众对技术形成积极的社会态度，最后使技术在发展的过程中被社会所接受，被公众所认同，成为社会相容技术，这就是技术的社会化。

那么，技术社会化的过程怎样区分呢？我们知道，技术在社会中产生和发展的过程一般可分为三个阶段：技术的发明创造、技术的应用推广和技术的改造更新。与这三个阶段相对应，技术社会化也可分作技术发明的社会化，技术应用的社会化和技术改造的社会化这样三个过程。除此之外，技术在社会中的发展与不同国家、不同地区之间的技术交流也是分不开的，而某一国家或地区通过技术交流所引进的技术能否发挥出相应的作用，这又与它的社会相容性密切相关，所以技术社会化还应包括技术引进、消化和吸收的社会化过程。由于技术改造的社会化和技术引进的社会化都属于对原有成熟技术的再社会化过程，所以为方便起见，我们把它们统一称作技术的再社会化过程。这样，技术社会化的过程便可概括如下，即技术发明的社会化，技术应用和推广的社会化，以及技术引进和改造的再社会化。

一、技术发明的社会化及其问题分析

技术发明的社会化，是指通过对技术发明过程的社会融合与调适，使发明成果成为社会相容潜在技术的过程。

发明需要机遇，需要灵感，但更需要适宜的社会环境，国外一些专家学者对社会环境如何影响发明创造过程进行了大量研究。

美国心理学家 S. 阿瑞提认为，有些社会、有些文化能够提高创造力，而有些则抑制创造力，他从社会文化学的角度分析了促进发明创造的九种社会因素。他的分析可以使我们得出这样的结论，即只有在尊重创造力和提高创造力地位的社会中才更可能产生创造力，所以对发明创造的社会环境进行社会整合和调适是十分必要的。另外，美国学者艾曼贝尔等人也从社会心理学的角度讨论了对创造性活动有重要影响的三个社会因素，即合作或竞争对创造性活动的强化作用，榜样示范作用的积极和消极影响，以及创造性与内部动机定向和外部动机定向的关系等。

对发明创造与社会环境的研究，除了上述的社会文化学、社会心理学以外，还有人从工业社会学的角度探讨了发明创造的社会学问题，如 S. C. 吉尔菲兰就是如此。他在 1935 年出版的《发明社会学》中，概要阐述了关于发明的 38 条社会原则，其中有（A）发明的性质（5 条），（B）机遇引起发明（2 条），（C）发明的增长率和生命周期（7条），（D）促进、延缓和阻碍发明的要素（8条），（E）机遇原理（3条），（F）发明者和其他阶层以及行会中的倾向性（8条），（G）发明的影响（3条）。吉尔菲兰认为，在工业的发展中，发明的进展速度和发明在实践中被应用的绝对速率有关，但影响发明的因素如此之多，以至于这条原理往往被人们所忽视。劳动的专业化有助于发明，有助于职业发明家的产生，但是标准化以及相应的组织机构却会阻碍那些需要改变标准形式的发明。大型骨干企业的集中生产需要发明扩大生产规模，而且专利系统对它的阻碍也最小，但是资本的增加和材料的大量应用却含有反发明创造的原理，因为最新颖的发明需要丢弃旧设备，重新设计机器和训练工人等。此外，专业知识、工人技能和商业信誉也是资本累积的结果，它们也含有反发明的因素。人口和工业的增长能刺激发明，因为它一方面增加了对发明的绝对需求，另一方面也能增加潜在发明者的数量。吉尔菲兰在这部著作中除了概要说明这38条发明的社会原则外，还在对造船和其他工业发展的实证研究中对它们进行了具体的阐述，从以上这些社会文化学、社会心理学和工业社会学的研究成果中，我们可以看到发明创造过程与社会环境是密切相关的，所以我们不仅有必要、而且有可能从政治、经济、文化和工业系统方面对发明创造过程进行社会整合和社会调适，以便使社会环境有利于发明创造的产生，使技术发明过程在社会环境中找到相容的机制。但发明创造过程被社会相容仅是技术发明社会化的一个方面，另一个重要的方面是如何通过社会整合与调适，使作为潜在技术的发明成果也同样被社会所相容。

我们知道："专利法，是对技术发明进行社会整合与调适的有力手段，发明成果若要被社会所承认，就必须符合专利法。"但是在不同的环境下，社会既可以利用专利来引导发明，也可以利用专利来扼杀发明，这就是科学社会学家贝尔纳为发明社会化所描述的一种情景。他指出，社会既得利益集团可以把许多有价值的发明收购起来不予使用，以避免利用这些发明对自己造成的损失。如美国的贝尔电话公司一直通过专利来防止别人同它竞争，它一方面拒绝把自己的专利许可证发给竞争对手，另一方面还把一切可能对竞争对手有价值的专利收购过来，这个方针使贝尔公司压制了3400项专利以便杜绝竞争。有鉴于此，贝尔纳认为，专利制度经常不是促进而是妨碍发明的进展。其实，这并不是专利制度本身妨碍发明的社会化，而是在资本主义社会政治经济制度的整合下，发明创造成果难以被社会相容的一个具体例证。

发明成果若想得到社会承认，被社会所接受，还必须考虑技术发明的特性与其应用的技术风土之间互相适应，这是发明社会化所要研究的一个重要问题。据资料统计，目前我国的技术发明成果数量不可谓不多，水平不可谓不高，但在社会接受方面却不尽如人意，原因何在呢？我们认为，其中一个重要原因就是发明创新成果的技术特性与我国的技术风土环境不相适应。我国许多科技成果的创新目标是国内领先,国际水平,这个目标本身并无可挑剔,但水平本身不是目的,关键是如何能转化为现实的生产力,如果技术发明的水平很高,但缺乏在国内工业领域应用的现实基础,这样的成果只能"束之高阁"。所以技术发明也要具有中国特色,不能单纯追求在国际科技领域大展身手,而首先应立足于国内技术发展的现实需要,这样才能使我国的科技之花结出可食性之果,以飨国民。

另一方面,发明的社会化还包括对社会公众态度的调适,即提高公众的科技意识,使公众认同技术成果的价值并接受新技术。美国社会学家奥格本认为,新的发明除了受文化影响外,还会受到非物质文化的限制,比如对新事物的社会态度。社会态度在不同时期、不同社会是有很大差别的,有时它鼓励发明,有时它阻碍甚至敌视发明,例如在欧洲文艺复兴的社会背景下,冲破了中世纪封建教会和宗教神学对科学的禁锢,产生了科学文化再生运动,造就了像达·芬奇这样的艺术家、科学家和工程师。而在英国工业革命初期,由于新技术发明所带来的机器大工业在资本家手里却成了奴役工人的手段,因此引起了工人破坏新机器、拒绝接受新发明的"卢德派"运动。在社会主义条件下,虽然一般不会产生敌视技术发明的社会现象,但影响发明成果应用的社会态度却是客观存在的。所以,培养社会公众良好的科技意识,加强对公众社会态度的调适,这对发明成果转化为社会相容的现实生产力,促进发明社会化的顺利实现,则是十分必要的。

二、技术应用的社会化及其问题分析

技术应用、推广的社会化,是指通过对技术应用推广过程的社会整合与调适,使技术成果变为社会相容的现实技术的过程。

贝尔纳曾经说过,除非社会准备好了适宜的土壤去接受科学的种子,否则这些发明的种子既不会播下,也不会生长。英国经济学家凯恩克劳斯也认为,社会制度和环境必须有利于新思想及其应用,否则发明再多也是无济于事的。如英国工业的衰落并非是由于发明不多,在浮法玻璃和纯氧顶吹转炉炼钢法等方面,英国的记录并不低于其他国家。但由于社会、政府、经济和文化等因素的作用,许多发明在英国却自生自灭了。英国的情况说明,技术的应用与推广和技术发明过程一样,也需要社会整合与社会调适,否则技术成果是难以被社会所接受,被社会所相容的。联系当前俄国技术发展的现实,探讨这一问题就显得更为必要。

目前,我国科技成果在走向企业、走进社会的过程中,出现了一种技术社会化的"断层"现象,即大量的发明、创新成果沉淀,不能用于生产,从技术发明到技术应用的过程出现中断,造成一方面发明新成果"相对过剩",另一方面技术应用与推广却"市场疲软"的社会现象。

技术社会化"断层"的出现，当然既与科研单位的技术成果是否适应企业的技术风土有关，同时也与企业的技术风土是否接受和认同研究单位的技术成果相连，但若要从根本上消除"断层"，单凭科研单位和生产企业自身的力量是难以解决问题的，还需要社会对技术发明、应用和推广的社会化过程进行整合和调适，具体地说，就是要采取两种措施：

第一，进行"多生不如优生"的社会整合，即技术发明创新的成果并非多多益善，技术的应用与推广也不是一个广种薄收的过程。因为技术成果的价值不仅取决于创造它所花费的社会必要劳动时间，同时还取决于它自身的使用价值，取决于人们应用这种技术后的新增价值，所以技术成果的实用效益如何往往是企业选择新技术的衡量标准。我国的一些技术市场之所以被形容为"技术庙会"，表面上热热闹闹，过后则烟消云散，成交项目并不多，出现虚假繁荣，供给过剩，其中一个重要原因就是许多技术发明成果的选题单纯来自学科本身，而不是来自市场、来自企业，这样的成果大多具有先天不足、成熟度低和配套较差的弱点，所以此类实用价值不大或难以实现的技术成果即使再多，也是无人认账的。因此，我们应该从实用性、适用性和配套性这些方面对技术成果进行"多生不如优生"的整合，以避免在技术社会化的过程中出现"多而不精、成器甚少"的断层现象。

第二，进行"优生还要优育"的社会调适，即解决技术应用推广过程中的"断层"现象，除了要求发明创新成果进行"优生"外，社会也应当为这些"优生"，创造良好的"优育"环境，促进其生长发展。

诺贝尔奖获得者西蒙·库茨涅茨教授认为，技术创新必须伴随着社会创新，否则技术创新的潜力就难以实现。技术市场是我国改革开放以后出现的一个社会创新，它对疏通技术推广渠道、促进技术成果扩散起了相当重要的作用．但它的特点主要是能够迅度灵活地满足一般自发的、随机变化的市场需求，而对于节能、降耗和环保这些功在环境、益在社会的成果推广，对具有普遍适用性的成果进行大面积推广，对启动那些关系国计民生和长远效益的技术创新，技术市场就显示出了一定的局限性。所以，对技术成果的应用推广既需要市场的自发调节，也需要国家和政府进行有组织的社会调适。

例如，电机耗能在各国耗电量中都占有很大比重，美国为64％、法国为66％、苏联为60％、中国为85％，所以降低电机运行耗能的意义重大，而"交流调速技术"就是降耗的重要手段。但由于此技术的效益主要是宏观的、社会的，成功了企业获利不多（因电能费用较低），而失败了却无人补偿，所以尽管推广了几年，始终停留在几个中小容量的试点单位，原因就是企业不愿接受。所以像这样功在社会的技术成果在市场上是无人问津的,只能通过政府的重大科技成果推广计划,进行社会调适。

另外,"中试"是实现技术应用社会化的关键环节,它对技术成果能否转化为社会相容的现实生产力关系甚大。因为科研单位的技术研究大多停留在实验室成果阶段,有关部门的支持也到成果鉴定为止。但企业却对技术成果的要求较高,他们一般只接受成熟的技术成果,即马上能在生产中应用的现实技术,而从实验室成果过渡到现场应用的成熟技术,则需要经过"中间试验"这一阶段,但中试恰恰是双方都不愿涉足的"无人区域"。因为对科研单位来讲,这一阶段既非他们所长,也非他们所能,感到力不从心,而对企业来说,也认为这一阶段风险较大,投入较多,觉得得不偿失。因此对这两不管的"中试"阶段,政府应进行调适,即通过建立国家和地区的"中试基地",从社会机制上保证技术成果能走进企业,走向社会,这对消除断层,实现技术推广的社会化过程是十分必要的。

三、技术改造的社会化及其问题分析

技术的再社会化包括技术改造的社会化和技术引进的社会化,在此我们只论述前者。

技术改造的社会化,是指通过对技术改造过程的社会整合与调适,使原有的成熟技术再次成为社会所相容的更新技术的过程。

马克思在《资本论》中曾经指出,劳动资料由于使用本身和自然力的影响会造成损耗,而且它们的大部分"都因为产业进步而不断革新。因此,它们不是以原来的形式,而是以革新的形式进行补偿"。这就是说,技术在发展的过程中虽不断成熟,但由于长期使用造成的物质磨损和新技术出现所形成的精神磨损,使技术的状态逐渐老化,水平不断下降,已难以进一步适应社会的需要。所以为了继续发挥技术的生产力功能,就必须对技术进行改造更新,使原有的成熟技术再重新成为社会所相容的现实生产力。

技术改造的途径历来有三种方式:一种是以自然寿命为基础的技术改造,即技术设备从投入生产开始,一直用到不能修复再改造更新;第二种是以技术寿命为基础的技术改造,是指设备从开始使用,到出现更先进的新设备就被淘汰;第三种是以经济寿命为基础的技术改造,即技术设备使用到什么年限进行更新,要由经济寿命期(即累计维修费等于设备残值所需的年限)来决定。

长期以来,经济学家对这三种技术改造方式的功过是非各持己见,争议不休。其实放到社会的大背景下,我认为哪种技术改造的方式都有它的社会相容性。

例如，对新中国在建国后一个阶段内主要采用的以自然寿命为基础的技术改造方式，是否都可以归结为小生产的传统观念而一概否定呢？恐怕未必。诚然，我们过去确实把修旧利废当作勤俭节约的美德提倡，而长期延用旧的机器设备也导致了大量消耗高、效率低、质量差的设备超期服役。但社会存在决定社会意识，人们之所以选择这种技术改造方式也并非完全是从艰苦奋斗的原则出发，更重要的，恐怕是由于这种技改方式适合当时我国的社会经济状况和生产力发展水平（即一方面经济底子薄，必须尽可能地延长机器设备的使用寿命，另一方面，当时许多产品加工精度较低，旧的机器设备也能满足它们的技术要求），因此，以自然寿命为基础的技术改造方式在当时我国的社会条件下，不仅是必要的，可行的，而且它为我国集中有限的资金，全力搞好156个项目的建设，初步奠定工业化的基础，也起到了一定的作用。

当然，随着社会生产力的发展，技术改造的形式也应发生相应的变革，如在科学技术日新月异的今天，以技术寿命为基础的技术改造已成为一种发展的必然趋势，许多国家都制订了新的固定资产折旧法案，加速技术改造。因此，面对这种趋势，我们应该顺应技术改造从低级向高级发展的客观规律性，正视"技术有效寿命"日益缩短的现实。

但目前的问题是，我们是否也要步发达国家的后尘，亦步亦趋呢？对这个问题的回答，仍需要从技术改造的社会相容性去分析。即我们应该看到，现代资本主义发达国家所采取的以技术寿命为基础的技术改造方式，不仅有其适应技术进步的需要，有其强大的经济实力做后盾，同时这也是其社会制度的特性所决定的。因为实行快速折旧制度，可以使资本家获得大量好处，即折旧年限越短，资本家每年提取的折旧额就越多，这样成本虚增、利润减少，向政府交纳的税款也就越少。我国在目前条件下如果也采取这种技改方式，虽然企业每年提取的折旧基金可以增加，但是上缴国家的利润或税金则减少了。这样，国家用于基本建设和各项事业的投资，也要相应减少，这从整体上看，对四个现代化的建设是不利的。另外，技术设备一次大修也不经过就淘汰报废，这种更新改造政策也是目前我国经济实力所不允许的。所以，既要适应技术进步对设备改造的需要，同时又要符合我国的政治和经济环境，技术改造的出路就应该从国情出发，采取两条措施：第一，技术整体改造应采用以经济寿命为基础的技改方式，即把经济效益的好坏作为决定和评价技术改造的主要标志。第二，在局部改造上，应采用大修与改造相结合的方式，即不是简单地"复制古董"，而是通过新技术对旧技术的改造，使其接近或达到世界先进水平。如我国首钢二号高炉就是利用大修期，采用了23项高新技术对其进行改造，使主要技术经济指标都达到了世界一流水准，这就是在我国目前条件下，技术改造社会化的一个具体体现。

但我国的技术改造，既有成功的范例，也有失败的典型。据我们了解，辽宁省对 316 个技术改造项目的统计结果，有 289 个没有达到预期目标，占 91%，其中有 178 个不仅没有效益，反而亏损。企业技术改造本来是促进技术进步和提高经济效益的重要途径，但为何非但目标没实现反而造成亏损呢？我们认为，对这个问题的分析，仅从技术改造本身去探求原因是不够的，同时还必须从技术改造的社会环境去研究为什么技术改造的目标没能在社会中实现。因此，我们对技术改造的理解应该是广义的，即技术改造是在社会化的过程中完成的，所以其目标要想实现，一方面应对技术改造的目标、内容和方法手段等措施进行整合，使之适应社会环境，另一方面还要通过对社会环境的调适，使之有利于技术改造的完成，这样我们就必须既改造技术本身，同时也改造社会环境，使两者相互适应和容纳，这个过程也就是我们所说的技术改造的社会化过程，其目的是使那些经过改造的技术再重新被社会所相容，发挥出现实生产力的功能。

四、技术引进的社会化及其问题分析

技术引进的社会化是指通过对技术引进过程的社会整合与调适，使引进的外来技术再被新的技术风土所接受，被新的社会环境所相容，这个过程就是我们所说的技术再社会化的第二种形式，即技术引进的社会化过程。

马克思和恩格斯曾说过，"某一个地方创造出来的生产力，特别是发明，在往后的发展中是否会失传，取决于交往扩展的情况"也通过技术交流或技术转移的方式引进国外的先进技术，是后发展国家或地区技术进步的主要途径。但来自异国他邦的外国技术尽管在其发源地已具有了社会相容性，不过引入到不同的国家或地区之后，由于技术生存环境的改变，仍然面临着一个能否被新的社会所相容的问题，所以通过社会整合与调适，对引进技术的再次社会化过程是十分必要的。

引进技术能否被社会相容的前提条件，是社会环境必须有利于技术引进。日本著名的技术转移专家斋藤优教授就曾指出，社会制度、价值体系和技术转移是密切相关的，在原封不动的陈旧封建制度下，引进并发展现代科学技术是困难的，所以他认为，是明治维新对社会体制的变革促进了日本的技术引进。

众所周知，日本在明治维新前与西方的交往只限于荷兰一国，输入的洋学也主要是为加强幕府体制的技术科学，此时人们在东西方关系上普遍持有"尊王攘夷"的思想。但 1853 年美国佩里舰队的入侵，长州藩炮战的失败，使他们"明白了如何也对抗不过近代的军事力量这一事理"，"了解到维护日本独立也需要输入外国文明",他们认识到应向西方学习科学技术,以"吸取万国之力,纳入我国",这就是日本当时发展洋学的主要动机。特别是经过了明治维新的社会变革,日本朝野上下都对接受西方的科技文化采取了明智的态度。如明治天皇在"五条誓文"中就表示要"上下一心,盛行经纶,破旧有之陋习,基于天地之公道,求知于世界,大振皇基"。表示出竭诚欢迎现代文化的态度。日本政府也于1871年派出一个数百人的庞大代表团赴欧美各国访问,参观考察了西方国家的政治、经济、军事和文化等各个方面,回国后就提出了在"殖产兴业"上要学习英国,在"富国强兵"上要学习德国,在"文明开化"上要学习美国的三大政策,并将学习先进的军事技术、制造技术和社会改革这三个方面同步实施,在"结合日本民族特点和社会经济需要引进新的产业和技术"方面取得了成效.

与此形成鲜明对照的是,近代中国在欧风美雨东来之后,林则徐等仁人志士虽然也提出了"师夷之长技以制夷"的技术引进方略,并着手建立了近代军事和民用工业。但是在"中学为体、西学为用"思想的禁锢下,引进"西技"的最终目的却是用以维护封建社会的"中体",所以当旧的体制阻碍技术引进时,人们虽然也提出要精洋务之术,"必变法以图存"的呼声,并产生了著名的"戊戌变法"运动,但在强大的封建势力威慑下,仅维新百日便夭折。由此可见,技术引进在近代中国的社会背景下,其社会相容性是相当有限的。

在现代技术引进中,引进技术的社会相容性如何,能不能实现社会化,这往往与技术输出国和技术引进国之间的"技术位差"有很大关联,韩国经济学家金泳镐就此提出了技术转移的"二重差距"论。他认为目前技术转移存在的问题,一是供给方的水平差距,即只愿输出相对过时的技术;二是接受方的吸收差距,即对引进技术消化吸收能力不强。其实"技术位差"的存在是很正常的,它不仅是造成技术转移或技术引进的基本条件,同时也是衡量引进技术相容性的一个尺度。因为如果双方的"技术位差"很小,那它们之间就全无技术转移或引进的必要性,但如果双方的"技术位差"过大,则会造成接受一方对引进技术难以消化吸收。韩国为了避免"技术位差"对消化吸收的不利影响,在技术引进中主要引进的是成熟技术(占52.9%)和成长后期的技术(占21.2%),因此在引进技术的消化吸收率和改良率上都取得了较好的结果。

与此相比较,我们对我国一些大中型企业技术引进的消化吸收能力也进行了调查统计。结果表明,我国在技术引进方面,其正常使用率和维护保养率较好,而在消化、吸收和创新等指标上,却不尽如人意。其原因除了不重视消化吸收以及在这方面的投资费用比例较低外,引进技术的水平和消化吸收能力之间的"技术位差"也是一个重要因素,其道理正如斋藤优教授所说,即已有的传统产业和原有的技术基础如果与引进技术相差太远,超过了原有技术吸收能力的范围,这种技术即使引进来也固定不了，难以消化吸收，因为需要引进的新技术几乎很少是与原有技术无关的。

基于上述的比较我们认为，为了提高技术的相容性，我国的技术引进不能过分"贪大求洋"，一概引进国外的最断技术，应该针对不同地区、不同行业和企业的实际情况而采取多层次的技术引进战略，甚至在有些情况下，引入国外一批"二手设备"也是必要的。因为国外的二手设备除了报废淘汰，还有很大一部分是因转产淘汰或破产转让而出售的，所以不仅价格便宜（原价的 1/4～1/10），而且其中许多技术的水平也并不落后，与我国的技术位差比较适应，因此社会相容性较好，容易消化吸收。

另外在技术引进社会化的过程中，为了提高引进技术的相容性，我们除了要对引进技术的水平层次进行社会整合外，还应对技术引进的方向进行社会调适，即技术引进的来源应实行国内与国外并重，不能只盯准国外一个方向。这一方面是由于我国总体技术水平发展不平衡，目前尚存在着地区梯度（如东部、中部和西部）、行业梯度（如军工和民用）、企业梯度（如大中型企业与小型乡镇企业）等，这就为国内各地区、各行业、各企业之间相互的技术引进提供了现实可能，另一方面，我国大量科研成果的应用推广主要也应面向国内市场，即通过地区、行业和企业之间的技术引进来实现产业化和社会化，这也是使我国的科研成果转化为社会现实生产力所迫切需要的。另外，由于国内技术成果植根于本乡本土，其技术风格的同一性使它的社会相容性也较强，引进这些技术容易实现投资、少、见效快的目标，并加速技术引进社会化的过程。

参 考 文 献

[1] Balladist G. Electrotechnology. Preuniversity，1988.

[2] Loughborough K W. Cytotechnology. Webmistress，1990.

[3] Williams R，Mills S. Public Acceptanceof New Technologies. Croom Helm，1986.

[4] Gilfillan S C. TheSociologyofinvention. Follett Publishing Company，1935.

[5] 贝尔纳 J D. 科学的社会功能．商务印书馆，1982.

[6] 威廉•菲尔丁•奥格本．社会变迁——关于文化和先天的本质．浙江人民出版社，1989.

试论社会的制约机制*

书刊上常见"相互制约"一词,但对制约的意义以及如何在社会生活中建立和利用制约机制却少有论述。例如讲到企业,大都在自主经营、自我发展上做文章,而对自我约束则谈得不多。其实,约束、制约是很重要的,企业、社会组织或个人不仅要有自我约束,在各个社会组织之间,各项社会活动之间还应当有合理的相互制约。

一、制 约 举 例

建立制约环节,利用制约机制,对解决社会矛盾和处理社会关系有重要意义在这里一是有某种需要处理或解决的矛盾,二是有某个制约者或制约环节,有某种制约办法或制约机制。

这里先举两个例子。

如学校常要以学习成绩作为评优发奖或升降级的重要依据。例如,用看平均分的方法来衡量优劣,规定平均高于85分者才可能得到奖学金这种办法简便常用,但它的制约性较差,一则获奖人数不易控制,因为可能有许多乃至半数以上的学生在85分以上;二则这种分数界限可能使教师在给84分或80分时难以下手,学生常会同教师计较,教师难免打人情分。

有的学校采用了制约性好些的相对评分法或名次法来衡量成绩。先是由教师"自由打分",不管有多少80分以上或60分以下;然后由教学管理人员按一定比例把一个班(或一百人)的分数化解和纳入ABCDE诸级,其中有不超过10%的A级,不少于2%~3%的E级,其余多数为B、C和D级。如出题偏难、打分偏紧,得85分者无几,可能80分即相当于A,40分才相当于E。如出题偏易、打分偏松,得高分者较多,则可能95分才相当于A,而60分即相当于E。在每门课作相对分级基础上,又规定多门课成绩均达到A的学生可能评优或受奖多

---

* 陈昌曙:社会科学辑刊,1993年第5期,总第88期。

门课均为E的学生可能被淘汰或给以"黄牌警告"这种办法缓解了师生矛盾,减少给人情分、怜悯分,而且把多A或多E的学生限制在少数或极少数的范围内,这比只看平均分更有制约性。

再如,在我们的医疗制度中常会到医患之间的矛盾,有时患者责怪医生给开好药,单位不让买好药,有时患者又责怪医生开的药太贵或专给开贵药。在现实生活中也确有该治病不给治、该用的药不给用或多开贵药的情况发生。如果只在患者同医院、医生这两者之间想问题,矛盾是难以解决的。相比之下,一个有健康保险公司作为第三者或制约者的医疗体制则要健全得多人们平时投入健康保险,他患病时相当部分花费由保险公司向医院支付,这里就有了制约。如果医院该用的药不用,贻误病情,会增加保险公司的赔偿,保险公司不会干而会"乐于"让医院用药;如果医院多开贵重药或多收费、乱收费,保险公司也不会而会对医院进行"干涉"。这样,在患者、保险公司、医院之间形成了一个三角相互制约关系,就比只在医患之间解决矛盾要顺当得多,也比只靠教育更有效我们在医疗体制改革时可以参照这种有中介制约办法。

二、制约与发展

相互制约有它的普遍性和客观性辩证法揭示了事物之间都是普遍联系和相互作用的,这里的联系和作用不能只理解为相互促进、相互依存、相互协同,也应理解为相互约束、相互限制、相互制约。从一定意义上讲辩证思维可以看作是承认约束和限制的制约思维。五行论讲的"相生相克",生物界中的互为食物链,工程中的负反馈,都包含着相互制约。

工程和社会领域的反馈控制也可以叫做制约控制,瓦特蒸汽机的离心调速装置就是一个速度制约控制器,速度快离心力加大限制速度加快的趋势,反之对速度约束减小。社会领域中的制约控制也比比皆是。可以在生产、流通、交换、消费间相互约束。可以在利率、资金、奖金、职称、职务上相互限制。企业要多发奖金,减少积累,要受到多交奖金税的制约;而要少发或不发奖金,增加积累,又要受到劳动生产率下降的制约。

不能笼统地认为相互制约是一种坏事。没有约束,没有限制,就没有事物和事物的发展,相互制约是事物发展的条件,有时也是事物发展的根据和保证无制约的发展,犹如无规矩的方圆,都难以设想和实现。然而,人们却常常习惯于把制约当作贬义词来用,如生产关系制约生产力的发展意味这种生产关系落后,如只有旧体制才制约技术进步,好像一切制约都应当被打破和革除我们并不认为一切制约都好,但对制约的习惯用法和观念则应当改变或重新推敲。

相互制约在许多场合是必要的有益的,但互相制约互相牵制互相扯皮并没有严格的界限或只有一板之隔。在此又要回到制约与发展的关系,我们在社会活动和工作中需要的约束和限制,是有利于发展的制约,而不是无原则的纠纷,当然,纠纷并不可怕,不能因为可能有纠纷而不要制约在病人、保险公司和医院之间也会有纠纷,但不能因此不要保险公司。

三、建立和健全制约机制

在我们的社会生活中存在着缺乏自主性的情况,改革开放的主要之点是激励自我发展,使企事业和个人具有自我发展的动力、活力和能力。同时,在现实生活中也存在着缺乏自我约束和相互制约的情况,或该限制的没有限制,自由放任,为所欲为,令不行禁不止,或虽有制约环节但其机制不健全,也使许多矛盾难以解决。

在企业之间、社会组织之间、个人之间以及它们与国家关系间,难免发生这样或那样的矛盾,而公检法系统或银行、税务部门则可以看作是起制约的环节,它们按一定程度调节和处理社会矛盾,使社会生活在某种规范里运行。现在的问题是要完善和充分发挥它们的制约机制,不该管的当然不要去管,该管的则既要管得着,又能管理住。

有了制约环节不一定能够发挥其制约作用,例如法院可看作是介于原告、被告之间的第三者或制约者,它对守法执行起约束作用,如果有了矛盾都无需这个第三者而"私了",如果本应是第三者角色却与矛盾的一方"同流",社会秩序就难以维持银行、税务是企业活动和社会关系的制约者,而如果企业各有不受约束的"第二本账"、"第二金库",可以不受限制地逃税漏税,则不仅三角债、白条子难以制止,贪污、行贿等腐败现象必定丛生。

束缚人们的积极性、创造性的陈规应当打破,但这决不意味着可以没有约束机制,乃至允许为所欲为、胡作非为。我们既要克服管得太死的倾向,也要避免失去控制的偏差。遗憾的是,失控和缺乏制约机制的情况是大量存在的,我们经常是提出应当如何如何,不许如何如何,却很少有办法去做到如何或不做如何,即常常是要求多、口号多,制约办法少、措施少。

对于不良倾向和可能滋生腐朽风气的倾向,更应当有可操作的约束手段、限制措施和制约机制,而不仅仅停留于"反对"或"严禁"的抽象议论和提法上忽视经济效益和技术进步的重要建设之所以时有发生,利用公款大吃大喝和游山玩水之所以越演越烈，权钱交易官商官倒之所以屡禁不绝，主要不是因为认识上不明确，而是做法上无制约。显然，只宣布不许搞翻牌公司是不够的，问题是必须找到某种制约机制来限制它的产生在学校工作中郑重宣布不许考试作弊也是不够的，如果没有切实可行的制约办法，杜绝作弊只能是空谈，有时比空谈还要坏。

要实行制约，就必然会有反限制、反约束，这不奇怪也不可怕合理有效的制约正是在同反制约的较量中健全和日趋完善的。

产业研究论纲 *

一、前　言

"产业"一词在汉语中可指财产、手工业、近代工业。在现代产业（industry）通常是指事生产、制造、服务的社会经济部门。可从多种角度研究产业，产业问题应属 STES 研究（科学、技术、经济与社会研究）的对象。

国外学术界对产业问题的研究起步较早，如在 20 世纪 50 年代仅产业社会学方面的论著已有不少。在我国近些年正开展关于产业化、产业结构调整和产业政策等的讨论，在 80 年代出版的非专业性工具书（综合性词典）中，已有了"产业组织政策"、"产业联系理论"、"产业结构演变规律"等条目。

但我们的产业研究还是相当薄弱的，其主要欠缺是：第一，关注程度不足。长期以来我们对社会经济问题的探讨大都是在宏观层次上进行的，例如对社会经济制度、国民经济发展、社会精神文明的讨论。近些年来，微观层次的社会经济研究相对多了起来，例如开展了对企业制度、企业经济管理、企业文化的探讨，而中观层次的考察，如对产业组织、产业经济、产业文化的研究仍很缺乏。第二，学科眼界单一。除了从工程学的角度论及产业过程，产业问题的社会研究基本上是在经济学范畴内开展的。少有对产业的哲学研究。其实，产业乃是极重要的人工自然对象，产业特征反映着人与自然关系的深度和性质，少有对产业的文化学研究（产业发展是人类文明演进的基础，在长期产业活动中积淀下来的产业意识有重要的文化意义）。更少有对产业的综合性研究（产业和产业化是一个由科学、技术、经济、政治、社会多重相互作用构成的系统和过程）。

产业研究有重要的现实意义，实现现代化必须振兴产业，产业的现代化、高级化必须考虑到各种产业的类型和特征。企业的国营、民营、合营，技术创新、技术引进的形式和内容也与产业特征密切相关。对产业特征、产业分类、

---

* 陈昌曙：自然辩证法研究，1993，10（11）。

产业技术、产业经济、产业组织、产业意识、产业政策等作跨学科的研究，确有必要。本文是对这些问题的概略性看法，也可看作是产业研究的一个开题报告。

二、产业分类

国外学者对产业分类已有较多研究，三次产业的划分被广泛接受，但仍有一些可争论的问题，如第一产业是否就指农业，第二产业是否就指制造业，第三产业的内涵和外延是否确切，如采掘业（矿业）究竟属于第一产业还是属于第二产业，运输业（以及电力、煤气供应）究竟属于第二产业还是属于第三产业以及能否还可划分出第四产业乃至第五产业。这些问题的讨论并非只有语义价值或只是术语名词之争。

产业类型还有另一种三分法，即划分为劳动密集型产、资本密集型产业和知识密集型产业或技术密集型产业。这两种三分法的关系并不是很清楚的人们通常认为第一产业是劳动密集型的，但现代的农业和矿业在技术上已日益密集化。人们通常认为计算机工业是知识密集型的，但软件编制在劳动的投入上也日益密集化。

此外，西方学术界还有朝阳产业或新兴产业与夕阳产业或传统产业之分。这种划分究竟只适用于西方不适用于中国还是在现代化过程中的必然。

三、产业特征

社会经济生活中的产业或行业部门甚多，每一种产业都有其特有的存在条件，对象范围运行规范和功能目标，或者说各种产业都有它的特征、素质和性格。我们不仅要分门别类地了解各式各样的产业活动，还要概括地研究一类产业的共性和普遍规律。从科学技术论的观点看，只知道采煤、采金、采铁矿石、采云母、采石油、采天然气各有不同是不够的，还应当分析采掘产业有什么共有特征，以及研究这种特征的意义。同理，不仅要分别研究农业与采掘业之间、机械工业与化学工业之间、纺织业与建材业之间、商业与公用通信业之间的区别，还应当从总体上研究第一、第二和第三产业各自的产业特征，并立足于三次产业的不同特征来研究它们之间的关系和转化。这些特征或许可大致描述如表1：

表1

	第一产业	第二产业	第三产业
范围	农业（渔业、牧业、林业），采掘业（采煤、采矿、采油）	冶金、机械、电子、化工、纺织、建材、建筑等	商业、金融保险、法律、文教卫生、新闻、公用事业
对象、任务	利用天然自然条件，直接从自然界中取得产品	创造人工自然，对第一产业取得的初级产品（原材料）进行加工	与人打交道，保证社会经济生活的运行
目标、要求	收得足够的资源，保证人们最基本的生活需要和第三产业发展的需要，产品的数，作业的采收率必须达到一定的额度	制造适用的产品，使人们的物质生活更加多样化，更加丰富，要求产品要物美价廉并不断地增加品种，提高质量降低成本	提供可靠的社会保障和满意的服务，全面提高社会生活质量，要求有劳动的社会效益、宜人性，并有利于完善人的素质
存在的条件和方式	劳动密集型为主，生产过程的规范化程度低，操作工艺和经验技能起重要作用，难以从产品看，技术变化少、进步慢，作业难度不断增大	资金密集型为主，生产过程的规范化程度高，自然科学、技术科学起重要作用可以从产品看技术，变革多，进展快，劳动生产迅速提高	劳动密集型为主，劳动过程的灵活性大，人文科学、行为科学起重要作用。以第一、二产业为基础。其存在和发展主要受第二产业的影响
问题、局限	受自然地理和气象的制约较严重，能动性、创造性较弱；难以增加品种和提高产品质量，难以精确核算和降低成本	对资源、能源的非再生性消耗多，对生态环境的负影响大，可能更注重于经济效益而低估社会效益	对第二产业和经济条件的依赖性大，受国家政策和长远战略制约，可能得不到支持或被迫改变服务方向

四、产业技术

产业特征在很大程度上反映着产业技术的性质和特点，由下表可看出第二产业中若干部门的产业特征，也可看作是这些部门中的产业技术。产业技术是体现于实际生产过程、制作过程或服务过程的技术，是现实技术，有发明、设计、样机和试验结果还不是产业技术。产业技术是与生产对象、制作对象、服务对象密切相关的技术、是对象化的技术，工艺方法破碎、切削、蒸馏、塑化是产业技术的基础，但未与对象结合的工艺则不是现有其特有的或专有的或作为产业标志的技术，各类产业都可称之为产业基础技术，又有通用性的、起支持作用的技术是这两种技术的结合和统一，只有单项术或某一种技术，还不是产业技术。对产业基础技术的性质、意义和发展规律,有必要作进一步的研实的产业技术。产业技术是由多种技术构成的复合体,是体系化的技术。

表 2

	冶金工业	电工业	化学工业	计算机工业
内容	黑色及有色金属冶炼,金属材料加工	汽车等的生产,变压器、家用电器的制造	酸碱的制取,肥料、塑料、药物等的生产	主机及终端设备的制造,软件生产
产品	原材料工业,介于矿业与制造业之间,大都为中间产品,附加价值较低,品种相对较少,专用产品比例小	典型的制造业,大都为最终产品,附加价值较高,品种较多,专用产品比例大	典型的加工业,兼有中间产品与最终产品、专用产品与通用品,附加价值高	信息产业,大都为最终产品,专用产品多,产品附加价值大,软件产品比例大
类型	资金密集,大型企业为主,常以万吨重量计算,单位产值的物耗和能耗高,生产有中度连续性,炼铁炼钢轧钢相对分散	通常为中型企业,以台数计产,各企业多为少品种大批量生产,相对集中连续,流水作业	技术资金密集,原料化工多为大型企业,生产连续性强,生产过程在反应罐和管道中进行,肉眼不可见,通常能耗较高	技术劳动密集,通常为中小企业,生产过程的综合性强,产品常为复杂的大系统,批量小,物耗能耗低,智力高
技术目标	高成材率,高强度,低能耗,少污染	高精度,高可靠性,低成本	高效率,高纯度,低能耗,少污染	高功能,高速度,高稳定性
技术形态	技术主要体现为设备,难以从产品看技术,技术问题多与设备大型化有关,人员的操作技能和控制技能在生产中起重要作用,较难实现自动化	技术主要体现于成型和装配,易于从产品质量和功能看技术技术问题,多与产品高级化有关,自动控制有重要作用,但人员的装配技能,维修技能、仍有重要意义	技术主要体现于流程和反应工艺,可以从品种看技术,技术问题多与工艺精细化有关,仪表的显示和控制有重要作用,人员的操作技能相对次要	技术主要体现于设计,不易从硬件产品看软件技术,技术问题常与软件多样化和适应性有关,技术保密的要求高,多有知识产权保护

五、科技成果产业化与产业技术创新

仅从技术方面看,科技成果的产业化,有一个现实化、对象化、体系化的过程。再先进的科技成果如果得不到实际应用,缺乏相应的产品,或没有其他技术的配套,也只有潜在的价值。而现实化、对象化、体系化乃是一个相当复杂的、艰巨的过程,它还需要诸多社会经济条件的支持。

产业技术的创新,以及产业技术的改造,也是一个体系的创新,一个体系的改造。产业技术的创新与不同的产业特征相关。例如,假定可以说一种产业的技术主要地体现于设备,一种更多地体现于工艺配方而另一种产业的技术主要地体现于产品的零部件成型和组装,对待这几种产业的技术开发以及技术改造、技术引进时就可以或应当有不同的思路和做法。

大体上说,在一般情况下或某种突破的初期,冶金工业中的技术创新更明显地表现为设备创新,而产品创新、工艺创新往往居相对从属地位。冶金工业技术进步中要解决的最突出和最困难的问题通常不在于要发明和设计某种崭新的工艺方法或新的产品,而是研制和建造保证冶金过程在更高水平上运行的设备,且主要是相当大型化、重型化的设备。

机电工业中的技术创新首要和明显地表现为产品创新。机电技术在很大程度上是产品技术。从某一期的机电产品的品种结构和产品的功能水平,可以清楚地看出那时机电技术的状况。机电工业技术进步中最重要的是新产品的研制与开发,当代机电工业技术创新的突出特点是要设计和研制机电子一体化的产品。机电产品通常由成百上千个零部件组成,并有精巧的程序控制系统,产品的设计、加工和装配是机电工业中工作量最大的任务。

化学工业中的技术创新突出地表现在物料配和反应流程上。与机电产业不同,人们较难从某种化工产品如酸碱、化肥和农药来判定其生产技术的状况。化工技术的水平要看其使用的反应剂、触媒剂、催化剂和工艺方法如烃化、异构化、芳构化。现代化工是以复杂的化学合成高分子合成、有机合成为主要标志的,现代化工的技术创新主要是合成创新。

当然对于化学工业其他产业类似,产品开发、程序设计、工艺和设备是密切联系的,都不可缺少。在一定条件下,任何一项都可能成为创新过程的关键环节。

六、产 业 经 济

从经济学的角度讨论产业已有较多论述,然而,如果不紧密结合看产业技术特征,对产业经济的研究就难以深入和具体化。只有考虑到各类产业的技术特征,才能从经济上恰当地确定产业和企业的生产效益指标,才能正确认识各产业在国民经济中的地位和作用,给不同产业确定相应的、合理的技术经济要求和指标。

我们在经济工作中经常讲到品种、质量和效益。确实,各类产业、每一个产业部门的各个企业都有它的产品或服务品种、产品质量和经济效益问题,原则上都可以扩大品种、提高质量、增加效益。可是,如果不考虑到各类各门产业的不同特点,如果把对某种产业适用的要求简单地移用到另一种产业,就难以指导经济发展。

例如,石油开采属采掘业的品种、质量、效益指标,就同炼油属第二产业有明显的或重大的区别。油田煤矿、金属矿类似的产品品种直接决定于所在地原来就赋存着的自然资源性质,不能通过开采再增加品种。油田也难以不断提高其产品质量。油即保证原油的固有质量或不降低质量,正像在煤矿开采中要尽量减少岩石的混入以保证原煤质量那样。

与品种、质量不同,对油田、矿山来说,采收率的数量指标通常更显重要,这就是要把地下的原油、原煤、原矿等有用资源尽可能多地开采出来,尽可能少地留于地下,就此而言,谁的采收比例大,谁的技术经济指标好。

经济效益好坏投入产出比是衡量企业经营管理水平的最重要指标。这对机床厂、化肥厂、食品厂等来说几乎没有争议,效益指标对这类企业的管理水平有相当大的可比性。然而,用投入产出的效益指标来衡量经营状况对采掘业来说则有疑点。甲油田投入1000万元产出2000万元,乙油田投入2000万产出1000万似乎甲的经营管理水平一定比乙高,其实未必。仅仅由于甲油田的油层浅而乙油田的油在地层深处就会造成这种情况——尽管乙的技术水平和经营管理水平更高,但甲的效益却更好。

当然不是说对油田、矿山可以不讲品种、质量或不计投入产出,而是要立于各产业的特点来确定技术经济指标体系,这正是要研究的问题所在。

农业部门的品种质量和效益,与采掘业有所不周。人们在种植业、养殖业中,比单纯采集有更多些的主动性,如可以培育和引种新种(如相对易于创造和利用人工环境条件)。但是,由于更多地受气象等自然条件的制约。由于生物演化规律的特殊性,在农业中要增加产品品种、提高产品质量和确切计算成本也是比较困难的,而亩产量总产正因为农业与采掘业在技术经济上有较多相近有理由把它们均列入同一产业类型。

相对于第一产业来说第二产业各企业的经济指标比较易于计算和对照。机电工业是典型的加工制造业,最可能最适于讲究品种、质量、成本核算和效益。机电产品的各种零部件及整机的生产有明确的分工,每道工序都可以有确定的物耗、能耗和工耗而且,大多数机电产品是与人们生活和一般生产需求密切相关的制成品,必须经过市场体现其性能价格比,从而也较易看到其盈亏。

第三产业的技术经济问题相当复杂。交通服务质量、器具维修质量、治疗质量、教学质量以及保险成本、旅游成本、新闻成本等难以精确计算。而且第三产业中不少部门在相当大的程度上要顾及社会效益,社会效益也难定量。

七、产业意识

各个产业部门的存在方式、运行机制不仅决定着它们在社会经济体系中的地位和技术经济指标体系的特点,而且还会影响到人们的思想观念、行为规范和思维方式。每一种产业都有与其特征相应的产业意识,各个产业部门除了提供物质形态的产品或服务,除了获取经济效益和社会效益,还会造成观念形态的传统、习俗和文化。产业意识是在特定部门的生产和活动过程中长期积淀下来或逐渐形成的,产业意识又影响到全社会的文化状况,影响到产业经济和产业技术的发展。

学术界对农业和近代工业的文化影响已有较多研究,如认为农业与有机论思想有关、近代工业与机械论思想有关、现代高技术产业与系统论思想有关。我们有必要更为具体地分析各个产业部门的产业意识内容,进一步探讨它们的产业特征与产业意识的关系。

机电工业产业意识在"第二产业文化"中有代表性,这主要是指:

(1) 质量意识,注重品种、功能、可靠性和寿命,而主要不是丰歉足缺。

(2) 市场意识或竞争意识。

(3) 创造意识,机电不是采集技术,不是提取技术,而是造物技术,最讲究发挥创造才能。

(4) 保养意识和维修意识。锄锹斧锤可以拿过来就用,几乎无需养护,也极少维修。高炉、反应塔要平时注意保全,定期中修大修。机床之类则不能坏了再修或定期检修,而需要有时时日日的精心养护,边使用边养护。保养维修意识的强度与机械的精密程度正相关。

(5) 适时更新意识。机械设备常需在尚能运作时就加以更换,不能"小车不倒只管推",也不能"新三年旧三年缝缝补补又三年"。

(6) 标准化意识。农业、矿业是弱规范产业,冶金、化工产业有中度规范,机电产业是强规范化的,它不仅大量使用标准件,且常按国际标准行事。

(7) 科技意识,较为重视计算和物理知识。

(8) 协作意识。矿业、冶金、化工中有许多流程性协作,机电产业中既有流程性协作,聚集协作,(如组合、组装)也很重要。

其他产业(如化工产业)的产业意识与机电产业有类似又有差异。机械加工和装配、矿石的开采,高炉的装料与出铁,在相当程度上是肉眼可感知或经验所及的,化工过程通常在密闭的管道和容器中进行,很难感受。现代的化工工艺与化学科学密切相关,有的是化学实验的放大,有的是以化学理论为指导开发出来的。化学工业中的科技意识相对更为鲜明和自觉。

人们已对技术文化给予重视,如涉及汽车文化、计算机文化、电视文化,以及还有酒文化、服装文化,是否还有包括产业意识在内的产业文化及各种各类产业的文化呢。

八、产业政策

产业政策,以及与产业问题密切相关的社会经济政策,也属产业研究的领域,且有重要的实践意义。

例如,在许多国家,政府对于产业的发展都有所干预、控制,这种干预、控制的范围、程度和方式随产业特点不同而有差别。在我国也要实现对产业发展的宏观指导,包括对所有制形式和经营方式的控制调节,这同样要顾及到产业类型,而不能搞一刀切或只讲一种模式。对于基本的资源工业、能源工业、原料工业、运输业、通信业应当和可能有较高的国有化程度,对于商业、饮食服务业、维修业,允许和需要有较多的私营,对一般机电工业、纺织工业、建材工业则大致居中间地位。从宏观的调节控制说,国家对产业和企业是该管的,但这种干预、控制应针对它必须管、管得着又管得好的产业和企业。

再例如,政府应当支持对国家命运有关的战略产业、新兴产业,或给某些传统产业的持续以特殊的政策倾斜和必要的投资,这类政策也与产业特征、产业技术、产业经济相关。在市场经济条件下对于各类产业既要有共同的产业政策,各个产业企业的产品价格、收益和再生产投入等均要通过市场竞争来实现和分割,又要有因产业特点而异的产业政策。世界上许多市场经济国家都给一些基础产业、支柱产业规定了特殊的税收政策、信贷政策、外贸政策、设备折旧政策和给予财政上的支持,如农产品补贴。这里只说一下矿业政策。

采煤、采油、采气、多种金属矿石和非金属矿的开采对经济发展至关重要,矿业在一些国家的地位尽管已相对减弱,这里暂不评价,它仍是并继续将是现代工业和人类生活的基础。同时,矿业又是一个应予特别关注和特殊照顾的产业部门从经济上说,采掘业、矿业不仅初始投资大,而且是一个要不断地扩大再投资才能维持简单再生产的产业部门。在矿业中即使保持年开采量不变乃至有所减少,总要边开采边掘进边生产边打井建井又必然会越采越深,越采越难,越采需要研究的问题越多,付出的劳动和成本越大。矿业的发展首先和主要应依靠科技进步和经营管理。同时也需要有产业政策如矿产品价格、税收的倾斜。再者,矿业劳动相当艰苦,通常远离中心城市,矿业产业政策有更多的社会内容。

对于不同的产业,还应有不同的技术引进政策、技术改造战略和劳动就业政策，在社会保障、职工福利等方面也会有行业差别。

九、产业结构

产业结构的确认和调整是产业政策的重要内容。对产业结构及其演变的研究与经济和社会发展密切相关。

产业结构可以从农业、轻工业、重工业的比例，或三次产业的比例，或新兴产业与传统产业的比例来划分。充分认识农业、制造业和第三产业的关系是界定现代产业结构的关键。这里有不少值得研究的问题和经验教训。例如，我们曾经认为，人类总要付出相当大的力量和努力才能解决吃饭问题，在我们开始知道美国只有3％的就业人口从事农业并有丰裕农产品时曾感惊讶，我们的许多人还认为社会总要花费主要的力量去进行物质产品的生产和加工制造，在知道一些国家只用30％的就业人口搞物质生产而多数人搞第三产业时又感意外。或许在不久的将来，从事农业和物质产品制造的劳动者加在一起会只占全部就业人口的10—15％，我们对此应不再只感惊讶和意外，而应当有认识上、对策上的准备。现在就可以考虑或研究这个"现实的问题"如果某一天80％以上的就业人口不在搞农业、矿业和各种制造业，那时的社会经济、社会集团、社会文化和社会生活将会是什么样子呢，我们可以对农业社会、工业社会和后工业社会的划分持否定性观点，但总应在技术经济上对未来社会有某种肯定性见解。

讲到产业结构，自然会涉及新兴产业、夕阳产业。在不少西方国家中矿业、钢铁冶金业、一般机械制造业等确有夕阳化的趋势。我们对此也要有全面地、恰当地评价。夕阳工业的出现并非都与制度衰落必然联系和唯一联系，从另一角度看，有的产业相对夕阳化又意味着资源和能源的节约，意味着技术进步和环境改善。

现代的产业劳动者已有重大变化，现代的产业工人在许多方面又不同于工业化初期和本世纪前半叶的产业工人，白领工人或知识工人已成为现代工人阶级的主体。我们对传统产业工人与现代知识工人的联系。和区别也研究得不够。在我们说知识分子是工人阶级的一部分时，有可能把当代知识分子看作是近代产业工人的无差别组成，或只用大机器生产产业工人的特点来看待和对待知识分子。实际上，现代知识工人在个性化（如要求自主性、追求独创性）和素质（如政治知识、国际知识多）上有别于先前的产业工人。

产业结构还应包括一个产业部门内部的企业结构或组织结构。同一工业部门中通常都有若干大型、中型和小型企业，它们之间有竞争又有协同（如某种"容生"或"共生关系"）。显然，在一个产业系统中，不是大中企业越多越好，在其大中小型企业间也应有合理的比例关系。调整产业结构也应包括调整产业系统中大中小型企业的比例和关系。但我们对产业体系中大中小型企业的数量比例和合理关系问题尚缺乏研究。

十、产业人才

文化教育的布局和内容应与产业结构的状况相适应，应满足产业发展的需要。在产业结构、产业文化的研究中都会涉及产业人才与产业教育问题，在这方面值得研究的问题亦多。

在我国的现实中，各个产业部门（如冶金部、煤炭部、铁道部、机电部、航空航天部等）及许多大企业都兴办了本行业的职工技校、中等和高等专科学校以及大学。同时，在国家和地方政府兴办的教育中包含培养产业人才的内容，如职业高中和综合性大学中产业性专业（如金属材料、机械制造、建筑、化工等）。但在产业发展与人才教育之间并不是没有矛盾的，而是有多种关系有待研究解决。

教育的相对普遍性、基础性、通用性、综合性与产业的多样性、专门性就是矛盾的，有时还会有尖锐的矛盾。过于强调职业教育、由产业部门办大学或在大学中过早过窄地专门化未必恰当，在职工技校中完全搬用普通中学的教学内容，在大专和中专教育中过度强调学科基础，忽视职业智能和技能要求也不相宜。只从特定产业自身的需求来处理教育问题有狭隘性，甚至"产业人才"的提法就不贴切，但各类产业中需用人才的数量、类型、层次，各种人才的知识结构、能力、经营管理水平和思想素质乃至体魄终究是有差异的。

产业发展的多样性、变动性与教育的相对稳定性也是矛盾的。一个人从小学、中学到大学有较长的周期，一个学校要举办一个新专业或开一门新课通常也需几年时间准备，办好一个专业所需的时间更长。但新技术、新应用、新产业的出现却相对较快。于是，待新产业有明显的人才需求时再去培养相关人才来不及，产业上尚无明显需求就去培养人才又会导致过度储备或浪费。

产业活动必须以市场为导向，教育事业则不能都推向市场，这也有矛盾。如何使教育与产业相互促进和结合，特别是在市场经济条件下如何实现二者的互相结合和促进，是颇有现实意义的研究课题。教育工作者与第三产业人才是否等同，如何等同，还不清楚。

产业研究的内容决不仅限于上面这些。例如关于高技术产业就可专门列出，高技术有它特殊的产业化问题（如风险性大）高技术产业有它特有的（产业特征）如与军事密切联系、产业文化。再例如关于"知识产业革命"，"产业社会"

和"国家优势产业"（如德国的化工业、日本的钢铁业、美国的飞机制造业）等问题亦可作专门讨论。

参 考 文 献

[1] ［日］万成博等. 产业社会学. 浙江人民出版社，1986：174～178.
[2] 曲钦岳. 当代百科知识大词典. 南京大学出版社，1989：269～271.
[3] 陈昌曙，罗蒨. 立足矿业特点、加强矿山开发.《金属矿山》，1992，4：34～38.

# 从哲学观点看科学向技术的转化 *

探讨科学与技术的关系，科学向技术的转化，对于阐明科学技术转化为生产力的机制，促进科学技术成果的产业化，有理论的和现实的意义。这个问题通常是从工程学、经济学、社会学、管理学的角度来考察的，如从哲学的观点来反思，从本体论、价值论和认识论的方面审视，或许会有助于扩展研究的思路。

一、科学与技术的差别

科学向技术的转化是以两者互有差别为前提的。如果科学与技术已全然等同或已一体化到无差别的程度，就谈不到科学转化为技术也无所谓技术转化为科学了。

理论界对科学与技术的联系论述较多，对科学与技术的差别讨论较少，其原因或许是科学与技术间的依存太密切了。仅从现代词汇看，很少有两个名词像"科学"和"技术"那样相随相伴，"科学技术工作"、"科学技术水平"、"科学技术是生产力"、"依靠科学技术"等频频见于报刊和日常用语。人们讲到科学常要说及技术，谈到技术几乎同时必提科学，或者把它们简称"科技"，如"科技意识"、"科技人员"等提法。

科学与技术差别的讨论也有其困难，这个讨论涉及定义，如果它们的定义明显不同似乎就解决了。但是，要给科学与技术下个确切简明的定义，一则难以概括，二则其意义也不很大。例如，只说"科学是关于对象'是什么'和'为什么'的知识"，"技术是关于人们'做什么'和'怎样做'的方法和手段"，仍不足以搞清楚科学与技术之间究竟是怎样相互依存、相互作用和相互转化的。对于科学与技术这类基本概念，与其用"定义法"划界，还不如用"特征描述法"来比较和说明。

科学与技术的不同可以从诸多方面的特征来描述和对照。例如，科学讲求要有所发现，其研究过程探索性强，相对不确定，科学劳动的自由度大些，有较明

---

* 陈昌曙：哲学研究，1994，11。

显的个体性，科学人才的"最佳年龄"较小（不难看到三十岁左右就有杰出成就的数学家、物理学家），科学潜力对国家实力的影响略为间接，相比而言，技术讲求要有所发明，其研究过程计划性较强，技术活动的协作性大些，个体性弱些，技术人才的"最佳年龄"偏大（难以看到三十岁左右就有突出贡献的工程师、医生），技术水平对国家实力的影响更为直接。

用"特征描述法"来说明科学与技术的关系也会有它的弱点。可能偏于繁琐，不够简明，特征选取的标准可能未抓住根本，主次不分，缺乏内在联系，还可能以偏概全，挂一漏万。我也曾对科学与技术的不同特征作过描述，类似于上面举例那样写了它们的若干区别，列出的特点看起来似乎比较具体、比较周全、比较通俗，而其缺陷恰是观点庞杂，立论层次不高，缺乏哲理。本文力求在对科学与技术的差别和转化的分析上略有理论色彩，当然仍会不尽如人意。

从哲学的观点看科学与技术的差别，应当有相当的论证，在后面三节会有所分析，这里只列表大致表述如图1所示：

科学	技术
对客观过程的反映和陈述	对人工过程的创造和控制
解释因果性，揭示可能性	设定目的性，造成现实性
力求全面、正确、精确，真理性标准	力求合理、有效，功利性标准
对假说、猜测的证伪与证实，实验、定律、对设计、方案的选择与优化，试验、规则、原理的提出	对设计、方案的选择与优化，试验、规则、程序的确立
从特殊到普遍，从具体到抽象，从整体到分析	从普遍到特殊，从抽象到具体，从要素到综合
一元性，通用性	多样性，专有性

图1

表中分项标准不清，但这个简要的对照或许会有助于研究科学与技术的关系，或许会对讨论科学向技术的转化有点启示。本文对这个转化只论及三点，即从因果性到目的性的转化，从真理性到功利性的转化，从一元性到多样性的转化。

二、从因果性认识到技术目的性的转化

因果关系有其客观性，客观的因果性不体现人们的愿望、追求和意志，但技术是主体性的、有目的的。无论在现代、近代还是古代的技术过程中，人们的活动都是主观能动性的发挥，都要追求某种目标都会表现出期待和决心。

技术的目的性可以是技术自身的，如为了解决物质变换、能量转化或信息处

理过程中的矛盾,为了解决这些过程之间的矛盾,为了提高作业效率、增加产品功能、减少消耗、解放智能和降低污染排放。技术的目的性也可以是"超技术的"或有明显社会性的,如为了更好地满足人们的生活需要、提高富裕程度、促进文化传播、发展国际经济合作、抵御入侵或强化征战能力等。技术的社会目的要通过技术自身的目的实现。

主体的目的性不同于客观的因果性,目的性又离不开因果性,而要以客观因果性为前提(与之相符),不自觉地或有意地背离客观的因果性,技术目的就不可能成立或无从实现。某种疾病本来是由缺乏维生素或遗传因素引起,以杀菌治疗为目的就无从奏效不顾能量守恒和转化定律的科学发现仍去研制"不消耗任何能源的机器",乃属自取败局。

技术活动的目的性与客观过程的因果性相符又有两种情况。一种情况(多见于古代)是人们缺乏对客观因果性的科学知识、科学解释,但他们的有目的性的活动却在实际上与客观的因果性吻合(暗合)。古代炼铁与柴炭氧化燃烧(原因)导致矿石还原成铁(结果)相符,古代水车运转与位能减小(原因)导致动能产生(结果)相合,尽管那时还没有关于氧化还原、位能动能的科学原理。

另一种情况(多见于现代)是有了对客观因果性的科学知识,人们自觉地依据这种知识来设计和确定相应的技术目的,实现对客观过程的利用、控制和改造。例如电力技术一开始就是按磁通量变化(原因)导致感生电动势(结果)的科学原理研制和开发的;先有原子受激(原因)而辐射跃迁(结果)的科学认识,约过半个世纪才据此制成激光器和有了激光技术。科学向技术的转化,技术科学化,其重要表现就是由因果性知识转化为目的性设定。

从因果性知识到技术目的性的转化乃是一个复杂的过程,只说目的性与因果性相符是不够的这个转化是有条件的,在这里必须要有能发挥人的主观能动性,并要有措施现实地发挥出能动性。

并不是任何的客观因果性都能转化为技术的目的性。客观因果性是在人们的意识以外并不依人的意识为转移的。客观因果性的存在和作用又可以有以下形式:①完全与人无关的因果性,如在人类出现以前自然过程的因果性(纯因果性);②可能与人和人的意识有关(原则上可认识)但尚未被人们认识的因果性(潜因果性);③虽被认识但在人力不可控的领域起作用的因果性(盲因果性);④可能被利用但在人们未加控制的过程中自行或自然起作用的因果性(自发因果性);⑤已被认识并在人们施加控制的过程被利用的因果性(受控因果性)。括号内的简称都未必确切,权且示意。

再者,任何过程中的客观因果性都不只是单一、单向和线性的而是既有 AB 间的因果性,又有 CD 因果性、EF 因果性等,以及 ABCDEF 等的交错作用;仅就 AB 看，也既有 A 制约 B，又有 B 对 A 的影响。

讲技术目的不能只谈单一单向的因果性，不能只谈它在缺乏控制情况下自然起作用。在人们不施加控制的情况下，地球上的物体，由于地心引力的作用，会自发地趋向于作位能降低的运动（如水往低处流）；而在施控过程中，却可利用动能使物体的位能增加（如提升技术和火箭发射技术）。在原子因自发辐射发光时，低能态粒子数必远多于高能态粒子数，而在施控过程（利用谐振）腔中，则可形成振荡使高能态粒子数多于低能态粒子数（这才有激光和激光应用）。人工控制会造成"自发因果性"所没有的东西，但受控过程中的因果性，如动能转化为位能和"粒子数反转"仍是客观的因果性，只是它体现于技术目的和技术过程中，或可叫做"受控因果性"。

因果性到目的性的转化是复杂的，还由于目的性也有多种情况。目的性可能只是某种设想、计划或是幻想，可能是一种正在为之努力的目标，或者正在成为现实。有现实意义的目的性离不开控制过程，并必须要有控制手段。缺乏相应手段的目的性，只是抽象的目的性、

想象的目的性。科学向技术的转化，应当有技术目的与技术手段的统一，从一定意义上说，技术手段的研制和使用在这个转化中更为重要。黑格尔说过"人因自己的工具而具有支配外部自然界的力量，然而就自己的目的来说，他却是服从自然界的。"（转引自《列宁全集》第 38 卷，第 202 页）

三、从真理性标准到技术功利性的转化

从因果性认识到技术目的性转化的讨论必然会涉及真理性、功利性和这二者的关系。科学认识要讲是非，符合实际，对客观世界的反映越全面、正确、精确，真理性越强，不能说凡对主体有用或带来效益的主张就是真理、凡用处大真理性强。而且，科学真理的功效通常是难以说清的，几乎无法估量万有引力学说、能量转化定律的发现有多大的投入产出比。当然不是说真理与功利无关，科学认识和真理性知识，常有巨大的、长远的价值。

对技术活动来说重要的是功利性。技术要讲优劣，满足需要，力求有用、有效（效能、效率、效用、效益），可以说凡对控制和改造世界更有用的就是好技术，而不能凡是正确的认识都有效益。再者，技术手段的状况通常难以从是非来判定，例如很难说内燃机技术比蒸汽机技术更正确，彩色电视比黑白电视更正确。当然，技术因素又常与是非相关，技术所依据的原理有正确与谬误之分，技术中的设计思想、流程安排和操作方法也会有对错之别。

真理性与功利性的分野不是绝对的。从认识向技术实践的转化看，科学的真

理性虽然不是技术有效性的充分条件或唯一决定因素,但却是现代技术及其有效性的不可缺少的条件和重要保证。对于科学的技术或以科学为基础的技术(science-based technology),认识的真理性与技术功利性之间有逻辑代数中"与门"的输入输出关系,它们之间可能有以下四种情况:

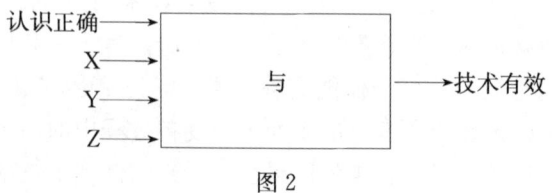

图 2

(1) 认识正确技术实践可能有效(究竟如何还要看 X/Y/Z 等因素);
(2) 认识错误,技术实践必定无效;
(3) 技术有效,认识必定正确;
(4) 技术实践无效,认识未必错误。

从这些关系中也可以看出,科学的真理性可以通过技术的有效性来检验,当然这个检验也有其相对性。

问题还不在于真理性与功利性有区别又有联系,而是要研究怎样由认识正确,以及 X、Y、Z 诸因素合成为现实技术并使之有效地发挥作用,要研究由科学的真理性向技术功利性转化的过程和有关的环节、中介和条件。这个合成和转化过程相当复杂,概括地说,或许有以下几个方面。

1. 原理对象化

正确认识要从普遍过渡到特殊,从抽象到具体。并非任何科学真理都与技术功利相关,不同类型的学科与技术的关联程度互有不同。认识要转化为技术,必须要有学科性质和学科类型的具体化、对象化只靠万有引力定律、电磁理论、化学元素周期律原理、细胞学说,还远不足以修桥、建电站、造农药和治病,为了推进专业技术的发展和应用,除了要有基础科学(如物理学、化学、地学、生物学),还必须有或转化为相对具体些的技术科学(如材料力学、热工学、电工学、作物学、病理学),以及有更为对象化的工程科学(如桥梁工程学、炼钢学、电机制造学、小麦栽培学、脑外科学)。尽管人们对于科学的层次结构划分有不同见解,尽管基础科学、技术科学、工程科学的称谓和三分推敲(如另有只区别基础科学和应用科学的两分法),但从知识看搞现代炼钢不仅要有化学,还要有冶金传输理论和炼钢学原理,动脑手术不仅要有生理学基础,还要有病理学和临床外科学的知识,则是无疑的和已有共识的了。

认识要从抽象到具体或知识具体化，还要求有学科的综合化。一种技术并不只与一门学科对应，而必须有多门科学的知识。现代炼钢技术不能只以炼钢学为基础，还要运用炼铁学、轧钢学、热能工程学、金相学、机械工程学、动力工程学、自动控制理论和软件工程学等方面的知识。

原理对象化还包括要把科学知识同物质载体结合起来或实现知识向其载体的转化。科学认识过渡到技术有效性，除了要有掌握知识的人，还必须有技术装备、技术对象等物质载体。内容再丰富、再正确的炼钢工程学仍然是知识，是学理，没有炼钢炉和铁水仍不成其为现实的炼钢技术，连炼钢试验也无法进行，更无从发挥炼钢的效用和实现炼钢效益。

2. 过程合理化

从科学到技术有效性转化，除了要有认识的真理性，还必须要从正确性过渡到合理性，包括合理地运用知识、合理地利用载体和合理地发挥智能。有不少技术方案、技术设计或技术方法未见得从科学上是错误的，甚至会对某种探索或后续试验有意义，但却因缺乏合理性而归于失败或少有功利。技术应当要合理地利用资源和能源，技术活动要计算投入和预期功能，要有经济的合理化。不同的技术方案可能在科学上都有道理，技术要求有更合理的方案。

合理化还表现在由科学的精确性到技术的余量度（或相对模糊性）转化。科学的真理性与它的精确性关系密切，某些科学系数、科学计算准确到小数点后十几位更有意义，更接近真理。技术（如航天、核技术）也有它的精确性，但在技术（包括高、尖端技术）中由于必须顾及到可靠性、安全性，它的许多参数又不得不留有余量且常有相当大的伸缩性。按科学公式计算有 10 公斤压力或 10 伏电动势，在技术上往往要以需能承受 30～50 公斤压力或需耐压 30～50 伏做设计，对许多技术参数来说，小数点以后的位数几乎没有意义，或许可以说在这里要求的是合理的准确、足用和适度的准确，而不一定是（至少未必都是）不断细化的精确。

从主体看，合理化还包括智能合理化，如知识结构的合理化（除前面提到的既要有基础科学知识又要掌握技术科学、工程科学，还要求既懂自然科学又对人文社会科学有所了解）。

科学向技术转化过程的合理智能，有一个从理性到经验过渡的问题。在科学研究中也有经验因素，但主要是从经验上升到理性，要"扬弃"经验形成概念、学理在技术活动中既要作理性思考，又要"拥有"经验和运用经验去解决问题，可靠性的设计、安全系数的选取、故障或病情的诊断离不开经验，操作控制常需要经验技能，经验不是在技术以外的东西。精通科学理论而却缺乏经验的工程师、农艺师和医生,难以在技术活动中取得成效。

3. 系统匹配化

原理对象化和过程合理化已包含着相关因素之间要互相结合、协调和匹配的意思,如学科与学科之间、知识与载体之间、理性与经验之间的匹配。从科学真理性到技术有效性的转化需要有多方面的匹配。就技术来说,要有某种技术的诸环节的结合,要有各种技术之间的相互协调,只有结构匹配的技术系统才能发挥功效或有较大效益。再先进的技术也不可能单枪匹马作战,而需要有其他技术的支撑,形成由多项技术结合的体系。

技术要有效地发挥作用,还必须与诸多的社会因素相适应和匹配,得到社会支持或形成技术的社会支持系统。从一定意义上讲,科学实现其向技术的转化,技术实现其功利,取决于科学与技术以外的或"超科技的"因素。政治因素制约技术的军事应用,社会文化因素影响建筑技术、医疗技术的发挥,自不待言。如果社会和企业缺乏创新如产品创新的动力、活力和能力,如果科学研究部门、技术开发部门,经济金融部门、产业应用部门之间互相脱节,科学技术就会因缺乏支持力而只存在于图书馆或专利档案库中。

四、从一元性通则到技术多样性的转化

从真理性标准到技术功利性转化的讨论中,已包含着一元性、多样性及其关系问题,相对来说,在科学活动中占主导的是从多到一或从复杂到相对简单,如从纷繁杂乱的现象揭示对象的本质。对某种事物,在一定历史条件下,人们的认识结果也会有多样性。例如在光的本性、岩石成因的问题上曾经形成过多种假说,对生命起源、恐龙灭绝的原因、地球的形成至今仍众说不一。然而,科学进步的标志之一就是经过争鸣和检验,从纷纭不一的众说中找到更逼近真理的学说证伪和淘汰谬误,这也可说是从多到一。尽管在任何时候真理总会有其相对性仍可能有不同的学术见解且它们都可能持之有故和言之成理,但从原则上说对某一事物的认识只能有一个是真理,即真理的一元论。

技术活动中占主导的则是从一到多。相同的技术目的可以选择性质不同的技术手段来实现,要收集铁矿石中的有用成分可以用力学手段(重选)、物理手段(磁选)或化学手段(浮选)乃至生物手段(细菌选矿)。物体的成型也可以用力学的(切削)、物理的(电火花)或化学的(腐蚀)手段。

技术过程中常见到同一性质的技术原理转化为多种类型的技术方法、技术装备和技术产品。切削的原理(刀具克服材料变形抗力,降低单位重要的切削容

积）一样，却可以有磨、削、插削、拉削、车、铣、镗、刨、锯等多种工艺方法。炼钢的原理（如高温脱碳）一样，却可以用平炉、转炉、电炉，每种炉子又可以有不同的容积和吨位。至于原理相似而产品不同的情况更不胜枚举，建筑原理乃至建筑材料一样，建筑形式多样，汽车的原理乃至功率相同，汽车类型繁多。

问题也不在于一元性与多样性有联系又有区别，而是要研究怎样实现由一元性到多样性的转化。应当说我们对于怎样实现由多到一的过渡讨论较多，已有了较详细的方法，如关于科学抽象（去粗取精）、概括（由表及里）、类比（由此及彼）、归纳（求异求同）等；而对于如何做到由一到多的过渡则探讨不足，也缺乏与之相关的方法论，本文在这点上同样说不出什么有见地的东西。

为了实现从科学一元性到技术多样性的转化，或许有必要进一步展开关于设计方法的研究，开展关于选择方法的讨论。技术方法论不应当仅仅是科学方法论的推广应用，它应当在性质、内容和形式上有自己的特色，至少应当阐明比科学方法论更多一点的东西。科学认识要求再现（反映）和发现，技术活动要求构造（构思、设想、建构）和创成（制作、变革、再生）；一元性是求出来的，多样性是做出来的，做必须有设计，因而有必要深入研究与设计多样性有关的条件、中介和方法。设计方法论的研究也不单可从工程学的角度展开，还可以且应当从哲学层次上来展开。

技术多样性与人们的选择密切相关，多样性是选择（如设计中的选择）的结果，又是选择（如应用中的选择）的前提。科学认识要求证伪，技术活动要求选优，这又是不同的；证伪要经过实验包括所谓判决性实验，选优要经过试验包括试错。是否可以说，除了数学上讲过优选法，关于选择方法论的探讨尚没有开展起来。

参 考 文 献

[1]［德］拉普 F. 技术科学的思维结构. 刘武等译，吉林人民出版社，1998.
[2] 杨沛霆等. 科学技术论. 浙江教育出版社，1985.

人文科学与自然科学的差异与结合*

实现科学文化与人文文化的结合,是当今文化建设的主题。实现这个结合,需要更明确和深入地探讨自然科学与人文社会科学的特点和关系。已有不少文献论及人文社会科学与自然科学的关系,在这个问题上存在两种倾向,一种(多是国外文献)是强调二者有根本性的区别,很少和几乎不讲它们的结合;另一种(多是我国文献)是强调人文科学与自然科学是科学的两翼,需要比翼齐飞、互相结合和一体化,但却不大涉及二者的差异,对于究竟怎样促进和实现这两种科学的结合,对于结合的困难,以及结合的内容、途径和方法,也探讨不够。本文拟以人文社会科学与自然科学的差异分析为前提,再进而讨论它们的同一、相通和结合的差别问题。这一方面是由于,即使主张人文科学根本不同于自然科学的学者,他们对于二者的区别也讲得不够充分;另一方面是由于,我们只有足够重视和具体分析人文科学与自然科学的不同,才能做到认真考虑和真正做到它们的结合。(要注明的是,严格地说"人文科学"与"社会科学"是有差异的,本文对此不作讨论,而把它们统称为人文社会科学或简称为人文科学)。

一、人文文化与科学文化分化的历史

讨论人文科学与自然科学的关系,需要简略回顾人文文化与科学文化的分化过程。

在人类文化萌发的早期,即在开始有了语言、文字、神话、艺术的远古时代,是没有人文文化与科学文化的区分的。在古代的哲学体系中,也常常是既包含着自然知识,又包含着对人文社会现象的认知,例如我们很难认定亚里士多德就是代表人文文化的学者,或就是代表科学文化的学者,也很难认定中国古代的"天人合一"的观念就属于科学文化,或就属于人文文化。科学精神与人文精神在古代没有分化或并存,在早期宗教意识里也有所反映。古代的神权主义既是违反科学精神,同时也违反人文精神的,是并存的非科学主义和非人文主义,或科

---

* 陈昌曙,王健:科学技术与辩证法,2000,4(17)。

学文化与人文文化的"负并存"。

近代文艺复兴时期的多数学者,则既倡导人文主义,又倡导科学主义,在文艺复兴初期至18世纪,尽管天文学和力学有了重要进展(哥白尼、牛顿),但在社会文化中占上风的则是人文意识。达·芬奇、但丁、莎士比亚、塞万提斯、米开朗琪罗、培根、笛卡儿、卢梭、伏尔泰、狄德罗等是那时更有重大的影响的学者,是世界人文文化的先锋和奠基者。

到19世纪,情况有了重大的改变。由于星云说、能量守恒定律、原子分子学说、元素周期律、电磁理论、生物进化论和细胞学说等科学成就的确立,自然科学体系的形成,特别是由于产业革命的发展,科技文化有了迅速完善和显示力量,在社会文化中的影响逐步超过人文文化。

20世纪以来,主要由于相对论、量子力学的确立,自然科学有了革命性进展。电力技术、内燃机技术的兴起和广泛应用,科技文化极大地推进了社会经济的发展和人民生活水平的提高,同时,科技实力也在战争中显示了巨大的威力。在这个世纪里,在自然科学领域里,各门技术科学、工程科学迅速分化出来,理工教育特别是工程技术教育有了空前的发展,在社会生活中,科学家、工程师与文学家有了更明确的分工,在大学里,原来的工学院分化为矿冶、材料、机械、电力、通讯、土木等工程学院等许多院系,成立了一批以理工科为主的大学或学院。自然科学的知识的普及、技术能力的培训在社会生活中有突出重要的意义,更加关系到人们的前途和命运。在这种情况下,出现了科技文化与人文文化的失衡,人文文化和人文教育从原有的鼎盛步步滑落,乃至可以说到了最低点。在我国,为了追赶世界科技的发展以早日实现现代化,还曾出现过在中学就实行文理分科的情况。

两种文化的分离产生了深刻的社会影响,英国政府科学顾问C.P.斯诺在《两种文化》一书中曾描述过这种分离。斯诺曾多日既与科学家一道工作,又有一些文学上的同事,在他看来,科学家们与文学家们智力相似,经历相同,社会出身也没有明显的差别,收入相差无几,但是他们几乎已经完全不再相通,在知识上、道德上和心理气质上,他们的共同点已经如此之少。他认为,在现实生活中存在着:相互对立的两种文化,一种是人文文化,一种是科学文化,两种文化之间存在着一个相互不理解的鸿沟,有时还存在着敌意和反感。他们彼此都有一种荒谬的歪曲了的印象。两种文化的分离,也可以从一些批评中看到其表现。当代思潮如法兰克福学派、后现代主义,批评现代文明太注重理性、效率、物质、功利和服从,缺乏情感、理想、精神和批判态度。主张要批判和扬弃科技文化,复归于人文文化,主张用人文精神来取代或充实科学精神。

二、人文科学与自然科学的区别

人文文化与科学文化的分离有历史的渊源,也有其内在的根据,这就是人文科学与自然科学在多方面差异,它们在对象、内容、方法和规则上各有自己的特点。

(1) 任何科学都是主体(人)对客体的认知,但自然科学特别是天文学、地学、物理学、化学和生物学的研究对象是"非人的"自然界,从某种意义上说自然科学主要是"客体性科学"。人文科学则在很大程度上是"主体性科学"或"参与性科学",它的对象是由有自觉意识、有目的的人参与的活动和结果,是人们研究由自己的意志所创造和构成的东西。

(2) 任何科学都有材料和观点的统一,但自然科学主要是"实证性科学",在自然科学的著作和文章里,大约会有70%的事实材料和数据,30%的分析说明。人文科学则主要是"解释性科学",在人文科学的著作和文章里,常常只有不到30%的实际资料,分析、论证或说明往往占到70%以上;

(3) 任何科学都要回顾过去和开拓未来,但自然科学主要是"创新性科学",它更加关心的是最新的进展、最新的成果,而不是历史的东西甚至不是十年前的文献和见解。人文科学则在很大程度上是"历史性科学",经济史、经济思想史、政治史、政治学说史、法制史、哲学史、伦理史、文学史、艺术史等等对文科研究有特别重要的意义。

(4) 除了天文学、地学,自然科学主要是"实验科学",它需要在人为地变革对象的过程中使对象暴露其真面目而认识对象。人文科学的研究虽然也有典型试验的成分,但它主要是"观察科学",需要日久见分晓和日久见人心。

(5) 任何科学都既有定性研究又有定量研究,但可以说自然科学才是"精密科学",至少在目前,除了经济学,人文科学的定量化水平还是很低的,可以说基本上仍是"模糊科学"。

(6) 任何科学都既有归纳和理性的演绎,又有猜测、直觉和幻想的成分,但自然科学有更严密的数学推导,是强论证性的或更不允许逻辑跳跃的,自然科学是"数理科学"或"逻辑科学"。在人文科学研究中,归纳、推测、设想和体验的成分更多,可以说人文科学在相当程度上是"直觉科学"或"灵感科学"。

(7) 科学都需要专家也离不开公众,但各门自然科学问题的研究和讨论主要是专家们的事情,一般群众很难也很少关心和插言,自然科学是"专业科学"。人文科学的问题(如民主问题、人口问题、就业问题、民族问题等)不仅是人人关心,而且是公众都可以探讨和发言的,我们几乎看不到哪个法学家就高能物理问题发表意见，却较容易看到高能物理学家关于如何健全法律的观点，甚至可以说人人都能以社会问题的内行自居，从某种意义说人文科学是"世俗科学"。

（8）自然科学是"普遍性科学"，自然科学的规律对世界各国、各地、各阶级都一样都适用，是真正放之四海而皆准的，不同的人们在自然科学问题上容易取得一致意见和交流。人文科学的原理和观点在不同国家、不同民族、不同地区有明显的差异，不同的人们在人文科学问题上常有意见分歧，较难交流和取得一致看法，人文科学是"特殊性科学"或"民族性科学"；

（9）任何科学都是知识体系或体系化的知识，但相对来说自然科学是"强源流性科学"，从教学看必须先修理论力学再学结构力学，先修生理学再学病理学，理科大学生一年级课程学不好三年级的课程就不好学。人文科学虽然也有先修后修之别，但更像"并行性科学"或"库容性科学"，未必一定要先修哲学才能再学伦理学，先学经济学才能再修法学，却更需要多方面或多渠道的积累。

（10）科学都不仅是知识体系和认知活动，而且是社会建制，但自然科学是"强体制化科学"，例如国家和省市的科学技术部或科学技术委员会所管的科学基本上就是自然科学，有国家级的自然科学奖，有自然科学的院士等。而人文科学就基本上没有国家或政府的体制，相对说人文科学乃是"自由科学"。以上十点主要是人文科学与自然科学在"形式上"的差异，更重要的是，它们还有职能、使命或任务的区别。正因为有这样一些不同，它们才需要结合，才可能结合，才有结合的问题和困难。

三、人文科学与自然科学的相通和结合

确认人文科学与自然科学的区别是必要的，但是，强调这种区别乃至夸大它们的不同也可能走向另一个极端，贬低乃至否定人文科学。例如，认为只有自然科学才是"规律科学"（反映规律），人文社会科学不过是"规则科学"（不反映规律，只探讨约定俗成的与理性建构的规则）；自然科学是"理论科学"（揭示因果性），社会科学是"经验科学"（只陈述或描述个别事实或个别人物），甚至认为只有自然科学才是科学，人文社会科学的概念仅仅是一种误解，例如索罗斯就认为社会科学这个名词是错误的比喻，社会科学是一种炼金术，不是科学，社会科学因为具有想模仿自然科学的野心，因而违背本身的主题。

本文讨论人文科学与自然科学的差异（不只有上面的十点），是基于正因为有不同才能进一步讨论它们的相通和结合，是为了有助于加强结合去分析各自的特点。上面，我们以二者有同一为前提主要讲区别，这里将以二者有区别为前提主要讲相通和结合。

1. 人文科学与自然科学的理性同一性

在一些强调科学精神与人文精神结合的讲话和文章里,可能会隐含着这样的观点——似乎科学精神是"非人文的",那么,人文精神就好像是"非科学的"。其实,科学精神与人文精神的划分是相对的,自然科学与人文科学的划分也是相对的,首先,二者有理性的同一性,人文社会科学和自然科学都是科学。

这里说的"理性同一性"是广义的:一是指自然科学和人文科学都不是感性经验和一般常识的堆砌,都是概念、原理、学说的体系,例如政治学不同于竞选纲领,人口学不同于生育状况,伦理学不同于公众道德,美学不同于绘画形象;二是指自然科学和人文科学都以发现客观规律为己任,并都可能揭示规律性,所谓规律性,简单说就是可重复的必然性,例如,"社会的物质文明是精神文明的基础","社会生产力在总体上是不断提高的","生产力水平决定生产关系的性质","商品价格围绕价值波动"等都有重复性、客观性和必然性,都是规律性的东西,都不能归结为约定俗成的与理性建构的规则;三是指自然科学和人文科学都不局限于陈述事实和必然性,而且要对客观必然性作理论的、因果性的解释,即除了反映实际情况和关系,除了揭示规律、定律,还要分析原因,建构学说,如劳动价值论、剩余价值论、知识价值论,人的性善论、性恶论、需求层次论。

2. 人文科学与自然科学的知识渗透性

人文科学与自然科学的划分是相对的,它们的知识是联系和相通的,这种相通一是表现于这两类学科都是人类知识链条上的环节,正像普朗克所说,"实际上存在着从物理到化学、通过生物学和人类学到社会的连续的链条,这是一个任何一处都不能被打断的链条。"

人文科学与自然科学知识的相通,还表现于有的学科是兼有自然科学和人文科学的双重特点的,例如心理学、地理学就可能既是自然科学又是人文科学,人类工程学(工效学)、环境经济学就可能既是人文科学又是自然科学。

人文科学与自然科学知识的相通,也表现于这两个学科的交叉和综合上。医学伦理学、环境社会学、科学技术美学、科技法学等就是这样的学科。

3. 人文科学与自然科学的方法互补性

人文科学有其特殊的研究方法,但是,它更注重于观察、定性、体验和解释并不是没有局限的。人文科学的论著要更有可靠性和说服力,就需要借鉴自然科学的方法,努力增加其实证性、定量化和逻辑性。同时,自然科学还有转化为技术实践的功能,这也值得人文科学"学习",人文社会科学也不能局限于说明世界，而要致力于对改造世界有其影响，尽管并非任何人文学科都是生产力或都能转化为技术和产生经济效益，但人文科学的研究和成果应该尽力对社会政策发生影响则是需要的，从一定意义上说，人文社会科学未必可以产业化，但人文社会科学要努力争取"政策化"则可能是适当的，只有这样，人文科学才有可能更加体制化，而不仅仅是"自由职业"。

自然科学更注重实验、定量和数学推导也有其局限性。实际上，重大的科学发现和科学创新并不都是严密的数学推导的产物，在自然科学的研究过程中，想象、猜测、灵感、幻想、直觉同样有重要的作用。在现代自然科学特别是相对论、量子力学和复杂性研究中，更需要有主体性、解释性、形象性的成分。工程技术规划和方案（例如发射人造卫星）的提出，特别是有创新意义的技术发明的形成，可以说关键就在于想象力。

4. 人文科学与自然科学的任务协调性

人文科学与自然科学的相通和结合，最重要的一点是它们在职能或任务上有着彼此不同、彼此不能替代又彼此需要对方的关系。或者说，尽管人文社会科学在实证性、严密性和普遍性等许多的方面不如自然科学，在任务的必要性、重要性上则必须与自然科学相提并论。

所有的科学都是人的科学，都是为人类的生存、活动和发展服务的科学。总的说，人类面临和要处理的是两大问题或关系，一是人与自然的关系，另一是人与人的关系。前者需要有自然科学，后者需要有人文科学，人类的未来需要有这两类学科的共同发展和统一。马克思曾说过，"共产主义是自然主义与人道主义的统一"，这里所谓自然主义就是要正确处理人与自然的关系，这里所谓的人道主义就是要合理处理人与人的关系。

谈到科学的职能，又要回到人文科学与自然科学区别的问题，而且是最根本、最重要的区别。在这点上，可以把人们追求的真、善、美作分别的理解，即自然科学（包括技术科学）主要关于"真"的科学或是"求真科学"，是关于"效"的科学或是"求效（效率）"科学；而人文科学也要求真，但其特殊性在于它同时更注重于求"善和美"，或者说人文科学主要是关于"善和美"的科学或"价值科学"。自然科学要解决或回答的是"是与非"的问题，是什么事情可能做，如何做得更有效率（更多更快），人文科学要分析和回答的则是"该不该"的问题，是要明确"是否应当"、"是否值得"。

在这里，需要明确"真"、"可能"与"效率"同"该"、"应当"与"值得"并不总是相容或完全一致的，自然科学、技术科学本身并不能保证人一定会将科学技术造福于人类，还可能加剧人与自然、人与人的矛盾和冲突，例如高效率地破坏自然环境或高效率地研制化学武器。

正因为有如此的区别,我们就必须把"求真科学"、"求效科学"同"价值科学"结合起来,就需要认真研究和宣传人文科学的观点和精神。也正因为有上面的一些区别,人文科学的研究者需要学习和懂得一些自然科学,提高科学素质,自然科学的研究者需要学习和懂得一些人文科学,提高人文素质。在当今时代,更需要有人文科学的自然化和自然科学的人文化,需要有科技文化与人文文化的结合,如果只了解一种文化,就会对现代社会作出错误的解释或迷失工作的方向和意义。

马克思非常重视自然科学与人文科学结合的问题,他曾经说过,共产主义就是自然主义与人道主义的统一。他还认为,"我们仅仅知道一门科学,即历史科学。历史科学可以从两个方面来考察,可以把它划分为自然史和人类史。但这两个方面是密切相连的;只要有人存在,自然史和人类史就彼此相互制约。"(《德意志意识形态》)在马克思看来,自然科学与人文科学的分化有历史的暂时性,将来,"自然科学将包括关于人的科学;同样,关于人的科学将包括自然科学,这将是一门科学。"(《1844年经济学哲学手稿》)我们需要认真研究马克思的这些观点。

参 考 文 献

[1] 马克思. 1844年经济学哲学手稿. 北京:人民出版社,1985.
[2] 李凯尔特H. 文化科学和自然科学. 北京:商务印书馆,1996.
[3] 斯诺CP. 两种文化. 北京:生活·读书·新知三联书店,1994.
[4] 让·皮亚杰. 人文科学认识论. 北京:中央编译出版社,1999.
[5] 肖峰. 科学精神与人文精神. 北京:中国人民大学出版社,1994.
[6] 何亚平. 文化的基频. 北京:东方出版社,1996.

# 面向中国现代化的信息产业*

——从社会学视角看值得研究的问题

一、问题的提出

国内外关于信息产业的文献甚多,人们对信息产业的特点和意义已有不少共识,如认为信息产业是知识经济的支柱,是智力密集型的高投入、高增值、高风险产业,信息产业主要是计算机产业或微电子产业;但不同的学科和学者在探讨信息产业时有着角度的差异,大致有以下三种情况。

第一,主要从技术或工艺学的层面分析,如探讨信息技术的内涵,信息产业的主体技术与技术结构,信息网络、信息效率、信息数字化的问题。

第二,主要从经济学和管理学的观点研究,如探讨信息产业的投入产出关系,信息产业的构成与层次,信息产业的竞争与垄断,信息产业的组织和体制,信息产业的政策和战略选择。

第三,主要是从哲学、社会学角度考察,如探讨信息的定义,知识、智能、信息、产业的关系,信息产业的发展对社会结构、社会分层和社会流动的影响。考虑到笔者不是技术工作者和经济工作者,也考虑到对信息产业的经济研究较多,本文主要从社会学、历史学和哲学的视野,提出一些可能值得思考的问题和粗浅的意见,供讨论批评。

二、我国信息产业发展的背景和处境

讨论我国的现代化与信息产业的发展,可能首先需要辨识我国信息产业起步的时代经济背景和社会历史条件,弄清我们是在什么形势或处境中发展信息产业的,只有这样,才能充分认识发展信息产业对我国实现现代化任务的重要意义,也才可能充分估计到我国信息产业成长的困难,从而更有利于信息产业和国民经济的健康发展。在我国信息产业发展的背景和处境的问题上,以下三点或许是特

---

* 陈昌曙:东北大学学报(社会科学版),2000,4(2)。

别需要注意的。

1. 世界发达国家的信息产业迅速发展，并极大地推进和影响着经济增长

信息产业和知识产业的概念出现于 20 世纪六七十年代，在那时，发达国家的信息产业已有了重大的进展。例如，在 70 年代，美国信息产业对 GNP 的贡献率已超过 50%，信息产业已取代制造业占主导地位，而且还在迅速发展。美国商务部在 1998 年 4 月发表的报告指出，美国信息产业的增长两倍于整个经济，目前，美国信息产业对 GDP 的贡献率已达约 70%。欧洲和日本的信息产业在近二三十年里也有很大进步。

在现代高技术特别是信息技术迅猛发展的时代，在发达国家使自己的经济模式和产业结构更加适应知识经济的要求的形势下，以实现现代化为目标的中国，如果不充分重视和发展信息产业，就很难在世界民族之林里有自己应有的地位。中国大陆信息产业对 GNP 的贡献率目前只约有 20%，电脑的普及率只约为 1%，软件销售额只占世界市场约 1%，与发达国家比有很大的差距。

2. 中国必须在没有充分完成工业化任务的条件下发展信息产业

这次研讨会的议题之一是现代化进程中信息产业的发展。在这一点上，首先应当肯定，对于饱受过"穷白"和屈辱之苦，至今仍欠发达、欠强大和欠富裕的中国和中国老百姓来说，对于面临高技术和知识经济时代挑战的中国经济振兴和社会进步来说，是太热切期望有现代化的发展，太迫切需要有信息产业的发展了。或许可以说，中国目前正处于"信息饥饿"中。

同时我们也应当注意到，现代化和信息产业的发展有历史的过程。世界上许多国家的现代化，是在基本上实现了工业化之后过渡到信息化（信息产业占主导）的，而当今中国的现代化主要还是在争取早日实现工业现代化，工业化的任务还相当艰巨。目前，我国劳动力在非农业部门就业的比重只有约 40%（约相当于美国 1840 年的水平），如果再考虑到我国各地区（如东部和西部）的社会经济发展很不平衡，现代化的任务就更为艰巨。

也就是说，中国要实现以高技术和信息产业为主导的现代化，有其特殊的历史特点和进程。我们最好是在现代化的进程中"双肩挑"或如有的学者所说要采取"双进战略"同时完成工业化和信息化的双重任务，而不应当是在基本上完成了工业现代化之后，再过渡到考虑实现信息化的问题，如果这样，中国与发达国家的差距就会更大。但是，在现代化的进程中"双肩挑"，同时并进地实现工业化和信息化的双进战略，又似乎太理想化了。在中国的现实条件下，既要做好整

个产业结构的调整,传统产业的改造,奠定现代工业的基础和体系,同时又要在信息产业上有明显的突破和进展,并使信息产业与整个社会经济发展相协调,无疑是极为艰巨的事情,在体制、资金、技术、人才和政策等方面,都需要克服许多困难,解决许多复杂的问题。或许,在我们考虑信息产业与现代化问题的时候,必须要考虑不同地区、不同发展阶段上的特点。在一些省市对工业化的"一肩"要多付出些力量,而在有的省市对"另一肩"即信息化付出更多的力量。总之,不能到处完全不分主次、完全不分阶段地使工业化和信息化都"齐头并进"。

3. 中国需要发展信息产业

中国需要发展信息产业,中国又是在许多国家的信息产业已经相当发达的情况下兴办自己的信息产业的,在发展信息产业和其他高技术产业的问题上,我们面临着激烈的国际竞争发达国家在高技术的竞争上更不"让步",中国在高技术的竞争中更处劣势。例如,在信息产业发展的核心部件集成电路(IC)上,我国国产 IC 在 1990 年的市场占有率不到 14%,到 1995 年更下降到不足 8.5%。在加入 WTO 后信息技术、信息产品、信息产业的竞争态势会更为严峻。

三、信息产业与传统产业的高级化

中国的现代化的"双肩挑",一是提高基础工业、农业和服务业的水平、质量和劳动生产率,或简称基础产业的高级化;二是发展高新技术产业特别是信息产业,逐步使信息产业成为主导产业,而且使这两者相互促进、相互补充、互相结合。

对于基础产业的高级化和信息产业成为主导产业,人们的看法是不尽一致的。可能,一些人(包括笔者)主要是对高技术、计算机技术和信息产业的重大意义认识不足;而另一些人在特别强调高技术、计算机技术和信息产业的主导作用的时候,却对基础产业的高级化重视不够,甚至给人这样的印象:只要我国实现了"信息产业化"和"产业信息化",就从根本上解决了中国现代化的问题,完成了现代化的任务。

在信息产业和基础产业发展的关系问题上,首先需要肯定,从当前的时代、世界经济和中国情况看,中国要实现现代化必须足够重视信息产业对整个社会经济和传统产业的促进作用,充分认识信息产业为传统产业提供信息技术、信息设备、信息内容、信息服务的巨大价值,充分认识信息技术和信息产业能大大提高传统产业的创新能力、经济效益和竞争力,固守原有的传统产业的结构、产品和工艺,传统产业产生的经济问题(如亏损)和社会问题(如下岗)是无法解决的。

　　同时，笔者又以为，在中国目前的条件下，基础产业的高级化对社会经济的发展是非常重要和不可轻视的，这不仅是因为中国现在还是一个发展中国家或欠发达国家，不仅是由于目前我们还没有完成工农业的现代化，而且还因为：①制造业、农业始终是现代社会经济的基础产业，极端地说，信息固然有非常重要的意义，但人们在生活中总不能穿信息、吃信息、住信息、坐信息，房屋建筑、汽车制造、服装和食品加工等仍是满足社会经济发展基本需求的行业，即使在美国，也不能只要信息产业的优势而听任汽车制造业的衰落；②加工制造业、农业和服务业是信息产业发展的重要"出路"（市场），基础产业的基础没有奠定好，基础产业和人民生活对信息产品的需求不旺，信息产业也会陷入困境；③在技术上，基础产业也是信息产业发展的基础，信息产业的发展也离不开材料和能源，特别是高水平、高质量的材料加工，没有基础产业的高级化，就不可能有信息产业的进步。

　　既要逐步使信息产业成为主导产业，又要实现基础产业的高级化，使二者相互促进，抽象地看是没有疑问的。问题是怎样才能具体落实或做到这个相互促进。在这个问题上，又或许有以下几点值得注意。

　　（1）信息产业与传统产业不仅可以和应当互补、结合，二者之间还存在着相互竞争的关系例如资金和人才方面的竞争，还需要正确处理二者的矛盾。如果我们在金融工作（如投资）和教育工作（如专业设置、招生规模）处置失当，就难以形成信息产业与传统产业的良性互动，妨碍整个社会经济和现代化事业的顺利发展。杞人忧天或保守地说，如果我们引导和鼓励过多的中学生去报考大学信息技术专业，而不引导和鼓励他们报考采冶专业、材料专业、机械制造专业，从总体看，未必有利于现代化事业的发展。

　　（2）信息产业与传统产业怎样互相促进，特别是高新技术和信息产业怎样促进传统产业的改造和发展，对此，我们常用的提法或倡导的是"用高新技术武装或改造传统产业"。在这一点上，笔者以为，对于传统产业的更新、改造和发展来说，只倡导和强调"高技术改造"是不够的，这里可能需要讲两句话：一是"用高技术武装传统产业"，二是"实现传统产业自身特有的基础技术的高级化、完善化"。

　　从基础性的意义说，传统产业的高级化，更直接需要的是本行业的产业技术的更新或要有"新的产业技术"。所谓"产业基础技术"，乃是某一个特定产业或行业所特有的（标志产业特点、划分产业门类的）技术，构成该产业特有基础的技术，如钢铁冶金产业的高炉炼铁技术、转炉炼钢技术、钢材成型的连铸连轧技术，如汽车制造行业的内燃机制造、机械传动、减振技术等。任何产业（包括信息产业）的高级化，首先必须立足于其产业基础技术的创新和完善，以及该产业的经营管理的合理化，否则，传统产业的高级化就没有根基，就不能成功。一个炼钢厂，如果停留于落后的平炉炼钢，就难于用自动化技术去改造，即使用了计算机技术去武装，也不会有好的效益。

简言之，对于实现现代化特别是传统产业的发展，一般来说，"采用高技术"与"产业基础技术的创新"似乎具有同样重要的意义，而产业基础技术的创新对能源产业、材料产业、加工制造业、建筑业等来说，又是立业和实现高级化之本。

四、关于我国信息产业发展的方向

讨论信息产业与传统产业的互动，涉及信息产业的发展方向。信息产业的发展可能有两个方向：一是要满足人们的生活特别是文化生活的需要，例如电话、电视机、家用电脑的设计和生产；二是要满足传统产业高级化的需要，例如传感器、控制装置、检测装置的设计和制造。在发展方向上，我国的信息产业或许是有缺陷或"片面性"的在满足前一种需要上似乎有了较多的进展，在后一个方面却相对滞后，或者是"被忽视"的。基于此，或者需要探讨"信息产业的全面发展"的问题，包括既要发展满足人们的生活特别是文化生活的需要的信息产品，又要注重发展有助于推进传统产业高级化所需要的信息技术、信息设备和信息服务。信息产业不能只盯住如何普及电视机和"手机"。

与信息产业的发展方向有关，所谓"跳跃式发展"的提法也是值得研究的。当然，我国的信息产业不能完全采取"跟随战略"（跟随发达国家），需要有选择和有重点地开展技术创新，笼统地说"跳跃式发展"未必是恰当的，技术发展可以加速，但似乎是不能跳跃或超越阶段的，特别是不能忘记，我们是在工业现代化的任务没有充分实现的条件下发展信息产业的。

五、传统产业如何接纳信息产业的成果

上面提到"用高新技术改造或武装传统产业"，这个提法是经常见诸于我们的报刊和文件。已经说过，这个要求无疑是有道理的、必要的，然而，除了前面讲过的意见，这个提法或许有再反思的余地。例如，在我们倡导"用高新技术改造传统产业"的同时，是否还需要提出和认真考虑"传统产业如何接受和采纳高新技术"的问题呢。

笔者以为，"用高新技术改造传统产业"，同"传统产业如何接纳高新技术"，

是两个密切相关又有区别的命题。至少，用高新技术武装和改造传统产业，其行为主体可能主要指政府或企业主管部门，企业有可能处于被动的或被武装地位，而"传统产业如何接纳高新技术"，其主体则明确指企业，是以企业为主体来看待和对待高新技术，是企业的主动行为。或许"用高新技术改造传统产业"和"传统产业如何接纳高新技术"，这两个提法可能都需要，但不同的提法，在企业对待高新技术的态度或心态上是会有差异的。

提出"传统产业如何接纳高新技术"，不仅有语言表述上的意义，而且有实际工作的内容和问题。

（1）作为企业或企业家如何主动自觉地使本企业在哪些方面、哪些环节上接受（采纳）高新技术？在产品品种、质量和工艺上接受（采纳）什么样的高新技术？

（2）本企业有什么基础来吸纳高新技术，怎样认识已有的技术同引入的高新技术的"级差"，找到技术同需要吸纳的技术间的"结合点"如果没有相当的级差，就没有必要接纳高新技术；如果级差过大，找不到合适的结合点，接纳就会失败。

（3）特别重要的是，"传统产业如何接纳高新技术"有一个经济成本与效益核算的问题。相对来说，"用高新技术改造传统产业"的提法，在经济成本与效益核算上似乎是弱相关的，而"传统产业如何接纳高新技术"，与经济成本和效益核算就强相关些；强相关就更有助于实现用高新技术改造传统产业。本文所有的意见最多可能是大而无当的，只是抛砖引玉。

参 考 文 献

[1] 左美玉．知识经济的支柱信息产业．北京：中国人民大学出版社，1998．
[2] 乌家培．信息经济与知识经济．北京：经济科学出版社，1999．
[3] 胡晖．90年代我国信息产业文献述评．图书与情报，1996，(3)．
[4] 李平．知识经济与产业变革．北京：经济管理出版社，1999．

实现信息化需要有观念的更新*
——兼论产业意识的特点和意义

近几年我国的报刊和网络上广泛使用"产业意识"一词。但对什么是产业意识,产业意识的形成、特点和作用,尚缺乏具体分析和认真讨论。已有许多论著和文件强调,实现现代化、信息化要有产业结构的调整,然而,仅从经济工作的角度考察产业结构调整是不够的,至少,这种调整还涉及社会文化的方面。本文探讨了实现信息化、发展信息产业需要有观念的更新和转变产业意识的问题,作为立论的前提,探讨了产业意识的性质和意义。

一、产业意识的指称

"意识"是人们在生活和学习中养成、积淀的认知与体验,它包括自觉的思想,又包含着习惯性观念,体现于行为态度。如有所谓"科学意识"、"法治意识"和"节水意识"、"足球意识"等。

人们在许多情况下谈及产业意识,"产业意识"有多种用意。

一是讲要确立产业意识。主要指把原来认为是非产业的活动作为产业来认识和对待。例如,教育、出版和一些科研活动等在很长时期曾被认为只是"吃皇粮"的事业,不是产业,现在则有许多人主张它们不是或不仅是"非营利"的事业,认为它们也是要讲经济效益的产业,或应当也把它们作为产业来经营。因而提出要确立"教育产业意识"、"出版产业意识"等。

二是讲要强化产业意识。主要指在本来应该是产业的部门中,真正按产业要求来组织其活动,取得作为产业应有的经济价值。例如,农业和旅游业本来就应是赢利性的产业,但人们并非在任何时候都能清楚地认识和重视这一点,在观念和行为上不注重于产业化经营,对提高产品和服务质量、增加赢利关注不够,或官商气浓,忽视经济核算。因而提出要强化农业产业意识、"强化旅游产业意识"

---

* 陈昌曙:东北大学学报(社会科学版),2001,3(3)。

来促进农业、旅游等部门的产业化经营。

三是本文讲的要转换产业意识。主要指在兴办新产业或从事另一种产业活动时,要改变在原来的产业过程中已形成的思想观念、习惯和行为模式。例如,要改变"小农意识"、改变"工匠意识"就属于改变产业意识的范畴。

本文讨论的产业意识,就是指人们在长期从事某种产业活动的过程中养成和积累积淀下来的,与这种产业的性质和操作相适应的理性认知、思维模式、行为规范、心理体验、日常习惯。它是观念形态的东西,属于观念文化的范畴,又不仅仅是书本知识,更多的是感悟,是形成"体验范式"的意识。

二、产业意识的类型和特点

为了说明转变产业意识的意义,需要对不同类型的产业意识的内涵作概要的分析。不同时代的不同产业各有其特有的产业意识,表1对三种产业意识的特点作简略的比较。

表1 三种产业意识特点比较

产业意识内容	农业产业意识	工业产业意识	信息产业意识
基本的自然观	顺应意识,强调天时地利,依赖地大物博,靠山吃山	变革意识,强调改造自然,重视资源价值和能源利用	协调意识,强调运用智慧,减少对自然资源的利用
人们的行为态度	模仿意识,驯养野生,尽自然物之用	创造意识,发明造就人工自然物	创新意识,更新人工自然物
经济活动指标要求	数量意识,丰衣足食,经久耐用	质量意识,要求价廉物美	品种意识,要求丰富多彩
财富标准与产权	恒产意识,土地财富至上,有地有财	运产意识,资本财富至上,钱能生钱	知识产权意识,专利财富至上
工作时间与时间观	勤劳意识,不违农时,功到自然成,强调欲速不达	竞先意识,效益第一,效率优先,注重时间的节约	速度意识,适应急剧变化,实现朝夕之争,重现快速传输
作业要求规范	整体意识,小而全,自我封闭实现	程序意识,大而全,要求流水作业	网络意识,系统优化,重视结构合理
作业者素质要求	工巧意识,重视技能,强调业精于勤,熟能生巧	标准化意识,注意统一规章,制度化,互换性	标准化与个性化结合的观念,一专多能

续表

产业意识内容	农业产业意识	工业产业意识	信息产业意识
对知识的态度	经验意识，眼见为实，沿袭先辈传统	科技意识，重视理性、设计和技术诀窍	智能意识，知识优先，突出研究开发
人才观念	群体意识，众人拾柴，代代移山	人才意识，尊重和发挥个人独创性	精英意识，高扬杰出贡献获奖英才
人与物的关系	工具意识，小车不倒只管推，缝缝补补又三年	机器意识，重视保养维护和维修，适时淘汰更新	人-机协调意识，以人为本，强调技术物体的宜人性
个人与他人的关系	求己意识，求人不如求己，无债一身轻	求人意识，重视协作，靠他人发展自己	人际关系意识，相互服务共同发展
生活乐趣	自足意识，知足常乐	成就意识，不满足既有利益	创业意识，开拓新方向新领域
思维方法	线性意识，强调一分耕耘一分收获	近非线性意识，关注风险危机	机遇意识，注意失之毫厘差之千里
商业运作倾向	仓储意识，积粮储物，待价而沽	周转意识，为沽而产，以沽定产	期货意识，引导消费

表中的项目划分和描述只是大概的示意，很难贴切和准确，正因为这个表的内容太不确切和简单化，需要略有解释。

（1）现时最需要探讨和阐明的是信息产业意识有哪些特点，但在信息时代刚刚到来的情况下，对现时的中国人特别是对信息外行的我来说，列出工业产业意识的特点已有不小困难，讲明信息产业意识有哪些特征更是难而又难。

（2）三种产业意识的区别只是相对的。例如，所谓数量意识、质量意识和品种意识从来就是不能分开的，在任何时代都是需要的。工业产业意识与信息产业意识的差异更没有严格的界限，例如，创造意识与创新意识、竞先意识与速度意识、科技意识与智能优先意识、人才意识与精英意识很难分得清楚。

（3）可以认为，农业产业意识大体上是古代形成的观念，是农业时代意识；工业产业意识是近代社会的公众心理，是工业时代意识；而信息产业意识是当代开始凸现的社会意识，是信息时代意识。但这三者在现实生活中特别在当今中国是同时并存的。

（4）表中主要讲到的是不同产业意识的特点，未必就是某一产业意识的缺陷或优点。勤劳意识和工巧意识在现代化过程中仍然需要，变革自然的观念未必都强于顺应自然的意识，速度意识、精英意识未必无条件就是好的。

三、产业意识的性质

人们的任何意识,包括产业意识都是社会意识,需要以社会意识的普遍理论为指导去分析产业意识的性质、地位和意义,同时,对产业意识的探讨又可能充实关于社会意识的一般原理。

社会存在决定社会意识,社会意识有相对的独立性和能动性,是马克思主义的基本原理。人们常常认为,政治、法律、思想、哲学、道德、艺术、宗教属于社会意识,社会经济基础即生产关系的总和属于社会存在。在阶级社会中,阶级关系是基本的社会存在,社会意识形态有阶级性。社会存在与社会意识的关系,同经济基础与上层建筑的关系是一致的。

应当肯定这些基本的观点在今天仍然是正确的。同时,我们也需要结合现实对社会存在与社会意识关系的原理作更为细化和具体的考察。

首先需要探讨的怎样把握什么是社会存在——《中国大百科全书·哲学卷》对"社会存在"的条目没有单独的诠释可能是一个缺陷。当然,它有一个"社会存在决定社会意识"的条目,其中对什么是社会存在作了以下的规定:"社会存在指社会生活的物质方面,即不依赖人们的社会意识为转移的社会物质生活过程,主要是指物质资料的生产方式"。

这样来界说"社会存在"大致是可以接受的,问题是需要有所展开。笔者以为,社会存在有多方面的内涵:物质资料的生产方式、社会的经济生活是社会存在,经济体制、人们的经济关系和经济地位也是社会存在;广义地说,政治制度、国家关系、民族关系、家庭关系都是社会存在;人们的衣食住行包括人们创造的物质资料本身(如汽车、别墅、电视机等)是社会存在;工农业的生产活动、各种服务性的活动乃至娱乐活动也是社会存在。总之,除了天然自然,一切非观念、非意识的东西都是社会存在(social being),或者说凡构成社会意识(social consciousness)基础的东西就是社会存在。

《中国大百科全书·哲学卷》对"社会意识"的条目有单独的诠释,认为社会意识包括"社会意识形式"和"社会心理"两个方面,前者又可划分为"上层建筑的社会意识形态"和不属于上层建筑的"非意识形态的社会意识形式"。这种划分实际上是根据普列汉诺夫提出的观点,他在马克思主义史上首先把社会意识区分为思想体系和社会心理两个层次。

应当说,长期以来,我们对上层建筑的社会意识形态的关注是相对多的,更注重于剖析各种思想体系和主义,经常讨论的是关于政治思想、法律观念、哲学学说、道德伦理、艺术流派和宗教信仰方面的问题,而对社会心理方面的社会意识则少有理论的考察。然而，正是这类..阶级中性社会意识或社会心理问题在近10年里正大量涌现出来。在当今的报刊文章和口头语言中，"科技意识"、"网络意识"、"工程意识"、"环保意识"、"投资意识"、"风险意识"、"专利意识"、"管理意识"、"经营意识"、"金融意识"、"品牌意识"、"人才意识"、"开放意识"、"安全意识"、"危机意识"、"责任意识"之类的提法比比皆是。当今的哲学社会科学工作者不仅需要考察它们的含义，而且应当从社会存在与社会意识的关系上探讨这类社会意识产生发展的基础和机制，探讨它们在社会生活中所起的作用和具有的意义。总之，我们不能只从社会经济基础（生产关系）与上层建筑的互动来研究社会存在与社会意识的关系，不能把社会存在等同于生产方式和生产关系，把社会意识等同于社会意识形态，而需要从更广泛、更有实际影响的方面拓展关于社会存在和社会意识的理论原理。

本文讨论的"产业意识"就属于社会心理的、非意识形态的社会意识（或中性的社会意识形式）。这种社会意识与生产力的发展直接相关，在产业活动中形成，产业活动（社会存在）是产业意识（社会意识）的基础。

四、转变产业意识，适应产业结构的调整

在产业活动与产业意识的关系中，首先是产业活动的存在决定产业意识的形成和发展。在近代工业和信息产业产生以前，不可能形成工业产业意识和信息产业意识。而且，产业意识的状况通常还会落后于产业活动的发展。

另一方面，某种产业意识逐渐形成，又可能对产业活动产生不同程度的影响。这里大致有以下两种情况，一是特定的产业意识会成为相应产业活动的"范式"，使这种产业活动得到进一步稳定和稳固的发展；二是在新产业出现或在人们由从事原有产业活动转换到另外的产业部门工作时，已有的产业意识范式可能导致他们对新技术和新产业的意义估计不足，对兴办和发展新产业缺乏热情，或在从事新产业的活动中表现出不适应，或用老眼光看待新事物，用习惯办法处理新问题，妨碍新产业的顺利发展。在某些情况下，已有的产业意识与经济利益和社会意识形态的结合，还可能导致对新产业及其活动方式、行为规范的抵触、恐惧和反感，乃至反对和破坏。

这里要着重讨论的，正是已有产业意识与新生产业活动的矛盾，以及转变产业意识适应新产业发展和产业结构调整的问题。我国有几千年的农业发展史，农业产业意识积淀深厚。今天我们在社会经济发展上面临着既要完成工业化又要实现信息化的双重任务，在思想文化方面则既要从农业产业意识向工业产业意识转变，又要从农业产业意识和工业产业意识过渡到确立信息产业意识。我们切不可

只强调经济方面的产业结构的双重调整，忽视了产业意识领域的双重转变。

实际上，在我国实现现代化的历程中，就有过农业产业意识影响工业发展的"教训"，在今天也仍然存在着需要扬弃农业产业意识的问题。

（1）注重了利用自然资源，靠山吃山，自给自足，缺乏市场观念，在工业发展中不重视市场导向、市场动力和市场风险。

（2）重视了仓中储粮，有货可居，数量满足，以吨（或台数）定产，缺乏严格的质量第一观念，不注重品种的多样性。在当今的工业生产中仍存在着质量要求不高的倾向，用工匠态度操作，缺乏严格的标准化。

（3）用小农模式看待和处理工业活动，追求小而全，不重视专业化分工和协作，或特别强调众人拾柴火焰高，用群众运动的方式解决工业化问题。我国的小农经济和小农意识没有绝迹，"地域小而全"观念就是小农意识的变种。

（4）为了物尽其用，以"工具意识"、"渔网意识"、"修补意识"对待机器，把机器拿来就用，不特别重视维护，对有缺陷的设备修补照用，不注重淘汰更新，机器设备的数量不少，但保持良好性能的比例小。

（5）不重视科学和现代技术，在工业发展中注重于生产、制作，忽视设计、试验和专利的获得，注意了粗加工，对进行深加工提高附加价值关注不够，对科技人才、知识分子的地位缺乏足够尊重，在很长时期不认为知识分子是工人阶级的一部分。

（6）把独立自主片面化、封闭化，满足无债一身轻，不重视利用外资外技发展自己。

五、培育信息产业意识，促进信息化发展

工业化需要产业意识的转变，信息化更需要有产业意识的转变，既要实现工业化又要实现信息化，需要有双重的转变由农业产业意识转变为工业产业意识；由农业产业意识和工业产业意识转变为信息产业意识。

工业产业意识同农业产业意识的区别是相对清楚的，信息产业意识同工业产业意识有许多相通，但我们仍然需要讨论扬弃工业产业意识、培育信息产业意识的问题。如果不转变观念，完全沿袭发展传统工业的思想习惯来看待和对待信息产业，信息化过程就难以顺利进行。当然，适应信息化发展的产业意识并不从根本上否定工业产业意识，而是需要有所扬弃对工业产业意识的超越和保留。

（1）超越科技是生产力的"科技意识"，树立以知识为本的"智能首位意识"。如果说在工业发展中人们已需要确认科学技术是生产力，在发展信息产业和实现信息化的进程中就更必须确认科学技术是第一生产力，必须要有科技在社

会发展和社会生活中占首要地位的知识意识,必须意识到信息和智能、自主知识产权、专利和 knowhow 居首要地位。如果我们只是一般地认同科学技术能带来经济效益,没有真正把自主知识产权和专利的获得放在第一重要的位置,主要靠引进别人的东西来发展信息产业,信息化是难以实现的。信息产业的发展基本上不能采用购买别国成套设备的办法,人家几乎不会把最新的信息技术转让出去,智能通常是无法引进的。引入"无形专利"要付出沉重的有形代价,我国的一些信息企业销售额大利税额小,主要就是缺乏自主的知识产权。

(2) 超越创造意识,树立创新意识。工业发展需要创造,信息产业和信息化更需要创造,而且需要"毁灭"已经创造出来的东西,进行再创造创新。信息产业的发展较少受资源条件的局限,更少受能源条件的制约,主要取决于知识和智能的水平,几乎不受资源和能源限制。在当今时代第一重要的知识总是不断增长和更新的,人类信息的不断增长和更新决定了信息产业的持续创新。我们不能用轻视维护和维修的态度对待机器,也不能只用维护维修而轻视淘汰更新的态度来对待计算机。计算机是不能新三年,旧三年,缝缝补补又三年的。有的人现在还没有充分理解当前为什么特别强调创新,认为创新与创造没有什么区别,至少是没有充分注意到知识时代或信息时代创造的特点。

(3) 超越一般的时间意识,树立"剧变意识"。在工业发展中就需要有时间就是金钱的观念,需要有争先意识;信息时代的特点不仅是持续创新,而且是以几何级数速度发展的急剧创新,计算机的快速更新换代是一个典型。我们必须在观念上适应科学技术和社会的急速变化,真正做到只争朝夕。

(4) 超越人才意识,树立精英意识。工业发展需要人才特别是要有一大批工程技术人员,要确认知识分子是工人阶级的一部分;发展信息产业更需要人才,要有科学家、思想家、发明家、工程师和企业家的共同努力,要确认知识分子是先进生产力的开拓者。这里重要的不仅有人才的数量,还需要有少数的"信息精英";不仅要有共同努力,还需要有个别英雄人物(杰出科技专家)的先知先觉(带头和引导)。有的人现在还没有充分理解当前为什么要重奖有突出贡献的科技专家,为什么要凸现高级知识分子与一般工作人员的收入差距,至少是没有充分注意到信息时代知识分子的特殊重要作用。

(5) 超越线性意识,树立机遇意识。工业发展中已经有一些不可预见的因素,但基本上是可以按计划行事的;信息产业发展也可以有计划,但对它有特别重要意义的 R&D 和发明,其特点就是有很强的探索性和不可预见性,在信息科技上人们事先往往很难预料谁在何时会做出怎样的创造发明。信息产业的发展需要知识和汗水,也要有机遇和灵感,需要敏于识别和抓住机遇,善于利用机遇和捕捉灵感。在发展信息产业时不能只讲艰苦奋斗,一分汗水一分收获,还要注意到差之毫厘失之千里，注意到星星之火可以燎原，为此我们需要学习和掌握非线性科学的观点和思维方法。

最后还应说明的是，信息产业意识的培育要以信息产业的发展为基础，在信息产业还不发达的情况下，与之适应的观念很难成为社会的主导意识；同时发展信息产业又要求有观念转变和新意识培育的条件。这两个方面都需要，二者只能在历史过程中统一。

参 考 文 献

[1] 中国大百科全书编辑部. 中国大百科全书·哲学卷. 北京：中国大百科全书出版社，1993：753，768～769.

[2] 普列汉诺夫. 普列汉诺夫哲学著作选集. 北京：生活·读书·新知三联书店，1961.

[3] 宋惠昌. 当代意识形态研究. 北京：中共中央党校出版社，1993：6.

[4] 安维复，杨素群. 论社会意识形式和社会意识形态. 吉林大学社会科学学报，1997，(6)：37～42.

[5] 吴国盛. 技术时代的时间意识. 方法，1997：(1)：28～30.

[6] 陈昌曙. 产业研究论纲领. 自然辩证法研究，1994，(11)：48～54.

弘扬崇尚真实的科学精神*

弘扬崇尚真实的科学精神是时代的要求和思想政治工作的重要任务。江泽民同志多次提出要弘扬科学精神，用科学精神武装全党和全国人民。在新时期，宣传科学精神，培育科学精神，防止科学精神的迷失，具有紧迫的现实意义和深远的历史意义。

什么是科学精神？江泽民同志在1999年8月召开的全国技术创新大会上作过精辟的概括："科学精神的精髓是求实创新。"（江泽民：《论科学技术》，第158页）本文仅就"求实"的内涵之一，即"崇尚真实"做一阐述。

一、科学精神是崇尚真实的思想境界

科学精神、人文精神和民主精神是社会进步所需要的文化意识，发扬科学精神首先要确认科学技术是推动历史前进的革命力量。发扬科学精神对不同对象，其重点和要求是有差异的。对科技界来说，主要是要勇于探索，注重经验实证和逻辑理性，敢于创新和具有合理质疑的能力；对社会公众来说，主要是要提高科学的修养和素质，能够辨识科学与迷信，对伪科学、反科学的东西不信以为真；对党的领导干部、国家公务员来说，首先要看他们是否敢于和善于求真务实，不唯书唯上。

对不同的社会主体，科学精神的内涵重点和具体要求虽然不尽相同，但科学精神的本质特点是相同和相通的。概括地说，科学精神就是要实事求是、探索求知、崇尚真理和勇于创新。科学精神是崇尚真实的思想境界，是对实践价值和理性价值的认知，是追求和坚持真理的品格。

把握科学精神的内涵，还需要了解它与科学知识、科学思想、科学态度、科学方法的关系。我们通常所说的科学知识，主要指有实证内容的科学事实、科学定律和科学定理，它不同于空谈、虚构，也区别于常识。科学思想通常是指科学知识蕴涵的基本观念，主要表现为科学的基本理论和学说。科学思想以实证的科

---

* 陈昌曙：科教天地，求是杂志，2001，12。

学知识为基础,相同的科学事实、科学定律可以用不同的科学思想去诠释。科学态度既指人们怎样看待和对待科学(对科学的态度),也指人们是否能用正确的态度看待事物(科学的态度)。科学方法主要指人们通过正确的途径和程序、运用科学手段进行探索,合理确定实验和调查方案,收集分析数据,进行比较鉴别。弘扬科学精神要求人们做事有基本的科学知识,能运用科学方法,但科学精神既不是具体的科学知识和这些知识蕴涵的科学思想,又有别于人们看待和对待事物采取的态度与方法,科学精神是更带根本性和基础性的信念和品格。

充分认识到崇尚真实是科学精神的核心内容,对社会、对人们的生活和各项事业的发展有重要的意义。学习科学知识是懂得真实的学问,传播科学思想是宣传真实的观念,确立科学态度是尊重真实的情况,运用科学方法是寻求真实的途径。只有在崇尚真实的基础上才会有思想的解放,才能在工作中不断开拓新局面。

二、走出"真实"认定的误区

崇尚真实的基本道理是很简单的,世界上几乎没有人宣称应追求虚假,然而,历史上却曾发生过无数科学精神迷失的事例,现实生活中也多有科学精神缺损并造成严重后果的现象。不少人主观上是崇尚真实的,然而却在工作中脱离了实际,陷入主观主义,被虚假所迷惑,乃至把伪科学当作真科学,成为歪理邪说的俘虏和宣传者。造成这种状况的原因很复杂,从认识论根源看,大致有以下几种情况:

第一,是混同了经验的真实与科学的真实,或仅靠眼见为实,就信以为真。

人们认识和把握的客观真实首先是由感官反映的事实或经验事实。经验事实是很重要的:①客观世界只有通过感官才能进入大脑,没有经验事实的基础,一切知识都是无源之水;②在经验事实中眼见事实是大量的和主要的,"眼见为实"是有理由的;③理论观点和传闻如果与经验事实不符,人们就可以怀疑理论见解和传闻的真实性,"百闻不如一见"是有道理的。然而,经验事实或经验真实毕竟只是认识的一个部分或方面,从认识活动的过程和内容看,对经验事实的比较、分析和加工整理,还需要借助于科学的概念和原理。科学的概念和原理反映科学的真实。科学真实可以在思维中把握,但眼睛看不清。

经验事实总是有缺陷的:①主体器官有局限,耳朵听不到超声波、电磁波,眼睛无从觉察到构成物质的电子和夸克;②经验事实只能反映事物的现象,不能反映事物的本质,一块烫手的钢板和一块不烫手的木炭,它们的温度或分子运动的平均速度可能是同样的;③经验事实可能只反映假象,或不能区分真相与假象，杯中的筷子看起来有弯曲，实际是直的，魔术表演看起来真实，实际上是使用了障眼法；④经验事实在很大程度上受心理的、感情的因素影响，人们在特定的心理环境和心理诱导下往往会产生错觉。把经验的事实特别是把"魔术的事实"、"错觉的事实"看作是经验的真实，又把这种经验的真实等同于"客观的真实"，是伪科学流传的原因之一。

第二，是混同了逻辑的可能与现实的真实，认为从逻辑上驳不倒的就是事实上存在的，言之有理的就信以为真，想象有理的就信以为真。

真实的事情是合乎逻辑的、可能发生的，但逻辑上有可能的东西却未必都是真实的。缺乏必要的基础和条件，仅有逻辑推断的合理性，不能确证现实的真实性。例如我们曾经听说：①目前对人体的所有功能未必都研究明白了；②因而人体有尚未弄清楚的特异功能是可能的；③因而耳朵认字的特异功能是可信的。这里不准备详细分析这个说法的逻辑漏洞，至少，虽然可以认为1和2有逻辑的合理性，但推出的 $ 最多也只是逻辑的可能性或虚拟的可能性，没有也不能证明3就是现实的。然而问题恰恰就在于，人们往往会以为①和②是言之成理乃至是道理充分的，于是就对未证实的③信以为真。事实上，科学的真实、科学的道理是既需要言之成理（合乎逻辑），又必须持之有故（有确凿的实证根据）的。一些人之所以在伪科学面前解除武装，并不都是基于他的亲眼所见，在很大程度上是由于他只注意到或只相信"言之成理"，而忽视了持之有故、言之有故，抛开事实、实证，不顾实践检验，把虚拟的可能当作了现实的真实。

第三，是混同了"师长的权威"与现实的真实，认为年长者、老师、领导人或国家出版物发出的言论必定是真的、可信的。

我们需要尊重老者、尊重权威、尊重老师，但这种尊重并不是真实性的根本依据和最终判据，只有实践才是检验科学认识、检验话语真实的唯一标准。事实上，师长也会有同真理相背离的时候，他们中也有人基于眼见为实而信以为真，或基于言之成理而信以为真，以至于上当受骗，进而默许、赞同伪科学的特异魔术、纵容、助长迷信大师的歪理，放任、支持异端邪说的出版发行。在这种情况下，得到师长和权威认可的"学问"，就会有更大的市场，使丧失警惕的善良人信以为真，甚至相信伪科学和迷信。现实生活中还有少数专靠讲大话、讲谎话为业的"大师"，有个别专门表演骗术的"老师"，他们力图使人们相信自己制造的"剧场的真实"，诱骗人们痴迷于歪理邪说。弘扬科学精神就要走出"真实"认定的种种误区，要尊重理性，不要对"魔术的真实"（仅有眼见为实）信以为真；要尊重证据，不要对"虚拟的真实"（仅有言之成理）信以为真；要尊重实践，不要对"剧场的真实"（仅有权威之言和"老师"的表演）信以为真。

三、培育崇尚真实的品格

崇尚真实,需要端正认识路线、思维方法,还必须具备良好的素质和高尚的品德。崇尚真实的品格包括多方面的内容,概括地说至少是要有诚、勤、公三点。

第一是要诚以求真,把科学的真实与人品的诚实统一起来。真实的东西可能是人们希望见到和得到的,也可能与人们的设想、愿望和期待不一致,诚实的人们相信实验和事实,会放弃与之不一致的期望。科学家曾经期望找到传播光的介质——以太,但他们能正视实验事实,放弃了以太假说。不少人曾设想人能够永生,但诚实的人们则能正视生命演化的事实和理论,认同一切生物都不能长生不死。但并非一切人在任何时候都是诚实的。在经济领域,有以"真货"为招牌,实际上以假充真、以假乱真的欺骗。在政治领域,有掩盖事实真相、言而无信的诡计。在思想文化领域也有以"真"为幌子,实际上制假贩假、以假乱真的恶行。虚假的人品,必有弄虚作假的表演。

诚实,还表现在具有自我反省、自我批评的精神。科学家的诚实,表现于他们并不宣称自己是无所不知的,他们公开承认自己也有未知的东西,自己的认识也可能有错误。医生的诚实,表现于他们并不认为自己是无病不治的,认为自己也可能会有失误。只有不诚实的、狂妄的人,才宣称自己是无所不知、从来不错和包治百病的。

第二是要勤以求真。寻求真实不是轻而易举能够实现的,要找到真实、找到真理,就要下工夫,而且要下苦工夫。科学家写出一篇学术论文和科学著作,要立足于长期的、反复的实验,要收集和分析前人和他人的大量文献,不能凭想当然,尤其不能靠自己一个人想当然。实际工作者要做到实事求是,了解真实情况,也必须经过艰苦的努力,进行深入的调查研究,认真吸取前人的经验教训。想当然地制定政策措施,想不费力气地解决问题,没有不失败的。在思想文化领域里不可能存在得来全不费工夫的真实。然而,至少在近几年里,我们常看到一些"创世纪"巨著的出版和"划时代"论文的发表,居然没有任何实验设备、实验条件和实验数据,没有任何可重复性的实证依据,乃至没有一篇参考文献。弘扬科学精神,至少要告诫人们千万莫相信这些没有实验、没有数据、没有参考文献的"真言",千万莫相信不继承前人和他人成就,只否定和批判别人的独白。

第三是要公以求真,把为人民根本利益服务同探求真实、坚持真理结合起来。崇尚真实,不是与人们的利益无关的事情。自然现象本身是超功利的,但对自然真实的追求(自然科学的探索)却是为了人,为了人类的利益。社会政治、经济生活、人生意义等问题本身就是与人们的利益密切相关的，只有充分尊重人民群众的根本利益，出以公心，才敢于探真，敏于求真，勇于言真。邓小平之所以是实事求是和崇尚真实的典范，是与他深深热爱人民、一切从广大人民根本利益出发的高尚品格分不开的。相反，只从一己或小团体的私利出发，蔑视公众和公众利益，必然远离真实。

  弘扬崇尚真实的科学精神既有科学意义，又有现实意义，它有助于人们认清"法轮功"策划者李洪志之流所宣扬的"真、善、忍"虚伪道德说教的邪恶本质。李洪志所讲的"真"不仅不是以事实为依据、以实践为基础的真，更不是尊重人性、关爱人生的真，而是它兜售骗术的一个幌子。本来，社会的存在、他人的存在、亲人的存在是基本的现实，而要人们不顾社会、家庭的存在，不顾个人生命的存在，去追求本来并不存在的所谓"天堂"、"圆满"，何真之有！如果这里有真，首先是有"法轮功"聚敛钱财、制造社会动乱以实现其反人民、反政府的政治目的的真，有"法轮功"泯灭人性、残害生灵、反人类反科学的真。

  总之，弘扬科学精神，不仅要端正认识路线，善于认定真实，敏于识别虚假，还需要勤于探求真实，敢于抵制虚假。科学精神的迷失、伪科学的流传非一日之寒，弘扬科学精神、消除伪科学的影响，也需要进行长期的、坚持不懈的努力。

新技术革命与传统工业的发展 *

如何处理新兴技术、新兴工业与传统技术、传统工业的关系，是我国技术发展战略的一个重大问题。本文主要就传统工业部门中的"骨骼"——钢铁工业的情况，提出一些看法。

一、"夕阳工业"辨

国内外（尤其是国外）许多评述世界新技术革命的论著，几乎都讲到"烟囱工业"的衰落，讲到钢铁、汽车、造船、机床、纺织、橡胶等传统工业部门在萎缩，讲到它们已经成为"夕阳工业"了。我们对此应当怎样看 实际情况究竟如何呢？

从某些发达国家的情形看，"夕阳工业"说法的提出是有其理由的。拿美国来说，它的钢产量从 1900 年的 1035 吨到 1987 年增长为 12 431 万吨，然而从此以后到 1982 年就趋于下降，其产量分别为 12 369 万吨（1979 年）、10 146 万吨（1980 年）、10 962 万吨（1981 年）、6641 万吨（1982 年） 在 1982 年有大幅度的下降。美国的小汽车产量在 1977 年为 921.4 万辆，此后逐年减少，到 1982 年只有 507.3 万辆。美国的钢铁工业、汽车业开工不足，工人大量失业，确实显现出衰落的景象。与此同时，美国的电子工业在最近几年却以每年 10%～20% 的速度在发展着。在 20 世纪 70 年代销量甚少的家用电子计算机，到 1981 年增至 38.5 万台，1982 年又猛增为 220 万台，实可谓"朝阳工业"了。其他的发达国家也有与美国类似的情况。

那么，我们是否可以从这些实际材料得出结论，说钢铁工业、汽车工业等已经成为当代的"夕阳工业"，似乎这些传统部门已经日薄西山，气息奄奄了呢？这还需要做点分析。

有什么理由可以说某些发达国家的钢铁工业已经几乎达到顶峰，很难有大的增长乃至会逐步有所减缩成为"夕阳工业"呢？这主要是由于：① 有的部门钢铁

---

* 陈昌曙：专论，科学·经济·社会，第 3 卷第 2 期（总 9 期）。

用量和其他原材料消耗减少了。美国的铁路营业里程在 1860 年为 49 286 公里，到 1920 年增加 408 104 公里，新建约 35 万公里铁路当然要用大量钢材。但从 1920 年以后，美国铁路营业里程就不断下降了，1930 年为 40 0793 公里，1950 年为 360 128 公里，1970 年 338 000 公里，到 1980 年减少到 318 500 公里。不仅没有新增铁路，反而拆铁路，用钢量就减少了。②一部分钢铁材料正在被塑料、铝材等取代。在美国、西欧国家和日本，用铝合金、塑料等来制作建筑门窗、家具、罐头、容器、管道、包装材料，正在代替着一部分钢铁材料。③发达国家钢铁工业难以增长的主要原因，可能是钢铁制品趋于饱和。这些国家在汽车和机床制造、新建各种建筑物、军事工业、石油开采等方面尽管仍然需用大量的钢铁，但它们的汽车总量已经很多，新增额不会很大，基本上是更新换代（许多新车的钢铁用量比过去少些），其他方面的钢铁消耗也有趋于饱和的情况。因此，它们只要大体上保持现有的钢铁产量水平已可满足市场需求。正像有人预测的那样，这些国家的钢铁产量在今后大体上将会出现"零增长"的局面。

基于上述因素，再把钢铁工业与电子工业的发展速度比较，认为某些发达国家的钢铁工业已成为"夕阳工业"是站得住脚的。当然，对于"零增长"的工业部门，究竟是叫做"夕阳工业"还是叫做"正午工业"或"稳态工业"，仍然是可以讨论的。

然而，就算美国的钢铁工业是"夕阳工业"，能否说钢铁工业在世界上都已是"夕阳工业"，这又是一个问题。而且，美国的钢铁工业是"夕阳工业"，与钢铁工业对美国来说是否属于"夕阳工业"，这也不完全是一回事。我认为，在分析美国和世界的钢铁工业是否"夕阳化"的时候，还应当估计到更为复杂的因素，而不能只从一时一地的现象出发。

第一，我们上面列举的美国钢铁工业、汽车工业从 1977 年、1978 年到 1982 年衰落下去的情况，是与这个时期的资本主义经济危机分不开的。而资本主义经济的发展，不仅有它的危机、萧条，还有复苏和高涨。事实上，世界资本主义经济从 1983 年就有复苏的迹象。美国的钢产量在 1982 年降到 6614 万吨，到 1983 年又增至 8400 万吨，小汽车的产量也由 1982 年 507.3 万辆增至 1983 年的约 700 万辆。完全用钢铁工业、汽车工业在萧条时期的产量下降来说明它们已是"夕阳工业"就不尽合理了。

第二，只用美国钢铁工业、汽车工业、机床工业的萎缩来说明这些传统工业已成为"夕阳工业"还没有估计到国际竞争的因素。在 1983 年，美国就进口 19% 的钢、28% 的汽车和 37% 的工作母机（汽车、机床也是钢）。可是，美国钢铁和汽车的产量下降并不都是国内需用量已大大减少，而是由于它在这些部门竞争不过其他国家。美国的"夕阳工业"在很大程度上是竞争的产物，而不是由于钢铁、汽车已无前途而让它们衰落下去。

第三，发达国家里钢铁工业的停滞，并不意味着各国钢铁工业就是日趋衰落的部门。在

1977至1982年美日西欧许多国家钢铁产量下降的年代，世界钢产量除1982年降到6.45亿吨，每年大约均保持在7亿吨左右。有人预计1990年的世界钢产量可能会超过了7.6亿吨。在20世纪上半叶，钢产量超过500万吨的国家还为数无几，在1982年就有21个。韩国的钢铁产量在1970年为48万吨。1983年达1190万吨，增加了近24倍。就韩国说钢铁工业并非夕阳工业。

总之，我并不笼统地反对"夕阳工业"说，也并不认为钢铁工业在今后还会有20世纪上半叶那样的高速度发展，而只是不赞成笼统地提"夕阳工业"，主张要具体分析某些发达国家钢产量下降，以及它以蹒跚步伐复苏的各种原因。因为笼统地讲钢铁工业等传统部门在今天已成为"夕阳工业"，并不有利于认识世界新技术革命条件下各国的形势，更不利于我国的现代化建设。

二、我国传统工业方兴未艾

新中国成立以来，我国的钢铁工业、石油工业、机械工业、建筑业、交通运输业等都有了长足的进步。同时，我国传统工业的发展也面临着新的问题。首先，它们是在世界新技术革命的形势下发展的，要考虑如何赶超传统的发展阶段和如何实现传统工业的现代化，不能完全按传统道路、传统方法去发展我国的传统工业，其次，在发达国家传统工业已没有很大发展前景、趋于停滞和萎缩的情况下，我们还要考虑以何种态度、下多大力量去发展传统工业，以及如何对待"夕阳工业"说所产生的影响。这里先谈一下后一方面的问题。

没有人明确地说中国的传统工业在今天已经是"夕阳工业"。我国的能源工业、交通运输业还是要重点发展的部门。但是，我国的"烟囱工业"—钢铁工业的情况又有点不同。前几年常听到一种说法，我国的钢铁工业发展太快了，钢铁用不了而大量积压，用不着搞那么多既不能吃又不能穿的钢铁，要把钱花在更有用的地方，钢铁工业似乎实际上应该是"夕阳工业"了！

当然，工业以钢为纲的提法和全民大办钢铁的做法都是不妥当的，对我国钢铁工业的发展也并不有利。我国钢铁生产在1983年达到4002万吨恰好是在不提工业以钢为纲的情况下实现的。但是，如果把我国的钢铁工业与"夕阳工业"的概念联系起来，就同样不妥。

"夕阳工业"的概念在资本主义国家与在我国是有不同的社会价值的。在资本主义国家里，"夕阳工业"在很大程度上是竞争的结果，而在我们国家里，"夕

阳工业"（如果哪个行业真正是夕阳工业的话）就是有计划要减少投资、延缓发展乃至要关停并转的对象。

那么，我国钢铁工业事实上处于何种情况呢？

第一，我国1983年产钢约4000万吨，同年进口钢材978万吨（大体相当于1200万吨钢锭）。1984年预计产钢4300万吨，进口钢材1200万吨（实际会超过预计数）。这两年进口的钢材大约需花费外汇75亿美元，比建设整个宝钢工程的外汇投资还多。

第二，我国1983年人均钢消费量（按自产钢计）为40公斤。如果到20世纪末钢产量达到8000万吨，人均为66公斤。目前全世界的人均钢消费量是150公斤，发达国家则为500公斤左右。在我国实现现代化时人均应该有多少公斤钢，这是一个有待专门研究的课题，但至少可以说人均40公斤是不够的。

第三，从最近几年的情况看，我们实际上并没有达到用钢铁产量增长1%去保证工农业总产值增长2%。每亿元（按不变价计）工农业总产值的钢材消耗量尽管略有下降，工农业总产值的增长率与钢材消费量增长率几乎是同步的（即工农业总产值增加10%，钢材消费量也接近于增加10%）。这就是说，尽管我们继续努力降低钢材消费强度，也难于用钢产量的翻一番（按1980年我国产钢3712万吨计加倍）去保证工农业总产值翻两番！

第四，目前我国钢材供应已十分紧张，"议价钢材"的价格比国拨价高出一倍甚至两倍。随着经济体制的改革，城乡建设的兴旺，能源工业、交通运输业的发展，以及国家经济建设、国防工业多方面需求的增长，钢材的紧张状况在较长时间里还难以缓和。

列举上述几点说明不应当有意或无意地把我国的钢铁工业同"夕阳工业"相提并论，不应当继续保留前几年"钢铁工业搞过头了"的印象，而要把我国的钢铁工业同我国的其他传统工业一样，都看作是大有发展前途的部门。只有这样，才会对传统工业作出恰当的规划，才会充分重视传统工业部门的技术改造，也才会给我国新兴工业的崛起奠定坚实的基础。

三、加强传统工业的技术改造

在相当长的一个时期里，对于我国的传统工业的发展要实行挖潜、改造、配套、扩建和部分新建的方针。这几个方面是互有区别的，抽象地说，扩建和新建可以是在原有技术水平上进行，挖潜也可以主要靠加强管理来实现；这几个方面又应当互相联系起来，即在技术改造的基础上进行扩建和新建，实现挖潜和配套。而且，对于不同的传统工业部门，对于同一传统工业部门中的不同的厂矿企业，这几个方面的重点也可以有所区别。有的部门或单位可能主要是挖潜、改造、配套，有的部门或单位可能主要是扩建和部分新建（扩建可以理解为就地新建），当然也要挖潜、改造、配套。

技术改造是我国各传统工业部门的迫切任务，为此需要弄清楚传统工业的技术改造包括什么内容，改造的基础是什么。怎样进行技术改造，也是技术发展战略研究的一个问题。

提到传统工业的技术改造，特别是在新技术革命的形势下谈技术改造，很自然会想到要用电子计算机等新兴技术去武装传统工业。这是非常必要的，又是不完整的。我认为，广义地说，传统工业的技术改造要包括两个方面，一方面是该工业部门特有技术的现代化，例如钢铁工业的技术改造要有先进的冶金技术；另一方面是在传统部门中采用新兴技术，例如微处理机。为了把这两个方面作些区分，下面用"传统工业自身的技术改造"的提法来表述技术改造任务的前一个方面。

传统工业自身的技术改造是基础，是首要的方面，一提技术改造就想到或只想到用计算机乃是一种片面性。新兴技术有很重大的意义，但计算机再好，它本身不能炼铁，不能轧钢；而只有炼铁、轧钢等冶金技术完善了，电子计算机的管理和控制才能发挥巨大作用。

传统工业自身的技术改造又可以分为几个不同层次，可以有分工、有步骤地进行。

第一，力争赶上20世纪70～80年代的世界先进技术水平，在这方面的任务是很艰巨的。例如，日本的钢铁成材率在1980年达到90.5%，1983年为91.6%，我国只有80%左右。

同是4000万吨钢，在日本可能生产3600万吨钢材（按成材率90%计），我国则只能生产钢材3200万吨。如果我们把成材率提高10%，8000万吨钢几乎就可以当作9000万吨钢来用。要提高成材率，除加强管理，还必须采用连铸连轧等新技术。

又如，日本的钢产量约为我国的三倍，每年消耗耐火材料三百多万吨，我国每年消耗材料却要四百多万吨。这就需要增加氧气转炉比例，提高平均炉龄，并采用高纯原料、高压成型、高温烧制等技术生产多种炉衬耐火材料。

第二，在若干领域里力争与当今世界先进技术水平同步发展。整个说来，我国钢铁工业的技术落后于世界先进水平，但这决不意味着我们在一切方面都只能追赶而不能力争同步发展。在冶金技术的不少方面，我们落后于世界水平，而且在短时期里还赶不上。而在有的方面，特别是国外最近才发展起来的技术领域，我们可能落后得不那么严重，或比较易于努力赶上并力争同步发展。

例如，直接还原炼铁是国外在 20 世纪 60 年代才开始工业性生产的，我国也搞过。尽管在过去的实践中有不少困难，国外的一些直接还原工业曾陆续关闭，但它在当前又以新的面貌出现。我们对这项技术就不会也不应当总处于落后和追赶的状态，再如顶底复合吹炼氧气转炉，国外是在最近几年才普遍采用的，宝山钢铁厂的转炉就只有顶吹，而不是顶底复合吹炼的。我国目前也有了顶底复合吹炼氧气转炉的实践，如果继续努力，也可能力争在不太长的时间里赶上世界水平并保持技术水平上的大体一致。

第三，在已有的领域里创造出我国特有的先进技术并加以推广应用。技术有它的通用性、国际性的方面，同时，由于各国的资源条件、技术政策的不同，技术又有地区性、民族性的特点。我国的钢铁工业总的来说要努力采用世界上的先进技术，又不能没有自己特有的技术研究和技术成果，并在国内把这些技术转移到技术水平较低的厂矿企业，实现技术改造。

例如，我国有相当丰富的稀土金属、钨、锑、锉、硼、钒、铌等，只要深入研究，有所突破，完全有可能建立起符合我国国情的合金钢体系，使我国的钢铁材料得到更加有效的利用。

例如，我国绝大部分铁矿所生产的是贫矿和共生矿，这对我国钢铁工业的发展是颇为不利的，而矿石的难以选分又要求我们创造性地解决贫矿选矿和共生矿分离的技术问题，我们可能和应当在这些方面创造出第一流技术水平的成就。

传统工业自身的技术改造首先涉及有关这个部门的技术科学、技术工艺、技术装备。钢铁工业的技术改造首先需要矿山开采、选矿、冶炼、轧钢等方面的技术进步，这些方面是微处理机等新兴技术无法取代的。

传统工业技术改造的另一个重要方面就是要用世界新技术革命的成果来武装这些部门，并且使传统部门的企业结构适应新技术发展的特点，对钢铁工业来说，在迎接新技术革命的问题上，主要任务有：如何处理好发展新兴材料与生产钢铁材料的关系，努力使这两者恰当地结合起来；正确对待炼钢、轧钢工厂小型化的趋向，用新技术武装小钢厂；在钢铁工业的各个领域有效地、广泛地推广应用电子计算机技术。这里仅谈一下对应用计算机的看法。

把计算机用于传统工业的改造有不可限量的前景。可以举出国内外许多钢铁企业由于采用计算机从而提高了劳动生产率的事例。对于钢铁工业来说，电子计算机的作用主要表现在管理工作科学化和生产过程自动化等方面。利用计算机来储存和处理信息，可以快速地提供一个钢铁厂、一个地区乃至全国冶金钢铁的生产数量、品种、能耗、库存钢铁、原材料供应等各方面的情况，及时发现问题及时调节。对生产过程的检测控制也需要用计算机。现代的大型高炉已达 4000~5000 立方米，它对装炉配料、冶炼条件、炉衬损耗、铁水质量等都有颇为严格的要求，需要及时测定并处理大量数据。现代的快速炼钢从装铁水到出钢只用大约20分钟，需要在几秒钟里分析十几种乃至几十种化学元素的成分，根据快速处理所得的数据来控制冶炼过程。如不用电子计算机来做数据处理工作，大型化、高速化的炼铁和炼钢是不可设想的。在轧钢生产中，利用计算机来控制的自动化生产更为引人注目，在20世纪70年代，因外钢材的轧制速度大约为60~70米/秒（线材）、30米/秒（宽带钢热连轧）、40米/秒（带银冷连轧）。40米/秒的速度相当于每小时144公里，这样快的轧制速度是凭人的肉眼和经验无法控制的，只有用计算机才会有轧钢自动化。

要用计算机来改造传统工业的必要性和重要性是毋庸置疑的，当前也确有不少人对计算机的意义估计不足，对计算机的作用缺乏体会，需要大力宣传计算机特别是微处理机的知识。但我们同时要看到，在一些钢铁企业中，虽然有了计算机却没有发挥其作用。有的是缺乏懂得计算机并会应用的人才，从而使计算机成为摆设。有的地方尽管安装了计算机，管理工作和劳动生产率仍没有多大起色。这就提出了一个新的问题——怎样才能使电子计算机在传统工业改造中有效地发挥作用，计算机有效应用的条件是什么，人们常说应用计算机可以使管理科学化，却不大讲要有管理工作的科学化才能够有效地应用计算机。如果我们的工作人员缺乏责任感和责任制，官僚主义作风严重，原始资料缺乏，统计数字不准，买了再高级的计算机也无济于事。

人们常说应用电子计算机可以使生产过程自动化、持续稳定和提高效率，而对生产过程的检测方法和检测仪器（传感器）的研制则强调不足。电子计算机是不能直接感受钢铁的高温、钢材的速度、钢水的化学成分的，必须有取样头、测温头、压力启变器、化学分析仪，并且把各种工艺参数转变为电信号，计算机才能"听懂"和接受。种种反映钢铁生产工艺过程的信号（一次信号）是电信号（二次信号）的基础，也是应用电子计算机实现自动控制的前提。有的搞计算机的同志曾说，给我所有的电信号，我就能控制一切；似乎应当把这个说法改变；充分重视一次信号的检测，才会有自动控制的发展。

众所周知，计算机的更新换代很快，如果不能有效利用，就会造成设备的浪费。而有效利用计算机的条件在很大程度上又取决于传统工业自身的工作。显然，在钢铁工业中的管理和检测，是有别于机械工业或其他行业的。只有把传统工业自身的技术改造同运用新兴技术恰当结合起来，传统工业才能够现代化。